인간행동과
자유

장상호 저

학지사

개정판에 붙여

이 글은 학생들이 강의실을 떠나 독한 최루탄의 매연 속에서 시위를 하던 어려운 시절에 교수로서 어떤 연구를 할 수 있을까를 고심하면서 엮은 것이다. 교육심리학자로서 당시 나의 주된 관심은 열띤 정치적 자유라기보다는 우리 자신, 즉 인간에 관한 것이었다.

삶과 죽음에서 삶을 택했다면 나머지는 그 방식뿐이다. 심리학에서 인간을 과학적으로 이해하려는 목적으로 도입한 개념이 행동이다. 그렇다면 과학이 요구하는 인과관계의 내규 안에서 행동의 자유가 어떻게 성립할 수 있을까? 어떤 부류의 자유가 가능할까? 그들은 어떻게 실현될 수 있는가? 나의 이 저서는 그런 의문을 가진 독자와 대화하고 교감할 수 있을 것으로 기대한다.

시대의 제약을 받지 않는 주제와 내용이기 때문에 개정판에서 굳이 초본을 수정하거나 보완할 필요가 없겠다는 생각을 했다. 다만 요즘의 젊은 한글세대의 독자를 위해서 한문자를 국문자로 바꾸는 데 그쳤다. 개정판을 허락해 준 학지사 김진환 대표, 그리고 그 작업을 자청해서 도와준 이상준 선생에게 감사드린다.

2016년
장상호

사람들의 일생은 수태에서 시작하여 죽음으로 종료된다. 우연히 여인숙에서 만난 두 남녀의 교섭에서나 무료한 일상성을 벗어나려는 부부간의 관계에서 한 생명이 탄생할 수 있다. 그리고 그 순간부터 죽음은 어디서 찾아오는지도 모르게 거의 눈에 띄지 않는 단편이 되어 천천히 다가오거나 수류탄이 터지는 굉음과 더불어 흉포하게 예고 없이 찾아온다. 이 출생과 죽음 사이에 한 개인의 인생 모자이크가 구성되는 것이다. 일생의 행로에는 무수한 갈림길이 전개된다. 이 세상의 어떤 사람도 서로 똑같은 여로를 갖지 않는다. 이루 다 말할 수 없는 요인들이 작용하여 그 일생사가 결정되지만, 여기서 우리의 주된 관심은 그 개별적인 존재양식에 있는 것이 아니고 그것이 얼마나 개인 자신에 의해서 관여되고 선택되었느냐에 있는 것이다. 이 때문에 개개인은 그들의 인생을 설계하기 위해서 잠 못 이루고 밤을 지새우는 경우가 많다.

1977년 정초에 나는 잠시 괴이한 환상의 세계 속에 빠져든 적이 있다. 나는 공동묘지에 잔칫상을 벌여 놓고 이렇게 외치고 있었다. '어이, 유령들이여, 긴 잠에서 깨어나 서로 이야기나 나눠 봅시다.' 이들은 각각의 묘소에서 어슬렁대며 기어 나와 어울리기 시작하더니 이내 시간 가는 줄도 모르고 나와 대화를 하는 것이었다. 한편의 자서전조차 남길 수 없이 바쁘게 살다 죽은 그들에게 내가 던진 질문은 대충 이런 것이었다. '죽기 전에 이 세상에서 어떻게들 살았소? 후회는 없소? 어떻게 달리 살 방도는 없었소? 다시 생명이 주어진다면 어떻게 살겠소? 거의 매초 울음을 터뜨리며 탄생하는 이 풍진세상의 입문자들에게 건네주고 싶은 말은 무엇이오?' 나는 저마다 한마디씩 하고자 하는 그 분위기에서 때로는 심각하게 그리고 때로는 깔깔대며 그들이 지껄이는 무슨 얘기들을 잔뜩 듣고 있다가 환상에서 깨어났다. 우습게 들릴지 모르지만 이 책을 쓰겠다는 발상은 이 환상에서부터 비롯되었다. 환상은 실현성이 없음으로써 환상이다. 그러나 내가 환상 속에서 제기했던 질문은 사실이었고 나는 그 해답들이 현실 속에서 찾아질 수도 있다는 생각을 갖게 되었다.

우리 주변에는 인생의 일화를 기록하는 특이한 방관자들이 있다. 이들은 그들이 보는 타인들의 생활을 간여할 권한이나 임무가 없이 다만 투우장 밖의 관객이 취하는 거리를 두고 사태를 주시한다. 신문기자들은 단편적인 사건들을 추적하여 영상이나 기록물을 남긴다. 소설가들은 그들의 탁월한 재구성적 상상력으로 인생의 의미를 심화시킨다. 구체적인 기사와 창작품의 중간쯤에 사회과학자들이 창안해낸 여러 가지 이론과 연구물들이 위치하고 있다. 사회과학자들은 가끔 상상력을 동원하지만 그것은 사실의 제약이라는 내규 안에서 행사되는 것이다.

나는 40년을 살아오는 동안 어쩌다가 학문하는 길에 들어서게 되었다. 사회과학 분야의 이것저것을 읽어 오는 특혜를 누리면서 온갖 주의와 주장을 접할 수 있었다. 학자들의 이름을 대면 그들의 이론이 어떻다는 식의 해설이 나의 입에서 줄줄 나오게 되었을 때, 나는 나의 생활에 한동안 만족을 느낄 수 있었다. 그러나 그 번잡한 달변이 아무렇게나 편집된 카세트에서 나오는 녹음처럼 토막 진 것에 불과하다는 솔직한 심정을 갖게 된 순간부터 나의 자족감은 감퇴되기 시작하였다. 이 불행한 사태는 현존 사회과학적 지식의 수준을 반영하는 것일 수도 있고, 도서관 열람대와 같은 나의 두뇌 상태를 반영하는 것일 수도 있고, 혹은 이 모두를 반영하는 것일 수도 있다. 나는 이 불만의 단편적인 지식들을 이 책의 제명 아래 가능한 범위 내에서 가지런히 정리하고 그 속에서 어떤 형태의 일관성과 매듭을 찾고자 하였다.

이 책은 크게 3부로 구성되어 있다. 차례에서 볼 수 있듯이 1부는 인식의 문제, 2부는 실존과 공존, 그리고 3부는 행동의 자유를 다루었다. 대충 이들은 "안다는 것은 무엇인가?", "우리는 우리들 자신을 얼마나 알고 있는가?", 그리고 "우리는 우리들 자신을 어떻게 찾을 것인가?"라는 질문들이 갖는 계열성에 맞춰진 것이다. 지식이 무엇인지를 모르고 우리들 자신에 대한 지식을 검토할 수 없고, 우리들 자신을 이해함이 없이 우리들 자신을 찾기는 힘들 것이다. 각 장은 이 세 가지 주제의 하위 제목에 불과하며, 그들은 더는 세목을 갖지 않는다. 이것은 단편적인 지식의 희생물이라고 자탄했던 나로서 독자에게 또 하나의 단편적인 지식을 강요하는 것이 무례라고 생각되었기 때문이다. 나는 이런 프레임을 애초에 정해 놓고 기존의 이론과 연구물들을 종합하는 방식을 택하였다. 그러나 엉켜진 매듭을 풀고 빈 공백을 메우는 과정에서 어쩔 수 없이 나의 주관적인 신념, 가설 및 판단이 개재되었다. 여기서 기존 연구나 이론에 대한 오해나 곡해가 발견된다면 독자는 그것이 곧 나의 관념인 것으로 해석하면 될 것이다.

본 저서의 제명을 다룬 논문이나 저작물을 접할 수 없었기 때문에 무지의 여백을 채우는 일이 쉽지 않았다. 그러나 모든 것을 알고 난 후에 글을 쓴다는 것은 실현 불가능한 이상에 불과하다. 5년 후에 이 책이 발간되었다면 물론 내가 범할 오류의 가능성이 비교적 적겠지만 내가 주관적으로 느끼는 작품에 대한 불만은 더할지도 모른다. 당돌하게도 나는 나에게 관심이 있고 여러 사람들에 의해서 탐구될 가치가 있는 관념이라면 거침없이 글로 옮기는 만용을 부렸다. 따라서 이 책이 어느 정도로 독자 속에서 생명을 유지할 수 있을지에 대해서 나는 어떤 확신을 가지고 있지 않다. 다만 나는 이 책을 쓰는 동안 연구실에 칩거하면서 최선을 다했을 뿐이다. 미진한 부분에 대한 제현의 질정을 바란다.

1982년
장상호

차 례

제1부 인식의 문제

실존과 공존

 행동의 자유

제1부

인식의 문제

생물체의 존속은 인식의 형태와 밀접한 관계를 맺고 있는 듯하다. 무게가 약 30톤이고 길이가 약 70피트에 이를 것으로 추정되는 뇌수의 화석이 어느 곳에서 발견되었을 때, 사람들은 그처럼 위력 있어 보이는 동물이 지구상에서 어떻게 사라지게 되었는지에 관해서 궁금증을 가진 적이 있다. 이에 대한 그럴듯한 해답은 그 거대한 동물체가 불과 0.5킬로그램의 무게밖에 되지 않은 두뇌에 의해서 통제되었다는 사실에서 대체적으로 찾아진다. 그러나 매우 한정된 인식 능력을 가진 개구리는 지금도 세계의 도처에서 생존하고 있다. 예컨대, 개구리가 볼 수 있는 것은 사각으로 움직이는 물체뿐이다. 그런데도 이처럼 단순한 지각체제는 썩은 음식을 먹으면 죽을 수밖에 없는 그들의 내장기관과 매우 적절하게 조화되어 있다는 사실이 후에 밝혀졌다. 인간은 그 어떤 생물체와도 견주기 어려운 복잡한 인식 능력을 가지고 있으며, 이것이 그들을 지구상의 지배자로 군림하게 하는 강력한 무기가 되었다는 가설을 의심하는 사람은 드물다.

만약 인간에 대항해야 할 우주인들이 있다면 그들의 주된 관심은 인간의 인식 체제에 집중될 것이다. 인간은 가끔은 앎 자체에서 만족을 느끼면서 그리고 가끔은 주변의 현실을 재적응시킬 의도를 가지고 지금까지 꾸준하게 지적 탐구생활을 계속해 왔다.

우리는 제1부에서 인간의 앎이 어떤 형태를 취하고 있는지를 검토하려고 한다. 우리가 인식 활동에 종사하고 있다는 것과 그것에 관해서 알고 있다는 것은 동일한 것이 아니다. 여기서 우리는 당장 매우 특이한 인식론적 문제에 봉착한다. 지금 나는 내가 알고 있는 어떤 것을 글로 쓰고 있으며 독자는 그것을 읽고 있다. 그렇지만 독자와 나는 그 활동에 포함된 요인과 과정에 관해서 완결된 지식을 가지고 있지 않다. 예를 들어 보자. 나는 방금 인간과 개구리가 동일한 세계에 대해서 각각 다른 방식의 지각을 하리라는 결론을 이미 내렸다. 그렇다면 이들은 구체적으로 어떻게 다른 인지체제를 가지고 있는가? 많은 사람이 그들 나름의 학습과 경험 배경을 토대로 이에 대한 해답을 내리고 그것을 언어에 의해서 소통할 수 있다. 그렇지만 이 모든 사람들의 인지 내용이나 언어가 모두 타당한 것이라고는 볼 수 없다. 그렇다면 여기서 우리는 어떤 평가기준을 택할 수 있는가? 이에 대한 지식은 아직 탐색의 단계에 머물고 있지만 그렇다고 해서 우리는 이 문제를 해결할 수 있는 아무런 기반조차 가지고 있지 않은 것은 아니다.

제1장 앎의 수수께끼

　인간에 대한 기본적인 사실 하나는 그들이 자신과 세계에 관해서 인식하는 능력을 가지고 있다는 것이다. 우리는 다른 짐승들이 그런 것을 가졌는지에 대해서 회의적인 태도를 표명할 수 있을는지는 몰라도 자신이 그런 것을 안쪽에 지니고 있다는 데 일단은 동의한다. 왜냐하면 우리는 직접적으로 그것을 경험하고 있기 때문이다. 그러나 막상 거기에 포함된 과정을 이해하려고 하면 그것이 결코 용이한 과제가 아님을 우리는 당장 느낄 수 있다.

　앎 자체가 우리에게 지적인 호기심을 일으키기에 충분하다. 그럼에도 그것에 대한 많은 부분이 우리 앞에 신비스러운 영역으로 도사리고 있다. 이는 우리가 아직도 우리들 자신에 관해서 충분한 지식을 갖고 있지 않다는 것을 방증하는 특수한 사례다. 우리가 현 단계로서 할 수 있는 일은 그것을 하나의 탐구 영역으로 보고 그 신비의 베일을 벗기는 지적 작업을 계속하는 것이다. 지적 작업에서 최종의 확실성을 기대하는 것은 무모하다. 또한 그런 경지에 도달했다고 하는 안도감은 지적 작업의 종말과 연결된다.

　인식에 대한 지식의 문제는 꽤 오랜 역사를 가진 관심 영역에 속한다. 이 문제는 철학 분야에서 인식론(epistemology)이라는 주제로 수 세기 동안 영예로운 위치를 차지해 왔다.

이 철학에서의 문제는 다음에 삽입하는 쉐플러(I. Scheffler)의 글에 잘 요약된 듯하다.[1]

"첫째, 우리는 '지식이란 무엇이냐?' 라는 인식론적 문제를 생각해 볼 수 있다. 이 문제에 대한 해답을 추구하는 것은 지식의 논리적 위치를 명료하게 할 수 있는 지식의 일반적인 기술이나 정의 및 표준에 관한 진술을 찾는 과제에 해당한다. 둘째, '어떤 지식이 가장 신뢰할 만하거나 중요한 것이냐?' 하는 평가의 문제가 있다. 이 문제를 스스로 탐구한다는 것은 어떤 합리적인 가치 기준에 비추어 여러 가지 종류의 지식을 분류할 수 있는 범주를 찾고 그에 따라 그들의 서열을 매기는 과제다. 셋째, 우리는 '지식이 어떻게 형성되느냐?' 하는 그 기원의 문제에 주목할 수 있다. 이 문제의 해답을 찾는 것은 지식이 발달하는 과정과 기제에 설명을 가하는 작업에 해당한다. 즉, 이는 학습과정을 이해할 수 있도록 하는 정신의 어떤 모형을 제시하는 특징을 가진다. 넷째, '지식의 탐구는 어떻게 수행되어야 하는가?' 하는 방법론의 문제가 있다. 이 문제를 해명하는 것은 탐구에 적용되는 적절한 방법들에 대한 개념과 그 방법들의 합리화를 제공하는 셈이다. 다섯째, 우리는 '지식이 어떤 방법에 의해서 잘 교수되느냐?' 하는 교육의 문제를 고려할 수도 있다. 이 문제를 해명하는 것은 지식을 전달할 때 어떤 교수방법이 가장 바람직한 것이냐를 판명하는 과제에 해당한다."

우리는 이상의 인식론적 문제들이 각종의 철학적 학파에 의해서 탐구되어 왔음을 알고 있다. 또한 우리는 이 문제를 해명하는 데 적용한 개념들의 폭도 대단한 것이려니와 그들의 강조점이나 결론도 다양함을 알고 있다. 여기서 우리는 하나의 의구심을 가지게 된다. 왜 그토록 많은 세월을 통해서 철학에서 탐구된 문제가 지금까지 다소간이라도 만족스러운 결론에 이르지 못하였을까? 물론 이에 대한 해답은 간결하다. 그 인식론적인 주제 자체가 매우 광범위한 영역을 포괄하고 있으며

● ● ● ● ....

1) I. Scheffler, *Conditions of Knowledge*, Glenview, Ill.: Scott, 1965, p. 5.

또한 앞서 지적했듯이 탐구란 종료될 수 없는 작업이다. 그러나 한편으로 우리는 이 분야의 연구가 지체되고 혼동에 빠진 이유를 다른 곳에서 찾아볼 수도 있을 것 같다. 그것은 이 문제에 대한 학문 간 협조의 부족이다.

인식론적 문제는 그것에 대한 우리의 접근방법과 관련하여 크게 두 가지 부류로 구분될 수 있다. 그중의 한 부류는 개념에 관한 것으로서, "지식이란 무엇이냐?"의 문제는 그 전형적인 예다. 우리는 이 문제를 해결하기 위해서 어떤 것을 관찰하고 그것에 관한 경험적 자료를 수집할 필요를 느끼지 않는다. 이는 정의에 대한 합의와 사고의 일관성에 비추어 해명될 수 있는 것이다. 좀 더 극단적인 표현을 하면 이 문제는 몇 명의 명석한 머리를 가진 맹인이 연구실 내에서 논쟁을 벌이고 그들의 사고를 정리함으로써 충분히 해결될 수도 있는 것이다. 다른 하나의 부류는 경험적인 것으로서, "지식이 어떻게 형성되느냐?"의 문제는 그 전형적인 예다. 이는 연구실 내에서 숙고하는 것으로 해결되지 않는다. 이에 대해서 아무리 그럴듯한 결론이 내려졌다고 하더라도 그 결론의 타당성에 대한 판정은 증거에 비추어 이루어져야 할 성질의 것이다.

나는 이 두 부류의 문제가 모두 철학자의 자질이나 전문성에 의해서만 구명될 수 있는 것은 아니라는 견해를 가지고 있다. 어떤 특정 분야의 학문 영역에 속하는 사람들이 개념적인 문제 혹은 경험적인 문제의 어느 하나만을 해결할 수 있다고 볼 수는 없다. 그 학문의 전통에 비추어 나는 철학자들이 경험적인 문제의 해결에 남다른 훈련을 받은 사람이라고 보지 않는다. 이렇게 보는 나의 견해가 옳다면 이제까지 철학자들이 제기해 온 인식론적인 문제는 철학 이외의 다른 학문의 협조와 지원에 의해서 보다 효과적으로 해명될 수 있는 과제인 듯하다. 사실 인식론적 문제 가운데 경험적인 문제는 비록 그런 명칭으로 불리지는 않았지만 철학에서 이미 오래전에 분리해 나온 일련의 특수학문 영역, 예컨대 언어학, 심리학, 문화인류학, 지식사회학 등에서 부분적으로나마 상당한 정도로 의미 있게 해명되어 왔다. 따라서 이 문제에 관한 한 이 특수 영역에 종사한 학자들이 철학자보다 훨씬 유리한 입장에서 그들의 지적인 위치를 확고히 하고 있다고 볼 수 있다. 나는 이제부터 이 학문들을 종합해서 이른바 인식론적인 문제해결에 박차를 가할 수 있는 하나의 모형을 당돌하게 제시해 보고자 한다.

우선 나는 전통적인 인식의 문제가 현실(reality), 인지(cognition) 그리고 언어 (language)라는 세 가지 요소의 관계에 의해서 보다 체계적으로 접근될 수 있으리라 는 생각을 가지고 있다. 일상생활에서 우리는 "어떤 현실에 대해서, 어떤 방식으로 인지하고, 그 인지 내용을 언어를 통해서 소통한다."라는 말(언어)에 친밀감을 가지 고 있다. 이 친숙한 문장 속에 앞서 든 세 가지 개념적인 요소가 포함되어 있다. 만 약 이 세 가지 개념에 의해서 포착될 수 있는 어떤 현실이 있다고 가정하면 우리는 그 현실에 대한 일단의 경험적인 법칙을 찾아낼 수 있을 뿐만 아니라 그 현실의 어 떤 양상에 대해서 이른바 '옳다'거나 '그르다'는 인식의 표준을 규정해서 그것을 평가할 수 있는 입장에 선다.

이 구절에서 제시한 기본 입장에 대해서 어떤 독자는 약간의 혼동감과 아울러 저항감조차 느끼리라 본다. 이 글은 '현실'과 '인지'와 '언어'라는 현실이 있음을 함축하고 있다. 또한 이는 '현실'과 '인지'와 '언어'에 대한 인지가 있음을 함축하 고 있다. 마지막으로 이는 '현실'과 '인지'와 '언어'에 관한 언어가 있음을 함축하 고 있다. 이와 같은 방식의 논법은 얼른 보기에 논리의 모순을 내포한 것 같은 인상 을 준다. 그러나 이 포섭 관계는 '아는 것을 안다'는 특이한 인식론적 과제에서 비 롯되는 것으로서 여기서 소개하려는 모형에 의하면 이는 조금도 부자연스러운 것 이 아니다. 이 모형은 '아는 것'이라는 부분을 현실, 인지 및 언어의 3요소로 세분 한 것에 불과하다.

이제부터 우리는 '현실'과 '인지'와 '언어'의 '현실'과 '인지'와 '언어'가 있을 수 있음을 하나의 가설적인 사례를 들어 간단하게 이해해 보자. 가령, 갑이 어떤 현 실에 대한 어떤 인지 내용을 어떤 언어를 써서 표현했다고 가정하자. 그리고 이는 틀림없는 사실이라고 가정하고 이를 일차적 인식이라고 규정하자. 한편, 을은 갑 의 이와 같은 일차적 인식 자체에 대해서 관심을 갖게 될 수도 있다. 이때 일차적 인식인 갑의 현실, 인식 및 언어가 이제는 을이 당면한 현실이 됨을 주목할 필요가 있다. 을은 이제 이 새로운 현실에 대해서 어떤 인지 활동을 하고 그것을 언어에 의 해서 표현할 수도 있다. 이 단계에서 우리는 다시 이차적 인식의 현실이 등장할 수

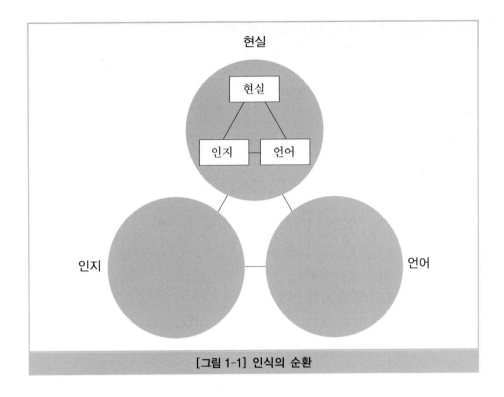

[그림 1-1] 인식의 순환

있음을 알게 된다.

인식 행위에 포함된 3요소 간의 포섭 관계는 [그림 1-1]과 같이 표시될 수 있을 것이다. 그림에서 네모꼴 안에 있는 '현실', '인지', '언어'는 갑의 인식 활동에 포함된 일차적 인식의 요소다. 한편, 동그라미 안에 있는 '현실', '인지', '언어'는 을의 인식 활동에 포함되는 이차적 인식의 요소를 나타내고 있다. 또한 그림으로 표시되지는 않았지만 이 이차적 인식의 현실은 다시 병의 관심사가 되어 그에 관한 인지와 언어가 새롭게 등장할 수도 있다. 이렇게 차원을 점차 높이게 되면 '아는 것을 아는 것을 아는 것을…… 안다.'는 끝없는 인식의 순환 과정이 예상된다. 이 모형에 비추어 보면 인식론의 과제는 이차적 인식 활동에 의해서 해명될 수 있는 것이며, 이렇게 볼 때 이제까지 과학철학자, 인지심리학자, 언어학자 등이 이 활동에 가담해 왔다고 할 수 있다. 지금 우리의 관심도 바로 그런 부류의 것이다.

어떤 사람은 그가 어떤 것에 대한 인식을 얼마나 가지고 있느냐는 자문을 하고 그가 지식이라고 부르는 것에 대한 확고한 지식이 없이는 이 문제를 해명할 수 없을 것이라는 끝없는 회의의 늪 속에 스스로 빠져 버릴지도 모른다. 그러나 나는 그의 태도가 매우 비생산적일 뿐만 아니라 그런 태도를 가질 필요조차 없다고 본다. 이차적 인식의 과제를 가진 우리는 이 끝없는 과정 속에서 지적 확실성을 증진하게 하는 어떤 잠정적인 기반을 가질 수 있다. 그 방법은 간단하다. 그것은 일차적 인식과 이차적 인식이 전혀 이질적인 것이 아니라 본질적으로 같은 것이라는 전제를 수락함으로써 가능해진다. 만약 우리가 일차적 인식에 관해서 어떤 개념적인 약속을 하고, 이를 토대로 그 개념으로 대표되는 어떤 현실에 대한 경험적 법칙을 구명하고, 그 개념적 혹은 경험적 관계의 어떤 것을 정형화시켜, 가령 인식에 대한 어떤 평가기준을 규정하게 되면, 우리 자신의 이차적 인식 활동도 그 정형에 비추어 혹은 그 정형의 규제 밑에서 그 타당성을 평가받을 수 있다.

이와 같은 해결은 암스트롱(D. M. Armstrong)의 다음과 같은 언명과 그 맥락을 같이 한다.[2]

"신념도(belief-map)는 신념을 가진 자 자신의 지도와 더 나아가서 하나의 하위 부분으로서 신념자의 신념도(즉, 그가 어떤 신념을 가지고 있다는 신념)까지 포함할 것이다. 그러나 이는 결코 끝없는 악순환(vicious infinite regress)을 함축하지 않는다. 만약 당신이 세계에 대한 하나의 완벽한 지도를 완성하고자 하고, 따라서 지도 자체에 대한 하나의 지도를 그 지도 안에 포함시키고자 한다면, 당신은 일련의 무한정한 지도의 지도(an infinite series of maps of maps) 안에 포함될 것이다. 그러나 그 신념도는 세계에 대한 하나의 완벽한 지도가 아니기 때문에, 그리고 그것이 포함하는 그것 자체의 지도가 불완전하기 때문에 그 사태는 그 작도된 장면의 일부로서 그들 자체의 축소된 그림을 포함하는 그 실제적인 그림보다 한층 더 곤궁한 것은 아니다."

2) D. M. Armstrong, *Belief, Truth and Knowledge*, London: Cambridge University Press, 1973, pp. 3-4.

독자는 위의 인용문을 읽으면서, 어떤 궤변에 말려 들어가는 듯한 기분을 느낄 수도 있고, 혹시 원문이 오역된 것이 아닌가 하는 의구심조차 가질 것이다. 그러나 이는 궤변도 아니고 크게 오역된 것도 아니다. 암스트롱은 이 글에서 '세계'와 '그 세계를 그린 그림'을 생각하고 있다. 후자를 그는 신념도(belief-map)라고 칭하였다. 그 신념에는 그 자신이 가진 신념의 신념도가 포함된다. 이는 그의 말대로 어떤 개념을 가지고 있다는 신념을 뜻한다. 이를 앞서 서술한 우리의 용어로 옮기면 그의 신념도는 일차적 인식에 해당하고, 신념의 신념도는 이차적 인식에 해당한다. 그런데 그는 신념도와 신념의 신념도의 확실성이 결국 구조상으로 동격인 것으로 봄으로써 내가 제시한 주장, 즉 '일차적 인식'의 문제와 '이차적 인식'의 문제는 그 가운데 어느 것이 어느 수준에서 구명되든 간에 그만큼 다른 인식의 차원을 이해하는 데 하나의 기반이 될 수 있다는 점에 동조하고 있다. 다만 그의 견해와 우리의 모형에서 차이가 있다면 그는 '세계'와 '세계에 대한 지도'만을 문제시하는 데 비해서 우리는 '현실', '인지' 및 '언어'를 문제시하고 있다.

이 입장이 옳다면 인식론을 구명하는 데 우리가 할 수 있는 일은 먼저 일차적 인식에 대한 일단의 정형을 찾는 것임이 분명해진다. 나는 이 과제에 포함된 많은 문제 가운데 다음과 같은 세 가지 유형이 있을 수 있음을 지적하고 싶다.

첫째, 인식의 요소를 '현실', '인지', '언어'로 분할하고 이들을 개념적으로 서로 독립되는 방식으로 정의한다. 이 과제는, 예컨대 다음과 같은 생각이나 말이 성립될 수 있도록 하는 과제에 해당한다.

● 현실은 갑의 그에 대한 인지와 관련 없이 존재한다.
● 갑은 현실적이거나 비현실적인 인지를 할 수 있다.
● 언어는 갑이 그 언어에 의해서 그의 인지 상태를 소통할 수 있기 이전에 존재한다.
● 갑은 언어로 표현하지 않고도 어떤 것을 인지할 수 있다.
● 표현 체제로서의 언어는 그것이 참조하는 현실과 임의적인 관계를 가질 뿐이다.
● 언어는 갑이 현실이 아닌 어떤 공허한 혹은 감정적인 것을 소통하는 데 활용

될 수도 있다.

둘째, 이 세 개의 개념을 이용하여 그들이 각각 지칭하고 있는 현실 간의 경험적인 관계를 구명한다. 예컨대, 다음과 같은 문제는 일차적 인식의 세계 속에서 자료를 얻음으로써 해명될 수 있는 것들이다.

- 갑은 어떻게 현실적인 인지를 하게 되는가?
- 갑은 어떻게 비현실적인 인지를 하게 되는가?
- 갑은 어떻게 현실적이거나 비현실적인 언어를 학습하게 되는가?
- 각종의 언어공동체는 어떻게 형성되어 왔는가?
- 갑의 인지는 어떤 조건하에서 어느 정도로 그가 소속한 언어공동체의 특정한 언어 형태에 의해서 촉진되거나 저해되는가?
- 갑은 어떤 조건하에서 그의 인지 상태를 언어로 표현할 의향을 갖는 것인가?

셋째, 이 세 가지 개념 내외의 대응관계에 비추어 어떤 인식의 적의성을 판별할 수 있는 기준을 약속하고 규정한다. 이 과제는, 예컨대 다음과 같은 갑의 생각이나 말이 타당하거나 타당하지 못하다는 판단을 내릴 수 있는 근거를 제공한다.

- 대한민국의 수도는 서울이다.
- 열 마리의 천사가 나의 엄지손가락 위에서 춤춘다.
- $1+2=3$
- 복돌이의 아버지는 여자다.
- 우리는 모름지기 정직해야 한다.
- 색깔 없는 녹색의 관념이 격렬하게 잠잔다.

이제까지 나는 전통적으로 철학에서 문제시해 온 '인식론'이 새롭게 접근되고 종합될 수 있는 하나의 가능성에 대한 언급을 해 왔다. 철학은 인간사의 매우 중요한 국면을 탐구 영역으로 등장시켰으나 탐구에 투자했던 노력에 비해서 만족할 만한 성과를 얻지 못하고 있는 듯하다. 나는 인식론이 철학자에 의해서 독점될 수 없는 연구 분야라는 생각을 가지고 있다. 내가 보기에는 이 문제의 상당한 부분에 근래에 발전하고 있는 경험과학이 공헌할 수 있는 여지가 많다.

우리는 인식의 문제가 현실, 인지 및 언어 간의 삼각관계에 비추어 해명되는 것이 좋으리라는 입장을 택하였다. 이 요소들은 양파껍질처럼 여러 가지 차원에서 포섭되는 순환성을 지니고 있지만 그들의 확실성에 대한 기반은 어느 수준에서나 다소간 성립될 수 있는 성질의 것임이 앞서 지적되었다. 따라서 이제 우리는 이 책 제1부의 나머지 장에서 이 인식의 기반이 될 수 있는 것들을 하나씩 탐색하게 될 것이다.

제2장 앎의 대상

이제 '현실(reality)'의 개념에 접근해 보자. 일상적인 수준에서 볼 때 이 개념처럼 분명한 것이 없을 것이다. 이 말을 쓸 때 그 누구도 그것의 의미를 아직 이해하지 못했다고 생각하지 않는다. 그러나 상식이 주는 지나친 자신감은 그것에 대해서 어떤 추상적인 정의를 내리라는 질문을 받는 순간부터 흔들린다. 어떤 사람은 그 개념이 자명한 것이 아니냐고 되물을지 모른다. 다른 사람은 그 말을 쓰는 사람들의 용례를 관찰하여 그것의 의미를 추리해 보자는 제안을 할지도 모른다. 이때, 후자는 전자에 비해서 보다 구체적인 접근의 길을 택한 것은 사실이다. 하지만 모든 사람이 '이러이러한 사태가 현실이다.'는 것에 일치된 견해를 가지리라고 기대하는 것은 마치 모든 사람의 키가 같으리라는 기대처럼 좌절될 성질의 것이다.

이 세상에는 현실의 의미를 일단락 짓는 명쾌한 명세서가 없다. 많은 사람이 그것에 대해서 상이한 의미를 가지고 있다. 이 말은 현실이라는 개념을 가질 수 없다는 뜻이 아니라 각각의 입장이 다르다는 뜻이다. 그런데 어느 기회에 자세하게 설명하겠지만 개념이란 본시 그것을 가지고 있는 사람의 입장에 의해서 그 진위성이 판명될 수 있는 것이 아니다. 가령, 갑이 "X는 현실이다."라는 주장을 하고 을이 "X는 현실이 아니다."라고 주장한다고 할 때 그 가운데 어느 입장이 옳다거나 그르다고 판정하는 것 자체가 개념의 뜻을 분명하게 이해한 것이 아니다. 그러나 우리는 각 입장의 진위성은 따질 수 없다고 하더라도 각 입장이 그 개념을 논리적으로 일관성 있게 사용하는지 안 하는지를 문제시 할 수는 있다. 가령, 갑이 "X는 현실임과 동시에 현실이 아니다."라고 한다면 그는 개념의 규칙을 어겼다고 할 수 있다.

이렇게 본다면 현실이란 개념에 접근하는 방법이 비교적 명백해진다. 그것은 우리가 현실에 대한 어떤 개념적인 입장을 택하고 그 의미를 다른 것과 관련하여 일관성 있게 견지하는 것이다. 우리의 과제는 앞 장에서 밝힌 취지와 같이 현실이라는 개념을 일차적 인식의 수준에서 그것이 인지 및 언어와 구분되는 방식으로 정의하는 데 있다. 이 입장은 하나의 새로운 접근일 수 있다. 그러나 그 노력은 통념이나 기존 이론에서 전적으로 이탈한다기보다는 그들과 제휴 혹은 관련지어 이루어져야 할 것이다. 이제 나는 우리가 이미 막연하게나마 가지고 있는 현실에 대한 개념을 명료히 하는 과정을 통해서 여기서 얻으려는 현실의 의미에 도달해 보는 방식을 택하겠다.

우선 우리는 현실이 인지의 대상이라는 소박한 입장에서 출발해 보자. 우리는 "어떤 것에 관해서 안다."라고 할 때 그 어떤 것의 존재를 인정하지 않으면 안 된다. 이는 마치 등산이라는 활동이 산의 존재를 가정하지 않고 이루어질 수 없는 것처럼 그 말이 성립되기 위해서는 현실의 존재는 논리적으로 불가피하게 요구된다. 물론 에베레스트 산이 등반가들을 위해 있지 않듯이 현실도 그것에 대한 우리의 인지 활동을 위해서 있는 것은 결코 아니다. 또한 우리의 인지는 반드시 현실에 관한 것만을 의미하지 않는다. 이 점에서 인지 활동과 현실은 서로 독립적인 것이다. 다만, 이 두 요소 간의 논리적 관계는 "현실에 관해서 안다."라는 특수한 말에서 '아는 것'과 '알려지는 것'이라는 관계를 가질 뿐이다.

현실과 그것에 대한 인지의 차이는 "지도는 영토가 아니다(The map is not the territory)."라는 비유를 통해서 쉽게 이해될 수 있다. 이는 인간의 신경체제가 외부적 현실이 아니라는 점을 지적하기 위해서 폴란드의 학자인 알프레드 코지브스키(Alfred Korzybski)가 즐겨 쓴 문장이다.[1] 그는 어떤 사람이 지도와 영토를 같은 것이라고 생각한다면 '미친 사람(crazy person)'이라고까지 주장하였다. 지도는 영토에 대한 안내서이며 영토 자체는 아니기 때문에 우리는 그 지도 위에 철도를 가설해서 여행할 수 없다는 것을 누구나 알고 있다. 마찬가지로 우리의 현실에 대한 인지는 현실에 대한 '지도'에 불과하며 분명히 현실 자체는 아닌 것이다. 그런데도 코지브스키에 의하면 사실상 그런 구분을 하는 사람은 드물고 대부분의 사람은 그들의 머릿속에 있는 관념이 현실과 동일한 것으로 착각함으로써 갖가지 문제를 일으키게 된다고 한다. 이를테면 어떤 사람이 그가 신에 관한 관념을 가지고 있기 때문에 신이 실재하다고 주장한다면 이와 같은 오류를 범하는 셈이다. 그러나 후에 더 자세한 설명을 하게 되겠지만 '그 특정한 개인이 신이 있다고 생각하는 것'은 하나의 현실일 수 있는 것이다. 이때 그 현실은 우리의 인식론적 모형에 비추어 보면 이차적 인식으로서의 현실인 것이다.

일차적 인식의 한 요소로서의 인지는 분명히 일차적 인식자의 머릿속에서 일어나는 과정이며 그가 대면하고 그것에 대해서 호기심을 갖는 현실 자체는 아닌 것이다. 우리는 머릿속에 햇볕을 쪼이지 않고도 햇볕을 인지하며, 소리를 머릿속에 반사시키지 않고도 소리에 대해서 인지한다. 한마디로 인지는 그것이 인지하는 현실을 추상화한 것에 불과하다. 이른바 '인지도(cognitive map)', '인지적 구조(cognitive structure)' 혹은 '정신적 표상(mental representation)'이라는 말이 있는데, 이들은 인지가 갖는 이 측면을 적절히 표현한 것이다. 이들은 우리가 여기서 관심을 갖고 있는 현실과 어떤 대응관계(correspondence)는 가질지 모르나 서로 동일한 것은 결코 아니다.

심리학 가운데 인지 현상 자체를 다루는 인지심리학이라는 하위 연구 분야가 있다. 인지심리학자들은 여러 가지 점에서 불일치한 견해를 가지고 있지만 한 가지 점에서는 모두 동의한다. 그것은 현실에 대한 직접적인 경험이 불가능하다는 점이다. 우리가 무엇을 경험하든 간에 그 경험한 것은 현실의 구성된 모형(a constructed

1) A. Korzybski, *Science and Sanity*, Lakeville, Conn.: International Non-Aristotelian Library Publishing Co., 1958.

model of reality)인 것이다. 이 말이 무엇을 의미하는지는 보통 사람들이 공통적으로 갖는 하나의 지각적 경험의 예를 들면 분명해진다. [그림 2-1]에 있는 '어떤 것(something)'을 주목하라. 독자는 분명히 거기에 어떤 것이 '있음(exists)'을 보게 될 것이다. 만약 당신이 그것을 응시하면 한 표면이 다른 표면의 전면에 있는 것 같은 하나의 양상을 가질 것이다. 이제 고개를 흔들고 그것을 다시 보라. 그러면 갑자기 그것은 그 방향이 뒤바뀌는 것처럼 보일 것이다. 조금 전만 하더라도 앞편에 있던 표면이 뒤편에 나타나고 뒤편에 있던 표면이 앞편으로 전치되는 것처럼 보일 것이다. 여기서 당신은 이 모든 것을 보지만 당신이 보는 것이 그 '있는 어떤 것'과 똑같은 것이라는 오류는 범하지 않을 것이다. 이래서 우리는 가끔 외양(appearance)과 현실(reality)을 구분한다. 전자는 당신이 가진 어떤 것이며, 후자는 당신이 대면하는 어떤 것이다.

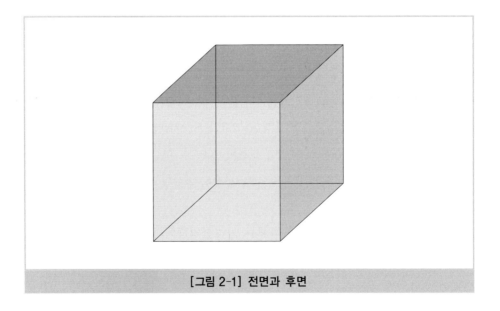

[그림 2-1] 전면과 후면

그런데 이와 같은 현실에 대한 인지의 경험에는 더 나아가서 개념적인 범주(conceptual categories)가 또한 포함된 것임을 지적해야겠다. 우리는 이미 [그림 2-1]에 있는 어떤 것을 기술하는 데 '표면'과 '전면'이라는 개념을 이용하였다. 이는 그림에 내재해 있는 복잡성을 줄이는 하나의 방편이다.

브루너(J. S. Bruner)는 그의 저서 『사고의 탐구』에서 이 범주화의 성질과 과정을 매우 적절하게 지적하였다.[2]

"범주화(categorizing)는 우리 주변에 있는 세계의 사물들이 식별되는 수단이다. 어떤 것이나 혹은 어떤 사물을 식별하는 행위는 그것을 어떤 분류목에 '정치 (placing)'하는 행위다. 식별(identification)은 우리가 '거기에 또 뭐라고 하는 것 이 있다(There is thingumbob again.).'라거나 혹은 '거기에 다른 하나의 뭐라고 하는 것이 있다.'라고 말할 수 있다는 것을 함축한다. 이 식별들은 그들이 가지는 정교 성의 풍부성에 차이가 있을는지는 몰라도 그들은 결코 없는 것이 아니다. 어떤 소리가 단순히 '밤늦게 문밖에서 오는 그 소리'로 들릴 수도 있다. 혹은 그것은 '오래된 나무 의 그루터기를 씹는 그 고슴도치'로 들릴 수도 있다. 하나의 사태가 이처럼 범주화되 거나 식별될 수 없을 때, 우리는 그 신비한 것(the uncanny)에 봉착하여 공포를 경 험한다. 그리고 기실은, '그 신비한 것' 자체도 비록 잉여적인 것일는지는 몰라도 하나 의 범주다."

앞의 인용문에서 범주화의 대상이 '세계의 사물' '어떤 것' '뭐라고 하는 것' 혹 은 '그 신비한 것'으로 표현되었다. 이들은 모두 여기서 우리가 개념화하려는 현실 을 지칭한 것으로 봐도 좋을 것 같다. 그리고 인용문의 마지막 부분에서 "기실은, 그 신비한 것 자체도 하나의 범주다."라는 표현이 있는데, 이는 곧 지금 우리가 현 실을 개념화하는 부면에 해당한다. 우리의 모형에 비추어 기술하면, 이는 이차적 인식 수준에서 일차적 인식의 한 요소인 현실을 정치하는 것을 기술한 것이다. 이 말을 다시 바꾸면 우리가 지금 아무리 현실에 관해서 어떤 개념에 접근한다고 하 더라도 그 결과가 현실과 같은 것이 아니라는 해석이 나온다.

· · · ···

2) J. S. Bruner, J. J. Goodnow, & G. A. Austin, *A Study of Thinking*, New York: Science Editions, 1962, p. 12.

우리는 지금 현실을 개념적으로 묘사하고 있다. 그러나 그 묘사된 것이 현실 자체는 아니다. 이와 같은 관계는 현실과 그것을 기술하는 언어 간에도 성립된다. 지금까지 많은 단어, 문장 및 구절을 써서 현실에 관한 것을 표현했지만 그 기호체제가 그것이 참여하는 현실과 다른 것임은 명백하다. 코지브스키는 말한다. "예컨대, 우리가 '어떤 단어가 그것에 관해서 말하는 대상(object)은 아니다.'라는 진술에서 출발하고 어떤 사람이 그것을 부인하려고 한다면 그는 그 단어가 지칭하고 있는 실제적인 대상을 생산할 수 있어야 할 것이다. 그러나 이 일은 정신병원에 입원해 있는 사람조차 할 수 없는 과제다."[3] 그의 말을 우리가 수락한다면, 우리는 우리가 지금 하나의 분류목으로 다루고 있는 현실이라는 개념이나 단어가 갖는 고도의 추상성을 또한 인정해야 한다. 현실은 복잡하며 그들 간에도 서로 같을 수 없는 구성물이 있을 것이다. 우리는 브루너의 말대로 그 복잡성을 하나의 개념으로 뭉뚱그려 생각하고 있지만 그로 인해서 그 구성물이 똑같다고 생각하지 않도록 스스로 경계할 필요가 있다. 코지브스키는 이런 종류의 자각을 촉진하는 방법의 하나로 사물에 고유번호(index numbers)를 부여하기를 제안하였다. 예컨대, '사과'라는 말 대신 '사과1', '사과2', '사과3' 등등으로 기술하는 것이다. 이와 같은 방식으로 우리는 현실이 갖는 특수성에 점차 접근할 수도 있을 것이다. 그러나 이 방법도 현실이 모두 같은 것이 아니라는 것을 깨우치는 효과는 있을지언정 그것이 현실에 대해서 궁극적인 해명을 해 주리라고는 기대할 수 없다. 현실을 아무리 특수하게 범주화하거나 명칭을 부여한다고 하더라도 그것은 어디까지나 인지의 단위이고 언어의 단위에 불과하다.

한편, 철학자들은 오래전부터 현실을 구성하는 어떤 특수한 사물에, 에피소드, 사람, 장소, 시간 등등을 지칭할 수 있는 일군의 단어가 있다고 보았다. 그것은 흔히 외연적 단어(extentional words)와 내포적 단어(intentional words)를 구분함으로써 이루어진다. 그들에 의하면 전자는 지적될 수 있는 구체적인 대상을 지칭하는 것으로서 '이것', '저것', '복순이' 등이 이 분류에 든다. 한편, 후자는 지적될 수 있

---

3) A. Korzybski, *op.cit.*, p. 10.

는 대상에 주어지는 이름이 아니라 그것을 인지하기 위해서 그것에 관해서 우리가 머릿속에서 구성한 것이다. '붉음', '양순함', '인간성' 등은 이에 해당한다.

말콤(N. Malcolm)은 이른바 '구체적 정의(ostensive definition)'를 다루는 자리에서 이 점을 다음과 같이 밝힌 바 있다.[4]

> "철학자들은 때때로 당신이 대상의 특성에 관해서 어떤 것도 알거나 의미를 가짐이 없이 그 대상에 대해서 하나의 명칭(a name)을 부여할 수 있다고 가정하였다. 그 명칭은 '내포가 없는 외연(denotation without connotation)'을 가질 것이다. 밀(J. S. Mill)은 모든 고유명사가 이와 같은 방식으로 명칭의 구실을 한다고 주장했다. 그는 다음과 같이 말했다. '대상에게 부여된 명칭들이 어떤 유의 정보(any information)를 전달할 때마다, 즉 그들이 적절하게 어떤 의미를 가질 때마다, 그 의미는 지칭하는 데 있는 것이 아니라 그들이 함축하는 데 있다. 그 어느 것도 함축하지 않은 대상의 명칭들만이 고유명사다. …… 하나의 고유명사는 오직 하나의 의미도 없는 징표(an unmeaning mark)일 뿐이다. 우리는 그 징표가 우리의 눈에 마주치거나 우리의 생각 속에 일어날 때마다 우리가 그 개별적인 대상에 관해서 사고할 수 있도록 우리의 마음속에서 그 징표를 그 대상에 대한 관념과 연결시킨다.'"

인용문 안에서 밀이 선택한 고유명사, 그리고 우리가 일상생활에서 쓰는 이른바 외연적 단어는 우리가 어떤 복잡하고 구체적인 현실에 봉착하여 그것에 관해서 아무것도 모른다고 하여도 그것의 존재를 우선 시인하는 방편을 마련해 준다는 점에서 매우 유용하게 쓰일 수 있다. 이를테면, '그것'이라는 말은 우리가 그것에 관해서 세부적인 인지 작업에 들어가기 전에 우선 우리가 그것에 주목하게 하는 기능을 할 수 있다. 그러나 우리는 여기서 한걸음 더 나아가 우리가 '그것'이라고 지칭하지 않은 무수한 현실이 있음을 가정하자. 많은 현실이 우리가 그것을 지적하기 전에 있을 수 있고 또 부단히 생성된다. 누구였든 간에 신대륙을 발견한 최초의 사

---

4) N. Malcolm, *Problems of Mind*, London George Allen, 1972, p. 51.

람에게는 그 신대륙이 '그것'으로 등장했을 것이다. 그러나 그 대륙은 그가 '그것' 이라고 그것을 지칭하기 이전에 이미 존재하였다.

누차에 걸쳐 지적되었지만 현실은 그것에 대한 인지와는 독립적으로 이미 존재 하는 어떤 것이다. 현실은 우리가 그것에 대해서 어떤 특수하거나 일반적인 관념 을 가지고 있든 간에, 그리고 설사 아무런 관념도 갖지 않는 경우조차 그 나름의 존 재성을 가진다. 이는 현실 가운데 두 가지 유형이 있을 수 있음을 뜻한다. 하나는 우리의 인지에 의해서 그것의 존재성이 포착된 현실이고, 다른 하나는 전혀 인지 되지 않은 현실이다. 그러나 이 구분은 어떤 특정한 시점에서 이루어지는 것이기 때문에 절대적인 것이 아니고 항상 상대적인 것이다. 왜냐하면 후자의 현실은 우 리의 인지 활동에 의해서 그것의 존재성이 계속 드러나고 확장되리라고 가정되기 때문이다.

그러나 여기서 이 입장에서 해명되어야 할 한 가지 함정이 있음을 알아야 한다. 그것은 "존재성이란 무엇이며 또 그것은 어떻게 인정할 수 있느냐?" 하는 문제다. 이 질문에 대해서 어떤 방식의 해답을 주지 않는 한 우리는 현실에 대해서 명백한 개념에 도달했다고 할 수 없다. 사실은 이 부분이 현실을 규정하는 데 가장 핵심적 인 대목에 속하며 그 해답 방식에 따라 이제까지 서로 다른 학설이 파생되었다. 우 리는 이제부터 이 문제에 대한 우리의 입장을 밝히려고 노력할 것이지만 그 작업 에 들어가기 전에 이와 관련된 이설들이 어떤 것인지를 간략하게나마 정리하는 것 이 순서가 될 것 같다.

내가 보기에는 다음에 인용하는 화이트(M. White)의 글이 이 문제를 두고 철학 분야에서 취해 온 여러 가지 입장을 매우 간결하게 요약하고 있는 듯하다.[5]

"'존재한다(exists)'는 말은 철학에서 가장 중추적이며 논쟁적인 것 중의 하나다. 어떤 철학자들은 그것이 단일한 의미를 갖는 것으로 생각한다. 이런 의미에서 우리는 이 책이 존재한다고 말하기도 하고 신이 존재한다거나 존재하지 않는다고 말하기도

---

5) M. White, *The Age of Analysis*, New York: A Mentor Book, 1955, pp. 118-119.

하고, 8과 20 사이에는 기수들이 있다고 말하기도 하고, 붉은 것이 있듯이 붉음 (redness)과 같은 특성이 있다고 말하기도 하고, 신체처럼 정신이 존재한다고 말하기도 한다. '존재한다'라는 말이 이처럼 애매하지 않은 방식으로 해석될 때 철학사나 신학사에서 일어났던 많은 유명한 논쟁이 제법 간단하게 보인다. 유신론자는 신이 존재한다고 주장하는 한편, 무신론자는 똑같은 것을 부인한다. 물질주의자들은 물질이 존재한다고 하는 한편, 어떤 관념론자들은 그것이 허망한 것이라고 생각한다. 이른바 유명론자들은 붉음과 같은 특성의 존재를 부인하는 한편, 플라톤 계열의 현실주의자들은 그것을 확신한다.

어떤 부류의 행동주의자들은 신체 안에 정신이 있다는 것을 부인한다. 그러나 어떤 철학자는, '존재한다'라는 말이 애매하며, 따라서 이 논쟁의 어떤 것은 전혀 논쟁이 아니라 상호 간의 오해의 결과, 즉 어떤 것들은 어떤 하나의 의미에서 존재한다고 보이는 한편 다른 것들은 다른 의미에서 존재한다고 보이는 것을 보지 못하는 소치라고 주장하는 경향이 있다. 20세기에 접어들어 이런 부류의 두드러진 노력의 하나는 오직 공간 내에 있는 구체적인 사물만이 존재하며(exists), 사물의 특성이나 그들 간의 관계는 부차적으로 존재한다(subsists)고 보아야 한다는 실재론자들(realists)의 초기 저서에서 나타난다. 이는 시카고와 세인트루이스는 모두 분명한 장소에 존재하지만 그들 간에 유지되는 관계인 '~보다 인구가 많은(more populous than)'은 시카고나 세인트루이스에도 혹은 그들 간의 중간 지점에도 없지만 그럼에도 우리가 그것에 대해서 말할 수 있는 어떤 것(something), 즉 플라톤이 일컫는 무시간적이고 무공간적인 영역에 통상 할당되는 어떤 것이라는 것을 지적함으로써 가끔 설명된다. 그러나 이 견해에 의하면 인간의 정신이나 성격은 그들의 비물질성에도 불구하고 역시 '존재한다'고 일컬어진다. 요약하면 추상적인 부속적 존재(abstract subsistents)와 구체적 존재 (concrete existents)는 크게 구분된다. 그러나 인간의 성격과 물리적 대상은 모두 존재물이지만, 그들은 플라톤적 관념의 무공간성과 무시간성을 공유하지는 않는다."

이상에서 소개된 여러 가지 학설 가운데 실재론(realism)이 우리가 여기서 택하려는 입장에 가장 가깝다. 우선 나는 '존재(existence)'라는 말이 매우 애매한 의미를 가지고 있다는 데 동조한다. 예를 들면, 갑은 "신이 존재한다."라고 주장하며, 을은 "신이 존재하지 않는다."라고 주장할 때 이 두 사람은 각각 '존재한다'는 말에 대해서 상이한 의미를 가지고 있을 가능성이 있다. 이런 경우 이 두 사람은 논쟁의 일차적인 요건인 소통의 근거조차 없는 것이다. 이들은 우연하게 같은 용어를 쓰고 있지만 그 용어가 참조하는 것은 전혀 다른 것이다. 따라서 이들은 '신의 존재 여부'를 따지기 전에 '존재'라는 말의 의미에 일치성을 구하는 노력을 먼저 하여야 한다. 나는 또한 이 문장에서 '시간과 공간 내의 구체적인 사물(concrete things in space and time)'과 '사물의 추상적인 특성이나 혹은 그들 간의 관계(abstract characteristics of things or relations between them)'가 존재한다고 봄으로써 실재론과 동조한다. 나는 이제부터 우리가 이 입장을 살리기 위해서 요구되는 '존재'라는 말의 의미를 규정하고, 그 규명된 의미에 비추어 실재론이 주장하는 그 두 가지 것이 존재함을 증명하겠다.

우선 우리는 '존재한다'라는 말을 '경험적으로 감지할 수 있다'라는 말로 해석하기로 하자. 이렇게 보면 존재하는 어떤 것은 우리에게 줄 수 있는 자료(data)를 가지고 있어야 한다. 이를테면, 내가 "이 방에는 책상이 있다."라고 말한다면, 나는 "어떤 사람이든 어떤 조건하에서 그것과 관련하여 어떤 경험을 할 것이다."라는 것을 예언하고 있다. 즉, 그 어떤 사람은 그 방에 들어가서 책상이라고 부르는 것을 보거나 느낄 수 있어야 한다. 이는 책상의 존재 여부가 이미 과거에 판명된 것임을 주장하는 것이 아니라 그것이 현재나 혹은 미래에 판명될 수 있으리라는 주장, 다시 말하면 가설을 포함한다. 이렇게 존재의 의미를 국한시키면 우리의 맥락에 비추어 현실이라고 하는 것은 언제라도 우리의 감각에 의해서 경험될 수 있는 것이어야만 된다.

자료(data)라는 말은 라틴어의 'datus'로부터 유래된 것으로 원래 '주어진 것(that which is given)'을 의미했다고 한다. 우리의 관점에서 볼 때 이는 현실이 그것의 존재성을 우리에게 시사하는, 그리고 우리의 그것에 대한 인지를 타당화하는 증거로서 가지고 있는 것이다. 우리는 현실에 대해서 어떤 인지를 구성하고 그 인지가 맞는 것인지 아닌지를 현실이 갖는 자료에 의해서 판정한다. 따라서 만약 우리가 현실이라고 부르는 어떤 것이 우리에게 자료를 제공하지 않는다면 우리는 그것이 존재하는 것인지 존재하지 않는 것인지에 대한 확실성을 당분간 가질 수 없는 상태에 놓이게 된다고 말할 수 있다.

이쯤 존재성에 대한 우리의 의미를 한정시켜 두고 이제 '시공 내의 구체적인 사물'과 '그 사물의 특성이나 관계'가 존재할 수 있다고 주장하는 실재론의 입장을 검토해 보기로 하자. 이들이 존재성을 가지려면 이들은 자료를 가지고 있어야 하며, 우리는 어떤 방식으로 그 자료를 수집해서 그것의 존재를 감지할 수 있어야 한다. 그런데 우리는 '시공 내에 있는 구체적인 사물'에 관한 한 그들의 존재성을 증명하는 데 어려움을 느끼지 않는다. 이는 앞서 '방 안에 있는 책상'의 경우와 같은 것이기 때문이다. 실재론의 보다 큰 문제는 추상적인 관념의 존재를 증명하는 과제와 관련하여 심각하게 대두된다. 따라서 우리는 이 부분에 논의의 초점을 맞추기로 한다.

나는 이 문제의 실마리를 좀 엉뚱할지는 몰라도 앞서 우리가 든 갑과 을의 논쟁을 종결시키는 데서 얻을 수 있다고 본다. 이제 갑과 을이 '존재한다'는 말에 대해서 우리가 규정한 바와 같은 방향으로 모두 같은 의미를 가지게 되었다고 가정하자. 그렇다면 을은 갑에게 '신'이 그에게 경험적으로 감지될 수 있는 방법을 요구하게 될 것이다. 그러나 내가 알기로는 아직까지 그런 비법은 없는 듯하다. 이 말은 '신이 존재하지 않는다.'는 입장이 옳다는 것이 아니라 '신이 존재한다.'는 입장이 아직 취약성을 가지고 있음을 뜻한다. 이때 우리가 제기할 수 있는 다른 하나의 질문은 "갑이 정말 신이 있다고 생각하느냐?"의 형태를 취할 수 있다. 나는 이에 대한 해답이 이른바 '일반성의 현실(the Reality of universals)', '질의 현실(the Reality of qualities)', '관계의 현실(the Reality of relations)'의 존재성을 동일한 방식으로 해명하리라고 생각한다. 왜냐하면 이들은 모두 관념의 존재성을 묻는 질문이기 때문이다.

신의 존재 여부는 현 단계로서 입증하기 곤란하나 신의 존재에 대한 우리들의 신념이 있느냐 없느냐의 문제는 현 단계로서도 입증이 가능한 영역에 속한다. 왜냐하면 이는 신의 소재에 의해서 증명되는 것이 아니라 그런 관념을 가지고 있는 사람이 있느냐 없느냐에 의해서 증명될 수 있기 때문이다. 물론 앞서 화이트가 지적했듯이 우리의 관념은 '무공간성과 무시간성'을 갖기 때문에 그것의 소재 파악에 어려움이 있는 것은 사실이다. 그러나 개인이 가진 관념이 표출되는 경로는 많으며, 우리는 그 표출된 자료를 통해서 그것의 존재성을 추측할 수 있는 것이다. 가령, 가장 소박한 방법으로 우리는 일단의 사람에게 그들이 진실로 신이 있다고 믿는지 믿지 않는지를 묻고 그들의 대답에 의해서 그들이 사실상 유신론자라거나 무신론자라는 것을 판정할 수도 있다.

우리는 현실적인 관념이나 비현실적인 관념을 얼마든지 가질 수 있으며 그 관념 자체가 하나의 다른 현실로 드러남을 볼 수 있다. 이들은 분명히 심리적인 현실의 하나다. 우리는 머리에 뿔이 하나밖에 없고 영양과 같은 허리와 사자의 꼬리를 가진 전설상의 동물을 상상할 수 있다. 어떤 사람은 지금도 천사나 용이나 봉황이 있다고 진실로 믿고 있다. 마찬가지로 많은 학자가 중력, 점, 시간, 공간, 성격, 수, 질, 양, 그리고 그들 간의 관계와 같은 추상적인 관념들을 가지고 있다. 더 나아가서 이른바 유명론자(nominalists)로 불리는 일단의 철학자들은 이와 같은 추상적인 대상이 없다는 생각을 진심으로 가지고 있는 듯하다. 이들은 모두 우리의 인식론적 모형에 의하면 일차적 인식의 현실 가운데 인지의 부류에 드는 특수한 현실에 속하는 것이다. 나는 사람들이 사실상 그런 관념을 가지고 있는지 않은지를 그들의 언행을 통해서 감지할 수 있다고 본다.

나는 지금까지 '현실'과 '현실에 대한 인지'가 모두 '현실'을 구성한다는 인식론적 입장을 고수해 왔다. 그리고 전자와 후자의 현실은 관념의 수준에 의해서 구분될 수 있다고 보았다. 이 입장이 타당하려면 나는 당장 그 각각의 현실이 어떤 것이며 그들을 우리가 지금까지 규정해 온 현실이라는 개념으로 식별할 수 있는지를 증명해야 할 것이다. 물론 지금까지 내가 이 책에서 취해 온 나의 언행을 통해서 독자들이 이와 같은 나의 관념을 이해할 수 있었다면 그것은 퍽 다행한 일이다. 그러나 아직도 나의 언행에 의해서 나의 관념을 이해하지 못한 독자는 다음의 구체적인 사례[6]를 제시하고 규정하는 나의 방식에 주목해 주기 바란다.

●　●　●　●　‥‥‥

6) 장상호, 행동과학의 연구논리, 서울: 교육출판사, 1977, pp. 17-18.

"어느 날 워싱턴(Washington) 대학의 심리연구소는 어수룩한 농부의 방문을 받았다. 그는 자신이 신통한 마력을 지니고 있는데 그 이유를 알고 싶다고 했다. 그는 고래 뼈로 수원을 찾아낼 수 있다고 장담하였다. 물 한 컵을 주문해서 마룻바닥에 놓고 시범을 보였다. 고래 뼈를 들고 방 안을 천천히 돌아다니던 그가 물 컵의 근처에 이르렀을 때 아주 놀랄 만한 일이 일어났다. 농부의 얼굴이 긴장되면서 고래 뼈를 쥔 손이 마치 자력에 끌린 듯이 물의 방향으로 향해졌다. 그는 이와 같은 비법 때문에 동네에서 명성을 떨치고 있는데, 그 이유가 무엇인지 알고 싶다고 하였다. 그의 표정은 매우 진지했다. 옆에서 지켜보고 있던 심리학자는 그 이유를 알기 전에 우선 그 농부의 비법이라는 것이 사실상 믿을 만한 것인가를 시험해 보자고 제안했다. 농부의 흥분이 가라앉자 심리학자는 조교에게 다음과 같은 지시를 했다. 모양이 똑같은 10개의 깡통을 방 안에 놓고 그중 5개에 물을 채우도록 하였다. 그 5개의 깡통은 아무렇게나 선택되었다. 그리고 똑같은 크기와 모양을 가진 베니어판을 준비해서 각각 10개의 깡통이 보이지 않도록 덮었다. 이때 그 농부와 심리학자는 옆방에 있었기 때문에 조교가 준비하는 장면을 볼 수 없었다. 준비가 끝난 후에 심리학자는 농부를 그 간단한 실험실로 안내하고 10개의 깡통 가운데 5개의 깡통에 물이 담겨 있으니 고래 뼈로 찾아보도록 부탁하였다. 그 심리학자는 물이 담긴 깡통을 모두 알아맞힐 수 있는 확률이 매우 낮다는 것을 알고 있었다($p = .004$). 드디어 농부가 얼마 전의 동작을 취하면서 찾아낸 깡통을 열어 보았다. 3개가 맞고 2개가 틀렸다. 이는 보통 사람이라도 우연히 맞힐 수 있는 확률인 1/2에 가까운 것이었다. 심리학자는 농부에게 수원을 찾는 비법이 없는 것 같다고 말하고 의심쩍으면 실험을 다시 반복해 볼 수도 있다고 제안했다. 농부는 그럴 필요가 없다고 하면서 오히려 반가운 표정을 지었다."

이 사례는 어떤 농부와 심리학자가 농부가 가진 어떤 생각이 현실에 부합한 것인지 아닌지를 검증하는 절차를 보여 주고 있다. 심리학자는 농부가 가진 어떤 현실에 대한 관념이 타당하려면 그 현실이 그들에게 어떤 특정한 자료를 제공해 주어야 한다는 가설을 세웠다. 그러나 불행히도 그 농부와 심리학자가 관찰한 자료는 그들이 상정한 가설에 부합하지 못하기 때문에 농부의 그 관념은 '비현실적'이라는 판정을 내리게 되었다. 여기까지의 과정은 우리의 인식론적 모형에 의하면 일차적 인식의 과제에 속한다. 농부는 어떤 현실에 대한 인지를 가지고 있었고 이를 심리학자에게 언어로 표현하였다. 그런데 결국 현실은 그 인지와 언어가 망상과 망언이라고 판정을 내릴 수 있는 자료를 그들에게 제공하였다. 여기서 우리는 다시 이차적 인식의 문제를 제기할 수 있다. 이는 예컨대 그런 사례가 있었느냐는 질문에 해당한다. 보다 구체적으로 말하면 농부가 진심으로 자기에게 마력이 있다고 생각했으며, 그것을 언어로 표현했느냐는 질문이 이차적 인식의 문제다. 내가 보기에는 농부는 '진심으로' 그가 마력을 가지고 있다고 생각한 듯하다. 이 특수한 인지의 타당성을 방증하는 것으로 나는 '농부가 연구실에 방문했었다는 사실', '그가 고래 뼈로 수원을 찾아낼 수 있다고 장담한 사실', '그가 실험에 매우 진지하게 응했다는 사실' 등을 들 수 있다. 물론 이 자료는 일차적 인식의 실현을 증명하는 데 좀 미진한 점이 있다. 그러나 만약 독자가 요구한다면 나는 다른 실제적인 사례를 찾아 보다 정교한 방법으로 그것의 현실성을 증명할 수 있다.

이제 우리는 여기서 현실에 대한 개념적인 이해를 종료하기로 하자. 사실 나 자신이 이 단계에서 더는 현실에 관해서 언급할 소재를 가지고 있지 않으며, 같은 말을 반복해서 독자를 지루하게 할 용의도 없다. 그러나 나는 이쯤 해서 하나의 현실에 대한 매우 일반적인 가설을 지적하고자 한다. 그것은 현실이란 만화경처럼 시시각각으로 변화하지만 거기에는 어떤 공변성(covariance)이 내재되어 있다는 생각이다. 여기서 공변성이란 통상 '질서(order)', '법칙(law)', '구조(structure)', '역동성(dynamics)'과 비슷한 말이다. 그리고 더욱 흥미 있는 것은 이와 같은 방식으로 현실을 봄으로써 우리는 우리가 이제까지 알지 못했던 새로운 현실을 발견하고 예측하게 된다는 사실이다.

우리는 같은 냇물을 두 번 밟을 수 없다. 이렇게 표현하면, 현실은 헤라클레이토스(Heraclitus)가 주장한 것과 매우 유사하게 진행되는 듯하다. 우리가 통상적으로 일컫는 사건이나 사물은 쉬지 않고 변한다. 한때 녹색의 작은 사과가 이제 붉은색을 짙게 띠면서 크게 영글어지며 멀지 않아 쭈그러져서 썩는다. 우리는 해변을 바라보며 '파도가 밀려온다'라는 말을 읊조린다. 그리고 그 '파도'라는 말이 명사의 형태를 취하기 때문에 우리는 그것이 하나의 변하지 않는 존재일 것이라는 착각에 빠지기도 한다. 그러나 존재하는 현실로서의 파도는 순간적이며 항상 변하는 것이 분명하다. 우리 자신이 항구적으로 변하지 않는 것처럼 이야기하는 경우가 가끔 있다. 예컨대, 사랑에 빠진 어떤 젊은이는 복순이를 보고 "그 여자 참 아름답다."라고 감탄한다. 그러나 몇십 년 후에도 그 미모가 유지되리라는 그의 예상은 점차 착오임이 드러난다.

한편으로, 우리는 그 시공 속의 변화 가운데에는 어떤 불변하는 질서가 있으리라고 가정한다. 또한 그 각각의 고유한 사건이나 사물은 전혀 우연으로 돌려 버릴 수 없는 어떤 필연적인 공존관계를 가지면서 진행된다고 가정한다. 우리가 통상적으로 일컫는 과학적인 활동, 즉 현상 배후에 작용하는 어떤 공통된 속성을 발견하여 개념을 구성하고, 개념과 개념 간의 관계를 판단하여 법칙을 구성하고, 법칙과 법칙 간의 관계를 추리하여 이론을 구성하는 활동은 이와 같은 기본 과정에 기초를 두고 있는 것이다. 과학자들의 이와 같은 인지 활동은 여기서 정의한 현실을 탐색해 나가는 데 이미 상당한 성과를 얻어 왔다. 그들은 그들의 관념을 현실의 자료에 비추어 보고 그 자료에 맞춰 그들의 관념을 수정해 나가는 작업을 계속함으로써 현실을 보다 간결하게 기술하고 설명하고 예언할 수 있는 일단의 확실성 있는 지식체계를 형성하는 데 크게 공헌하였다.

나는 앞서 어느 곳에서 현실은 우리의 인지 활동에 의해서 점차 그 존재성이 드러난다고 하였다. 특히 과학적 이론은 그것이 갖는 예언력으로 인해서 우리에게 이 측면을 잘 증명하여 주었다. 예컨대, 뉴턴(Newton)의 이론은 당시의 사람들이 볼 수 없었던 혹성의 존재를 예언하였다. 그 이론을 이용하여, 그리고 이미 알려진 혹성들의 궤도를 관찰하여 뉴턴은 태양으로부터 어떤 위치에 혹성들이 있어야 된다고 예언하였으며 그 예언은 적중하였다. 또한 유전이론은 염색체를 현미경으로 볼 수 없었던 단계에서 그것의 존재를 예언하였다. 이 두 가지 사례는 현실이 우리의 지적 활동에 의해서 발견되는 미묘한 과정을 우리에게 실증한 셈이다. 그러나 각 학문에서 발견한 현실도 각 영역의 선입견과 그들이 입수할 수 있었던 자료의 제한 때문에 매우 한정적인 것에 불과한 것이다.

마지막으로 나는 우리가 잘 알고 있는 색스(J. G. Saxe)의 우화 「맹인들과 코끼리 (The Blind Men and the Elephant)」를 상기하면서 이 장을 마치고자 한다.[7]

여섯 명의 인도스탄(Indostan) 맹인들이 코끼리가 어떤 것인가를 알고자 하였다. 첫 번째 맹인이 그것에 접근했을 때 그는 코끼리의 옆구리에 부딪치게 되었다. 그는 굴러 떨어지면서 코끼리는 벽에 불과한 것이라고 하였다. 두 번째 사람은 뾰족한 상아를 만지고 코끼리는 창과 같다고 하였다. 세 번째 사람은 꿈틀거리는 코를 만지고 그것은 뱀과 같은 것이라고 하였다. 네 번째 사람은 다리를 만지고 그것이 나무와 같다고 하였다. 다섯 번째 사람은 귀를 만지고 그것은 부채와 같다고 단정지었다. 마지막 여섯 번째 사람은 꼬리를 만지고 그것은 밧줄과 같은 것이라고 하였다.

이 우화는 다음과 같은 구절로 끝맺는다.

> 인도스탄의 이 사람들은
> 악다구니를 지르면서 오랫동안
> 제각기 그 나름의 의견 속에 파묻혀
> 팽팽하고 완고하게 언쟁을 벌이지만
> 각각은 부분적으로 옳다고 하더라도
> 모두 틀렸느니라!

---

7) J. G. Saxe, The blind men and the elephant, In A. C. Alexander (Ed.), *Poems That Touch the Heart*, New York: Doubleday, 1956.

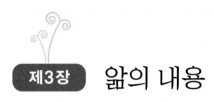

제3장   앎의 내용

인지(cognition)라는 용어는 일상생활에서 그리고 여러 학문 영역에서 다양한 의미로 쓰여 왔다. 우리의 모형에서는 그것이 사람의 머릿속에서 일어나는 심리적 현상의 일부로 간주된다. 인간은 인식의 주체로서 자체 내에 일어나는 현실을 여러 가지로 구분시켜 왔다. 지(知), 정(情), 체(體)는 가장 일반적인 수준의 분류다. 이와 같은 분류는 이 세 가지의 과정이 서로 분리(separation)되었다는 전제 위에 성립되는 것이 아니다. 우리는 편의상 총체로서의 인간을 여러 가지 측면에서 포착하려는 의도에서 그런 편의상의 구분을 해 본 것에 불과하다. 심리학자들은 인간이 가지고 있는 심리 현상의 전체에 관심을 두고 있지만 그들의 주된 관심은 하나의 특수한 관점으로부터 나온다.

나이서(Ulric Neisser)는 그의 저서 『인지심리학』에서 인지라는 말이 지칭하는 것을 다음과 같이 한정하고 있다.[1]

"여기서 쓰이는 '인지(cognition)'라는 말은 감각적 자료(the sensory input)가

---

1) U. Neisser, *Cognitive Psychology*, New York: Appleton, 1967, p. 4.

변형되고, 감환되고, 정교화되고, 저장되고, 재생되고, 사용되는 모든 과정을 지칭한다. 이 과정들은 영상이나 환상의 경우처럼 관련된 자극이 없는 상태에서도 작용하는데, 이 경우에도 이들은 인지라는 말로 지칭된다. 인지의 가설적인 단계나 국면을 지칭하는 말들 가운데에는 감각(sensation), 지각(perception), 영상(imagery), 파지(retention), 재생(recall), 문제해결(problem-solving) 및 사고(thinking) 등이 있다."

이 정의는 우리가 지금까지 이 책에서 써 왔던 인지라는 용어나 개념과 일치한다. 사람들은 태어날 때부터 감각과 지각을 표상하는 내재적 과정을 발전시켜 저장하고 그것을 유발하는 직접적인 대상이 사라진 뒤에도 그것을 어떤 목적에 부합하게 의식적으로나 혹은 무의식적으로 조정한다는 데 의심의 여지가 없는 듯하다. 그러나 이 인지과정 자체가 매우 광범위한 사실을 포함하고 있기 때문에 심리학자들은 앞서 나이서가 지적한 바와 같이 그것을 여러 가지 세부적인 단위로 구분하여 이 영역을 탐색해 왔다. 이 구분은 임의적인 것으로서 마치 인지가 감정이나 신체적인 과정과 매우 밀접하게 관련을 맺고 있는 것처럼 인지 요소 간에도 역동적인 상호작용이 있는 것으로 가정된다.

나는 앞 장에서 현실의 문제를 다루면서 인지의 일반적인 성질을 이미 상당한 정도로 기술하였다. 그러므로 나는 인지심리학자들이 임의적인 한계를 설정해서 제각기 탐색해 온 인지의 하위 영역을 보다 세부적으로 언급하는 방향으로 지면을 할애하고자 한다. 보다 구체적으로 말하면, 우리는 이제부터 지각, 개념화, 기억, 사고, 그리고 인지의 발달이라는 부면을 순서대로 검토하게 될 것이다. 여기서 독자는 인지에 관한 두 가지 특성을 주시해 주기를 바란다. 그 하나는 인지라는 것이 한 개인에게 피동적으로 주어지는 것이 아니라 그 나름의 정신적인 활동에 의해서 내부로부터 발견되거나 창조된 것이라는 사실이고, 다른 하나는 그것이 선택과 측면과 부분의 특성을 가진다는 사실이다.

우선 지각이라는 특수한 인지 과정부터 검토해 보자. 이는 우리가 감각기관에 들어오는 정보를 경험하고 조직하는 심리적 과정을 지칭한다. 보통 천진난만한 사람은 그의 오감을 통해 얻은 감각적 자료와 증거를 무비판적으로 받아들이는 경향이 있다. 그는 현실의 특징을 직접 지각했다고 느끼며 그 지각의 정확성에 대해서 분명한 확신을 가진다. 더 나아가서 그는 다른 관찰자들도 만약 그들의 감각기관이 정상으로 작동한다면 사태를 자기와 같은 방식으로 지각하리라는 가정도 거침없이 한다. 그러나 이와 같은 현상적 절대주의(phenomenal absolutism)의 입장은 그릇된 것이다. 우리의 지각적 행위는 어느 것이나를 막론하고 우리에게 입수될 수 있는 매우 한정적인 정보를 기초로 현실을 구성하거나 창조하는 행위다.

우리의 오감은 현실을 지각하는 데 매우 제한되고 불완전한 기제에 불과하다. 이 말은, 우리가 현실을 지각할 수 있는 능력에 한계가 있음을 뜻한다.[2] 예컨대, 우리는 눈의 온도에 의해서 생기는 적외선을 우리의 눈으로 관찰할 수 없다. 다른 동물(이를테면, 벌)이 볼 수 있는 자외선을 우리는 직접 볼 수 없다. 우리는 또한 우리의 귀 밑에 흐르는 혈액에 의해서 발생하는 낮은 소리나 지구가 회전할 때 생기는 엄청난 소리를 듣지 못한다. 다시 말하면, 우리의 눈과 귀가 감지할 수 있는 빛과 음의 파장은 놀라울 정도로 한정되어 있으며 다른 감각기관도 마찬가지다.

이처럼 본래부터 한정된 범위의 정보만을 지각할 수 있는 우리의 감각기관은 그들이 감지할 수 있는 모든 정보를 한꺼번에 '접수'하는 것은 아니다. 우리는 끊임없이 우리가 감지할 수 있는 범위의 무수한 자극의 세례를 받고 있지만 우리가 일시에 주의하는 자극은 그 가운데 얼마 되지 않는다. 이는 우리가 인지적 적응을 해나가는 데 불가피한 '필요악'이라고 볼 수 있다. 만약 그 경합하는 자극의 모두에 대해서 우리가 주의하게 된다면 우리는 그들 가운데 어느 것도 의미 있게 받아들일 수 없다. 이는 라디오와 TV를 동시에 작동시켰을 경우를 상상하면 쉽게 이해될 수 있다. 우리는 불행 중 다행으로 우리가 원하는 정보(message)만을 수용하고 다른 모든 정보를 거절할 수 있는 '선택의 여과기(selective filter)'를 가지고 있다.[3] 이른바 '칵테일파티 현상(cocktail party phenomenon)'은 이 여과기의 중요성을 잘 설

●　●　●　●　●…………………………………………………………………………………………

2) G. V. Békésy, *Sensory Inhibition*, New Jersey: Princeton University Press, 1967.

3) D. E. Broadbent, Attention and the perception of speech, *Scientific American*, 1962, *20614*, pp. 143-151.

명해 준다. 여러 사람이 운집한 파티 장소에는 무수한 대화가 동시에 오고 간다. 그 럼에도 우리는 이 선택의 여과기를 이용하여 곁에서 속삭이는 연인의 낮은 소리만 을 들을 수 있는 것이다. 우리의 감각기관은 많은 정보를 흘려보내고 그 가운데 어떤 것만을 취사선택한다.

접수된 감각적 자료는 우리의 내면적 과정에 의해서 곧 가공되고 해석된다. 이 를테면, 시각적 자료의 예를 들어 보자. 망막에 들어오는 영상은 모두 실물과는 거꾸로 나타난다. 이 과정까지는 사진기에 의해서 포착되는 것과 유사하다. 그러나 사진은 사물을 복사하는 데 그치지만 우리는 그 복사된 현실을 의미 있게 해석하기 시작한다. 여기서부터 우리의 지각이 매우 능동적인 것임이 드러난다. 도로변에 나란히 세워 있는 전신주들은 그들과 지각자 간의 거리 및 위치에 따라 그 크기, 모양, 그리고 강도가 각각 다르게 망막에 나타난다. 그런데도 지각자는 그 상이한 영상을 모두 같은 것으로 지각한다. 이 해석된 지각은 어떻게 보면 '부정확한 지각'이라고 볼 수도 있지만 이 패러독스는 실제로 우리 모두가 경험하고 있는 것이다. 이를 심리학자들은 물리적 사실에 대한 심리적 적응에 기초를 둔 '물체항상성의 현상(the phenomenon of object constancy)'으로 설명한다. 여기서 흥미 있는 것은 우리가 주관적으로 경험한 것이 망막에 나타난 것보다 실제의 객관적인 자극 유형에 좀 더 밀접하게 대응관계를 가진다는 사실이다. 그러나 [그림 3-1]에서와

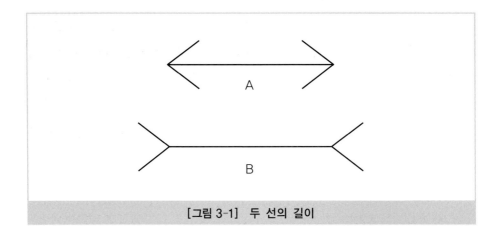

[그림 3-1] 두 선의 길이

같이 우리의 심리적인 적응은 부정확할 수도 있다. 이 그림을 언뜻 보면 B가 A보다 길이가 더 길어 보이지만 그들의 길이는 사실상 똑같다.[4)]

 개인의 지각은 지각되는 대상을 의미 있게 재생하려는 개인 나름의 적극적인 노력과 소망에 의해서 더욱 영향을 받는다. 따라서 서로 다른 경험적 배경을 가진 두 명의 관찰자가 동일한 자극 사태에서 각각 다른 지각적 경험을 보고하는 것은 당연하다. [그림 3-2]는 심리학개론서에서 지각의 개별성을 설명하는 데 통상 이용되는 것이다. 이 그림을 보고 어떤 독자는 이것이 '오리'라는 판단을 내릴 것이고, 다른 독자는 '토끼'라는 판단을 내릴지도 모른다. 여기서 우리는 하나의 자극물에 대해서 적어도 두 가지의 지각이 있을 수 있음을 알 수 있다. 이처럼 우리의 지각은 대부분 인지 과정에서 창출해 낸 능동적인 가설에 불과한 것이다.

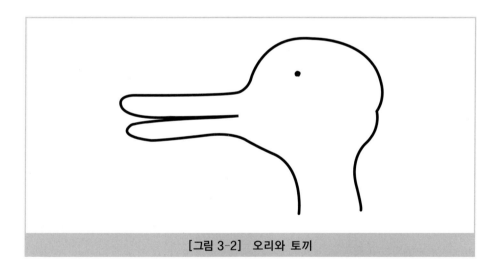

[그림 3-2] 오리와 토끼

 흔히 지각은 학습되지 않은 선천적 능력으로 생각하는 경향이 있다. 그러나 우리가 이미 검토한 바와 같이 현실을 섬세하게 분할하고, 그것의 피상적인 변화 속에서 어떤 항상적인 특징 관계 및 유형을 찾는 우리의 능력은 장기간의 경험에 의

4) R. L. Gregory, *Eye and Brain*, New York: McGraw-Hill, 1973.

해서 획득되는 것이다. 기브슨(E. J. Gibson)은 이 '지각의 발달(perceptual development)'을 연구한 학자 중의 한 사람이다.[5] 그녀는 지각을 감각적 요소에 의미 및 형태 등을 추가하는 과정으로 보지 않고 비본질적인 요소를 걸러 내고 그 가운데서 본질적인 요소를 찾는 과정으로 보았다. 이 말은 지각이 규칙성을 찾고 불확실성을 감소시키는 능동적인 과정임을 뜻한다. 그녀에 의하면, 아동은 유사한 자극이 상황에 따라 각각 달리 보이거나 들리는 것을 경험하면서 차츰 그 가운데 중요한 항상성과 일관성을 찾게 된다고 한다. 따라서 과거의 상이한 경험은 어떤 모호한 자극에 주의를 하거나 조직하는 방식에 다양성을 부여하게 될 것이다. 이 결론은 심리학자들이 관심을 갖는 감각적 자료의 조직뿐만 아니라 다른 분야 혹은 일반 사람들이 쓰는 좀 더 포괄적인 지각의 개념, 예컨대, 인생관, 세계관, 사건의 해석 등의 광범위한 영역에까지 확대시켜 적용해도 큰 무리는 없을 것이다.

영상(an image)은 감각자료가 직접 부여됨이 없이 일어나는 하나의 지각적인 경험이다. 이는 며칠, 몇 개월 혹은 수년에 걸쳐 지속될 수도 있는 한편, 잔상(afterimage)처럼 불과 몇 초나 몇 분의 생명만을 가질 수도 있다. 극단적이고 이례적인 상황에서는 외부적 자극원이 전혀 없는 상태에서 현실을 지각하는 경우도 있다. 이를 우리는 환각(hallucination)이라고 한다. 이는 [그림 3-1]에서처럼 누구나 경험하는 착시와는 달리 매우 사적이고 고유한 사건으로서 심리학자들의 관심을 받아 왔다. 없는 물체와 색깔이 잠시(약 5~10초 정도) 보이기도 하고, 실제 있지 않았던 소리(개 짖는 소리, 타자기 치는 소리)를 듣기도 하고, 찬 물체가 뺨에 접촉하는 것과 같은 촉감이 느껴지기도 한다. 이 경험은 보통 감정적인 긴장, 감각 박탈, 최면, 수면 부족, 그리고 여러 가지 환각제의 복용 등에서 기인되는 것이다. 우리는 환각을 의도적으로 통제할 수 없는 듯하다.

우리의 인지는 이제까지 소개한 지각 과정보다는 좀 더 추상적인 개념 과정을 포함한다. 개념이란 경험의 유목, 범주, 그리고 인지 자체의 단위를 구성하는 내재

---

5) E. J. Gibson, The development of perception as an adaptive process, *American Scientists*, 1970, *58*, pp. 78-107.

적 표상으로 볼 수 있다. 우리는 이 개념에 의해서 여러 가지로 상이한 현상을 유
사하거나 동등한 현상으로 취급할 수 있게 된다. [그림 3-3]을 주목하라. 거기에는
8개의 카드가 있는데 그 카드들의 어떤 것도 지각적으로 동일한 것이라고 볼 수 없
는 것들이 그려져 있다. 그러나 우리는 '색깔', '크기', '모양'이라는 개념적 과정
에 의해서 이들 가운데 어떤 것들을 동류의 것으로 분류한다. 색깔에 비추어 볼 때

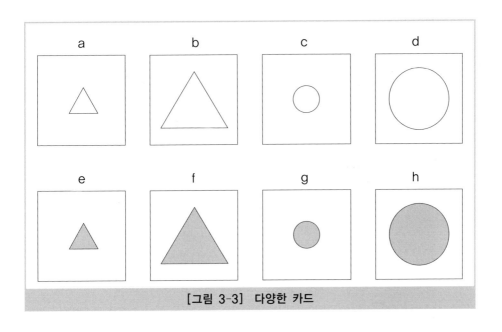

[그림 3-3] 다양한 카드

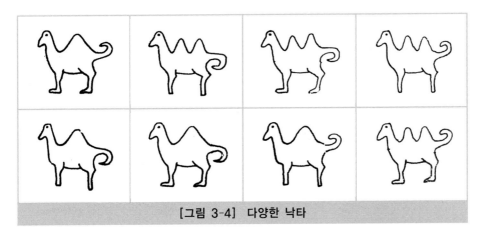

[그림 3-4] 다양한 낙타

그림 a, b, c, d와 그림 e, f, g, h는 각각 동등성(equivalence)을 가지며, 크기로 볼 때 a, c, e, g와 b, d, f, h는 각각 동등성을 가지며, 모양으로 볼 때 a, b, e, f와 c, d, g, h는 각각 동등성을 가진다. 이제 [그림 3-4]를 보라.[6] 이들은 당신이 어느 가상적인 사막지대에서 볼 수 있는 8가지의 '이상한 동물'들인데, 그 어느 것도 지각적으로 똑같다고는 볼 수 없기 때문에 만약 당신이 이 동물을 상대로 생존해야 할 입장에 있다면 당신은 한동안 그 복잡성에 압도될 수도 있다. 그러나 차츰 당신은 그들이 외모의 어떤 특징적인 요소, 즉 '등의 모양', '꼬리의 모양', '발의 모양'에 따라 분류될 수 있다는 것을 알게 될 수 있을 것이며, 그 특징에 비추어 어느 것이 '이롭다'거나 '해롭다'는 판정을 조만간에 내리게 될 것이다.

앞의 예에서 볼 수 있듯이, 우리는 주변에 있는 천차만별의 사물을 대할 때, 그들의 복잡성을 감소시키고, 그들의 차이를 어떤 측면에서 고정시키거나 유사하게 보면서, 이를 행위나 사고의 기초로 삼는다. 개념은 이 단순화 작업에 매우 기능적인 역할을 한다. 이 부면은 브루너(J. S. Bruner)에 의해서 매우 적절하게 표현되었다. 그는 "범주화가 제한된 능력을 가진 유기체에 의해서 특별하게 취급되어야 할 사물과 사건의 다양성을 줄이는 기능을 한다."[7]라고 하였다. 우리는 개념화 과정을 이용하여 이질적인 현실을 동일시하고 어떤 특수한 대상을 더욱 일반적 유목의 한 사례로 봄으로써 그들에게 보다 적절한 순응적 반응을 할 수 있게 된다. 그러나 모든 분류가 반드시 능률적인 것은 아니다. 그 능률성은 문제의 대상이 갖는 속성, 분류 행위가 일어나는 맥락, 그리고 우리가 가진 지식과 기술에 따라 다르다.

우리는 이제까지 색깔, 형태, 크기 및 공간 위치의 차원을 이용한 비교적 간단하고 구체적인 개념의 예를 들었다. 이는 설명을 간편하게 하기 위한 방편에 불과하며, 사실 우리가 가진 대부분의 개념은 본질상 상징적인 것이기 때문에 외부적으로 분명한 참조물을 갖지 않는다. 예컨대, '개'라는 개념처럼 실재하는 존재물을

---

6) S. H. Chang, Individual differences in information processing during classification learning as varying levels of task complexity, Unpublished doctoral dissertation, Stanford University, 1974.
7) J. S. Bruner, J. J. Goodnow, & G. A. Austin, *A Study of Thinking*, New York: Science Editions, p. 245.

지칭하는 것이 있는가 하면, '날아가는 개'와 같이 현실적으로 그것에 대응하는 것을 찾을 수 없는 개념도 있다. 전자(eletron)는 직접 관찰할 수 있는 대상에 대한 개념이 아니다. 우리는 한편으로 '악마'나 '지옥'과 같은 개념을 가짐과 동시에 다른 한편으로 '천사'나 '천당'이라는 개념을 갖기도 한다. 논리적이고 수학적인 개념들(예컨대, '모든', '약간', '그리고', '혹은', '만약 ~하면, ~한다', '영(零)', '$\sqrt{-1}$' 등)은 현실적인 내용과는 상관없이 사고의 일관성만을 따지기 위해서 창안된 것이다. 흔히 우리는 "한국의 평균 가족 수는 3.2명이다."라고 말한다. 이때 그 '평균 가족 수'는 한국에 실재하는 어떤 가족의 수도 지칭하지 않는다. 그런데도 이 개념들의 어떤 것은 현실을 기술하고 설명하는 데 매우 유용하게 쓰인다.

개념은 우리들의 머릿속에 실재한다. 우리의 경험은 무수한 방법으로 분류될 수 있고 우리는 거의 무한대한 상상력을 가지고 있기 때문에 개인이 가진 개념의 수도 이론상으로 무한대하다고 할 수 있다. 따라서 우리는 개념의 실재성이라는 문제에 고심하거나 실재하는 개념의 수를 헤아리는 데 시간을 허송할 필요는 없을 것 같다. 개념과 관련하여 보다 심각한 문제는 가끔 개념의 옳고 그름을 가리는 판정 기준을 찾는 데서 제기된다. 나는 앞서 현실이라는 개념에 접근하면서 일관성의 기준을 중시한 바 있다. 내가 보기에는 '붉은 것은 희다'라거나 '큰 것은 작은 것이다'라는 색깔과 크기의 개념은 개념의 일차적인 요건에 부합하지 않은 것이다. 그러나 이 일관성의 기준에 부합한 개념은 개념으로서의 자격을 가진 것이다. 우리는 어떤 사람이 어떤 것을 색깔에 의해서 분류하고 다른 사람이 그들을 크기에 의해서 분류한다고 할 때 그중 어떤 사람의 분류가 옳다거나 틀리다는 판단을 내릴 수 없다.

우리는 또한 어떤 사람이 가진 개념들을 그것의 '유용성' 혹은 '관례성'에 비추어 평가하기도 한다. 개념은 그것이 일관성 있게 사용되는 한 그것이 옳다거나 그르다는 판단을 내릴 수는 없다. 그러나 만약 우리는 그것의 기능성이나 도구성에 기대를 걸어 볼 수도 있다. 우리가 가진 개념들은 지적인 대상이나 지적인 도구로서 기능할 수 있는 정도에 제각기 차이가 있다. 예컨대, 어떤 개념은 현실을 설명하고 예언하는 역량(power)을 가진 반면, 다른 것은 그렇지 못하다. 만약 우리가 이

기준을 중시한다면 유용한 개념은 보존하고 유용하지 못한 개념은 파기하는 절차를 택할 수도 있다. 하지만 그 판정은 조급하게 내려질 수 있는 성질이 아니며, 우리에게 수차에 걸친 실험을 요구한다. 한편, 관례성의 기준은 개인의 사적인 개념과 공적으로 표준화된 개념 간의 유사성을 문제시한다. 국어사전은 개인 간의 의사소통을 촉진하기 위해서 각종 개념에 관례적인 정의를 제공하고 있다. 이 개념들은 사회적으로 형성되어 통용된다. 따라서 한 개인이 이처럼 비교적 안정된 개념체제와 전혀 다른 개념을 사용한다면 소통상의 혼란이 야기된다. 그러나 후에 언어의 문제를 다룰 때 자세하게 설명하겠지만 우리가 확고한 공적 개념을 가지고 있다는 기대는 그릇된 것이다. 공적인 개념은 시대와 장소에 따라 유동적으로 변화한다.

인류는 이제까지 무수한 개념을 창출해 왔으며, 또 그 실험은 계속되고 있다. 일상생활에서 사용되는 개념들은 비교적 쉽게 관찰하고 경험할 수 있는 대상에 기초를 두고 있으며 사회생활을 하는 데 다소간 그들의 유용성을 유지하고 있다. 한편, 과학자들이 사용하는 개념들은 분류되는 대상의 구조 속에 내재한 관계로부터 추리되어 나온 것들로서 보다 심층적인 의미를 가지고 있다. 이들은 관찰된 현실의 복잡성을 매우 간결하게 기술하고 설명하고 예언하는 데 매우 유용한 것임이 증명되어 왔다. 예컨대, '동력', '상대성 이론', '조건반사' 등의 개념을 발전시킨 학자들은 그들을 창조하는 데 고도의 지능을 동원하였고 수차에 걸쳐 그들의 유용성을 실험해야만 하였을 것이다. 개인은 그의 사적인 개념과 아울러 이와 같이 사회적으로 공인된 개념을 학습하게 된다. 그러나 그 어느 것이든 간에 한 개인에게 개념 획득은 용이한 과제가 아니다. 예컨대, 브루너는 일단의 피험자에게 [그림 3-3]과 같은 여러 가지 가시적인 개념학습 과제를 제시하고 그들의 개념화 과정을 관찰하였는데, 그 과정은 마치 과학자가 자기가 연구하는 현상에서 어떤 규칙성을 찾아내는 과정과 거의 유사했음을 보고한 바 있다.

근래에 인지심리학자들은 우리의 기억 과정(memory processes)에 각별한 관심을 가지고 본격적인 탐색을 거듭하고 있다. 우리는 일상생활에서 무수한 정보를 얻으며 그들을 한동안 머릿속에 보관했다가 재생해 낸다. 이 정보 속에는 촉감, 냄새, 소리, 영상, 개념, 문장, 그리고 온갖 추상적인 인지 구조들이 포함된다. 또한 우리는 저장한 정보를 망각(forgetting)한다. 어떤 경우는 잊어버린 자료의 어떤 것도 영구적으로 재생되지 않으며, 어떤 경우는 그들이 원형과는 다른 형태로 추후에 기억된다. 우리의 기억 과정은 사진기나 녹음기처럼 기계적으로 일어나지 않는 놀라울 정도로 복잡한 실체인 듯하다. 우리가 경험한 것을 어떻게 정신적으로 표상하며, 어떻게 필요할 때 그들을 이용할 수 있게 되며, 어떻게 새로운 정보가 기존한 인지체제와 통합되며, 왜 경험한 사실을 가끔 망각하게 되느냐 하는 문제가 아직 미궁에 가려져 있다. 그러나 이제까지 다소간 해명된 몇 가지 사실은 우리가 여기서 관심을 가지고 있는 인지의 선택성과 능동성을 이해하는 데 펙 유익한 시사를 하고 있다.

인간은 다른 동물에 비해서 매우 높은 기억 능력을 가지고 있는 것은 분명하지만 그렇다고 해서 모든 것을 기억하지는 않는 듯하다. 예컨대, 당신은 이 책을 지금까지 읽어 오는 동안에 자체, 글씨의 위치, 문장 등을 모두 암기하지는 않았을 것이다. 물을 필요도 없이 어떤 정보는 당신의 인지체제에 들어가지 않았을 것이며, 어떤 정보는 변용되었을 것이며, 어떤 정보는 취사선택되었을 것이다. 이렇게 사태가 분명한 듯하지만 왜 그렇게 되는지를 우리가 설명하기는 아직 부족한 점이 한두 가지가 아니다.

이 분야의 연구는 우리가 단기기억(short-term memory)과 장기기억(long-term memory)이라는 다소 이질적인 기억 과정을 가지고 있는 것으로 보고 있다. 단기기억이란 당신이 먼 곳에 있는 어떤 사람에게 통화를 하기 위해서 전화번호부에 있는 전화번호를 잠시 외우는 경우에 해당한다. 그 숫자는 불과 몇 초의 생명을 가지고 있다가 사라진다. 밀러(G. A. Miller)에 의하면, 이 단기기억에 들어갈 수 있는 정보의 단위는 7 ± 2에 불과할 정도로 제한되어 있다.[8] 따라서 만약 당신이 그 번호를 장기적으로 기억하려면 그것을 반복해서 머릿속으로 연습(rehearsal)해야만 한다. 이 애로를 타개하면 그 전화번호는 놀라울 정도의 다양성 있는 정보량을 수용

---

8) G. A. Miller, The magical number seven, plus or minus two: Some limits on our capacity, *Psychological Review*, 1956, *63*, 81-97.

하고 있는 당신의 장기기억에 편입하게 된다. 장기기억 속에는 단어의 의미, 일주일 전에 일어났던 사건들, 여러 사람의 이름과 재미있었던 에피소드 등등 당신이 한순간에 가진 모든 인지 내용이 포함되어 있다. 당신이 만약 그들 가운데 어느 것이 필요하다고 느낄 때, 장기기억은 어느 도서관 직원보다도 빨리 그 정보를 제공한다. 또한 이 장기기억은 당신이 사물을 지각하고, 개념화하고, 문제해결을 하는 데 직접 간접으로 영향을 준다.

이렇게 볼 때 우리의 인지는 기술적 심리학으로서 현상학(phenomenology)이 일컫는 '의식(consciousness)'보다 훨씬 포괄적인 것이다. 우리는 우리가 아는 것을 한순간에 모두 의식하지는 않는다. 우리가 가진 인지 내용의 대부분은 장기기억 속에 잠재되어 있다가 특수한 경우에 의식화되는 것이다. 칵테일파티의 경우를 잠시 생각해 보자. 당신은 거기에서 여러 사람들을 만나게 되는데 그제야 그들의 이름들을 의식하게 될 것이다. 이 점에서 우리의 의식은 '주의 과정(attentional process)'과 유사하다. 그러나 우리가 앞서 검토한 선택적 주의와 한순간에 개인이 가지고 있는 의식은 동일한 것이 아닌 듯하다. 예컨대, 어떤 사람이 서울에서 부산까지 차를 운전할 때 그는 무수한 자극물(예컨대, 신호판, 도로 상태, 교통순경 등)을 접하게 될 것이며, 만약 그가 이 자극물에 선택적 주의를 하지 않는다면 차가 도로에서 이탈하게 될 것이다. 그러나 그는 동행한 친구와 담소하면서 그 자세한 상황을 의식함이 없이 목적지에 도달한다. 이 경우, 그는 담화를 의식했으면서도 그가 계속해서 해 왔던 선택적 주의를 의식하지 않았다고 볼 수 있다. 의식은 우리가 여기서 드는 장기기억의 어느 부분을 구성하고 때와 장소에 따라 부침하는 것 같으나 그 기제가 어떤 것인지는 아직 분명하지 않다.

근래의 연구는 우리의 기억 과정이 상식적으로 알려진 것처럼 소극적인 것이 아니라 매우 선택적이며 조직적인 것임을 알려 주고 있다. 우리는 우리가 접하는 모든 정보를 기억하지는 않는다. 외부에서 유입되는 기억 자료는 주의, 지각, 연습의 과정을 거치는 동안 기존의 인지체제와 관련하여 가공되고, 재조직되고, 수정되고, 왜곡된다. 몇 가지 예를 들어 보자. 가령, 어떤 사람에게 YMCAFBI를 외우라고 한다면 그는 이를 YMCA, FBI와 같이 그 7가지 단위의 정보를 이미 알려진 두 개의 단위로 묶어 버릴 것이다. TH-EDO-GSA-WTH-ECA-T라는 색다른 기억 자료는 'The dog saw the cat'으로 재조직된다. 일단의 단어들, 예컨대 여자, 의자, 나비, 남자, 꽃, 책상 등을 무질서하게 나열하고 외우도록 요구하면 이들은 차후에 여자-남자, 의자-책상, 나비-꽃 등의 순서로 재생된다. 여기서 우리는 기억 자료가 기존의 인지 구조에 맞도록 체계화됨을 알 수 있게 된다. 그러나 개인이 가진 인지 구조는 개별적인 것이기 때문에 기억 자료는 우리가 통상적으로 생각하는 것과는 다른 방식으로 조직될 수도 있다.

기억 과정은 또한 인지적 구조 이외의 다양한 심리적 과정에 의해서 통제받는다. 자동차 사고가 일어난 직후 운전사와 교통순경이 각각 기억하고 있는 내용은 전혀 다를 수 있다. 문화적 가치가 기억되는 방식에 차이를 가져오게 하기도 한다.[9] 사람들은 완료된 작업보다는 미완성된 작업을 많이 기억하는 경향이 있는 것으로 보고되기도 한다. 또한 정서적인 감동을 주는 자료가 불쾌감을 주는 자료에 비해서 더 잘 기억되기도 한다.[10] 금기적인 사건은 억압되어 쉽게 재생되지 않는다. 이 모든 것은 우리 내부에 외적 정보의 유입을 통제하는 어떤 미궁의 과정이 있음을 시사하는 것이다.

인지는 지각, 개념화, 기억과 아울러 사고(thinking)라는 고도의 정신기능을 포함한다. 프랑스의 인상주의 조각가인 로댕은 그의 작품 「생각하는 사람」을 통해서 사고라는 인간의 내면성을 묘사하는 데 성공한 것으로 유명하다. 이 작품에서 우리는 사고가 인지상의 복잡한 문제 상황과 관련되어 있음을 직감할 수 있다. 학자 간에 강조점의 차이는 있지만 사고란 개인이 그가 이미 소지하고 있는 어떤 정보를 뛰어넘어 좀 더 새로운 인지 구조에 도달하려는 내면적인 정신 활동이라고 볼 수 있다.[11]

● ● ● ●

9) J. B. Deregowski, Effect of cultural value of time upon recall, *British Journal of Social and Clinical Psychology*, 1970, *9*, 37-41.

10) D. S. Homes, & J. R. Schallow, Reduced recall after ego-threat: Regression or response competition, *Journal of Personality and Social Psychology*, 1969, *13*, 145-152.

11) F. C. Bartlett, *Thinking*, New York: Basic Books, 1958.

우선 사고는 외부적으로 직접 주어지는 자극의 간섭을 덜 받는다는 점에서 앞서 우리가 논의한 지각과 크게 구분된다. 지각은 외부적 대상의 구체적인 특징을 포착하는 것에 해당하지만 사고는 그런 대상이 없이 일어나는 것이다. 이 점에서 사고는 실제적인 문제의 해결부터 환상의 날개를 펴는 데까지 다양한 형태를 취한다. 사고는 자폐적 사고(autistic thinking)와 현실적 사고(realistic thinking)의 양극단을 내포한다. 여기서 자폐적 사고는 자신의 필요, 소망 및 감정에 의해서 주로 결정되며 현실을 외면하고 자기만족만을 위해서 가끔 탐닉된다. 환상, 공상, 자기만족적 사고(wishful thinking) 등은 자폐적 사고의 전형적인 예다. 한편, 현실적 사고는 다분히 객관적 사태의 요구에 의해서 일어나며 문제해결에 생산적 결과를 가져 온다. 그러나 대부분의 사고는 이 두 가지 극단적인 요소를 다소간 내포한다.

사고의 진가는 그것이 직접적인 상황의 구속성으로부터 초월할 수 있음으로써 발휘된다. 이는 이른바 보존(conservation)에 관한 실험의 예를 들면 쉽게 이해될 수 있다. [그림 3-5]를 보라. 실험자는 똑같은 양의 물을 담은 똑같은 모양의 컵 가운데 하나를 집어서 밑면이 조금 넓은 모양의 컵에 그 물을 부어 넣는다. 이 경우 직접 그 장면을 목격한 7세 이하의 아동들은 대부분 그 물의 양이 변하지 않고 보존된다는 생각을 하지 못한다. 흔히 그들은 밑면이 넓은 컵에 담긴 물의 높이가 낮기 때문에 물의 양이 적어졌다고 판단하거나 혹은 컵의 크기가 커졌기 때문에 물의 양이 많아졌다고 판단한다.[12] 즉, 그들의 사고는 사물의 모양이라는 지각적 요인의 지배를 받아 부정확한 결론에 도달하게 되는 것이다. 그러나 만약 물을 부어 넣는 동안 아동들이 물의 높이를 보지 못하도록 천으로 컵을 가리면 그들은 물의 양이 변하지 않았다는 옳은 판단을 내릴 수 있게 된다.[13] 이처럼 사고는 지각적 장면이 주는 피상적인 특징을 초월함으로써 보다 정확한 이해에 도달하는 장점을 가지고 있다.

----

12) J. Piaget, & B. Inhelder, *The Psychology of the Child*, New York: Basic Books, 1969.
13) J. S. Bruner, R. R. Olver, P. M. Greenfield, et al., *Studies in Cognitive Growth*, New York: Wiley, 1966.

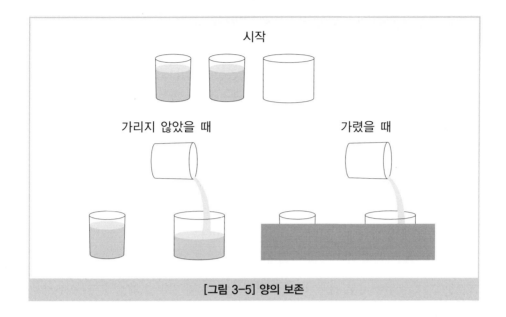

시작

가리지 않았을 때   가렸을 때

[그림 3-5] 양의 보존

사고는 또한 새로운 인지 구조를 형성하게 한다는 점에서 기억 과정과 크게 구분된다. 이는 "갑은 을보다 영리하다."와 "을은 병보다 영리하다."라는 두 사실을 단순히 외웠을 경우와 그것에 대해서 추리를 하였을 경우를 대비시키면 쉽게 이해될 수 있다. 기억 과정은 갑과 을의 관계, 그리고 을과 병의 관계만을 특수하게 재생시켜 주는 기능만을 충실하게 수행한다. 그러나 사고는 '그 주어진 정보를 뛰어넘는(going beyond the information given)' 새로운 인지 형태, 즉 "갑은 병보다 영리하다."라는 결론을 도출하게 하는 부면에 해당한다. 이 말은 만약 어떤 사람이 어떤 문제 상황에 봉착해서 이전에 그가 학습한 것을 반복하여 그것을 해결하려고 한다면 그것은 사고가 아니라 기억의 한 사례에 해당됨을 뜻한다.

개인은 어느 순간에 현실을 그 나름으로 작도(作圖)하고 그 작도된 인지양식에 따라 현실과 상호작용한다. 그러나 그는 조만간에 그가 가진 지적 단위나 구조가 현실에 부적합함을 느끼게 된다. 이 자각은 어떤 도달해야 할 목표가 있지만 그것에 접근할 적절한 반응을 가지고 있지 않을 때, 얼핏 보기에는 같은 정도의 신뢰할 만한 정보가 서로 불일치할 때, 거의 예상치 못했던 사태가 전개될 때, 혹은 개별적으로 경험된 것을 의미 있는 방식으로 결합하려고 할 때 생긴다. 바나나를 먹으면 맛있다는 것을 알고 있지만 그것은 손에 미칠 수 없는 곳에 있을 수 있다. 모든 식물은 엽록소의 탄소동화작용에 의해서 생존할 수 있다고 배웠으나 한편으로 엽록체가 없는 식물이 있음을 발견할 수 있다. 평소에 모든 생물을 사랑해야 한다고 생각을 하였으나 어느 날 밥상 위의 음식물들이 생물의 시체들임을 갑자기 느낄 수도 있다. 반지 속에 구슬을 끼워 넣을 수 없었으나 그것에 열을 가했을 경우는 상태가 다르다. '1+3=4'라는 것을 알고 있지만 '3-4=?'에 대한 해답을 갖지 못할 경우도 있다. 이런 상태는 개인에게 이른바 '인식론적 호기심(epistemological curiosity)'을 일으키기에 충분한 갈등 상황인 것이다.[14]

개인이 문제 사태를 해결하는 방식과 과정은 여러 심리학자들의 관심을 받아 왔다. 여기에는 전통적으로 대개 두 가지 대립되는 이론이 있다. 손다이크(Thorndike)는 고양이가 그들의 수수께끼 상자(puzzle box)를 최종적으로 탈출하기 전에 수많은 시행착오행동(random trial-and-error behavior)을 하는 것을 목격하였다. 이 연구의 결과는 문제해결이 갑자기 이루어지는 것이 아니라 점진적으로 이루어지는 것임을 시사한다. 한편, 쾰러(Köhler)는 원숭이가 갑자기 문제해결에 도달하는 것을 발견하고 문제해결은 통찰과 지각적 재구성이라는 주장을 하였다. 환언하면, 손다이크의 고양이는 연속성(continuity)의 가설을 지지하는 방향으로 처신하였고, 쾰러의 원숭이는 비연속성(discontinuity)의 가설을 지지하는 방향으로 처신하였던 것이다. 그러나 문제해결 과정은 피험자와 문제 사태의 설정에 따라 다양하게 전개될 수 있음을 주목할 필요가 있다.

인간의 문제해결은 대개 통찰과 시행착오가 혼합되어 이루어진다. 통상 우리는 수수께끼 상자 속에 있는 고양이와는 달리 주어진 문제에 대한 어떤 통찰로부터 접근한다. 우리가 봉착하는 대부분의 문제는 우리에게 전적으로 생소한 것은 아니기 때문에 우리는 과거의 경험을 토대로 여러 가지 가설을 설정하고 그들을 실제

---

14) R. W. White, Motivation reconsidered: The concept of competence, *Psychological Review*, 1959, *66*, 297-333.

행동이나 사고를 통해서 시험한다. 그 가능한 해결책의 결과가 예상에 맞으면 우리들의 통찰에 대한 확신도는 증가되며, 그렇지 않으면 우리는 다른 가설을 시험한다. 대개의 경우 우리는 단번에 어떤 문제해결에 도달하지는 않고 수차례의 시행착오를 거듭해서 최종의 결론을 얻게 된다. 이 점에서 우리는 우리의 사고가 고양이와는 다른 내면적인 시행착오를 거쳐 문제해결을 한다고 볼 수 있다. 이 과정은 고도로 발전된 과학의 영역에서도 쉽게 발견되는 현상이다.

가끔 철학자들은 사고의 과정을 논리적인 모형에 의해서 공식화시켜 왔다. 이를테면, 연역적 추리(deductive reasoning), 귀납적 추리(inductive reasoning), 그리고 평가적 추리(evaluative reasoning)와 같은 구분은 바로 정형화된 사고의 형태라고 볼 수 있다. 여기서 연역적 추리란 어떤 주어진 일반적인 원리나 사실을 적용하여 그로부터 어떤 특수한 결론을 얻는 것으로서, 이는 아리스토텔레스(Aristoteles)의 논리 속에서 그 전형적인 예를 찾아볼 수 있다. 한편, 귀납적 추리란 여러 가지 특수한 경험적 자료를 토대로 추리에 의해서 어떤 일반적인 결론에 도달하는 것을 뜻한다. 마지막으로, 평가적 추리란 어떤 관념이나 사물을 어떤 기준에 비추어 비판하는 과정으로서 그 결과의 타당성은 추리 과정 자체뿐만 아니라 그때 사용된 가치 기준에 의해서 좌우된다. 또한 어떤 철학자는 사고의 과정을 단계별로 규정하려는 노력도 하였다. 예컨대, 문제의 지각, 가설의 형성, 가설을 검증하는 적절한 절차의 선택, 자료 수집과 평가, 그리고 새로운 정보를 수용하는 개선된 모형의 형성 등이 그런 것이다. 이 정형화된 사고의 형식과 실제 개인이 문제 사태에서 적용하는 추리 과정은 정의나 논리에 의해서 구명될 문제라기보다는 경험적 연구에 의해서 해명될 수 있는 성질의 것이다.[15]

우리는 이제까지 인지의 몇 가지 측면, 즉 지각, 개념화, 기억 및 사고를 간략하게 검토하였다. 이들은 모두 개인 내에 내재된 과정으로서 개인의 능동적인 노력에 의해서 구성된 것들이다. 그런데 우리는 그들이 각각 어떤 경로에 의해서 발달

15) M. Henle, On the relation between logic and thinking, *Psychological Review*, 1962, 69, 366-378.

되고 학습되는지에 대해서 아직 충분한 설명을 얻지 못했다. 사실, 이 문제는 발달심리학이나 학습심리학이라는 분야에서 오랫동안 탐구해 온 주제의 하나로서 이미 알려진 사실조차 여기서 요약하기 어려울 정도로 방대한 영역에 속한다. 그러나 지금까지 연구된 바에 비추어 보면 인지는 개방체제와 폐쇄체제의 상보적인 기능에 의해서 점차적으로 발전하게 되는 듯하다.

스위스의 심리학자인 장 피아제(Jean Piaget, 1896~1980)는 인지발달 과정을 가장 포괄적으로 설명했던 사람이다. 그는 이 과정을 진화론적 혹은 생물학적 순응의 모형에 비추어 해명하려 하였다. 그에 의하면 개인의 인지는 동화(assimilation)와 조절(accommodation)이라는 두 가지 과정이 서로 균형을 유지하려는 지적 순응(intellectual adaptation)의 결과다. 여기서 동화란 개인이 인지 대상을 그의 인지 구조에 맞추는 자기규정적 과정이고, 조절이란 기존의 인지 구조가 인지 대상이 갖는 독립적인 속성에 맞추어 변형되는 과정인 것이다. 이를 우리의 말로 바꾸면, 전자는 개인이 그 나름의 인지 구조를 가지고 현실을 능동적으로 구성하는 측면에 해당하고, 후자는 개인이 현실의 요소를 수용하면서 그것이 그의 인지 구조와 갈등을 일으키게 되었을 때 그 인지 구조를 현실에 좀 더 부합하도록 재구성하는 피동적인 측면에 해당한다. 이와 같은 두 가지 상보적인 과정이 긴장하고 점차 조화를 이루는 가운데 개인은 일생에 걸쳐 좀 더 세련되고 일반적인 지적 구조를 형성하게 된다. 이 과정은 완결되지 않고 개인이 생존해 있는 한 계속된다.

피아제는 말한다. "만약 조절과 동화가 모든 활동에 존재한다면 그들의 비율은 다양할 것이며, 그들 간에 존속하는 다소간의 균형만이 지능의 완전한 행위를 특징짓는다."[16] 여기서 지적 행위가 오직 다소간의 균형 상태를 유지하고 있을 뿐이라고 본 것은 그것이 끊임없이 변화를 경험하고 있고 또 경험해야 함을 시사한다. 개인이 가진 인지 구조는 완전할 수 없다. 그것은 인지 자체가 현실과 동일한 것이 아니라는 본래적인 사실에서 기인한다. 다른 하나의 이유는 설사 인지가 현실과

---

16) J. Piaget, Piaget's theory, In P. H. Mussen (Ed.), *Carmichael's Manual of Child Psychology, Vol. 1*, New York: Wiley, 1970, p. 708.

어떤 시점에서 어느 정도의 대응관계를 가지게 되었다고 하더라도 현실은 부단하게 변하며 새로운 형태로 드러난다는 데 있다. 이와 같은 이유는 우리가 현실에 대해서 어떤 인지적 결론도 내릴 수 없다는 것을 함축하지 않는다. 어떤 결론적 인지가 없다면 인지의 발전이나 수정이란 말이 성립되지 않는다. 만약 우리가 앎의 과정을 계속적인 탐구(re-search)와 자기수정(self-correction)으로 본다면 어떤 형태의 결론도 잠정적으로 허용될 수 있는 것이다.

　개인은 일생에 걸쳐 여러 가지 수준의 지적 구조를 형성해 나간다. 그 인지의 수준은 그것이 투입되는 감각적 자료와 균형을 유지할 수 있는 정도에 의해서 결정된다. 개인에 따라 조절과 동화 간에 유지되는 균형 상태의 정도가 다를 것이다. 그러나 피아제는 개인마다 그들의 발달 단계에서 보다 높은 균형 상태를 유지할 수 있는 지적 구조를 획득하게 되는 것으로 보았다. 그의 가장 큰 공헌의 하나는 나이에 따라 개인이 가진 지적 구조는 다르며 어느 시기에 질적으로 전혀 다른 구조로 탈바꿈하게 된다는 사실을 발견한 데 있다. 그와 그의 동료 연구자들이 치밀하고 정교한 실험을 계속하면서 얻은 인지발달의 과정은 대개 지각적 항상성의 습득, 직관적 사고, 구체적 조작적 사고, 형식적 명제적 사고의 단계로 구분된다. 이 각 단계는 제 나름의 한계를 가지고 있지만 누구나 짐작할 수 있다시피 이후의 것이 이전의 것보다 더욱 융통성 있고 생산적인 것이다. 예컨대, 직관적 사고의 단계에 있는 아동은 공간과 시간에 대한 기초적인 개념을 가지고 있으나 두 가지 혹은 그 이상의 특성이 어떻게 상호작용하게 되는지를 알지 못한다. 구체적 조작기에 접어들면 아동은 수량, 부피, 무게 등의 복합적인 개념을 습득하고 이른바 가역성(reversability)을 이해하지만 이 모든 사고는 가시적 대상에 한정된다. 흔히 철학자들이 문제시하는 명제적 사고는 사춘기의 시작을 전후해서 발달된다. 이 단계에 와서 개인은 비로소 인지의 대상물이 가질 수 있는 잠재가능성과 그들 간의 관계성을 상상하거나 가정할 수 있으며, 그것을 경험에서 얻은 사실과 대조하여 체계적으로 검증할 수 있게 된다.

　이와 병행해서 미국의 심리학자인 브루너도 개인의 성장 과정에서 나타나는 이질적인 인지 형태에 관한 연구를 추진한 바 있다. 브루너의 발달이론에서 가장 중요한 개념은 표상형식(the mode of representation)의 변화다. 여기서 표상형식이란 개인이 그의 세계와 자신을 기술하거나 이해하는 방식을 지칭한 것이다. 그는 이를 다음과 같이 설명한다.[17]

"세계나 자신의 경험에 대한 표상은 몇 가지 중요한 특징을 가지고 있다. 그중의 하나는 그것이 어떤 매체에 내재해 있다는 점이다. 우리는 사건들을 그들이 요구하는 행위의 형태로 표상할 수도 있고, 어떤 그림의 형태로 표상할 수도 있고, 단어나 다른 상징으로 표상할 수도 있다. 이 각각의 매체, 즉 행위적 매체(the enactive media), 심상적 매체(the iconic media) 혹은 상징적 매체(the symbolic media)의 내부에는 또한 많은 다양성이 있다."

브루너가 일컫는 각종 표상형식은 약간 관점의 차이는 있지만 앞서 피아제 계열의 발달 단계와 어느 면에서 서로 대응관계에 있으며, 그도 역시 이 표상형식이 개인의 발달 단계에서 전환되는 과정에 관심이 있다. 그에 의하면, 개인의 인지는 행위적 표상에서 심리적 표상으로, 그리고 심상적 표상에서 고도의 지적 발달 형태인 상징적 표상으로 변화하면서 점차 발전한다.

17) J. S. Bruner, *Beyond the Information Given: Studies in the Psychology of Knowing*, New York: Norton, 1973, p. 316.

제4장 앎의 표현

소통체제는 사회적 관계를 맺고 사는 모든 생물체에게 불가결한 수단이다. 지구상에 생존하는 여러 가지 동물(예컨대, 개미, 벌, 늑대, 돌고래 등)에게는 그들 상호 간의 통합적 기능을 수행하는 데 필요한 의사소통의 체제가 있는 듯하다. 그들은 음(音), 몸짓, 냄새 등의 어떤 규칙성에 의존하면서 질서 정연한 사회생활을 영위한다. 그러나 이 소통체제는 이 장에서 다룰 인간의 언어체제에 비해서 몹시 불완전한 것이다. 그들의 의사소통체제는 타고난 것으로서 대부분 기호(signs)에 불과하지만 인간의 언어는 즉각적인 자극 사태를 초월하는 상징적 의미(symbolic meaning)를 가지고 있다.

인간은 사회적 관계에 특이한 중요성을 두는 생물로서 지구상에서 가장 두드러진 혁신이랄 수 있는 언어를 창조하였다. 언어는 오랜 역사에 걸쳐 점차 발전된 사회적 산물이다. 인류는 이 언어를 이용함으로써 의미를 공유하고, 시공의 한계를 극복하고, 고도로 정교하고 복잡한 문화와 사회를 발전시킬 수 있게 된 것이다. 개인은 이 언어를 학습하여 그의 과거와 미래에 관해서, 그가 접하는 직접적인 사건뿐만 아니라 원거리에 있는 사건에 관해서, 그리고 매우 추상적인 관념까지도 의사소통할 수 있다. 더구나 인쇄술과 각종 대중매체의 발전은 이 언어가 갖는 효율성을 극대화하는 데 지대한 공헌을 하였다. 만약 인류를 적대시하는 어떤 생물체가 우주에 존재한다면 그들은 인류로부터 언어를 박탈함으로써 우리에게 최대의 타격을 줄 수 있을 것이다.

이 지구상에는 서로의 언어 표현에 대해서 다소간 일관성 있게 의사소통이 가능한 다수의 언어공동체(language communities)가 있다. 한국어, 중국어, 영어 등과 같은 자연언어(natural language)는 여러 가지 공통된 반응을 학습한 무수한 사람들로 구성된 언어의 공동 집단을 가지고 있다. 그리고 같은 언어공동체 내에서도 방언(dialect)이 존재하며, 더 나아가서는 구성원 개개인이 쓰는 개별적 방언(idiolect)조차 있다.[1] 따라서 그들의 발음, 의미, 어휘, 음운, 어법의 규칙은 그 수도 많거니와 매우 복합적인 것이다. 우리는 또한 에스페란토, 수학 및 논리의 기호와 같은 인공언어(artificial language)를 가지고 있다. 예컨대, '$(x+2)^2 = x^2 + 4x + 4 = x(x+4)+4$', '$E = mc^2$', '♪ + ♪ = ♩', '$p \rightarrow q$' 등은 이 인공언어에 속한다. 이들은 세계 공통으로 사용되는 언어이지만 그들을 사용하는 언어공동체는 자연언어에 비해서 제한되어 있다고 볼 수 있다. 그러나 자연언어든 인공언어든 간에 각 언어는 그 나름의 특색 있는 표현 형식을 다양하게 가지고 있다.

한 언어는 사회적으로 규정된 것이지만 그 자체가 부단한 진화 과정을 밟는다. 즉, 그것은 수세기에 걸쳐 여러 세대에 의해서 점차 발전되고 수정된다. 왜냐하면 인간의 언어는 다른 생물이 가지고 있는 언어처럼 한 세대에서 다음 세대로 아무런 변화 없이 유전되어 내려오는 것이 아니라 항상 경험에 의해서 학습되어 전달되기 때문이다. 역사의 어느 한 시점에서 볼 때, 언어는 그것을 실제로 사용하는 언어공동체의 각 구성원에 의해서 다양하게 학습되고 개발된 언어 반응의 집합으로 존재한다고 볼 수 있다. 여기서 언어 반응이란 개인의 발음기관에서 생기는 음성체제일 수도 있고, 그것을 어떤 특정한 인습적 필기체제로 기록하거나 표현한 시각체제일 수도 있다. 언어학자들은 언어공동체의 이와 같은 언어 반응을 관찰하고

---

1) W. H. Goodenough, *Culture, Language and Society*, A McCaleb Module in Anthropology, Addisen-Wesley Publishing Co., 1971, p. 6.

그로부터 그 언어의 성질을 추리하는 전략을 취한다. 이 언어 반응은 이제까지 다양한 개념적 수준으로 분석되어 왔다. 어떤 사람은 문화적 배경과는 독립적으로 발음에 관한 음성 자료를 수집하고, 어떤 사람은 언어의 기본 단위를 구성하는 음소의 특징을 발견하고, 어떤 사람은 문장을 형성하는 원리에 관한 문법적 자료를 분석하고, 어떤 사람은 기호체제가 대표하는 의사 내용의 의미에 관해서 관심을 가진다. 이렇게 볼 때 결국 언어란 이 모든 사람들의 개념에 의해서 탐구되는 어떤 유동적인 현실이라고 규정될 수 있다.

아직까지 우리는 우리가 사용하는 언어에 대한 충분한 지식을 가지고 있지 않다. 또한 이미 그것에 대해서 알려진 사실조차 적은 지면에 요약될 수 있을 만큼 간단한 것은 아니다. 따라서 이 장의 언어에 대한 논의는 매우 선택적인 국면에 제한되어야 할 것 같다. 여기서 우리의 관심은 일차적 인식의 한 단위로서 언어가 가지고 있는 기능성 및 한계를 지적하는 데 있다. 우리는 앞서 "어떤 사람이 어떤 현실에 관한 어떤 인지를 어떤 언어에 의해서 표현한다."는 주제를 문제시하였다. 이와 관련하여 우리는 많은 질문을 제기할 수 있다. 이를테면, 언어는 인지와 어떻게 개념적으로 구분될 수 있는가? 언어는 현실이나 그것에 대한 인지를 어떻게 대표할 수 있게 되는가? 우리는 언어에 의해서 모든 인지 상태를 표현할 수 있으며 또 사실상 표현하는가? 인지와 언어는 어떤 인과적 관계를 갖는가? 우리는 이제부터 이 질문에 대한 일반적인 논의에 들어가 보기로 하자.

매우 일반적인 수준에서 언어는 의사소통의 한 가지 특수한 수단이라고 규정될 수 있다. 이 말은 우리가 언어 이외의 수단에 의해서 우리의 내면 상태를 타인에게 표현할 수 있다는 사실을 함축하고 있다. 어떤 사물이 가연성을 가지고 있다고 할 때 그것이 밖으로 나타날 수 있는 방식이 다양하듯이 우리의 내면 상태를 표현할 수 있는 방식도 놀라울 정도로 다양하다. 따라서 어떤 특정한 내면 상태에 대응해서 표현될 수 있는 유일한 방식이란 있을 수 없다. 의사소통이란 어떤 사람이 그가 가진 내면 상태를 상대방에게 전달하려는 의도적인 과정이다. 이는 몸짓, 얼굴 표정, 억양, 소통자 간의 접촉 거리 등의 초언어적 반응(paralinguistic responses)을 포함하여 음악이나 미술과 같이 감각적 자극에 의해서 이루어질 수 있다. 이 비언어

적 표현방법은 가끔 언어적 소통보다 더 강력하고 구체적으로 전달자의 내면 상태를 적절하게 노출시킨다.[2]

인간의 내면 상태의 일부인 인지도 마찬가지로 반드시 언어에 의해서만 의사소통될 수 있는 것은 아니다. 이는 앞 장에서 소개한 브루너의 인지발달이론을 상기해 보는 것으로 충분히 이해될 수 있다. 그는 개인이 자신과 그들의 세계를 구성하는 데 사용하는 세 가지 표상형식(mode of representation)을 가지고 있음을 지적하였다. 다시 반복하면, 그것의 첫째는 행위의 매체에 의해서 조직되는 행위 표상이고, 둘째는 영상의 매체에 의해서 조직되는 심상적 표상이고, 셋째는 언어의 매체에 의해서 조직되는 상징적 표상이다. 브루너는 그의 이론에서 상징적 표상이 인지 가운데 최상의 위치를 갖는 것으로 묘사하고 있지만 그것은 인지의 일부이지 전체가 아님을 분명히 하고 있다. 이 말은 개인은 그의 발달 과정에서 상당한 기간 그들의 인지를 언어가 아닌 다른 표상 방식으로 소지하고 있음을 뜻한다.

여기서 나는 또 한 가지 평범한 사실을 지적하고자 한다. 그것은 우리가 가진 내면적 상태는 항상 외부로 표출되는 것은 아니라는 사실이다. 이것은 모든 성향(disposition)이 갖는 특징이다. 예컨대, 목조건물은 분명히 가연성을 가지고 있지만 그것이 항상 불에 타고 있는 것은 아니다. 마찬가지로 우리의 내적 성향도 그것이 내부에 잠복되어 전혀 표출되지 않을 수도 있다. 그 많은 이유 가운데 어떤 것은 자신의 내면 상태에 대한 통찰의 결여, 표현 방식의 결여나 미숙성, 위협적인 외부적 상황 등과 관련된다. 그리고 무엇보다도 우리는 일상생활에서 우리가 가진 모든 성향의 외적 표출을 필요로 하지 않는다. 따라서 우리는 어떤 내면적 상태로서의 성향과 그것의 외부적 표현 방식을 엄격하게 구분할 필요가 있다. 우리의 모형에서 인지와 언어는 이 맥락에서 서로 다른 것으로 간주된다. 생리적으로 말을 할 수 없는 언어 장애인이 사회적으로 글을 쓰거나 읽지 못하는 문맹자들은 어떤 인지를 가지고 있지만 그것을 언어로 표현하는 수단을 가지고 있지 않을 뿐이다.

앞서 나는 의사소통이란 어떤 사람이 그가 가진 내면 상태를 상대방에게 전달하

● ● ● ● ···

2) A. Mehrabian, *Nonverval Communication*, Chicago: Aldine, 1972.

려는 의도적인 과정으로 보았다. 이 정의 속에는 하나의 간과할 수 없는 전제가 숨어 있다. 그것은 전달자의 솔직성이다. 그러나 대부분의 경우에 우리는 의도적으로 자기의 내면 상태의 어떤 부분을 상대방에게 왜곡시키는 방식으로 전달한다. 희극 배우는 내면적으로 매우 슬픈 감정을 가지고 있으면서도 즐거운 표정과 제스처를 하는 솜씨가 뛰어나다. 적지에 침투해 들어간 첩자는 그의 내면 상태와 반대되는 표현행동을 보여야만 한다. 이렇게 볼 때 의사소통이란 전달자 자신의 내면 상태의 전달이 아니라 그가 그의 의사소통을 받는 사람에게 어떤 내재적 반응을 일으키는 과정이라고 정의되는 것이 보다 적절할지도 모른다.

의사소통의 매체 가운데 언어는 다른 어느 것에 비해서 본인의 내면성을 위장하기에 가장 편리한 매체다. 일찍이 벤자민 워프(Benjamin Whorf)는 "말이란 인간이 연기하는 가장 훌륭한 쇼(show)다."[3]라고 언명하였다. 이 말은 지금의 맥락에 비추어서 매우 의미심장한 뜻을 내포하고 있는 듯하다. 한 사람이 일정 기간(예컨대, 하루 혹은 일 년)에 말하고 쓰는 언어의 양을 계산해 보라. 그리고 그 언어 가운데 얼마나 그들이 그 개인의 진실한 내면 상태를 표현한 것인지를 계산해 보라. "훨씬 젊어지신 것 같습니다.", "먼저 타시죠.", "당신을 해칠 생각은 추호도 없습니다.", "각하, 시원하시겠습니다.", "저는 공산주의를 결사적으로 반대합니다."라는 말들이 반드시 그 말을 하는 사람의 지각, 의욕, 의도, 관념, 신념, 감정을 표현한 것인지 의심스러운 경우가 우리 주변에 허다하다. 따라서 우리는 일단 표현된 언어와 그 이면에 숨은 심리적인 과정을 구분하는 것이 좋을지도 모른다. 이 문제는 앞으로 제9장과 제12장에서 보다 자세하게 논의될 것이다.

나는 이제까지 인간의 내면적 상태와 그것을 표현하는 방식 간의 개념적인 차이를 분명히 하려고 노력하였다. 그 예 가운데 하나는 표현 방식과 내면 상태가 전혀 상반되는 경우도 포함되었다. 그러나 여기서 우리는 언어가 본질상 기만적인 도구로만 사용되는 것이라는 인상을 가질 필요는 없다. 언어는 가급적 곡해가 없는 방향으로 적절하게 이용될 수도 있으며, 대부분의 언어학자는 이 전제하에서 언어가

---

3) B. Whorf, *Language, Thought, and Reality*, Cambridge: The M.I.T Press, 1956, p. 249.

갖는 특성과 한계를 구명하려고 노력하였다.

사회적 상황에서 언어에 의한 소통은 두 가지 동시적인 과정을 내포한다. 그 하나는 전달자(말을 하거나 글을 쓴 이)가 전달할 정보를 생산하는 과정이고, 다른 하나는 그 정보를 수신자가 접수하는 것이다. 만약 언어가 서로 곡해 없는 소통의 수단이 될 수 있으려면 그것이 전달자의 내적 상태에 대응하여 갖는 관념이나 감정을 수신자 내부에서 일으킬 수 있어야 된다. 이를테면, 전달자가 하나의 명령을 언어로 전달했다면 그것은 수신자에게 그런 의미로 받아들여야 하고, 전달자가 질문을 했다면 그것은 수신자에게 해답을 요구하는 것으로 받아들여야 하고, 만약 전달자가 어떤 사태를 기술하려고 언어를 썼다면 그것은 수신자에게 이해하는 방식으로 받아들여야 한다. 이 가설적인 상황은 전달자와 수신자를 개별적으로 취급한 상황보다 훨씬 많은 요인들을 포함하고 있다. 여기서 우리의 관심은 이 상황에서 언어 자체가 가지고 있는 문제다.

기호체계와 상징체계로서의 언어는 전혀 임의적인 것으로 한 언어공동체가 합의한 방식에 의해서 그것에 의한 소통의 근거를 가질 뿐이다. 여기에는 적어도 세 가지 종류의 규약을 필요로 한다. 첫째는 음성적인 약속이다. 서로 다른 말을 쓰는 두 사람이 각기 자기 나라 말을 쓸 때 상대방의 말은 '잡소리'로 들린다. 예를 들어, 영어를 모르는 한국 사람에게 어떤 미국 사람이 'Help me![help mi:]'라고 외쳤다면 그 한국 사람은 미국 사람을 쉽게 도울 수 있는 입장에 있음에도 기겁을 하여 도망갈 것이다. 한편, 그 미국 사람이 "좀 도와주세요!"라고 말했다면 사태는 전혀 달라진다. 둘째는 문법적 약속이다. 이는 단어가 구절이나 문장으로 배열되는 원칙에 관한 것이다. 단어는 무수한 방법으로 조합될 수 있으며 그 가운데 어떤 것은 문법적으로 수락될 수 있기도 하고 수락될 수 없기도 한다. '물었다 개가 나를'이라는 말은 문법적으로 수락될 수 없다. 그러나 '개가 나를 물었다.'라거나 '내가 개를 물었다.'라는 말은 문법적인 규칙에 부합한다. 셋째는 의미의 통일이다. '개'라는 말이나 글씨는 실제 그것이 지칭하는 대상과는 하등의 유사성조차 없다. 그런데도 우리가 그와 같은 소리나 문자에 의해서 서로 간에 의사소통을 할 수 있는 것은 우리가 그것에 의해서 상호 간에 동일한 의미를 부여하도록 단순히 합의

했기 때문이다. 이 세 가지 언어 규약은 본질적으로는 상관관계를 갖지 않는다. 촘스키(N. Chomsky)가 제시한 문장, 즉 "색깔 없는 녹색의 관념이 격렬하게 잠잔다."는 문법(syntax)과 의미론(semantics)의 독립성을 분명히 시사해 준다.[4] 이 문장은 문법적으로 완벽하지만 의미론적인 제약을 전혀 받지 않고 있다. 따라서 음성학적으로 혹은 문법적으로 수락될 수 있는 말을 구성한다는 것과 그것을 의미 있게 소통한다는 것과는 구분될 필요가 있다.

그런데 앞에서 든 언어 규약은 깊이 따지고 보면 그렇게 분명한 것이 아니다. 이제 나는 세 번째 규약, 즉 의미의 일치라는 문제를 들어 언어가 갖는 한계 같은 것을 지적해 보겠다. 두 사람이 언어를 써서 무엇에 관해서 소통한다고 할 때 그 '언어'와 '무엇' 간에는 어떤 대응관계가 있어야 함을 전제로 한다. 그러나 기호 혹은 상징체제로서의 언어가 갖는 중요한 특징의 하나는 그것이 지칭하는 것과의 비유사성이다. 앞서 우리는 현실에 대한 인지가 현실 자체와 다른 것임을 강조하였지만 지각의 경우는 그것이 대상과 똑같은 것은 아니지만 어느 정도의 유사성을 가지고 있음을 지적하였다. 그러나 언어의 경우는 그런 정도의 유사성조차 내재적으로 가지고 있지 않다.[5]

하나의 간단한 사례를 들어 보자. 예를 들어, '의자'라는 글씨나 소리는 어떤 구상적인 현실을 지칭한 것으로 가정되지만 그 기호는 우리가 보고 만질 수 있는 그 가구와 전혀 다르다. 우리의 언어 가운데는 '산(山)', '천(川)', '인(人)', '일(日)', '목(木)'과 같이 유형물의 시각적 형상을 본떠서 만든 것들이나 '꼬끼오', '졸졸', '때르릉', '삐걱삐걱', '와장창'과 같이 유형물의 청각적 소리를 본떠서 만든 것이 있다. 하지만 이와 같은 예외적인 단어조차 그것이 지칭하는 것과 똑같다고 주장할 사람은 없을 것이다. 그리고 좀 더 엄격하게 따지면 이 언어들은 애초의 가정과는 달리 현실을 지칭한 것이 아니라 현실에 대한 우리의 인지 상태를 지칭한 것에 불과하다.

4) N. Chomsky, *Syntactic Structures*, The Hague: Mouton, 1957.
5) C. D. Hockett, The origin of speech, *Scientific American*, 1960, *203*, 88-96.

의미론적 연구에서 한 단어의 의미를 따질 때, 연구자는 대개 '의자', '개', '사람'과 같이 구상적(具象的)인 대상을 지칭하는 단어를 이용하며 '단어는 어떤 사물을 지칭하는 것'이라는 일반화에 도달하게 된다. 그러나 우리의 언어 가운데는 '귀신', '$\sqrt{-1}$', '천사', '봉황' 등과 같이 비구상적인 것과 이와 같은 단어들의 공간적, 시간적, 논리적 위치 관계를 나타내는 전치사나 접속사 등이 포함된다. 혹은 논리학자들은 '$p \rightarrow q$'라거나 '만약 원이 4각형이라면, 하나는 둘이다.'라는 말도 쓴다. 이 언어들이 지칭하고 있는 것이 무엇인가를 생각해 보면 우리는 결국 언어란 종국적으로 우리의 내면 상태의 어떤 것을 표현한 것이라는 결론에 도달하게 된다. 그 내면 상태는 어떤 감정 상태일 수도 있고 어떤 인지 상태일 수도 있다. 또한 인지는 현실에 관한 것일 수도 있고 인지 자체에 관한 것일 수도 있다.

여기서 우리는 이런 질문을 던질 수 있다. 어떻게 언어가 우리의 내면 상태와 대응관계를 갖게 되는가? 혹은 우리는 어떤 특수한 의미를 전달하기 위해서 어떤 특수한 단어나 문장을 선택하고 구성할 수 있게 되는 것인가? 이에 대한 해답은 결국 경험과 관련하여 설명될 수밖에 없다. 이미 이 장의 서두에서 밝힌 바와 같이 인간의 언어는 항상 학습되는 것이다. 어린이는 특정한 언어를 사용하는 사회적 환경 속에서 자라나며 경험을 통해서 비교적 신속하게 그 언어공동체의 언어를 학습하게 된다. 이 문제를 두고 지금까지 두 가지 대립된 학설이 있다.[6] 학습이론가들은 언어가 다른 행동과 마찬가지로 아동이 자발적으로 혹은 성인의 것을 모방하면서 생산하는 옳은 반응을 강화시킴으로써 학습된다고 주장한다. 한편, 촘스키와 같은 언어학자들은 언어 생산은 모방에 기초를 둔 것이 아니라 어떤 선천적인 능력, 즉 이른바 '언어획득기제(Language Acquisition Device)'에 기초를 둔 것이라고 반박한다. 그러나 내가 보기에는 이 두 이론은 색스의 우화에서 잘 지적되었듯이 '각각 부분적으로 옳다고 하더라도 모두 틀린' 경우인 듯하다. 후에 어떤 곳에서 더 자세하게 설명하겠지만 유전과 환경을 양분시켜 발달 현상을 설명하는 이론들은 대부

●　●　●

6) N. S. Endler, L. R. Boulter, & H. Osser (Eds.), *Contemporary Issues in Developmental Psychology*, New York: Holt, 1968, pp. 400–443.

분 이 두 요인이 상호작용하는 측면을 간과한다. 우리는 한편으로 어린이들이 선천적으로 타고난 것을 인정하지 않고 언어학습을 설명할 수 없으며, 다른 한편으로 그 선천성이 경험과 상호작용하는 방식을 이해함이 없이 언어에 관한 어떤 것이 선천적으로 주어졌다는 진술을 할 수 없다.

언어학습은 어린이가 그의 환경 내에 있는 언어모형과 접촉함으로써 이루어진다. 언어학자들이 주장하는 문법의 심층 구조(deep structure)는 인간의 유전적인 능력과 관련시켜 설명할 수 있을지 모르나 표층 구조(surface structure)는 경험을 고려하지 않고 설명할 수 없다. 더구나 언어의 의미성은 경험 없이 획득할 수 없다. 각기 서로 다른 개체가 그들이 쓰는 말의 의미에 다소간 일치하는 것은 상호 간에 병행하는 언어적 경험에서 기인하는 것이다. 언어는 말하는 사람에 의해서 창조된 인공제품이라고 할 수 있다. 한 문장을 창조할 때 그의 의도는 그것을 수신하는 사람이 가진 그 언어의 의미와 반드시 관련되지 않는다. 그는 자기가 의도하는 바와 같이 해석되도록 문장을 완전하게 창조하는 데 실패하거나 혹은 자기의 의도를 듣는 사람이 오해하도록 문장을 창조할지도 모른다. 이때 어린이 편에서 언어학습은 그의 언어가 그가 소속한 언어공동체의 다른 구성원의 언어와 어느 정도로 일치하는 범위 내에서 성공적으로 이루어졌다고 말할 수 있다.

그러나 여기서 한 가지 사실을 분명히 알아 두자. 그것은 언어학습에서 얻은 일률성은 내면적 과정의 일률성을 뜻하지 않는다는 사실이다. 개인은 각각 다른 심리적 기제에 의해서 다소간 사회적으로 소통할 수 있는 공통된 언어의 의미에 도달하게 된다. 콰인(W. V. Quine)은 그의 저서 『언어와 대상』에서 이 점을 잘 지적하고 있다.[7]

"소통과 개념상으로 우리를 결합하는 그 일률성(uniformity)은 개인이 단어와 경험 간에 주관적으로 연결을 맺는 무질서한 다양성을 외면화한 결과적 모형의 일률성이다. 일률성은 그것이 사회적으로 문제시되는 상황에서 나타난 것이다. 즉, 그것은

7) W. V. Quine, *Word and Object*, Cambridge: The M.I.T. Press, 1960, p. 8.

개인적으로 눈에 띄는 상황의 견지에서보다는 상호 주관적으로 눈에 띄는 견지에서 비롯되는 것이다. 이 점을 극단적으로 설명하기 위해서 정상적인 시력을 가진 사람과 적록색맹인 사람을 생각해 보자. 사회는 앞서 밝힌 방법으로 그 두 사람을 훈련시킨 다. 즉, 화자가 어떤 붉은 것에 응시하고 '붉다(red)'라고 발설할 때 보상을 주고 그렇 지 않을 때 벌을 주는 것이다. 이렇게 하면 사회적으로 관찰할 수 있는 전반적인 결과 는 비슷하게 된다. 즉, 그 두 사람은 붉은 사물을 보고 '붉다'라는 말을 다 같이 잘할 수 있다. 그러나 그 두 사람이 이와 같이 유사한 결과를 얻게 되는 개인적인 기제들 (the private mechanisms)은 매우 다른 것이다. …… 같은 언어로 성장하는 상이한 사람은 마치 코끼리 모양을 갖도록 다듬어지고 단련된 상이한 숲에 비유될 수 있다. 숲에 따라서 그 코끼리 모양을 구성하는 작은 가지와 줄기의 해부학적 구조는 다르지 만 밖으로 나타난 전반적인 결과는 비슷비슷하다."

두 사람이 언어에 의해서 어떤 대상에 관한 의사소통을 성공적으로 할 수 있으 려면 그 말이 지칭하는 것에 대해서 서로 일률적인 의미를 가져야만 한다. 앞의 인 용문에서 콰인은 어떤 경로에 의해서 두 사람이 '붉다'라는 말과 그것이 지칭하는 대상 간의 관계에 일률적인 대응관계를 갖는 것으로 학습되었는지는 소통 자체만 을 따질 때 그렇게 문제시될 것은 없다는 입장을 택하고 있다. 사실 그의 말은 옳 다. 그러나 여기서 우리는 다른 하나의 문제를 제기할 수 있다. 그것은 우리가 사용 하는 대부분의 언어는 그들이 무엇을 지칭하고 있는가를 분명히 밝힐 수 없다는 데 있다.

이 문제는 언어 자체가 갖는 한계로서 통상 단어의 애매성(ambiguity) 및 모호성 (vagueness)과 관련하여 논의되어 왔다.[8] 언어의 애매성은 의미 간의 비결정성에서 비롯된다. 즉, 어떤 단어는 여러 가지 의미를 한꺼번에 가지고 있기 때문에 그 말이 문장에서 쓰일 때 그것이 구체적으로 어떤 것을 지칭하고 있는지를 가려내기 곤란 하다. 예컨대, 우리말에서 '먹다'라는 말은 애매하기 짝이 없는 것이다. '가는귀 먹

---

8) *Ibid.*, Chapter 4, pp. 125-256.

다.'/ '대패를 잘 먹다.'/ '자동차가 휘발유를 엄청나게 먹다.'/ '밥을 먹다.'/ '담배를 먹다.'/ '양심을 먹다.'/ '뇌물을 먹다.'/ '네 살 먹다.'/ '핀잔을 먹다.'/ '한 골 먹다.'/ '갑순이를 먹다.' 등등……. 여기서 '먹다'라는 말은 똑같지만 그것이 지칭하고 있는 것은 하나같이 다르다. 때때로 한 단어가 갖는 애매성은 그것을 포함하는 문장의 맥락에 의해서 해소된다. 가령 '먹다'의 경우, 그것이 '가는귀를'이라는 구절의 다음에 오면 '잘 들리지 않는다'를 지칭하고 있고, '대패를 잘'의 뒤에 오면 '고르게 잘 다듬어진다'를 지칭하는 셈이다. 그러나 우리가 애매한 말을 이처럼 변별적으로 해석하지 않으면 의사소통에 일대 혼란이 일어난다.

어떤 말은 모호성을 가진다. 모호한 말은 그것이 갖는 의미의 한계가 분명하지 않다. 예컨대, '녹색'은 빛의 스펙트럼 가운데 어느 부분에 해당하는지를 분명히 한정지어 주는 말이 아니다. 그래서 어떤 사람은 '황색'과 '청색'에 유사한 것을 '녹색'이라고 지칭할 수도 있다. 대개의 경우 우리가 쓰는 비교형용사, 이를테면 '덥다—차다', '높다—낮다', 보드랍다—까칠까칠하다', '젊다—늙다', '무겁다—가볍다' 등은 이런 문제가 있다. 같은 연령을 가진 중년신사를 할아버지들은 '젊다'라는 말로 표현하며 어린이들은 '늙다'라고 말한다. 마찬가지로 같은 무게의 물건에 대해서 시계조립공과 역도 선수는 각각 '무겁다'거나 '가볍다'는 말로 기술할 것이다. 이에 비해서 '45세'라거나 '1kg'이라는 말은 모호성이 매우 적다. 통상 물리적 대상을 지칭하는 말도 그것이 포괄하는 외연과 관련하여 모호하게 쓰인다. 이를테면 '산'이라고 할 때 우리는 그 산의 범주에 드는 지형의 특징이 무엇인지를 분명히 가려내기가 어렵다. 그래서 어떤 논객은 애매하고 모호한 말을 써서 이득을 보거나 반론으로부터 쉽게 구제되는 경우가 있는데, 이는 정확한 소통이라는 견지에서 볼 때 몹시 불행한 언어의 측면이 아닐 수 없다.

우리는 잠시 언어의 기술적 혹은 정보적 의미만을 문제시하였다. 그러나 상징체제로서의 언어는 비단 인지적 의미만을 갖지 않는다. 예를 들어, '먹다', '처먹다', '잡수신다'는 말은 모두 똑같은 정보적 의미를 내포하고 있지만 어떤 사람이 그 말 가운데 어느 것을 선택해서 쓰느냐에 따라 그 말에 의해서 기술되는 사람에 대한 발설자의 경멸이나 존경의 정도는 전혀 다르다. 사실 능수능란한 정치가, 외교관 혹은 윤리학자들은 이 비정보적 차원의 의미성을 조작하여 그들의 언어 효과를 극대화한다. 그러나 말이 그것에 의해서 기술되는 대상, 관념 및 인물에 대한 정서적 태도를 고양시키거나 낮추는 효과를 갖게 되는 과정은 경험적 연구에 의해서 해명될 수 있는 것으로서 언어가 갖는 보다 복잡한 측면을 구성하는 것이다.

이 문제와 관련하여 오스굿(C. E. Osgood)과 그의 동료 연구자는 매우 흥미 있는 연구를 수행하였다.[9] 이들은 단어가 갖는 의미를 연구하기 위해서 이른바 의미변별척도(semantic differential)라는 검사 도구를 제작하였다. 그들은 피험자들에게 어떤 단어를 제시하고, 그것을 여러 개의 서로 상반된 형용사의 쌍으로 구성된 척도상에 평정하도록 하였는데, 그 결과 그들은 단어들의 의미가 주로 세 개의 서로 독립된 요인에 의해서 결정되는 것을 발견할 수 있었다. 그 요인들은 평가적 차원(예컨대, 좋은—나쁜), 능력 차원(예컨대, 강한—약한), 그리고 활동 차원(예컨대, 능동적—수동적)으로서 어떤 단어든 간에 이 세 개의 차원이 만드는 '의미 공간(semantic space)'에 정치(定置)할 수 있음이 증명되었다. 여기서 우리는 언어란 기술적 의미 이상의 복잡한 정표적 의미(emotive meaning)를 동시에 가지고 있음을 알 수 있다.

언어는 인지 내용뿐만 아니라 우리의 감정, 흥미, 욕구, 가치관, 기호 등 모든 내면 상태를 표현하는 데 아울러 이용된다. 다음 문장을 주목하라.

아, <u>아리따운</u> 여인이다.
그 커피는 정말 맛이 <u>좋다</u>.
넌 아주 <u>훌륭한</u> 작업을 해치웠어!
그 사람 참 <u>흥미 있는</u> 친구야.

여기서 밑줄이 그어진 단어들은 그들이 수식하는 대상, 즉 여인, 커피, 작업, 친

9) C. E. Osgood, G. J. Succi, & P. H. Tannenbaum, *The Measurement of Meaning*, Urbana, Ill.: University of Illinois Press, 1957.

구의 속성이라기보다는, 다시 말하면 그 대상에 대한 발설자의 인지 상태라기보다는 그 발설자의 그 대상에 대한 애정, 기호, 도덕적 기준, 흥미를 나타낸 것으로 가정된다. 사실 언어에 의한 이와 같은 정감적 의미의 소통은 어떤 현실에 대한 정보적 혹은 기술적 의미보다 더욱 뚜렷하게 피전달자의 행동에 영향을 줄 수도 있다.[10]

　이처럼 우리가 언어의 의미나 기능을 확대시켜 보면 하나의 문제가 발생한다. 그것은 어떤 특정한 언어가 그것을 표현하는 사람의 어떤 특정한 내면 상태를 반영한 것인지를 구명하는 과제다. 어떤 사람은 언어가 정보적 기능(informative function), 정표적 기능(expressive function), 그리고 지시적 기능(directive function)을 가지고 있다고 한다.[11] 이는 일단 유용한 범주의 구분이다. 우리는 언어가 무엇을 지칭하고 있는 한 정보적이며, 어떤 감정이나 느낌을 나타내는 한 정표적이며, 어떤 구체적인 행동을 수신자에게 유발하게 하는 한 지시적이라고 쉽게 말할 수 있다. 그러나 여기서 어떤 단어나 문장이 이와 같은 기능을 수행할 수 있게 되느냐는 이 개념적 범주만으로는 해명되지 않는다.

　이 문제에 대한 해답은 가끔 문장의 표현 형식에서 구해진다. 이를테면, '이것은 의자다.'는 정보적인 문장 형식이며, '이것은 아름답다.'는 정표적인 것이며, '의자를 가져와!'는 지시적인 것이라는 해명 방식이 그런 것이다. 그러나 이런 문장 형식들이 소통 상황에서 사실상 그런 기능을 하느냐 하는 문제는 오직 경험적으로 판명될 수 있는 성질의 것이다. 이 문제는 관점에 따라 싱겁게 보이기도 하고 심각하게 보이기도 할 것이다. 언어의 규칙적 측면을 강조하는 사람은 그 연구 결과가 어떻게 나왔던 간에 그 문장 형식들은 그렇게 쓰도록 되어 있다는 입장을 취할 것이다. 그는 만약 어떤 사람이 정보적인 문장 표현을 정표적인 의미로 받아들였다면 그것을 언어학습의 결여라고 판정할 것이다. 한편, 언어의 생성적 측면을 강조하는 사람은 언어는 그것을 쓰는 사람의 실제적인 용도에 의해서 결정되기 때문

10) I. R. Davitz, *The Communication of Emotional Meaning*, New York: McGraw-Hill, 1964.
11) I. M. Copi, *Introduction to Logic*, New York Macmillan, 1972, pp. 44-47.

에, 만약 다수의 사람이 '이것은 의자다.'를 정표적 의미로 받아들인다면 그것은 그렇게 해석될 수밖에 없다고 주장할 것이다.

캐롤(J. B. Carroll)은 이 후자의 입장에서 우리가 흔히 분류하는 문장 형식이 사실상 소통 상황에서 변별적으로 사용되느냐 하는 문제를 실험에 의해서 알아보는 과제를 수행하였다.[12] 그는 다양한 심리적 상태가 유발될 수 있는 축소된 게임 상황을 조작하고 두 사람이 어떤 경우에 어떤 언어 형식을 취하는지를 관찰하였다. 그 결과 피험자들은 만약 그들이 어떤 참조물의 존재 여부를 문제시해야 할 상황에서는 존재 주장의 문장형(예컨대, "There is a problem here.")을 쓰고, 만약 참조물의 특성이 문제시될 때 서술적 문장형을 쓰고, 만약 상대방이 가지고 있지 않은 정보를 가지고 있으면 의문문으로 질문하며, 상대방으로 하여금 어떤 방법으로 처신하도록 설득시키고자 할 때는 명령문을 사용하였다고 보고하고 있다. 그 외에 그는 여러 가지 비문장적 표현이 그 소통 장면과 관련되어 있었음을 지적하였다. 예컨대, 그는 인사말("Hi!")은 상대방을 인정하고 수락할 때, 그리고 비문장적 감탄어("Oh!" "John!" "Damnation!" 등)는 자신의 놀라움을 지칭하거나 혹은 놀라운 사태에 주의심을 환기시키는 데 사용됨을 관찰하였다. 이 연구 결과는 통상적으로 분류되어 온 문장형이 말하는 사람의 어떤 내적 상태와 어느 정도 대응해서 변별적으로 사용된다는 점을 시사하고 있다.

그러나 여기서 우리는 이 연구에 포함된 문제점에 주목할 필요가 있다. 이런 유형의 연구가 타당하려면, 첫째 언어가 개인의 심리 상태와는 상관없이 어떤 표현 형식의 범주에 따라 분류될 수 있어야 되고, 둘째 연구자는 언어를 사용하는 사람의 심리 상태를 그 사람이 구사하는 언어와 상관없이 파악할 수 있어야 된다. 그러나 연구에서 이 두 가지 전제를 만족시키기는 매우 어렵다. 예컨대, "책상 위에 물건이 너무 무질서하게 놓여 있구면?"이라는 말은 서술적 문장인지, 정표적 문장인지, 의문문인지, 혹은 명령문인지를 구분하기 어려우며, 이런 경우에 우리는 그것을 표현하는 사람의 심리 상태나 그 말을 하는 이유를 짐작하여 그 문장형을 규정

12) J. B. Carroll, *Language and Thought*, New Jersey: Prentice-Hall, 1964.

하게 된다. 그러나 설사 이런 문제들이 해결된다고 하더라도 언어 형식과 그 언어를 쓰는 사람의 심리 상태 간에는 일률적이라기보다는 확률적인 대응관계를 가질 것은 거의 분명하다.

우리는 지금까지 언어의 일반적인 성질을 이해하는 데 상당한 지면을 할애하였다. 대충 요약하면 언어란 인류가 오랫동안의 경험을 통해서 얻는 사회적 산물로서 우리는 그것을 수단으로 하여 우리의 내면 상태를 상호 간에 소통할 수 있게 된다. 그러나 언어는 본질상 임의적인 기호나 상징체제에 불과하기 때문에 각 개인은 그가 소속한 언어공동체가 따르는 음성적, 문법적 그리고 의미상의 규칙을 학습해야 한다. 여기에는 몇 가지 문제점이 도사리고 있다. 그것의 하나는 언어가 가지고 있는 의미의 불확정성이다. 그것이 우리에게 효과적인 소통의 수단이 되려면 그것과 우리의 내면 상태 간에 어떤 일률적인 대응관계를 가질 수 있어야 된다. 그런데도 어떤 언어는 애매모호하며 그것이 우리의 내면 상태 가운데 어느 것을 지칭하고 있는지가 불분명하다. 따라서 언어에 의한 의사소통이란 우리의 표면적인 확신에 비해서 몹시 불안정하고 불완전한 것이라고 말할 수 있다. 그러나 이는 어떻게 보면 사치스러운 불평에 불과하다. 우리는 분명히 언어의 세계 속에서 생활하고 있으며 그것의 영향을 음으로 양으로 받고 있다. 그 영향 가운데 어떤 것은 이롭기도 하고 어떤 것은 해롭기도 하다. 나는 이제부터 이와 같은 인지와 언어와의 특수한 관계를 추궁하면서 이 장을 끝맺으려고 한다.

인지와 언어는 개념적으로 독립된 것이다. 우리는 인지 없는 언어나 언어 없는 인지 상태를 쉽게 가정할 수 있다. 이 사실은 이제까지의 논의된 맥락에 비추어 명백해졌으리라 믿는다. 그러나 언어는 사용하고 있는 실제적인 사람들을 놓고 볼 때 이 두 실체는 매우 밀접한 관계를 가진다. 이 문제는 철학자, 심리학자, 언어학자 및 기타 사회학자 간에 상당한 흥미와 논쟁의 초점이 되었으며 아직 미해결의 여지가 있지만, 이제까지의 경과에 비추어 이 두 실체는 상호 인과적 관계를 가진다고 보는 것이 타당할 것 같다.

이 문제와 관련하여 가장 일반적이고 두드러진 입장을 택한 학자는 워프(Benjamin Whorf)다.[13] 따라서 우리는 논의의 실마리를 그의 가설로부터 잡아 나가기로 하자.

그는 언어가 우리의 인지를 표현하는 하나의 수단일 뿐만 아니라 우리의 인지를 형성하는 기본적인 틀이라고 주장하였다. 이른바 '워프의 가설(The Whorfian hypothesis)'로 널리 알려진 이 주장은 기실 두 가지 명제로 나누어 분석할 수 있다. 하나는 세계란 언어공동체에 따라 다르게 경험되고 인식된다는 명제로서 이와 관련하여 '언어적 상대주의(linguistic relativity)'라는 말이 등장하였다. 다른 하나의 명제는 이보다 한걸음 더 나아가서 언어가 이와 같은 인식의 차이를 가져오게 하는 주도적인 역할을 한다는 것이다. 그래서 이 가설은 흔히 '언어적 결정주의(linguistic determinism)'라는 말로 통한다. 여기서 우리의 관심은 언어적 결정주의에 한정된다.

이와 같은 비교적 급진적인 일방적 인과론은 지금까지 사회과학 분야에서 관심의 대상이 되어 왔지만 사실 워프 자신은 이 가설을 충분히 증명할 수 있는 경험적 자료를 제시하지 못했다. 그가 이 가설과 관련하여 수집한 자료는 기술적인 것에 불과하다. 그는 언어에 의해서 비언어적 세계가 분류되는 방식, 즉 어휘(lexicon)와 그 기본적인 의미 단위가 조합되는 규칙, 즉 어법(grammar)이 언어공동체마다 상이하다는 문화적 자료만을 토대로 언어적 결정주의라는 엄청난 일반화에 도달한 것이다. 예컨대, 그는 이런 방식의 해명을 한다. 에스키모(Eskimo)인들은 눈(雪)의 상이한 모양과 조건에 대해서 7가지의 다른 명칭을 가지고 있지만, 영어를 쓰는 사람들은 오직 'snow'라는 하나의 용어를 가지고 있을 뿐이다. 또한 호피(Hopi)인디언들은 나는 생물에 대해서 단 하나의 명칭을 가지고 있다. 따라서 이와 같은 기술적인 용어의 차이 때문에 에스키모인의 눈에 대한 지각과 사고는 영어를 쓰는 사람들의 것과 다르며, 마찬가지로 호피 인디언은 나는 물체에 대해서 상이한 사고를 한다는 것이다.

그러나 워프의 가설에 대한 반론은 항상 준비되어 있다. 우선 그의 자료는 언어적 결정주의와는 반대의 해석도 허용한다. 예컨대, 에스키모인들은 영어를 쓰는 사람들보다 눈의 모양과 형태에 대한 식별이 분화되었으며, 그로 인해서 그것을

---

13) B. Whorf, *op. cit.*, 1956.

표현하는 보다 세분된 용어가 생겨났다는 해석도 가능하다. 또한 용어는 사건을 범주화하는 기능을 갖고 있기는 하지만 사람들은 언어에서 허용하는 범위만으로 사물을 지각한다고 보는 데도 무리가 있다. 예컨대, 'snow'라는 단 하나의 명칭밖에 사용하지 않는 어떤 미국의 어린이도 눈사람을 만드는 데 좋고 나쁜 눈이 어떤 것인지를 식별할 수 있다. 마찬가지로 스키를 타는 미국인이나 영국인은 눈의 상태에 민감하기 때문에 그들이 비록 눈에 대한 단 하나의 명칭만을 사용하더라도 다양한 눈의 습도, 응결도 등등을 세밀하게 식별한다. 또한 그들은 이 상태를 언어로 소통할 필요가 있을 때 그들에게 가능한 언어, 즉 '젖은 눈'이라거나 '엉기지 않는 눈'이라는 방식으로 번역하여 다양한 눈의 상태를 기술할 수도 있는 것이다.[14] 이렇게 볼 때 워프의 가설은 해석상의 무리가 있을 뿐만 아니라 많은 과장이 포함되어 있음을 알 수 있다.

그렇다고 해서 워프의 가설이 전적으로 틀린 것이라는 속단을 내려서는 안 된다. 왜냐하면 그의 가설은 부분적으로 맞거나 틀릴 수도 있기 때문이다. 내가 보기에 인지와 언어 간의 관계는 워프가 가정한 바처럼 단순하게 일률적으로 해명될 수 없을 만큼 복잡한 듯하다. 인지나 언어 간에 어느 것이 좀 더 기본적이고 선행적인 것이냐를 해명하려면 그들이 어린이의 발달과정에서 어떻게 서로 다른 것에 영향을 주느냐에 대한 연구를 하여야 할 것이다. 또한 우리는 어떤 특정한 인지의 측면과 특정한 언어의 측면 간에 있을 수 있는 다원적인 인과 관계를 구명한 연구를 필요로 한다. 물론 이 연구들은 상관적 자료보다는 실험적 통제에 의한 자료를 수집해서 앞서 지적한 인과 관계에 대한 해석상의 문제점을 해소할 수 있어야 된다. 따라서 나는 이제부터 이 방면의 연구 결과를 검토하여 이에 대한 잠정적인 결론을 맺고자 한다.

언어와 인지 간의 관계에 대한 발달심리학적 견해는 아직까지 잘 통합되지 못한 단계에 있는 듯하다. 여기에는 크게 세 가지 입장이 결합하면서 이 주제가 탐구되

---

14) R. W. Brown, Language and categories, In J. S. Bruner, J. J. Goodnow, & G. A. Austin, *A Study of Thinking*, New York: Wiley, 1956.

고 있다. 첫째 입장은 대체로 인지발달에 관심을 둔 학자들에 의해서 견지되는데, 이들은 인지가 언어에 선행하는 것으로 본다. 피아제나 브루너의 관점에서 볼 때 초기의 인지 구조는 반드시 언어적 표상을 토대로 이루어지는 것이 아니다. 전(前) 언어적 단계에 있는 어린이는 동작이나 영상에 의해서 그들의 인지를 내부에 간직 하고 있다. 그러다가 차츰 형식적 사고의 단계에 이르러서야 그들은 언어가 갖는 상징적 특징을 살리면서 추상적인 사고를 할 수 있게 되는 것이다. 따라서 '진정 한' 의미에서의 언어의 의미는 인지상의 기반 위에서만 성립될 수 있는 것이며, 만 약 그런 기반이 없이 언어를 통해서 학습이 이루어진다면 그것은 단순히 '앵무새 놀음'에 불과한 것으로 본다. 언어적 표현은 가끔 개인의 진정한 이해 방식을 잘 나 타내지 않는다. 예컨대, 초등학교 저학년의 어린이는 "지구의 중심은 용암 상태로 되어 있다."라는 말을 학습에 의해서 기계처럼 줄줄 외울 수는 있어도 땅속 깊이 구멍을 파갈 때 점점 더워지거나 또는 서늘해지는지에 대한 해답은 내리지 못하는 수가 많다. 한편, 어떤 농부는 지렛대를 '지렛대'라는 단어로 표현은 못 할지 모르 나 돌을 움직일 때 지렛대의 개념을 이용한다. 물론 형식적 단계에서 적절한 언어 사용은 추상적 사고를 촉진하지만 그것은 반드시 필수 요인이라기보다는 지원적 인 역할을 할 수 있다는 것이 인지심리학자들의 견해다.[15]

이 견해는 촘스키[16]를 위시한 일련의 언어학자의 입장과 가끔 대비되어 논란이 되기도 하였다. 이들은 언어 형식의 다양성 속에는 어떤 보편적인 문법과 언어 구 조가 있음을 주시하고 어린이들은 언어에 특수한 인지적 능력을 선천적으로 타고 난다는 주장을 견지하고 있다. 이처럼 그들은 언어 규칙이 학습자가 언어학습 과 제를 수행하기 이전에 선천적으로 부여되어 있다고 보기 때문에 그들은 피아제가 일컫는 초기의 인지발달은 언어발달에 크게 공헌하지 않는다는 귀결을 내린다. 사

---

15) 이에 대한 일단의 경험적인 연구는 다음의 두 책 속에 잘 소개되어 있다.
    ⓐ H. Sinclair-de-Zwart, Developmental Psycholinguistics, In D. Elkind & J. Flavell (Eds.), *Studies in Cognitive Development*, New York: Oxford University Press, 1969, pp. 315-325.
    ⓑ J. S. Bruner, On cognitive growth: In J. S. Bruner, C. Reich, and R. Olver, et al., *Studies in Cognitive Growth*, New York: Wiley, 1966, pp. 30-67.
16) N. Chomsky, *Language and Mind*, New York: Hartcourt, 1968.

실 평범한 관찰이나 체계적인 연구에 의하면 아동들은 피아제가 일컫는 형식적 조작기의 훨씬 이전에 새로운 언어 표현을 만들어 낼 능력을 보인다.[17] 그러나 언뜻 보기에 이 상충하는 듯한 두 입장은 언어와 인지 간의 관계를 각각 다른 측면에서 보면서 강조하고 있다는 점을 주목할 필요가 있다. 기실 언어학자들은 우리의 능력 가운데 매우 특수한 언어 구성 및 표현력이 우리의 상식과는 달리 매우 일찍 발생한다는 점을 부각시키는 반면, 발달심리학자들은 설사 어린이들이 일찍부터 언어를 구사하지만 그것이 사고 구조와 직접적인 관련을 가지려면 상당한 기간이 필요하다는 점을 지적하고 있다. 따라서 이 두 이론은 서로 상충하는 것이 아니라 서로 보완하는 입장일 수도 있는 것이다.

　이 문제와 관련하여 일찍이 비고츠키(L. S. Vygotsky)는 이 두 이론을 종합할 수 있는 매우 흥미 있는 가설을 제시한 바 있다.[18] 그는 언어의 발달과 인지의 발달이 서로 독립해서 병행하는 것으로 보았다. 즉, 어린 아동의 경우에 모든 사고가 내면화된 언어에 의해서 일어나지도 않고 또 그들의 언어가 반드시 그것에 대응하는 개념을 가진 증거로서 간주될 수 없다고 본다. 그의 이와 같은 관점은 결국 앞에서 소개된 양쪽의 입장을 모두 충족시켜 주고 있다. 왜냐하면 그는 언어발달의 전(前) 지적 단계를 인정함과 동시에 지적 발달의 전 언어적 단계를 인정하기 때문이다. 그러나 그는 여기서 한 걸음 더 나아간다. 그의 핵심적인 관심은 언어와 사고 간에 교합하는 형태, 즉 언어적 사고(linguistic thinking)를 구명하는 데 있었다. 사고와 언어는 서로 병행하면서 발달하다가 발달 과정의 어느 단계에서 결국 일치하게 된다. 사고가 그 나름의 구조를 가지고 있다가 그것이 언어적 사고로 이행되는 과정을 그는 이렇게 설명한다. 아동은 초기에 단어의 음성적 측면과 의미적 측면을 구분하지 못한다. 예컨대, 어린이들은 서로 다른 두 사람이 같은 명칭으로 지칭되는 데 대해서 당혹감을 느끼는 것이다. 이 점에서 그들의 기호체제와 의미체제는 안정된 연관을 갖지 않는다. 이는 일부 지적 발달의 미숙에서 기인하는 것이다. 그러

17) D. McNeill, The development of language, In P. H. Mussen (Ed.), *Carmichael's Manual of Child Psychology, Vol. I*, New York: Wiley, 1970, pp. 1061-1162.
18) L. S. Vygotsky, *Thought and Language*, New York: Wiley, 1962.

나 차츰 지적인 성숙이 진행되는 동안 그들은 창조물과는 독립적으로 단어의 의미를 형성할 수 있게 되며, 이즈음 이른바 '내적 언어(inner speech)'를 갖게 된다. 이 단계에서 주위 인물과 교류되는 대화는 개념적 사고의 발달에 통합적인 부면을 담당하는 것이다. 언어는 아동의 주의(attention) 과정, 추상화(abstraction), 그리고 인지 요소의 종합 과정에서 방향을 주면서 개념이나 사고를 형성하게 하는 주도적 역할을 한다. 그래서 지적 성숙에 따른 언어의 의미화와 언어에 의한 사고의 형성이라는 두 가지 상보적 과정이 어느 단계에 이르러서는 언어에 의한 독립적이고 자율적인 사고를 가능하게 한다. 이처럼 언어의 의미체제가 내면화된 수준에 이르면 그들은 그들에게 주어진 외부의 정보를 초월하여 경험에 의해서 직접 검토될 수 있거나 혹은 최소한 합리적인 가설을 형성하는 데 기반이 될 수 있는 추가적인 관념을 스스로 생산할 수 있다. 즉, 이 단계에 이르러서야 비로소 언어의 구조가 기본적인 사고의 구조로 통합될 수 있는 것이다.

인류는 오랫동안에 걸쳐 언어를 발전시켰을 뿐만 아니라 그 언어 속에 그들이 창조한 인식을 담아 누적시켜 왔다. 우리 주변에 떠돌아다니는 상식, 전설, 종교적인 교리, 과학적 지식 등은 대개 언어에 의해서 시공을 초월하면서 존재하며, 언어에 의해서 전달된다. 그래서 통상 언어 학습은 비단 그 언어 자체의 체제뿐만 아니라 사물과 관념의 분류체제 및 그들 간의 관계까지 포함되어 일어나는 것이다. 예컨대, '호랑이는 무섭다.'라는 말은 문장 형식뿐만 아니라 어떤 의미 범주와 그들 간의 관계에 대한 어떤 관념까지 포함하고 있으며, 따라서 아동은 그 언어 형식을 통해서 사회적으로 공유되는 특정한 관념을 동시에 학습한다. 예컨대, 어떤 성인이 어린이에게 호랑이라는 말을 쓸 때 어린이는 그 말과 관련하여 그 '호랑이'라는 경험 유목이 존재할 수 있음을 주목하게 될 것이다. 뿐만 아니라 그는 $\sqrt{-1}$이라는 형식적 개념조차 '$\sqrt{-1}$'이라는 특정한 인공언어를 통해서 학습한다. 이렇게 해서 언어공동체에 의해서 마련된 특수한 분류 기준에 따라 각 개인은 그들의 인지 내용을 구획하고 특징짓게 된다.

이와 같이 언어를 통해서 형성될 인지 내용이 비고츠키가 일컫는 언어적 사고를 구성하는 것이다. 인지심리학에서는 이처럼 언어 형식으로의 내재된 인지가 개인이 다른 인지적 경험을 하는 하나의 기반이 될 수 있음을 여러 가지 실험을 통해서 증명해 왔다. 나는 그 모든 연구 가운데 몇 가지 두드러진 것만을 여기서 소개해 보겠다. 카마이클(L. Carmichael)과 그의 동료 연구자들은 피험자에게 '○—○' 모양의 그림을 잠시 보여 준 뒤에 그것을 재생하도록 요구했는데, 그 재생은 그 그림에 주어진 명칭에 따라 크게 영향받게 된다는 것을 알게 되었다.[19] 예컨대, 최초 목격 시 그 그림에 '안경'이라는 명칭이 붙어 있으면 '○⌒○'의 모양으로 재생되는 경향이 있으며, '아령'이라는 명칭이 붙어 있으면 '○=○'의 모양으로 재생되는 경향이 있었다. 이는 우리의 지각이 내면화된 언어에 의해서 중개되는 하나의 입증으로 볼 수 있다.

　내면화된 언어는 또한 사물을 분류하는 새로운 형태의 개념 형성에 영향을 준다. 예컨대, 켄들러(T. S. Kendler)는 어린이들에게 모양(삼각형—원)과 색깔(흰색—검은색)이 다른 일단의 자극물들을 제시하고 그들이 삼각형 모양을 선택할 때 보상을 주고 원 모양을 선택할 때 보상을 주지 않았다. 그런 다음 다시 이제는 반대로 원 모양을 선택할 때 보상을 주고 삼각형 모양을 선택할 때 보상을 주지 않는 이른바 역전환(reversal shift)의 학습과제를 그들에게 부과하였다. 이때 그는 모양이라는 개념을 형성한 어린이들은 그 역전환을 쉽게 하고 그렇지 못한 어린이들은 그것이 오히려 색깔의 차원에 의한 새로운 개념 학습보다 어렵게 수행하리라는 가정을 세웠는데, 그의 가설은 확증되었다. 그러나 다시 그는 다른 하나의 흥미 있는 가설을 갖게 되었다. 그것은 만약 역전환이 어려운 어린이에게 언어적 단서를 제공하면 그것이 쉽게 되리라는 예상이었는데, 그 예상도 어느 정도 적중하였다.[20] 그는 이 결과를 언어적 중개 과정(verbal mediational mechanisms)과 관련하여 해석한다.[21]

● ● ● ●

19) L. Carmichael, H. P. Hogan, & A. Walters, An experimental study of the effect of language on the reproduction of visually perceived forms, *Journal of Experimental Psychology*, 1962, *15*, 73-86.

20) T. S. Kendler, Concept formation, *Annual Review of Psychology*, 1961, *12*, 447-472.

21) 이 결과에 대한 해석은 가끔 논란이 되고 있다. 예컨대, 지맨과 하우스(D. Zeaman & B. J. House, 1963)는 언어적 단서가 중개인인 역할을 한 것이 아니라 어린이에게 어떤 특정한 자극 차원에 주목하게 하는 기능을 했다고 본다. 그러나 그 결과가 어떻게 해석되든 간에 우리의 토론에

우리의 기억 과정도 언어와 매우 밀접한 관계가 있다.[22] 문자 언어는 두말할 필요 없이 하나의 외적 기억(external memory)으로서 우리에게 무한정한 기억 능력을 확대시켜 준다. 우리는 무엇이든지 기록해 두었다가 그것을 보고 상기해 낼 수 있다. 내재된 기억(internal memory) 속에는 언어와 관련된 것이 무수하게 존재하며 이들은 새롭게 들어오는 자극물을 기억하기 쉽게 조직해 주는 기능을 한다. 예컨대, LFHSA라는 문자는 'FLASH'라는 자연어를 이용하면 보다 쉽게 기억되며, MOT는 'Mother'이라는 자연어의 일부를 이용하면 오랫동안 보존될 수 있다.

언어는 단어뿐만 아니라 단어보다 큰 언어 형식과 문장으로 구성되어 있다. 이와 같은 언어의 측면은 사고에 매우 실질적인 도움을 준다. 우리는 언어의 형식과 구조를 이용하여 보다 복합적인 개념을 학습하고 가끔 새로운 관념에 도달하게 된다. 사실, 언어가 갖는 결정적인 특징은 행위나 형상에 비해서 보다 높은 상징성을 갖는 데 있다. 우리는 구상적인 것들을 언어로 상징화하고 그들을 머릿속에서 마음대로 조합함으로써 새로운 개념을 창조할 수 있다. 예컨대, $(x+2)^2 = x^2 + 4x + 4 = x(x+4) + 4$라는 계산은 이와 같은 대수적(代數的) 언어가 생기기 전에는 매우 어려운 과제였을 것이다.

이쯤 생각해 보면, 워프의 언어적 결정론은 어느 면에서 상당한 근거를 확보하고 있음을 알 수 있다. 그러나 우리는 여기서 몇 가지 중요한 사실을 동시에 인정해야 한다. 첫째, 우리의 인지 상태는 모두 언어에 의해서 부호화되지 않았다는 사실이다. 우리는 언어화되지 않는 지각, 개념, 기억, 그리고 무엇보다도 사고 능력을 가지고 있다. 이들은 가끔 비언어적 경험에 의해서 습득된 것으로서 우리의 대부분의 행위가 이에 의해서 좌우된다. 예컨대, 퍼스(H. G. Furth)는 청각장애인들이 언어 없이도 개념의 습득, 크기의 비교, 순서와 연상의 기억, 그리고 여러 가지 사고를 할 수 있음을 입증하였다.[23] 사실은 개인이 그의 직접적인 경험에 의해서 형성한 인지

● ● ● ● ⋯⋯⋯⋯⋯⋯⋯⋯⋯⋯⋯⋯⋯⋯⋯⋯⋯⋯⋯⋯⋯⋯⋯⋯⋯⋯⋯⋯⋯⋯⋯⋯⋯

서는 문제가 되지는 않는다.

22) R. L. Klatzky, *Human Memory*, San Francisco: Freeman, 1975.
23) H. G. Furth, *Thinking without Language*, New York: The Free Press, 1966.

는 특정한 언어공동체의 언어에 의해서 얻은 통상적인 인지보다 훨씬 생산적이고 융통성 있는 것일 수도 있다.

둘째, 자연언어든 인공언어든 간에 우리가 동원할 수 있는 모든 언어가 우리에게 발생하는 모든 경험을 기술하기에 충분한 단어나 구조를 가지고 있지는 않다는 사실이다. 사실 우리는 매우 두꺼운 사전을 가지고 있고, 또 그것을 조합하여 거의 무한대의 문장을 구성할 수 있는 문법 구조를 가지고 있다. 따라서 우리는 아직까지 한 번도 일어나지 않은 사건을 예상해서 기술할 수 있으며, "색깔 없는 녹색의 관념들이 격렬하게 잠잔다."는 환상도 할 수 있다. 그러나 그런 말들이 그런 말을 창조할 수 있는 내면 상태의 전제 위에 성립되며, 또 그것에서 비롯된 것임을 인식해야 한다. 이 언어가 갖는 한계는 비단 인지 영역뿐만 아니라 정의적 영역에도 생긴다.

셋째, 앞서 피아제와 비고츠키의 이론에서 밝혔듯이 인지와 언어는 쌍방적으로 인과관계를 가진다. 즉, 인지가 언어의 발달을 촉진하고 또 어느 단계에 접어들어 언어는 사고를 촉진하거나 저해한다. 이를 테면, 어떤 어린이가 도서관에 있는 모든 서적을 외웠다고 하더라도 만약 그가 그 언어에 내포된 의미를 이해할 인지 구조가 미숙하다면 그 언어는 그의 인지에 효율적인 영향을 주지 못한다.

넷째, (이것은 워프의 가설과는 별문제이지만) 언어는 우리의 인지를 촉진할 뿐만 아니라 방해한다는 사실에 주목할 필요가 있다. 앞서 나는 언어가 인지에 주는 영향을 증명한 몇 가지 연구 결과를 소개하면서 언어가 퍽 유용한 인지적 도구라는 인상을 주었을지도 모른다. 그러나 그 반대의 경우를 상상하기는 그렇게 어렵지 않다. 우리에게 내면화된 어떤 언어는 사실을 왜곡시켜 지각하게 하고, 부적절한 개념화에 도달하게 하고, 체계 있는 기억을 방해하고, 문제해결에 불필요한 간섭을 할 수도 있다.

제5장 올바른 앎

　우리는 이제까지 우리의 모형에 비추어 일차적 인식을 구성하는 세 가지 요소, 즉 현실, 인지 및 언어의 문제를 비교적 자세하게 검토하였다. 이 세 가지 인식의 요소는 개념적으로 독립될 수 있으며 경험적으로 매우 복잡한 관련을 갖고 있었다. 이제 이 장에서 다른 하나의 까다로운 질문, 즉 "무엇이 타당한 인식이냐?"라는 문제를 추궁해 보기로 하자. 우리는 가끔 '말도 안 되는 소리'라거나 '돼먹지 않은 생각'이라는 표현을 한다. 이 표현은 초등학교 학생에서부터 '상아탑' 속의 학자에 이르기까지 매우 광범위하게 쓰인다. 이 말을 심각하게 받아들이면, 다시 말하면 이 말이 표현하는 사람의 내면적 의미를 진심으로 나타낸 것이라고 본다면, 우리는 그 말의 의미를 어떻게 받아들여야 하는가? 이 질문은 지금부터 관심을 갖게 될 다른 하나의 중요한 이차적 인식의 과제를 제시하고 있다. 예를 들어, 갑이 을에게 다음과 같은 말을 하였다고 가정하자.

　열 마리의 천사가 나의 엄지손가락 위에서 춤을 추고 있다.
　복돌이의 아버지는 여자다.
　어떤 코끼리는 글을 읽고 쓸 수 있다.

거짓말을 하는 것은 착한 행동이다.

　이때 을은 이 말을 듣고 그 말은 '말도 안 되는 소리'라거나 그 말이 진심이라면 그것은 '돼먹지 않은 생각'이라고 일소에 부쳐 버리려고 할지 모른다. 그러나 갑은 정색을 하고 을에게 그의 말이나 생각이 왜 틀렸는가를 다그쳐 따지고 덤빌지도 모른다. 여기서 을은 적이 당황할 것이다. 왜냐하면, 그는 갑에게 인식의 옳고 그름을 가리는 기준과 그 기준에 비추어 갑의 생각과 말을 평가해야 할 입장에 놓이게 되었기 때문이다. 우선 갑의 말은 음성학적으로나 문법적으로 완벽한 문장을 구성하고 있다. 또한 갑의 태도로 보아서 이 말은 그의 '진정한 내면 상태'의 어떤 것을 을에게 소통하려고 한다는 데 의심의 여지가 없고, 을은 갑의 의미 내용을 이해하지 못할 분명한 애로를 갖고 있지 않다. 따라서 여기에는 앞서 우리가 앞 장에서 다룬 언어의 문제는 포함되지 않았다. 그렇다면 을은 갑의 이와 같은 우문에 대해서 어떤 현답을 내릴 수 있는가?

　이 문제에 대한 하나의 해결 방법은 을이 갑에게 한 말, 즉 '말도 안 되는 소리'라거나 '돼먹지 않은 생각'이 무엇을 의미하는가를 추궁하는 것이다. 왜냐하면, 을은 이 말을 써서 갑에게 어떤 의미를 전달하려고 하였으나 갑은 그 말의 의미가 무엇인지를 분명히 알지 못하고 있는 듯하기 때문이다. 물론 을은 이 말을 할 때 어떤 생각을 하였으며, 어떤 의미를 전달하려고 하였는지를 머잖아 밝히는 데 성공할지도 모른다. 그러나 여기서 다시 문제가 제기될 수 있는데 그것은 "을의 의미가 누구에게나 수락될 수 있느냐?"이다. 이렇게 볼 때 갑의 을에 대한 질문은 우문이 아니라 탐구의 여지가 많은 까다로운 문제임에 틀림없다.

　우리는 일상생활을 하면서 타인이나 자기 자신의 인식을 평가하는 무수한 언어를 사용하고 있지만 그 언어에 일치된 의미를 부여하고 있지는 않다. 따라서 일상적인 언어의 의미에 일치성을 구하는 일은 지극히 어렵거나 거의 불가능한 과제다. 이미 앞 장에서 지적했듯이 많은 학자들이 언어의 기호체제와 의미체제 간의 규칙적인 상응성을 발견하려고 노력해 왔으나 거기에는 일률성이 없음을 알게 되었다. 어떤 언어공동체에서 쓰는 특정한 언어의 의미를 밝히려면 그 전체 집단의 개별적인 구성원이 그것에 대해서 갖고 있는 의미를 조사해야 한다. 사실 언어 사전은 그것이 편집될 당시 그 언어공동체에서 사용 빈도가 높고 중요시되는 단어들의 의미를 수록하고 있다. 그러나 그 의미들이 대부분 애매모호할 뿐만 아니라 그들조차 영구히 표준화된 것은 아니다.

여기서 우리는 다시 하나의 독립된 입장이 필요함을 느낀다. 즉, 우리는 어떤 특정한 언어를 사용하는 사람들이 갖는 어떤 공통적인 의미를 종합하여 인식을 평가하는 언어의 의미를 찾기보다는 우리 나름으로 논리의 일관성을 기할 수 있는 관례를 설정할 수도 있다. 이 편법은 근래에 분석철학자들이 택하고 있는 방법이기도 하다. 그들은 일상어가 갖는 의미의 불확정성과 애매성을 줄이기 위해서 그들 나름으로 소통할 수 있는 언어의 정형을 찾으려고 노력하였다. 거기에는 인식에 관한 여러 가지 언어의 애매모호성을 극복하고 그것의 논리 구조에 일관성을 부여하려는 관심이 포함된다. 그들은 사람들이 실제로 사용하는 언어의 의미를 경청하여 이 문제를 해결하는 것이 아니라 약정적인 정의(stipulative definition)에 의해서 이 문제를 해결하려 한다. 물론 그들이 쓰는 언어도 자연언어를 쓰고 있는 한 언어가 갖는 진화의 과정에서 예외가 될 수는 없다. 말하자면 그들의 언어도 논자에 따라 다르고 또 다르게 변할 가능성은 얼마든지 있다. 그러나 그들의 언어 분석은 이제까지 철학에서 쟁점이 되어 온 인식의 언어에 관한 문제를 종결시키는 데 다소 공헌을 하여 왔다.

흔히 어떤 인식이나 그것을 나타낸 문장에 대해서 진(true)이라거나 위(false)라는 판정이 내려진다. 여기에는 분명히 그 '진위(眞僞)'라는 개념의 의미와 판정 기준에 대한 어떤 약정이 전제되어 있다. 이와 관련하여 분석철학자들은 두 가지 부류의 문장이 있다고 본다. 그중 한 부류는 이른바 선험적 진술(a priori statement)이고, 다른 한 부류는 경험적 진술(a posteriori statement)이다. 정의상 선험적 진술은 그것의 진위가 경험적인 검증과는 독립적으로 결정될 수 있는 것이고, 경험적 진술은 그것의 진위가 어떤 경험적인 검증에 의해서 결정되는 것이다. 예컨대, "모든 붉은 물건은 색깔을 띤다."라는 진술은 경험보다는 논리적인 약속에 의해서 그 타당성이 검증될 수 있다. 왜냐하면, 붉은색은 색깔의 일종으로 개념 지어 있기 때문

이다. 한편, "모든 작은 물건의 색깔은 붉다."라는 진술은 실제 우리가 그 작은 물
건의 색깔을 경험적으로 관찰하지 않고 그 진위를 판명하기가 어렵다.

이와 같은 분류 방식은 철학에서 꽤 오랜 역사를 가지고 있지만 다음에 인용하
는 에이어(A. J. Ayer)의 말이 그 취지와 입장을 잘 대변하고 있다.[1]

> "한 문장이 문자 그대로 의미 있는 것인지 아닌지를 결정해 주는 기준을 마련해 주
> 는 것은 입증의 원칙(the principle of verification)에 있는 것으로 가정된다. 그것
> 을 공식화하는 하나의 단순한 방식은 어떤 문장은 그것이 표현하는 명제가 분석적이
> 거나 혹은 경험적으로 입증할 수 있을 때에 한해서 문자 그대로의 의미(literal
> meaning)를 가졌다고 말하는 것이다."

여기서 우리는 이 입장의 두 가지 특징에 주목할 필요가 있다. 첫째는 이와 같은
분류 방식 자체가 그들이 규정하는 선험적이고 분석적인 것이라는 사실이다. 에이
어에 의하면 우리가 쓰는 모든 문장이 진이라거나 위라는 판정을 받을 수 있는 것
은 아니다. 진위의 판정을 받을 수 있는 문장은 이른바 '명제(proposition)'에 한정
된다. 이때 우리는 어떤 문장이 명제에 해당하느냐는 질문을 던질 수 있다. 이 질문
에 대해서 그는 그것이 분석적으로나 경험적으로 그것의 진위를 입증할 수 있는
것으로 정의한다. 또한 그는 명제만이 문자 그대로의 의미(literal meaning)를 가진
다고 하지만 그에게 왜 그들만이 의미를 갖느냐는 질문을 던지면 모든 명제는
진이거나 위로 판명될 수 있기 때문이라는 해명을 할 것이다. 따라서 모든 것이 순
환논법(tautology)을 토대로 해결된다.

다른 하나의 특징은 그들의 의미에 대한 기준이 매우 한정적인 것이라는 사실이
다. 그들에 의하면 논리-수학적이거나 혹은 경험적인 진술만이 의미 있는 것이고
다른 것은 모두 무의미한 것에 불과하다. 여기에는 논리학과 경험과학만이 오직
존경받을 만한 인식 활동이며, 이른바 전통적으로 철학의 영역에 속해 온 형이상

----

1) A. J. Ayer, *Language, Truth and Logic*, Harmondsworth: Penguin Books, 1936, pp. 7-8.

학이나 윤리는 진정한 의미의 인식 활동이 아니라는 태도가 포함되어 있다. 그들의 기준에 비추어 보면 후자는 문학 활동이거나 아니면 설득 활동에 해당한다.

이와 같은 배타적 입장은 우리가 사용하는 인식에 대한 언어의 의미를 명백하게 구획해 나가는 데 어느 면에서 불가피한 것이다. 사실 모든 문장이 의미 있다고 본다면 우리는 "무엇이 타당한 인식이냐?"라는 질문에 대해서 아무 해답도 내릴 수 없다. 이는 앞서 우리가 제기한 갑과 을의 문제를 상기하면 쉽게 이해될 수 있다. 만약 이 두 사람이 매우 관용적인 태도를 가지고 타당한 인식이라는 말의 의미를 이렇게도 해석하고 저렇게도 받아들인다면 그들의 쟁점은 어떤 정착점도 없기 때문에 끝없이 결정이나 해결을 하지 못한 상태에 머물게 될 것이다. 따라서 우리는 인내를 가지고 이 분석철학자들이 규정하는 인식의 기준이 어떤 것인지를 좀 더 추궁해 보기로 하자.

분석철학자들이 일컫는 선험적 진술은 그들이 모두 경험 이전에 형성된 것이라거나 그 의미 자체가 어떤 경험도 하지 않고 이해될 수 있다는 의미의 진술은 아닌 것이다. 이미 인지와 언어의 발달에서 다루었듯이 인간은 경험이 없이는 어떤 형태의 인지나 언어도 가질 수 없다. 예컨대, 앞서 '색깔'이라거나 '붉은색'이라는 개념이나 언어는 이미 경험을 통해서 형성된 것이다. 그리고 "모든 붉은 물건은 색깔을 띤다."라는 선험적 진술의 형식도 경험을 통해서 의미화된 것이다. 이 두 사실은 선험적 진술과 경험적 진술을 구분하는 분석철학자에 의해서 이미 시인되고 있고 이 점에서 우리의 모형과 상충되지 않는다. 다시 말하면, 선험적 진술이란 말은 그것의 형성 과정과 관련되어 주어진 명칭이 아니라 그 진술의 내용이 입증되는 방식과 관련하여 주어진 명칭이다.

보다 정확하게 말하면 선험적 진술은 그것의 진위가 그 진술에 포함된 용어들의 의미와 형식만으로 규명될 수 있는 것이다. 예를 들어, 어떤 사람이 "이번에 의회에서 의원들이 충분하게 찬성투표를 하면 이 법안이 통과될 것이다."라는 말을 했다고 하자. 우리는 이 말의 진위를 입증하기 위해서 의사당에 나가 그 투표율을 일일이 관찰할 필요가 없다. 왜냐하면, 이 문장에 포함된 말의 정의와 형식에 의해서 그것은 진일 수밖에 없기 때문이다. 정의상, 법안은 의원들이 충분히 투표하면 통과되기로 약정된 것이다. '1+2=3'이라는 수학적인 조작도 사과 한 개와 두 개를 더한 결과에 의해서 증명할 필요가 없는 선험적 진술이다. 이 말은 우리가 그런 방식의 것을 수락하도록 약정한 것에 불과하다. 사실 이 수학적 조작을 충분히 이해한 사람이라면 "모든 X와 모든 Y에 대해서, 만약 X가 오직 하나로 구성된 집합이고 또한 Y가 오직 둘로 구성된 집합이라면, X와 Y의 합은 단지 셋의 구성을 가진 집합이다."라는 약정에 사전에 동의하고 있는 것이다. 논리학자나 수학자들은 이처럼 현실에 대한 어떤 것도 언급하지 않으면서도 약정에 의해서 그 일관성을 구명할 수 있는 거창한 인지 구조와 그것에 대응하는 언어를 창조해 왔고 지금도 그 작업은 계속되고 있다.

한편, 경험적 진술의 진위는 선험적 진술의 경우처럼 사고의 내적 일관성만으로 판명되지 않는다. 이들은 어떤 객관적 현실에 대한 인지 상태를 표명한 문장으로써 그 인지 상태와 객관적 현실 간의 대응성(correspondence)의 정도에 의해서 그 진위가 판명되는 것이다. 앞서 나는 '모든 작은 물건의 색깔은 붉다.'라는 문장이 경험적 진술에 해당함을 지적하였다. 여기서 '모든 작은 물건'이라는 말과 '색깔은 붉다'라는 말은 현실의 어떤 국면을 범주화한 인지상의 작도다. 그런데 이 두 단위의 작도는 서로 논리적인 관련성을 갖고 있지 않다. 다시 말하면, 우리는 개념적인 약정에 비추어 보더라도 모든 작은 물건의 색깔이 붉을 수도 있고 붉지 않을 수도 있다. 따라서 우리는 '모든 작은 물건'으로 지칭되는 것이 사실상 '색깔이 붉다'로 지칭되는 건과 관련성이 있는지 없는지를 현실 속에서 찾아야만 하는 것이다.

이제까지 많은 과학자가 이 경험적 진술의 입증 방법과 절차를 고안하여 왔다.[2] 여기에는 적은 지면으로 설명하기 어려운 기술적인 문제가 내포되어 있다. 예컨대, 이 입증 과정에는 어떤 적절한 증거 자료를 수집하는 것뿐만 아니라 그것을 적절하게 유형화된 논의에 비추어 해석할 수도 있어야 된다. 그러나 가장 간편한 이해 방법은 지도와 영토의 대응성을 비유하는 데서 얻을 수 있을 것 같다. 우리는 앞

---

2) 나는 다음의 두 책에서 이 문제를 밝히려고 노력하였다.

ⓐ 장상호, 행동과학의 연구논리, 서울 : 교육출판사, 1977.

ⓑ 장상호, 행동과학의 문제와 방법론, 서울 : 교육출판사, 1977.

서 '지도는 영토가 아니다.'라는 주제를 현실에 대한 개념화를 하는 자리에서 비교적 자세하게 논의하였다. 그럼에도 '좋은' 지도는 영토와 어느 면에서 상응관계를 가진다. 예컨대, 우리는 지도를 참고하여 한 지점의 영토에서 다른 지점의 영토로 자동차 여행을 할 수 있다. 우리는 운전을 하면서 다음에 어떤 영토가 나오리라는 예측을 하게 되며 좋은 지도는 그 예측을 충족시켜 준다.[3] 마찬가지의 관계가 경험적 진술과 현실 간에도 성립되는 것이다. 타당한 경험적 진술은 우리에게 현실의 사건을 예측해 주는 힘을 가지며 타당하지 못한 경험적 진술은 우리의 예측을 어긴다. 이 말을 바꾸면 경험적 진술의 타당성 혹은 진위성은 결국 '자동차 운전'과 같은 절차에 의해서 판명되어야 한다고 볼 수 있다.

이렇게 본다면 입증 과정과 관련하여 이 세상에는 선험적으로나 경험적으로 진이거나 위인 많은 문장이 있을 수 있다. 여기에는 이미 그 진위가 밝혀진 것도 있고 아직 밝혀지지 않은 것도 포함된다. 그렇다면 이런 맥락하에서 우리가 흔히 쓰는 말, 즉 "갑은 Q를 안다.(X knows that Q.)"라는 말은 무엇을 의미하는가? 이스라엘 쉐플러(Israel Scheffler)는 그의 저서 『지식의 조건』에서 여기에는 적어도 세 가지 조건이 포함되어 있다고 주장한다.[4] 그것은 신념 조건(the belief condition), 증거 조건(the evidence condition) 그리고 진리 조건(the truth condition)이다. 우리는 이제부터 이 세 가지 조건을 잠시 검토하면서 어떤 특정인이 가진 지식(knowledge)을 평가할 수 있는 기반을 닦아 보기로 한다.

쉐플러의 기준을 수락하고 갑이 Q에 대한 지식을 가졌다고 하려면 첫째 우리는 갑이 Q에 대한 신념(belief)을 가지고 있는지를 검토해야 한다. 여기서 신념이란 개인이 가진 성향(disposition)의 하나로서 의혹이나 회의와 대비되는 심리 상태인 것이다. 갑은 Q에 대해서 상이한 정도의 신념을 가질 수 있다. 그는 Q가 절대적으로 진이라는 확신을 가질 수도 있고, 전적으로 의심스럽다는 의혹을 가질 수도 있고, 혹은 그 두 극단의 어느 중간 정도의 확신을 가질 수도 있다. 이런 신념의 정도

---

3) 여기서 '충족시켜 준다'는 말의 뜻은 일찍이 Charles Peirce(W. B. Gallie, *Peirce and Pragmatism*, Harmondsworth: Pennguin Books, 1952)에 의해서 비교적 자세하게 논의되었다.

4) I. Scheffler, *Conditions of Knowledge*, Glenview, Ill.: Scott, 1965.

는 여러 가지의 상황에서 여러 가지의 지표로 파악될 수 있다. 예컨대, 길버트 라일(Gilbert Ryle)은 "얼음판이 위태롭도록 얇다고 믿는 사람은 경고를 주거나, 조심스럽게 스케이팅을 하거나, 이와 관련된 질문을 받았을 때 얼음판이 위태롭도록 얇다는 사실을 아는 사람과 유사하게 대답할 것이다."[5]라고 하였다. 한편, 얼음판이 두껍다고 믿는 사람은 그 반대의 행동을 함으로써 그의 신념 정도를 외부적으로 나타내게 될 것이다. 이와 같이 우리는 어떤 방식으로든 간에 갑이 Q에 대해서 갖는 신념의 정도를 파악하고 그가 Q에 대해서 절대적인 확신을 가질 때에 한해서 Q에 대한 지식을 가지고 있다는 추측을 하게 되는 것이다.[6]

그러나 갑의 Q에 대한 신념(belief in Q)은 갑의 Q에 대한 지식의 충분조건은 되지 않는다. 왜냐하면, 그가 어떤 특정한 확신을 가지고 있다는 것과 그 신념의 진위성과는 독립적인 것이기 때문이다. 따라서 그는 두 번째 조건, 즉 Q가 진이라고 입증하는 증거를 제시할 수 있어야 한다. 여기서 입증이 선험적인 명제의 경우는 증명(proof)에 해당하고 경험적 명제의 경우는 경험적인 증거(empirical evidence)에 해당한다. 역사학자, 인류학자, 사회학자들은 어떤 특정한 시대의 사람들이 그릇된 생각을 오랫동안 무비판적으로 '타당하고 당연한 것'으로 믿어 왔음을 밝히고 있다. 왜냐하면, 그들은 증명과 경험적인 증거에 의해서 그들의 사고를 검증하려고 하지 않고 합의(agreement)에 의해서 그들 나름의 신념을 굳혔기 때문이다. 그래서 세상 사람들은 콜럼버스(Columbus)가 세계 일주를 했다고 말할 때, 에디슨(Edison)이 소리를 기록할 수 있다고 할 때, 위버(Wibur) 형제가 인간이 날 수 있다고 할 때, 그리고 마르코니(Marconi)가 전선이 없이 통화가 가능하다고 할 때, 그들을 미치광이라고 조롱하거나 매도하는 태도를 보였다. 그런데도 그 외로운 소수인들은 증거에 의해서 세상 사람들의 생각을 이겨 낼 수 있었던 것이다.

5) G. Ryle, *The Concept of Mind*, New York: Barnes & Noble, 1949, p. 134.
6) 다음 두 책을 참고하라.
ⓐ D. Pears, *What is Knowledge?*, London: George Allen, 1970, pp. 13-20.
ⓑ D. M. Armstrong, *Belief, Truth and Knowledge*, London: Cambridge University Press, 1973, p. 4.

　　마지막으로 '갑이 Q를 안다.'는 말이 성립되려면 Q가 진이어야만 된다는 조건이 음미할 가치를 가진다. 언뜻 보기에는 이는 잉여적인 조건인 듯한 인상을 주기도 한다. 왜냐하면, Q에 대한 증거를 가지고 있다면, 다시 말하면 두 번째 조건이 충족될 수 있다면, 그것은 진리(truth)임이 분명하기 때문이다. 그러나 여기서 우리는 한 가지 매우 중요한 사실을 주목해야 한다. 그것은 진리가 우리의 인식이나 증거와는 독립적으로 존재한다는 분석철학자의 가정이다. 이미 몇 차례에 걸쳐 시사되었듯이 진리란 우리에 의해서 발견되는 것으로서 그것은 아직 발견되지 않은 것까지를 포함한다. 분석철학자들은 선험적으로 어떤 형태의 명제이든 간에 그것은 진이거나 위임을 규정하였다. 그 가운데 우리는 우리에게 가능한 증거를 토대로 그들의 진위 판단을 내릴 수 있을 수도 있고 아직 가능한 증거가 없어 그들에 대한 진위 판단을 내리지 못할 수도 있다. 예컨대, '지구는 둥글다.'라는 명제는 콜럼버스가 신대륙을 발견하기 이전에 그 진위 판단을 내릴 수 없었음에도 진리였던 것이다. 따라서 어떤 진리는 우리의 증거와는 독립적으로 존재한다고 말할 수 있다. 만약 이 가정을 우리가 받아들이지 않는다면 우리는 현존한 지식에 만족해 버릴 수도 있다. 또한 우리의 인식 활동은 항상 어느 정도의 과실을 포함한다. 이른바 과학적 탐구의 과정에서도 각종 이론은 급격하게 변한다. 이 이론들은 항상 어떤 특정한 시점에서 과학 하는 공동체에서 받아들인 기본 가정과 입수될 수 있는 자료에 한정되어 얻은 것이다. 그러나 이는 어떤 절대적인 진리(absolute truth)가 없음을 뜻하는 것이 아니고 그 절대적 진리에 대한 확실성(certainty)의 정도가 낮다는 것을 뜻하는 것이다.

　　우리는 이제까지 우리의 인식을 평가하는 언어와 기준에 관한 분석철학자들의 입장을 간략하게나마 검토하였다. 여기서 그들의 논의가 무위에 그치지 않으려면 우리는 그들의 입장에 의해서 이 장의 맨 서두에서 제기한 갑과 을의 문제에 어떤 해답을 얻을 수 있어야 된다. 다시 그 문제를 상기하면, 갑은 을에게 그가 심각하게 믿고 있는 어떤 인지 내용을 문장으로 표명하였으며, 을은 그 생각이나 말이 엉터리라는 식의 평가를 내렸다. 그런데 갑은 을의 평가를 그대로 받아들이지 않고 왜 그의 생각이나 말이 그런 평가를 받아야만 되는지를 반문하였다. 이제 우리는 이 상황에서 을이 분석철학자의 입장에 있다면 그 반문에 대해서 어떤 해명을 할 수 있을지를 잠시 예상해 봄으로써 분석철학자들의 견해가 갖는 효용성을 타진함과 동시에 그들이 택하고 있는 다른 하나의 입장을 이해하기로 하자.

먼저 갑은 "열 마리의 천사가 나의 엄지손가락 위에서 춤을 추고 있다."라고 하였다. 이 말이 하나의 명제라고 한다면 갑은 그 명제에 대한 지식을 가지고 있다고 할 수 있는가? 쉐플러가 제안한 기준에 비추어 보면 이에 대한 해답은 부정적인 것이다. 사실 갑은 진지하게 그의 신념을 언어로 정확하게 표명했으며, 또 그것은 진리일 가능성조차 있다. 그러나 우리의 추측으로는 갑이 그것을 선험적으로나 경험적으로 입증하는 데 어려움을 느낄 것 같다. 그럼에도 여기서 우리는 그가 그것을 입증할 수 없다는 속단을 내리기보다는 어느 때고 그가 그것을 입증할 수 있을 때까지 우리의 판단을 유보하는 태도를 보이는 것이 온당할 것이다.

둘째로 갑은 "복돌이의 아버지는 여자다."라는 주장을 하였다. 이 경우 우리는 두 가지 사실을 확인해야 한다. 하나는 그가 농담을 한 것인지 아닌지를 확인하는 것이고, 다른 하나는 그가 '아버지'라는 말을 어떻게 정의하는가를 확인하는 것이다. 이때 만약 그가 '아버지란 남자 쪽의 부모'라는 말의 용례를 따름이 분명해진다면 우리는 앞서의 문제보다는 훨씬 간단하게 그가 무식하다는 판단을 내릴 수 있게 될 것이다.

셋째로 갑은 "어떤 코끼리가 글을 읽고 쓸 수 있다."라고 하였다. 이 명제에 대한 지식을 그가 가지고 있는지를 확인하는 데는 경험적인 관찰을 필요로 한다. 우리가 아는 바로는 이와 같은 상태가 사실상 일어날 것 같지는 않지만 만약 그가 콜럼버스, 에디슨, 위버 그리고 마르코니와 같이 이 놀랄 만한 사실을 경험적으로 입증할 수만 있다면 우리는 그가 정말 이례적인 지식을 가지고 있다고 판단해야 할 뿐만 아니라 그의 지식을 교과서에 편입시킬 용의조차 보여야 한다.

마지막으로 갑은 "거짓말은 착한 행동이다."라는 언명을 하였다. 만약 갑이 이에 대한 지식을 가지고 있다고 가정한다면 갑은 경험적 증거나 혹은 언어의 용례와 그것의 일관성에 의해서 그 말의 타당성을 입증할 수 있어야 한다. 그러나 분석철학자들은 이 문장에 포함된 '착한'이란 말의 의미에 대해서 특이한 입장을 견지하면서 이 문장이 그들이 일컫는 선험적 명제나 경험적 명제의 어느 것에도 소속하지 않기 때문에 지식이라는 차원에서 그것의 타당성을 검증할 수 없다고 본다. 그래서 우리는 이제부터 이와 같은 분석철학자들의 특이한 입장을 추가적으로 검토해 보기로 하자.

우리는 일상생활을 하면서 무수한 심미적 혹은 윤리적 용어를 접한다. 예컨대, '아름답다', '추하다', '선하다', '악하다', '~해야 한다', '~하지 말아야 한다', '~은 바람직하다', '~은 바람직하지 않다' 등은 그 가운데 전형적인 것들이다. 우리는 이 용어를 써서 어떤 특정한 사물, 사건, 관념 등을 수식한다. 이를테면 두 친구가 어떤 미술 작품 앞에서 진지한 논쟁을 벌일 수도 있다. 한 친구는 "그것이 정말 아름답다."라는 찬사를 하는데 다른 친구는 "그것은 아름답지 않을 뿐만 아니라 오히려 추잡하다."라고 항변하고 있다. 수천 년에 걸쳐 이와 같은 가치판단의 문제를 두고 심각한 대립이 있었고 지금도 많은 문제가 아직 타결되지 않은 채 산적해 있다. 이 논쟁의 밑바닥에는 흔히 두 가지의 묵시적 가정이 있었다. 하나는 그 용어들의 의미에 대한 일관된 합의가 있으리라는 것이고, 다른 하나는 그 용어들은 그들에 의해서 수식되는 것의 내재적 성질을 지칭하고 있으리라는 것이다.

그러나 그 심미적 혹은 윤리적 빈사(賓辭)의 의미와 그것이 포함된 문장의 타당성을 구명하는 기준이 무엇이냐는 문제가 분석철학자들에 의해서 제기되어 왔다. 그 가운데 하나의 혁신적인 회의는 무어(G. E. Moore)에 의해서 본격적으로 등장하게 되었다.[7] 그는 '선(goodness)'이라는 말이 기술적인 것과는 전혀 다른 것으로서 우리가 그것의 의미를 정의할 수 없다고 하였다. 그에 의하면 선이란 마치 '황색(yellow)'처럼 언어로 정의될 수는 없지만 그럼에도 그것은 우리의 정신과는 별도로 존재하는 어떤 절대적인 것이다. 그렇다면 "X는 선하다."라는 말은 어떻게 타당화될 수 있는가? 그는 그 입증이 분석적으로나 경험적으로 이루어질 수 없고 그것의 객관성은 직관(intuition)에 의해서 밝혀질 수 있다고 하였다. 이 무어의 입장은 이후에 많은 관심의 대상이 되어 왔는데, 거기에는 몇 가지 풀리지 않는 문제

7) G. E. Moore, *Principia Ethica*, London: Cambridge University Press, 1959.

점을 내포한 것으로 지적되었다. 선이라는 말이 황색처럼 정의될 수 없는 빈사라고 했지만, 황색은 분명히 그것이 수식하는 대상의 속성을 지칭하고 있음에 비해서 선은 그것이 분명하지 않다. 예컨대, 황색은 청색에 비해서 어떤 상이한 빛의 파장을 가진 것으로 정의되기 때문에 어떤 사람이 "X는 황색이다."라는 말을 할 때 그 말은 분명히 경험으로 검증될 수 있는 명제다. 한편, 무어는 "X가 선하다."라는 진술이 직관의 방법에 의해서 명백해진다고 하지만 여기에도 역시 난관이 도사리고 있다. 예를 들어, 어떤 두 사람이 각각 직관에 의해서 서로 모순되는 윤리적인 입장으로 맞서게 되었다면 어느 입장이 옳다고 할 수 있는가?

이런 여러 가지 문제점을 갖고 있기 때문에 일부의 분석철학자들은 전혀 다른 방법에 의해서 윤리적인 용어를 정의하기에 이르렀다. 그중의 한 부류가 이른바 정표주의(emotivism)다. 이들은 윤리적인 문장의 타당성이 분석적으로나 경험적으로 검증될 수 있는 것이 아니라는 데 무어와 동조하면서도 한편으로 그것의 의미는 그것을 표현하는 사람이 갖는 감정이나 그것이 듣는 사람에게 유발하는 반응과 관련하여 정의될 수 있다고 봄으로써 무어와 전혀 다른 궤도를 밟고 있다.

이와 같은 다소 급진적인 입장은 다음에 인용하는 에이어(A. J. Ayer)의 글에 잘 반영되어 있다.[8]

"우리는 기본적인 윤리적 개념들이 분석될 수 없으며 그들이 포함되는 판단의 타당성을 우리가 검증할 수 있는 기준이 없다는 점을 받아들인다. 이 점에서 우리는 절대주의자들과 동조한다. 그러나 절대주의자들과는 달리 우리는 윤리적 개념에 대한 이와 같은 사실이 왜 생기는가를 설명할 수 있다. 우리는 그들이 분석될 수 없는 이유가 그들이 단지 의사개념(pseudo-concepts)에 불과하다는 데서 비롯된다고 본다. 한 명제 안에 어떤 윤리적 기호가 있다고 해서 그것의 사실적 내용에 변화가 일어나는 것은 아니다. 따라서 만약 내가 어떤 사람에게 "당신은 그 돈을 훔치는 나쁜 행위를 했다(You acted wrongly in stealing that money.)."라고 말했다면, 나는 "당신은 그 돈

- - - - ....

8) A. J. Ayer, *op. cit.*, 1936, pp. 141-142.

을 훔쳤다(You stole that money.)."라고 내가 말했을 경우보다 더 추가적인 것을 진술한 것이 아니다. 이 행위는 나쁘다라는 것을 추가함으로써 나는 그것에 대해서 어떤 추가적인 진술을 하고 있지는 않다. 나는 단지 나의 그것에 대한 도덕적 불찬성(my moral disapproval of it)을 나타내고 있을 뿐이다. 그것은 마치 내가 "당신은 그 돈을 훔쳤다."라는 말을 어떤 특이하게 두려운 목소리로 하거나 혹은 그것을 어떤 특이한 감탄부호를 추가시켜 글로 썼을 경우와 유사한 것이다. 그 어조와 감탄부호는 그 문장의 문자 그대로의 의미(the literal meaning of the sentence)에 아무것도 추가하지 않는다. 그것은 단지 그것의 표현 속에 말하는 사람의 어떤 감정이 포함되어 있다는 것을 보이는 일을 할 뿐이다."

한마디로 정표주의자들은 이를테면 'X는 선하다.'는 윤리적 문장이 문법 구조상으로 어떤 의미 있는 사실적인 진술인 듯 보이지만 여기서 '선하다'라는 말은 본질적으로 X에 대한 빈사가 아니라 그 문장을 표현하는 사람의 감정이나 혹은 태도를 나타내는 것에 불과하기 때문에 지적인 차원에서 볼 때 무의미하다고 주장한다. 이때 여러 가지의 윤리적 용어가 우리의 심리 상태 가운데 어떤 것을 구체적으로 지칭하는 것인지에 대해서는 분석철학자 간에도 의견이 분분하다. 예컨대, 스티븐슨(Charles L. Stevenson)은 "X는 선하다."는 말이 "나는 X를 찬성한다; 당신도 그렇게 하시오(I approve of X; so do as well.)."라는 말과 같은 의미를 갖는 것으로 분석한다.[9] 한편, 헤어(R. M. Hare)는 같은 말을 "나는 X를 추천한다(I am commending X.)."라는 의미로 해석한다.[10] 그러나 이 가운데 어느 의미로 받아들이든 간에 그 '선하다'라는 말이 그것을 표현하는 사람의 비지적(非知的) 심리 상태와는 별도로 어떤 절대적인 뜻을 가지고 있는 것이 아니다. 다시 말하면, 갑은 "X가 선하다."라고 하고 을은 "X가 선하지 않다."라고 한다면 그들 간에는 논리적이거나 경험적인 모순이 없다. 왜냐하면 그것은 두 가지 사실, 즉 갑은 X를 찬성(혹은 추천)하고 을

9) C. L. Stevenson, *Ethics and Language*, New Haven: Yale University Press, 1944.
10) R. M. Hare, *The language of Morals*, London: Oxford University Press, 1952.

은 그렇지 않은 심정을 가지고 있다는 이상의 의미가 없기 때문이다.

이제까지 분석철학자들, 그 가운데서도 특히 에이어의 입장을 중심으로 하여 인식을 평가하는 언어와 그 평가기준에 관한 것을 검토하였다. 그들의 약정적 어법을 따른다면 인식의 진위는 선험적이거나 경험적인 명제의 경우에 한해서 판명될 수 있을 뿐이다. 그리고 이른바 평가적인 진술은 그들의 정의에 비추어 그 진위성이 판명될 수 없는 성질의 것이다. 여기서 한 개인이 어떤 명제에 대한 지식을 가졌다는 말은 그 명제가 원래 진리에 해당하고, 그가 그것을 입증할 수 있고, 또한 그가 그것에 준해서 행동할 수 있는 굳은 신념을 가지고 있음을 의미한다. 이 같은 인식에 관한 언어의 정형화는 비록 그것이 갖는 배타성과 단순성에 기인하는 문제를 가지고 있다고 하더라도 철학에서 제안해 온 어떤 다른 개념화보다도 그 애매모호성이 배제되었다는 점에서 잠정적으로나마 우리의 관심을 끌기에 충분한 것이 아닌가 하는 생각이 든다.

그러나 이와 같은 분석철학적 입장도 그 나름의 한계를 가지고 있는 것이다. 우리의 모형에 비추어 볼 때 분석철학자들은 일차적 인식의 현실을 분석할 수 있는 약정적 언어와 그 언어들 간의 논리적 관계를 탐구한 것이지 그 현실을 경험적으로 탐구한 것은 아니다. 이 점은 인식에 대한 분석철학적 접근이 갖는 하나의 분명한 제한으로 지적할 수 있다. 분석철학자들은 규범적 진술과 명제적 진술을 구분하고 있는데 이는 우리가 언어의 문제를 취급할 때 구분했던 정표적 의미의 문장과 기술적 의미의 문장에 어느 정도 걸맞은 듯하다. 또한 명제적 진술 가운데 분석적인 것은 우리가 소개한 인지영역 가운데 매우 특수한 것, 즉 논리적 사고에 해당하며, 경험적인 것은 우리의 모형에 비추어 현실에 대한 어떤 인지에 해당하는 듯하다. 이렇게 볼 때, 분석철학자들의 개념화와 우리의 개념화는 어느 정도 상호 간에 동화될 수 있는 여지가 전혀 없는 것이 아니다. 그럼에도 이 두 부류의 분류체제는 아직 좁혀져야 할 간격이 남아 있다는 것을 주목해야 한다.

분석철학자들은 명제적 지식에 많은 관심을 표명해 왔는데 이때 그 명제라는 것이 우리의 개념화에 비추어 인지 상태를 지칭한 것인지 혹은 그것을 표현한 언어를 지칭하는 것인지 분명하지 않다. 말하자면 그들은 인지 상태와 언어를 너무 밀접하게 상관 지어 인식의 문제를 취급하려 한다. 그러나 우리의 입장에서 보면 그들은 분명히 논리적인 관계를 가진다기보다는 경험적인 관계를 가질 뿐이다. 그들은 아마도 어떤 신념 상태든 간에 그것은 언어의 형식으로 표현될 수 있다는 가정을 하거나 혹은 언어로 표명될 수 있는 신념만이 지식으로 취급될 수 있다는 입장을 택하고 있는지도 모른다. 만약 우리가 후자의 견해를 받아들인다면 어린이들은 상당한 연령에 이르기까지 아무 지식도 가지고 있지 않다는 결론이 나온다.

앞 장에서 지적했듯이 비고츠키의 관찰에 의하면 아동은 이른바 언어적 사고를 하기 이전에 언어로 표현할 수 없는 초보적인 인지 구조를 갖기도 하고 인지 구조의 지원을 받지 않는 언어들을 구사하기도 한다.[11] 그리고 그 언어적 사고 단계는 대충 피아제가 일컫는 형식적 조작기와 브루너가 일컫는 상징적 표상기에 대응하는 것이다. 그렇다면 이 단계 이전에 아동들이 가지고 있는 인지 구조는 지식이라는 명칭이 부여될 수 없는 영역에 속하는 것일까?

이 문제는 성인의 경우에도 일어난다. 어떤 사람이 타당한 신념을 가지고 있다는 것과 그가 그것을 언어로 표명하는 것과는 전혀 별개다. 어떤 성인은 매우 타당한 인지 내용을 내면에 가지고 있지만 언어적 능력의 결손 때문에 혹은 어떤 알 수 없는 이유 때문에 그것을 언어로 표현할 수 없는 경우가 허다하다. 이 경우에 그는 지식을 가지고 있다고 할 수 있는가? 우리의 모형에 의하면 언어는 내면 상태를 소통하는 많은 방법 가운데 하나의 수단에 불과하다. 따라서 어떤 사람은 언어 아닌 방법에 의해서 그의 인지 상태를 표현할 수도 있다. 나는 앞서 우리가 가진 언어적 용어와 구조는 우리의 모든 인지 상태를 표명할 수 있을 만큼 풍부하지 못하다는 가설을 제시하였다. 이 때문에 어떤 특정인은 불가피하게 언어 아닌 다른 매체에 의해서 그의 인지 상태를 드러내려고 할 것이다. 그렇다면 그는 지식을 가지고 있지 않다고 말할 수 있는가?

마지막으로 분석철학자들은 그들이 택한 언어적 정형과 인간의 심리 상태 간에는 1대1의 대응관계가 있으리라는 선험적인 확신을 가지고 있는 듯하다. 그러나

---

11) L. S. Vygotsky, *Thought and Language*, New York: Wiley, 1962.

우리가 생활하는 장면에서는 그들 간에 분명한 관계가 없는 경우가 허다하다. 예컨대, 현실 속의 언어는 어느 것이든 간에 다소간 기술적인 의미와 정표적인 의미를 동시에 가지고 있다. 어떤 두 사람은 같은 심리 상태를 다른 언어와 문장으로 표명할 수도 있고 다른 심리 상태를 같은 언어와 문장으로 표명할 수도 있다. 여기에는 온갖 확률적이고 경험적인 문제가 개재되어 있는 것이다. 따라서 이 현실 속의 언어를 외면하고 한 줌의 약정적인 언어에 의해서 인식의 문제를 취급한다는 것은 아름다운 꿈에 머물 위험성조차 있다.

제2부

실존과 공존

　현실에 대한 타당한 인식은 그것을 극복해 나가는 작업의 필수요건이다. 우리는 불만스러운 현실을 우리의 목적에 맞도록 재구성하려는 의도를 가질 수 있다. 그러나 그 이전에 우리는 어떤 것이 불만스러운 현실인지를 직시할 수 있어야만 한다. 이 원칙은 그 어느 것보다도 중요한 현실을 구성하고 있는 우리 자신에게도 적용된다. 우리는 인식의 객체임과 동시에 주체라는 특수한 입장에서 우리 자신에 대한 개선책을 모색해야만 하는 임무를 지니고 있다. 불행히도 창조주는 현실로서의 우리 자신과 우리의 그것에 대한 인식을 일치시키는 데 실패한 듯하다. 이 특혜가 주어지지 못한 것을 시인한다면 우리는 자신을 다른 인식 대상과 같은 위치에 놓고 탐구해야만 한다. 그럼에도 우리가 우리를 보는 눈은 우리가 다른 것을 보는 눈에 비해서 투철하지 못하다. 여기에는 여러 가지 이유가 있을 것이다. 현상 자체가 복잡하다는 것이 하나의 구실이 될 수 있다. 그러나 그 가운데는 자신을 객체화하려는 데 대한 심리적인 저항이 도사리고 있다. 가끔 우리들의 필요, 공포, 소망 및 가치는 우리 자신을 보는 시야를 제한하고 안목을 불투명하게 한다. 따라서 그 세련되지 못한 인식이 우리가 우리 자신과 접촉할 수 있는 정당한 통로를 차단하는 일이 없도록 스스로 경계할 필요가 있다.

이제 우리는 제2부에서 진행되고 있는 우리들 자신을 정관(靜觀)하는 입장을 택할 것이다. 이는 우리가 자신에 대해서 어떤 변형을 구하기 전에 취해야 할 일차적인 단계에 해당한다. 실재하는 현실로서의 우리가 그것에 대한 우리의 인식과 동일한 것이 아니라는 매우 평범한 사실이 새삼스럽게 검토될 것이다. 다음에 우리는 전통적으로 택해 왔던 상식과 새롭게 등장하기 시작한 과학적 인식과의 차이가 무엇인지를 점검하게 될 것이다. 마지막으로 우리는 행동가능성, 행동성향 그리고 표현행동이라는 개념을 이용하여 우리 자신을 다각적인 수준으로 정치(定置)하는 작업을 할 것이다. 이 세 가지 개념은 각각 참조점이 다른 우리 자신의 일부를 조명하는 데 필요하다. 이들은 각각 우리를 시간의 흐름 속에서 지켜보는 통로, 어떤 특정한 시점에서 우리의 내면 상태를 굽어다 보는 통로, 그리고 어떤 특정한 시점에서 우리가 서로 접촉하는 양상을 포착하는 통로들을 마련해 줄 것이다. 물론 우리가 어떤 수준의 통로를 거치든 간에 우리들 자신의 실체에 완전히 접근하기는 불가능하다. 다만 이와 같은 우리의 노력은 앞으로 우리가 제3부에서 다룰 과제의 예비 작업으로 보아야 한다.

제6장 과학의 시각

모든 인간은 인식의 주체임과 동시에 객체다. 우리는 우리 자신이 현실을 구성하면서 그 현실에 대해서 인지하고 그 현실에 대해서 말을 한다. 여기서 하나의 특수한 인식의 문제가 등장한다. "나는 누구일까?"라는 질문이나 "나를 알라!"라는 명령은 매우 오래전부터 있었다. 이 말의 이면에는 우리가 우리 자신에게 어떤 미궁의 실체이며 그것을 다소간 아는 것이 중요하다는 전제가 내포되어 있다. 이와 관련하여 보통사람들은 양극적인 태도의 어느 중간을 택하고 있다. 하나의 극단은 우리는 우리 자신에 대해서 충분히 안다는 태도이고, 다른 하나의 극단은 아무것도 아는 바 없으며 알 수도 없다는 태도다. 그러나 과신과 지나친 회의는 타당한 위치를 잡고 있는 것 같지 않다.

실존주의자들은 우리가 우리 자신을 지칭하는 데 실존(existence)이라거나 공존(coexistence)이라는 용어를 써 왔다.[1] 이 용어는 각각 '나'라거나 '우리'라고 부르는 대명사에 해당되는 것으로서 그것은 내포적인 것이 아니라 외연적인 의미를 지니고 있다. 이들은 우리가 우리 자신에 대해서 무어라고 인지적 판단을 내리기 전

1) J. Macquarrie, *Martin Heidegger*, Richmond: John Knox Press, 1968.

에 이미 있는 현실을 나타내는 데 퍽 유용하게 쓰일 수 있는 말인 듯하다. 실존과 공존은 항상 과정상에 있는 것이며 따라서 우리는 어떤 순간에 그것에 대해서 전체적으로 완벽한 인지적 판단을 내릴 수 없다. 그리고 설사 우리가 완벽한 기술에 성공했다고 하더라도 그 추상적인 인지와 실존 혹은 공존으로 지칭되는 것과는 마치 지도와 영토의 관계처럼 결코 동일한 것이 아니다.

이 점은 제1부에서 누차 강조되었지만 이 주제를 재차 확인해 보도록 하자. 와츠 (A. Watts)는 그의 저서 『명상』에서 다음과 같은 말을 하고 있다.[2]

"명상술은 현실과 접촉하는 하나의 방법이다. 명상을 하는 이유는 대부분의 문명화된 사람들이 현실과 단절되어 있는 데서 찾아볼 수 있다. 그들은 있는 그대로의 세계와 그들이 그것에 대해서 생각하고 기술하는 세계를 혼동한다. 한편에 진실한 세계가 있고, 다른 한편에 우리가 우리의 마음속에 지니고 있는 세계에 관한 진반적인 상징체제가 있다. 이 상징은 매우 유용하며 모든 문명이 그들에 의존하고 있다. 그러나 좋은 것들이 모두 그러하듯이 그들은 약점을 지니고 있다. 그들의 주된 약점은 우리가 마치 금전과 부(富)를 혼동하듯이 우리에 대한 명칭, 관념 및 영상을 우리 자신과 혼동하는 데 있다."

이 말은 현대인에게 매우 호소력을 가질지 모른다. 나의 현실과 나의 그 현실에 대한 인지의 차이, 그리고 그 인지의 측면성은 오래전부터 문제시되어 왔다. 동굴에 갇힌 사람을 기술한 플라톤(Plato)의 비유는 이 점에서 지금까지 우리에게 매력을 갖고 있는 듯하다. 그는 동굴 밖에서 오는 빛에 반사되어 벽면에 드리워진 자신의 그림자를 보고 그것이 자기 자신인 것으로 착각하였다. 사실 우리는 가끔 거울 속에 있는 자신과 거울을 바라보는 자신을 혼동하는 경우가 많다. 그러나 나는 이 두 가지를 일치시키는 어떤 유의 비법도 가능하지 않다고 본다. 여기에는 와츠가 주장하는 명사도 예외가 될 수 없다. 이제부터 그 이유를 설명하겠다.

● ● ● ● ●

2) A. Watts, *Meditation*, New York: Pyramid Communications, 1975, p. 4.

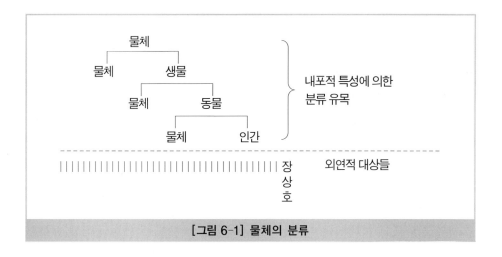

[그림 6-1] 물체의 분류

　나는 앞서 실존과 공존이 우리가 그것에 대해서 어떤 내포적 의미를 갖기 이전에 실존하는, 우리 자신이라는 실존주의자들의 용어를 받아들였다. 사실 나는 나에 관해서 그리고 더구나 이 글을 읽는 독자에 대해서 별로 아는 바가 없지만, 그 개별인을 실존이라 칭하고 그 개별인들이 상호 간에 구성하는 어떤 전체적이거나 부분적인 현실을 공존이라고 칭할 수 있다. 그럼에도 만약 어떤 사람이 나 자신의 정체성(identity)을 밝히라고 한다면 나는 가장 손쉬운 방법으로 물체의 분류체제를 이용할 수 있을 것이다.[3] 이 세계에는 우리가 지적할 수 있는 무수한 외연적 대상으로 구성되어 있으며 그들은 개별성과 더불어 상호 간에 공통성을 가지고 있다. 즉, 이 세상에는 그들이 갖는 속성에 비추어 전적으로 같은 것도 없지만 또한 전적으로 다른 것도 없다. 그렇다면 나는 [그림 6-1]과 같은 위계적 체제에 의해서 내가 나 아닌 것과 어떻게 다른가를 추궁해 나갈 수 있다. 이 위계적 체제에 의하면, 장상호로 지칭되는 실존은 물체성을 갖기 때문에 물체의 범주에 속하고, 물체 가운데 생물성을 갖기 때문에 생물에 속하며, 생물 가운데 동물성을 갖기 때문에 동물에 속하며, 동물 가운데 인간성을 갖기 때문에 인간에 속하며, 인간 가운데 그 나름의 개별성을 갖기 때문에 고유한 존재에 속하는 것이다.

●　●　●　●　┄┄

3) E. Laszlo, *The Systems View of the World*, New York: George Braziller, 1972.

이미 알려진 바에 의하면 모든 지구상의 물체는 다양한 원소(탄소, 수소, 산소 등등)로 구성되어 있으며 그 물질의 변화 속에서 그들의 형태를 유지하고 있다. 이 점에서 장상호는 어떤 돌멩이, 어떤 폭포수, 어떤 건물과 유사하다. 그 가운데 생물은 지구 표면의 상하 몇 마일 안에만 존재하는 것으로 알려져 왔다. 그들은 다른 물체와는 달리 생명을 가지고 있으며, 그 특징을 상실할 때까지 새로운 물질을 흡수하고 동화하고 낡은 물질을 배설하면서 출생, 성장, 사망이라는 생활 과정을 밟는 한편, 그 과정에서 그 자체를 재생산하여 종의 영속화를 기하려 한다. 이 점에서 모든 생물체의 활동은 하나의 뚜렷한 목적을 향해 추진되는 듯하다. 장상호는 이 같은 생물성을 갖되 그 자신을 단순히 생물이라고만 지칭할 수 없는 특이한 속성을 가지고 있다. 그는 어떤 소나무와 어떤 곰팡이와는 다른 동물성을 가지고 있다. 동물은 식물과는 달리 자극에 대해서 특이한 반응을 보인다. 그들은 비교적 자유자재로운 행동반경을 가지며, 어떤 자극에 대해서 매번 일률적인 반응을 하지 않고 학습을 통해서 반응양식을 바꾸어 나간다. 이 현상은 복잡한 동물에서 두드러지게 나타나지만 단순한 동물에게도 어느 정도는 일어난다. 예컨대, 축축한 암벽 밑에 사는 편충에게 불빛과 전기충격을 수차례에 걸쳐 제시한 뒤 불빛만 비치면 그것은 이전과는 달리 불빛에 대해서 움츠리는 반응을 보이는 것으로 밝혀졌다.[4] 동물 이외의 다른 것은 이처럼 쉽게 환경의 변화에 따른 즉각적인 순응 반응을 학습하지는 않는다.

한편, 장상호는 인간이라는 점에서 편충, 호랑이, 원숭이와 같은 다른 동물과 다른 특이한 속성이 있다. '인간주의(humanism)'를 표방하는 무수한 학자가 인간은 인간 이상도 아니고 인간 이하도 아니라는 점을 강조했다. 그러나 인류(the genus Homo)에 속하는 모든 개별적인 실존, 예컨대 동굴 속의 원시인, 분만실에서 울고 있는 신생아, 신문에 보도된 식물인간을 포함한 무수한 인간에게 어떤 공통된 속성이 있을까 하는 문제는 아직 해결되지 않았다. 다른 경우에도 마찬가지지만 인간은 계속 드러나고 있으며, 우리는 관찰되는 범위 내에서 이러쿵저러쿵 일반화를

● ● ● ● ···

4) S. A. Mednick, *Learning*, New Jersey: Prentice-Hall, 1964, pp. 1~4.

하는 것이다.

제임스 로이스(James, E. Royce)는 그의 저서 『인간과 그의 본성』에서 이렇게 말한다.[5]

"인간은 전통적으로 합리적인 동물로 정의되어 왔다. 그러나 이 정의는 아무것도 증명하지 않는다. 그것은 탐구의 결과를 공식화한 것에 불과하다. 더구나 우리는 인간이 그 자신이 그렇다고 생각하고 싶은 만큼 합리적이지 않은 경우를 많이 발견한다. 그러나 문학, 예술, 시, 공학, 과학, 정부 및 다른 문명의 분야에서 이룩한 그의 업적은 그를 다른 동물로부터, 그리고 인간적 특성과 분명히 약간의 유사성을 갖는 것으로 알려진 어떤 것들과도 뚜렷하게 구분시킨다."

로이스의 이 일반화는 분명히 장상호를 관찰하지 않고 내려졌기 때문에 문제를 내포하고 있다. 그러나 나는 그가 나를 반드시 합리적인 것은 아니라고 본 것에 안도감을 느낀다. 이 점에서 그는 "인간은 합리적인 동물이다."라고 규정하고 지금까지 일반인의 추앙을 받고 있는 어떤 철학자보다도 훌륭한 결론을 내릴 듯하다. 그럼에도 그는 나의 업적을 과대 선전하는 오류를 서슴지 않고 범하고 있다. 나는 그가 말하듯이 문학 및 다른 문명의 창조에 직접적으로 참여해 본 적은 없고 이미 나와는 다른 인간들이 더불어 이룩한 문명의 세계 속에서 살고 있을 뿐이다. 이 책의 여러 곳에서 지적되겠지만 개별적인 인간과 총체로서의 인간은 분명히 구분될 수 있는 실체인 것이다.

내가 보기에 개별적인 인간에게서 찾아볼 수 있는 공통된 특징의 하나는 그들의 두뇌가 다른 동물의 것과는 비교할 수 없을 만큼 무수한 신경세포로 구성되어 있다는 점이다. 이는 곧 환경에 의한 자기 수정의 폭 그리고 그들 자신에 의해서 환경이 수정될 폭이 다른 동물에 비해서 넓을 수 있는 가능성을 시사해 준다. 그들은 이

---

5) J. E. Royce, *Man and His Nature: A Philosophical Psychology*, New York: McGraw-Hill, 1961, p. 88.

로 인해서 복잡한 의식, 사고, 감정 등을 가지며 이를 언어와 같은 매체를 이용하여 전달하면서 전체로서 사회 문화적 환경을 형성하고 그 속에서 생활하고 있다. 이들이 서로 복합적으로 상승 작용을 하는 과정에서 인간의 본성은 부단히 창조되고 수정되는 과정에 있다. 다시 말하면 그들은 이른바 '제1의 천성', '제2의 천성', '제3의 천성' 등을 가질 수 있다는 점에서 다른 동물과 구분된다. 즉, 그들의 본성은 이미 고정화되지 않았다는 데 그 특징이 있다.

각 개인은 인간성이라는 추상성에 매몰되어 버릴 수 없는 개성(individuality)이 있다. 진화 과정에서 우리는 인류라는 종에 공통으로 소속하고 있지만 이 세상에는 총체적으로 똑같은 두 사람이 없다. 실존주의 철학자들은 인간에 대한 일반적이고 추상적인 기술보다는 각 개인이 가지고 있는 고유한 특성과 그들이 봉착하는 고유한 경험에 주목해야 한다고 강조하였다. 어떤 사람은 장상호와 다른 인간과의 차이를 알아보기 위해서 무수한 측정 도구를 실시하고 그의 개성을 다차원적으로 드러낼지도 모른다. 아마 그 특성 가운데 어떤 것은 특정한 식물인간과 같을 것이고 다른 것은 특정한 신생아와 같을지는 모르되 그 복합된 특성의 프로파일은 어떤 방식으로든지 다르게 나올 것이다.

우리는 지금 구체적으로 지적할 수 있는 하나의 실존, 즉 장상호의 정체성을 기술하고 있다. 아마 우리는 이와 같은 방식으로 우리가 그에 대해서 인지하고 있는 낱낱의 사항을 기술하여 한 권의 책을 완성할 수도 있을 것이다. 그러나 그런 노력을 할 필요 없이 얻을 수 있는 하나의 결론이 있다. 그것은 그 작업이 종료될 수 없는 것이며, 부분적인 것이며, 그 인지 내용 자체가 장상호라는 구체적인 실존과 같은 것이 아니라는 사실이다. 이 점에서 "실존은 본질에 선행한다."라는 말은 깊이 음미할 가치가 있다. 실존은 우리가 그것을 인식하기 이전에 그 나름의 방식에 의해서 변화하며 우리는 그가 행하는 양식으로부터 그가 가진 성질의 일부를 추리해 나가는 과정을 밟을 뿐이다. 이 점에 있어 공존(coexistence)의 경우도 마찬가지다.

실존은 홀로 태어나서 홀로 죽는다. 그럼에도 인간은 사회적 동물 가운데서도 으뜸가는 사회적 동물이라는 말이 있다. 각 개인은 부모라는 다른 실존의 사회적 행위에 의해서 배태된다. 그의 탄생은 많은 사람의 주시하에 맞이되며 그것이 그들의 생활의 어떤 부면을 완전하게 바꾸어 놓기도 한다. 그의 죽음은 타인에 의해서 기인될 수도 있고 타인의 도움에 의해서 기인될 수도 있는데, 그는 죽는 순간에 사라지는 것이 아니라 주위 사람에게 계속 영향을 줄 수 있는 어떤 것을 남기고 사라진다. 그래서 각 개인은 서로 떨어져도 복수(複數)로 산다고 말할 수 있다. 즉, 공존은 그것이 단순히 사실로서 거기 있다는 것 이상의 추가적인 확증을 요구하지 않을 만큼 우리의 생활을 지배하고 있다.

여기서 잠시 피터 버거(Peter L. Berger)와 토마스 루크만(Thomas Luckmann)의 말에 귀를 기울여 보자.[6]

"일상생활의 사회적 현실은 유형화의 연속선(a continuum of typifications) 위에서 이해된다. 이 유형화의 연속선은 그들이 면전 상봉 사태의 '시공성(the 'here and now' of the face-to-face situation)'에서 이탈하면 할수록 점차 익명성을 띠게 된다. 그 연속선의 한쪽 끝에는 내가 빈번히 그리고 집중적으로 상호작용하는 타인들, 다시 말하면 나의 '내집단(inner circle)'이 있다. 다른 한쪽 끝에는 고도의 익명적인 추상화들로서 그들은 본질상 면전적(面前的) 상호작용에 결코 접할 수 없는 것이다. 사회적 구조(social structure)는 이 유형화 및 그 유형화에 의해서 이룩된 재기적(再起的) 상호작용 형태의 총화다. 따라서 사회적 구조는 일상생활 현실의 기본적인 요소다."

이 말은 우리가 일차적으로 지적할 수 있는 공존의 내포적 의미를 추궁해 나가는 데 하나의 시발점이 될 수 있을 것 같다. 가장 실감나는 공존의 외연적 사례는 두 실존(예컨대, 갑과 을)이 면전에서 상봉한 경우다. 맨 먼저 우리가 이 사태에서 알 수 있는 것은 공존이 실존들의 집합이라는 사실이다. 그러나 갑과 을은 서로 간에 환경을 구성하고 있기 때문에 서로에 영향을 주기 마련이다. 갑은 을이 느끼고,

---

6) P. L. Berger & T. Luckmann, *The Social Construction of Reality*, New York: Doubleday, 1966. p. 33.

믿고, 말하는 것 등에 의해서 영향받고, 을은 갑의 감정, 신념 및 소통에 의해서 영향을 받는다. 이 두 사람이 영향을 주고받을 때 우리는 이 두 사람이 개별적으로 있을 때보다는 다른 어떤 현실, 즉 상호작용하는 사회적 단위를 보게 되는 것이다. 갑은 을이 웃는 것을 보며, 이윽고 그가 얼굴을 찡그릴 때 을의 웃음이 정지되는 것을 볼 것이다. 이처럼 그들은 상대방의 반응이 주는 의미에 따라 적절한 반응을 하게 된다. 즉, 그들은 초면에 상대방이 친교적인가 아닌가를 식별하며 각자 주관적 의미를 교류한다. 점차 다양한 시도와 교류를 통해서 최초에 생각했던 교류 유형은 수정되며 어떤 정형에 따라 상대방에 반응하게 된다. 즉, 갑은 을을 단순히 '친절한 사람'이라는 인식 외에, 이를테면 '여자', '백화점 점원', '나에게서 이윤을 추구하려는 사람' 등으로 인식하며 이 유형화된 인식이 별다른 문제를 일으키지 않으면 그 인식된 방식에 따라 을과 교류한다. 마찬가지로 을도 갑을 '남자', '손님', '나에게서 싸게 물건을 사려는 사람' 등의 유형화된 방식으로 이해한다. 그래서 종국적으로 갑은 '구매자'가 되고 을은 '판매자'가 되어 그들은 구매자와 판매자라는 특수한 인간관계 유형을 형성하게 되는 것이다.

이처럼 외연적으로 비교적 쉽게 지적할 수 있는 공존의 양태에 우리는 적어도 세 가지 내포적 의미를 부여할 수 있다. 첫째, 우리는 갑과 을의 교류 형태가 초기에 융통성 있게 형성되는 것을 본다. 그들은 상대방이 주는 반응에 따라 친교적이라거나 적대적이라는 인간관계 유형을 발전시킬 여유를 가지고 있었으며, 거기에서 점차 판매자와 구매자라는 일상적인 관계 형태까지 이를 수 있었다. 이 점에서 공존의 현실은 실존에 의해서 계속 창안되고 구성되고 수정될 수 있다. 둘째, 일단 형성된 공존의 현실은 그 창안한 사람에게 객체적 의미를 가진다. 이는 마치 우리가 건물을 짓고 그 건물의 제약을 받게 되는 경우에 비유될 수 있다. 갑과 을이 어떤 형태의 인간관계 유형을 발전시키는 데 가담하였다고 하더라도 그 발전된 형태는 하나의 실체로서 그들에게 등장한다. 말하자면 그 관계 유형은 그 상봉적 상황이 계속되는 한 갑과 을에게 영향을 준다. 셋째, 객체화된 그 관계 유형은 그것을 만드는 데 가담했던 갑과 을이라는 실제 인물을 초월하여 하나의 익명적인 위치를 갖게 된다. 구매자와 판매자라는 인간관계는 비단 갑과 을에만 해당되는 것이 아니라 그 정형을 따르는 모든 사람에게 적용되는 것이다. 사실, 앞의 사례에서 판매자와 구매자 간의 정형은 선대에 의해서 창안되었으며, 갑과 을은 그 정형에 자신들을 대입시키는 편법을 따랐을 가능성도 있다. 마찬가지로 그의 자손인 병과 정도 갑과 을의 경우와 같이 그 정형에 자신들을 대입시켜 비교적 쉽게 상대방과 교류할 수도 있다.

공존의 양태는 그 외연이 확대됨에 따라 그 객체성이나 익명성의 규모도 커지고 복잡해진다. 사실 이 세상에 태어난 어떤 사람들도 공존의 현실을 구성하는 데 다소간 가담하였고, 이른바 사회적 질서, 제도, 관습, 기술, 언어, 사고의 형태, 법률 등은 이 공존 활동의 소산인 것이다. 이들은 가깝고 먼 공존의 역사적 경험에 의해 형성되며 그 형성된 현실은 예정된 방식에 의해서 각 공존의 행동을 통제한다. 이는 한 개인이 출생하기 이전에 이미 있었고, 그의 자서전적 회고에서 찾아볼 수 없는 장구한 역사를 가진 현실이며, 그 현실은 후대에까지 전달되어 결코 무시할 수 없는 위력을 지속한다. 다시 말하면 공존의 현실은 개별적인 실존보다는 좀 더 긴 생명을 가지면서 과거, 현재, 미래를 응결시킨다. 과거와 관련하여 그것은 어떤 공동체 안에서 공유되는 기억된 경험의 형태로 나타난다. 미래와 관련하여 그것은 구성원에게 공통된 행동을 하는 참조물로서 작용한다. 따라서 그것은 현존한 사람들을 이전에 실존했던 사람들 그리고 이후에 실존할 사람들과 결합시키는 의미를 지니고 있는 것이다.

물론, 이 공존의 양태도 다른 것과 마찬가지로 항상 유동적으로 변한다. 공존의 양태는 일단 형성되면 지속하려는 경향을 갖는 것은 사실이다. 그들은 기득권이 있으며, 특히 기존의 권력, 부귀, 명예와 관련되어 있으며, 그들 자체가 서로 구조적인 관련을 가지고 있기 때문에 보수성을 갖게 마련이다. 그럼에도 이들은 또한 여러 가지 이유 때문에 숙명적으로 변화를 경험한다. 공존의 양태는 시대와 장소에 따라 다양하다는 것이 역사에 의해서 증명되어 왔다. 매일 배달되는 신문지상에서 읽듯이 새로운 발명과 혁명이 일어나고 정부가 전복되고 새로운 정책이 발표되는 등, 우리를 둘러싼 공존의 양태 속에 무수한 변화들이 동시에 일어나고 있는 것이다. 어떤 공존 양태이든 간에 그것의 현실성은 현존한 구성원의 수락에 의해서 결정된다. 기존 질서로부터 혜택을 받는 사람들은 좀 더 강력한 회초리나 탄환을 제조하고, 그들이 가진 권세를 행사하며, 현상 유지의 길을 모색할지도 모른다. 그러나 일부 사람들은 기존의 공존 양태를 문제시하고 의심하고 재해석하며 소집단의 지지를 확보한다. 또한 공존의 양태는 한 세대가 다음 세대에 그것을 전달하는 과정에 의해서 존립되는데, 그 전달이 획일적일 수 없을 뿐만 아니라 또한 완벽하게 의도대로 이루어지지 않는다. 근래에 발전된 소통 매체의 발전은 매우 빠른 속도로 전혀 이질적인 공존 양태를 각 세대에게 파급하고 있기 때문에 새로운 세대는 기존의 양태를 무조건 불가피하다거나 당연한 것으로 받아들이지 않는 성향을 점차 갖게 되었다. 그래서 공존의 정체성은 실존의 경우와 마찬가지로 항상 형식 과정에 있다고 말할 수 있다.

지금까지의 우리의 논조는, 외연적으로 우리 스스로가 구성하는 실존과 공존이라는 현실이 있고, 한편으로 우리는 그 변화하는 현실을 어떤 방식으로 이해할 입장에 있다는 방향에서 이루어졌다. 이 말은 우리가 인식의 객체임과 동시에 주체라는 특이한 인식의 문제를 제기한다. 우리 주변에는 우리 자신에 대한 무수한 인지와 언어가 범람하고 있다. 이들은 각각 측면적인 것으로서 실존과 공존의 다른 부면에 대한 인지뿐만 아니라 동일한 부면에 대한 인지를 포함하는데, 여기서 우리는 이 잡다한 인식 가운데 어느 것이 타당한 지식을 구성하게 되느냐 하는 문제를 스스로 던져 볼 수 있는 것이다.

이 문제를 해결하면서 통과해야 할 관문의 하나는 '인식 내용의 사실성'과 '인식 내용의 타당성'을 구분하는 것이다. 나는 앞서 실존과 공존의 현실이 어떤 다른 현실과 마찬가지로 우리가 그것에 대해서 인식하기 이전에 이미 있는 것임을 지적하였다. 그런데 여기서 우리는 실존과 공존이 갖는 매우 특이한 현상을 간과해서는 안 된다. 그것은 우리가 그들에 대해서 어떤 인식 활동을 하기 시작하자마자 그것 자체가 하나의 중요한 실존과 공존의 측면을 구성하게 된다는 사실이다. 개인은 출생과 동시에 점차 인식 활동을 시작하며 그것이 엄연한 현실을 구성한다. 모든 개인은 일생 자신과 세계에 대한 그 나름의 인지를 구성하고, 종합하고, 실험하고 혹은 파기하면서 변하는 세계 가운데서 자신의 정체성에 닻을 내리는 활동에 종사하게 되는 것이다.[7] 이는 부인하기 어려운 하나의 심리적인 현실로서 인지심리학자들의 중요한 탐구 대상이 되어 왔다. 한편, 우리는 여러 가지 유형의 사회적인 인식, 이를테면 신화, 상식, 이데올로기, 신학, 동화, 철학, 과학 등으로 분류되는 각종 인식이 있음을 알고 있다. 이들 역시 무시할 수 없는 공존 세계의 일부로서 근래에 이른바 지식사회학(sociology of knowledge)의 탐구 영역이 되고 있다.[8]

인지심리학자나 지식사회학자의 견지에서 볼 때 그 사실성이 관심의 대상이 된다. 개인과 사회는 각각 어떤 인식을 가지고 있는가? 그것은 어떤 경로로 형성되어 상호 간에 혹은 다른 것과 어떤 경험적인 관계를 갖는가? 갑은 스스로 "나는 능동적인 실존이다."라거나 "세상은 날로 살기 어려워진다."는 인식을 가지고 있음에 반해서, 주위 사람들은 "갑은 피동적이다."라거나 "세상은 날로 살기 좋아진다."라는 인식을 하고 있을 수 있다. 이 실존의 특수한 인식은 상호 간에 긴장 관계를 가지면서 어떤 방식의 상호작용을 하게 되리라는 가설도 있을 수 있다. 그러나 이 문제에 대한 해답은 그 인식의 현실을 참조함으로써 검증되어야 할 성질의 것이다.

우리는 또한 어떤 특정한 인식이 하나의 현실로서 인식 이외의 현실에 대해서 갖는 효과성을 검증할 수도 있다. 낭떠러지까지 쫓긴 어떤 사람이 자기 앞에 낭떠러지가 있다고 인식할 경우와 평지가 있다고 인식할 경우에 그 결과가 다르리라는 것은 쉽게 짐작될 수 있다. 마찬가지로 갑의 자신에 대한 생각, 즉 "나는 능동적이다."라는 관념은 그 자신이 가진 여타의 현실뿐만 아니라 자기 주변의 환경에 어떤 영향을 주게 될 것이고 주위 사람들의 "갑은 피동적이다."라는 인식은 갑을 포함한 그 인식 자체 이외의 현실에 영향력을 갖게 될 것이다. 그 가운데 특히 흥미 있는 인식의 효과성은 이른바 '자성적 예언(self-fulfilling prophecy)'이라는 것이다. 어떤 예언은 그것이 이루어질 당시에는 사실과 다른 것이었으나 그 예언을 누군가가 가지고 있다는 사실 때문에 이후에 사실화되는 경우도 있다. 어떤 사람은 가짜

7) 많은 심리학자 가운데 George A. Kelly(*A Theory of Personal Constructs*, New York: Norton, 1963)는 부면에 대해서 매우 명석한 이론을 구성한 듯하다.
8) P. L. Berger & T. Luckmann, *op. cit.*, 1966.

알약을 먹고도 그가 그것의 치료 효과에 대한 강한 신념을 가짐으로써 사실상 정신적이거나 신체적인 고통에서 해방되는 경우가 있다.[9] 어떤 종교적인 신념은 그 내용 자체가 근거가 없는데도 심각한 질병을 치유하는 효과가 있음이 밝혀졌다.[10] 사실상 먹을 수 있는 음식임에도 전통적으로 관습에 의해서 저주시되어 온 음식을 먹고, 그 사실을 알고 난 지 불과 몇 시간 내로 죽은 사람들도 있다.[11] 그들의 죽음은 단순히 '초인간적인 세계에 위배되는 행동'을 했다는 자신들의 인식에서 비롯된 것이다. 사실은 재정적으로 견고한 은행이 고객의 다수가 그 은행의 재정이 불안하다고 믿음으로써 파산된 사례도 보고되었다.[12] 이 몇 가지 사례는 인식이 그것의 타당성과는 상관없이 하나의 사실로서 발휘할 수 있는 위력이 어떤 것인가를 극적으로 증명하고 있다.

그럼에도 우리는 어떤 인식의 소재 및 영향력과는 전혀 별도의 차원에서 그 인식의 타당성 여부를 문제시할 수 있다. "무엇이 타당한 인식이냐?"하는 문제는 이미 앞 장에서 충분히 검토하였다. 만약 갑이 그의 정면에 낭떠러지가 있다고 진심으로 주장하고, 을이 갑의 정면에 평지가 있다고 진심으로 주장한다면, 우리는 그 주장 가운데 하나가 타당하고 다른 것이 타당하지 않다는 결론을 우리가 정한 선험적인 기준과 간단한 실험에 비추어 내릴 수 있다. 만약 갑이 몇 발자국 앞으로 나갔을 때 그가 낙하한다면 갑의 주장이 타당하고, 반면에 갑이 그런 경험을 하지 않고 전진할 수 있었다면 을의 주장이 타당하다고 이야기할 수 있다. 여기서 그 타당성은 낭떠러지와 두 사람 간의 물리적 거리에 의해서도 결정될 수 없고, 누가 실제 그 실험에 참가했느냐에 의해서도 결정될 수 없으며, 그 실험의 결과가 그 두 사람에게 어떤 이해관계를 갖느냐에 의해서도 결정될 수 없는 것이다.

● ● ● ●···

9) 다음을 참고하라.

ⓐ H. K. Beecher, Generalization from pain of various types and diverse-origins, *Science*, 1959, *130*, 267-268.

ⓑ J. Frank, *Persuasion and Healing*, Baltimore: Johns Hopkins Press. 1961.

10) R. Cranston, *The Miracles of Loudes*, New York: McGraw-Hill, 1955.

11) W. B. Cannon, Voodoo Death, *American Anthropologist*, 1942, *44*, 169-181.

12) E. Nagel, *The Structure of Science*, London: Routledge, 1961, pp. 468-469.

　우리 주변에는 우리 자신에 대한 무수한 인식이 있고 우리는 그들의 지배를 좋든 싫든 간에 받으며 생존하고 있다. 어떤 것은 개인에 의해서 소유되며, 다른 것은 집단에 의해서 소유된다. 어느 것은 특수하며 다른 것은 일반적이다. 그리고 어떤 것은 오랜 생명을 가지고 지속되면서 생활의 중요한 부면에 영향을 주기도 하고, 다른 것은 일시적인 생명을 가지고 있다가 이내 사라진다. 그런데 여기서 우리는 인식의 타당성과 관련하여 특이하게 대조되는 두 가지 부류의 인식 형태가 있음을 보게 된다. 그것의 하나는 일상적 인식이라고 부를 수 있고 다른 하나는 과학적 인식이라고 부를 수 있다. 나는 먼저 이 두 가지 경쟁하는 인식의 성질을 비교하고 과학적 인식 방법이 근래에 실존과 공존의 이해에 도입될 때 제기되었던 쟁점을 부각시켜 보고자 한다.

　일상적 인식은 인식자가 일상적인 현실에 참여하면서 그 내용 자체의 타당성에 관해서 별다른 관심을 가지거나 그것과 관련지음이 없이 획득하고 유지하는 인식이다. 우리는 우리에게 인식 작용이 일어나기 때문에 '자연스럽게' 비교적 자유로운 인식을 갖게 된다. 그것은 국지적인 관찰에서 형성되어 일상적인 증거에 의해서 의심할 여지없이 수락되고 유지되기도 한다. 전(前) 과학적 시대에 인류는 오랫동안 우리가 딛고 있는 지면이 요지부동한 평면이며, 해와 달은 동쪽에서 떠서 서쪽으로 지는 것으로 생각했는데, 이는 일상적 인식이 갖는 이와 같은 측면을 잘 반영하고 있다. 일상생활의 틀 안에서 사는 사람들은 이렇게 생각하는 것이 별로 불편을 주지 않으며 오히려 그렇지 않다고 생각하는 것이 이상스럽게 여겨진다. 사람들은 몇 가지 단순한 사례를 근거로 확대된 일반화에 도달하기도 한다. 혹은 사람들은 반대로 먼저 어떤 일반적인 선입견을 가지고 그것을 증빙하는 단편적인 사례만을 선택적으로 주목함으로써 그들의 인식을 유지하기도 한다. 사주와 관상은 이런 경로에 의해서 형성되고 유지되고 번창한다.

　상호주관적인 동의(同意)와 권위체(權威體)는 이처럼 충분히 그 타당성을 검증하지 않은 인식을 유지하는 데 공헌한다. 이른바 상식(common sense)이나 공론(public opinions)은 객관적 증거에 의해서 유지된다기보다는 '다수의 견해'라거나 '사회적인 동의'에 의해서 수락된다. 만약 어떤 사람이 상식화된 인식을 의심하거나 좀 이례적인 생각을 하게 되면 몰상식하다는 사회적인 압력을 받으며 심한 경우는 악령의 지배를 받는 정신병자 취급을 받는다. 소수의 선택된 사람이나 기관은 사람들로 하여금 그들이 갖는 신념을 무조건 믿게 하는 권위와 매력을 가지고 있다. 사람들은 일상적 인식에 지나친 확신을 가지고 있다가 예기치 않은 문제 사태에 봉착하면 갑자기 자신감을 상실하게 된다. 이때 그들은 성경책이나 논어와 같은 신성한 문헌이나 이른바 특정 분야의 전문가의 말 속에 진리가 있으리라는 기대를 갖게 되는 것이다.

어떤 인식은 그 인식이 주는 이해관계나 감정적인 쾌감에 의해서 형성되고 유지된다. 그 전형적인 예가 이른바 이데올로기(ideology)다.[13] 이 속에는 특정 집단의 이익이나 감정적인 만족을 줄 수 있도록 어떤 사실을 은폐하거나 과장하거나 왜곡하는 관념적 요소가 포함되어 있지만 바로 그런 이유 때문에 사람들은 그 관념을 열광적으로 지지하고 환영한다. 이해관계가 다른 두 집단은 상대의 집단이 자기들이 지지하는 이데올로기를 갖도록 모든 수단과 방법을 강구한다. 교조화(indoctrination), 세뇌(brainwashing), 선전(propaganda), 신비화(mystification), 권위의 조작(manipulation of prestige) 등은 증거에 호소하지 않고 사람들에게 어떤 허위의식을 무의식적으로 내면화시키는 데 효과적으로 이용될 수 있는 방법에 속한다. 그래서 어떤 사람들은 분명히 그들의 이익에 어긋나는 관념을 유지하기 위해서 비참하고 무자비한 사회적 투쟁에 가담할 수도 있다. 그러나 어떤 이데올로기는 애초에 현실의 왜곡된 상을 내포하고 있는데도 그것이 갖는 자성적 예언 효과에 의해서 현실로 전환됨으로써 사후에 역행적인 타당성을 갖게 되기도 한다.

일상적 인식은 일상적 언어 속에 잠재되며 그 언어에 의해서 배분된다. 따라서 그것의 형성과 교류는 기존한 언어체계에 의해서 제한받는다. 우리는 제4장에서 이 지구상에 다양한 언어공동체가 있으며 그들은 사물을 분류하는 용어의 양과 질, 그리고 문법적 구조에 차이가 있음을 검토하였다. 그리고 그들이 갖는 의미의 애매성과 모호성은 가끔 의사소통에 혼란을 야기할 수 있음도 아울러 지적되었다.

----

13) G. W. Remming, *The Sociology of Karl Mannheim*, London: Routledge, 1975.

일상적 인식은 이와 같은 한계 속에서 형성되고 전달되기 때문에 그 범위의 세계관에 국한되며, 그만큼의 소통상의 문제점을 가지고 있다. 이를테면, 어떤 사람이 그 자신과 세계에 대해서 이례적인 인식을 갖게 되었다고 하더라도 그것을 객체화하는 데 쓸 수 있는 언어는 통상적인 것이기 때문에, 그의 인식은 통속적인 것으로 왜곡되어 객체화된다. 예컨대, 어떤 외국인이 제주도에 표류하여 '요강' 속에 음식을 담아 먹었다고 하자. 이 주관적이고 고유한 경험은 "그는 요강 속에 음식을 담아 먹었다."라는 언어로 객체화된다. 그리고 그의 창의적인 인식은 「이야기놀이」에서처럼 그 언어가 가진 객체적 의미의 맥락에 의해서 제멋대로 해석되어 버리는 것이다.

한편, 과학적 인식은 이와 같은 일상적 인식과 대조된다. 그것은 일상적 인식과는 달리 객관적 타당성에 의해서 검증되며, 그 검증 결과에 의해서 존속되는 특이한 형태의 인식인 것이다. 노먼 캠벨(Norman Campbell)은 그의 저서 『과학은 무엇인가』에서 "그것은 동화(fairy tale)다."라는 풀이를 하고, 과학자들이 만드는 동화는 다른 동화에 비해서 매우 특징적인 제약 조건을 가지고 있음을 아울러 지적하고 있다.[14]

> "세계를 지배하는 무수한 동화(童話)가 있었다. 신화와 종교는 그런 목적을 지닌 동화다. 그러나 이른바 과학이라고 일컫는 동화는 오직 하나의 독특한 특징에 의해서 그들과 구별된다. 과학은 모든 사람에게 호소력을 갖는 동화임과 동시에 그것을 자연이 수락하기로 동의한 동화다."

니콜라우스 코페르니쿠스(Nicolaus Copernicus, 1472~1543)와 아이작 뉴턴(Issac Newton, 1642~1727)의 업적을 전후해서 탄생한 현대과학은 현실을 객관적으로 기술, 설명 혹은 예언할 수 있는 무수한 개념체제를 창조했다. 과학적 인식은 우리가 접하는 낱낱의 사실에 대한 발견보다는 그 배후에 작용하는 일관성 있는 질서를

---

14) N. Campbell, *What is science?*, New York: Dover, 1952, pp. 106-107.

추구한다. 이 목적을 달성하기 위해서 과학자들은 필요에 따라 현실에 대한 새로운 개념을 창조하고 그 개념들 간의 관계를 추리하여 가설을 구성하고 이들을 어떤 논리적인 형식 속에 통합하는 작업을 추진했다. 이것이 곧 과학자가 창조해 낸 동화다. 그러나 그것의 실존 가치는 형식과의 상응성에 의해서 보장된다는 제약 조건을 가지고 있다. 다시 말하면 그것이 아무리 아름답고, 웅변적이고, 이해관계를 충족시키고, 사회적인 동의와 권위의 지지를 받는다고 하더라도 현실에 의해서 심각하게 그 타당성이 검토되지 않는 한 과학적 인식의 자격을 상실한다. 그러나 이 내규는 추하고 나약하고 불리하고 사회적인 동의와 권위에 도전하는 과학적 동화의 존립 근거를 보장해 준다.

과학적 인식의 대표적인 예는 코페르니쿠스와 뉴턴이 창안해 낸 동화의 에피소드에서 찾아볼 수 있다. 코페르니쿠스는 당시 중세기의 사회적 제도와 밀접한 관계를 유지하면서 강력한 지지를 받아오던 천동설을 부인하고 지동설을 주장했다. 이때 그의 지동설이 일상적 인식의 완강한 저항과 인품의 공격을 이겨낼 수 있었던 것은 오직 타당성이라는 과학적 내규 때문이었다는 것은 누구나 알고 있는 사실이다. 뉴턴은 비교적 사회적 저항이 감소된 시기에 과학적 인식의 창조적인 측면이 어떤 것인지를 실증해 주었다. 그는 떨어지는 사과를 보고 중력이라는 개념을 도입하여 자유낙체, 유성의 운동, 달의 회전, 간만(干滿)의 차 등등의 무수한 현상을 동시에 설명하는 동화를 창작해 낼 수 있었다. 이 서로 무관하다고 생각되었던 현실들은 모두 중력이라는 개념이 그린 지도에 부합하는 방식으로 운행되는 것임이 증명됨으로써 천차만별의 변덕을 부리던 그들의 용모도 단순한 인식의 차원에서 쉽게 정치될 수 있었으며 그로 인해서 사람들은 그의 이론을 수락한 것이다.

모든 인식은 오류의 가능성을 지니고 있으며 이 점에서 과학적 인식도 예외가 될 수 없다. 다만, 과학적 인식은 자기수정(self-correction)을 내부에 장치시켜 놓고 있다는 점에서 다른 어떤 독단이나 교조로부터 구별된다. 과학자들이 구성한 동화는 무수한 가설을 포함하며 상호 간에 모순되어 경합하기도 한다. 그러나 그들 간의 승부는 논리와 실증에 의해서 결정되기 때문에 항상 타당치 못한 것은 도태되고 새롭고 타당한 것이 등장하면서 끝없는 수정과 확대의 과정을 밟는다. 토마스 쿤(Thomas S. Kuhn)은 자연과학사를 검토하면서, 어떤 영역에서든 간에 과학적 인식도 당대의 전형(paradigms)이 갖는 한계 속에 이루어지며, 그 지배를 받는 '정상과학(normal sciences)'은 새로운 전형에 의해서 대치되는 혁명적 과정을 관찰할 수 있었다.[15] 따라서 과학적 인식을 절대시하는 신념 자체가 과학의 정신에 위배되는 것이다.

과학자들은 그들의 새로운 인식을 적나라하게 의미화하고 해석하기 위해서 일상적인 언어를 극복하는 새로운 개념들을 창안했다. 또한 대개의 경우 그들의 개념은 일상적 언어가 갖는 애매모호성을 극복하는 방식으로 발전하고 있다. 그래서 과학적 인식은 그 나름의 전문적인 용어에 의해서 객관화되고 일반 사람들에게 배분된다. $E=mc^2$이라는 언어는 분명히 그것을 학습하는 사람의 입장에서 외국어를 배우는 것 이상의 노고를 요구하지만 새로운 관념을 형성해야 하는 과학의 취지에 비추어 그 애로는 충분히 이해될 수 있다.

네이글(E. Nagel)은 이렇게 말한다.[16]

"언어적 모호성을 줄이고 그 특수성을 증가시키기 위해서 여러 가지 방법이 고안된다. 그들 가운데 가장 효과적인 것은 계산과 측정인 것으로 알려졌다. 시인은 밤하늘을 장식한 무수한 별들의 아름다움을 노래할 수 있겠지만, 천문학자들은 그들의 정확한 숫자를 식별하고자 한다. 세금공예가는 쇠가 납보다 강하다는 정도를 아는 것으로 만족하겠지만 그 사실을 증명해야 하는 물리학자는 그 강도의 차를 정확하게 측정할 수 있어야 한다. 이와 같은 개념의 명료성을 추구함으로써 명제들이 경험에 의해서 보다 완벽하고 비판적으로 검증될 수 있다."

새로운 인식 방법으로 등장한 과학은 점차 그 탐구 영역을 확장하면서 철학적 사

15) T. S. Kuhn, *The Structure of Scientific Revolutions*, Chicago: The University of Chicago Press, 1970.
16) E. Nagel, *op. cit.*, 1961, pp. 8-9.

유, 상식, 세론(世論), 혹은 이데올로기가 포착하지 못한 객관적 지식을 생산하였다. 개선된 관찰 방법과 수학의 지원을 받은 물리학과 화학은 급속도로 중요한 탐구 영역이 되었다. 실험적 방법을 도입한 생물학은 그 성과가 너무도 큰 것이었기 때문에 많은 학자의 관심이 철학에서 과학으로 전환되었다. 그들은 엄존하는 현실의 중요한 부면이 안일한 사변과 복잡한 언어의 창조만으로 밝혀질 수 없다는 것을 알게 된 것이다. 이 자연과학의 발전은 인식의 주체인 인간의 물질적 측면을 이해하는 데 뛰어난 공헌을 하였다. 그런데 이와는 대조적으로 우리 자신을 매우 특이하게 하는 부면인 정신적 측면에 대한 과학적 탐구의 성과는 아직 미흡하다. 이 불균형한 사태의 부분적인 이유는 우리가 한동안 정신을 지나치게 신성시한 나머지 과학의 영역을 초월하는 형이상학적 실체로 간주한 데 있다.

뒤늦게 출범한 사회과학이나 행동과학의 목적은 자연과학적 지식에 의해서 이해할 수 없는 우리 자신에 대한 중요한 측면을 조명하는 것이었다. 나는 제3장에서 우리의 인식 활동이 부분적이고 측면적인 것임을 지적하려고 노력하였다. 불행히도 우리는 현실이 갖는 무한한 측면을 한꺼번에 동화할 방도를 모르고 있다. 각종 학문의 구분은 본질상 분업의 묘를 살려 이 인식의 한계를 극복하려는 데 있다. 그런데도 우리 자신의 물질적 차원과 정신적 차원을 불필요하게 단절하려는 전통적 인식의 저항은 아직도 남아 있다. 나는 이제부터 이 쓸모없는 고집을 두 가지 수준, 즉 개념적인 수준과 방법론적인 수준으로 나누어 분석하고자 한다.

철학 분야에서 오랫동안 신체(body)와 정신(mind)을 양극적인 개념으로 대비하는 사고가 풍미하였다. 서양철학의 거두라 할 수 있는 플라톤(Plato, 427~347 B.C.), 토마스 아퀴나스(Thomas Aquinas, 1225~1274), 그리고 르네 데카르트(Rene Descartes, 1596~1650) 등은 신체와 정신은 두 가지 분리된 실체이기 때문에 정신은 신체가 없이 별도로 실존할 수 있다는 이른바 이원론(dualism)을 주장했다. 한편, 다른 철학자들은 다양한 형태의 일원론을 택하였다. 그중의 하나는 관념적 일원론(idealistic monism)이고, 다른 하나는 유물론(materialism)이다. 이들은 정신과 물질이 어느 쪽에서 다른 쪽으로 환원될 수 있다는 식의 논리를 전개했다. 이원론이든 일원론이든 그들은 한 가지 점에서 공통성이 있다. 그것은 물질이나 정신이라는 것이 현실을 보는 두 가지 다른 수준의 개념에 불과하다는 사실을 망각한 오류다. 다행히 이 오류는 철학자들 자신에 의해서 지적되었다. 예컨대, 길버트 라일은 데카르트의 이원론이 범주 착오(category mistake)의 소산임을 밝히고 있다.[17] 여기서 범주 착오란 서로 다른 차원에 속한 두 개의 상이한 개념을 대비하는 경우를 말한다. 가령, "그 여자는 울면서 집에 왔다."와 "그 여자는 자동차를 타고 집에 왔다."라는 말은 개념적으로 서로 대비될 수 없는 것이다. 전자와 후자에 대비되는 말은 각각 "울지 않고 집에 왔다."와 "자동차를 타지 않고 집에 왔다"에 해당한다. 이처럼 양쪽의 말은 각각 다른 수준의 것이기 때문에 "그 여자는 울면서 자동차를 타고 집에 돌아왔다."라는 말이 성립될 수 있는 것이다. 마찬가지로 물질과 정신은 상이한 논리적 유형의 용어이기 때문에 우리는 실존과 공존을 양쪽 개념에 의해서 이해할 수 있다. 말하자면 이들은 개념적으로 배타적인 것이 아니다.

그러나 정신과 물질이 개념적으로 독립되어 있다는 말은 그들 간에 경험적 관계가 없다는 것을 뜻하지 않는다. 서로가 다른 범주에 속한 개념이지만 그들 간에는 공변관계(共變關係)나 인과관계가 성립될 수 있으며, 이에 대한 탐색이 곧 경험적 탐구 활동의 주축을 이루고 있다.

이 점은 다음과 같은 노먼 말콤(Norman Malcolm)의 글에서 분명해진다.[18]

> "정신 상태와 신체의 조건, 상황 및 운동 간에 어떤 상관관계가 있느냐 하는 물음은 경험적인 문제(a contingent matter)다. 만약 상관관계가 있다면 그 상관관계의 성질이 어떤 것이냐는 것도 경험적인 문제에 해당될 것이다. 그 어떤 가능성도 여기서 배제될 수 없다. 환언하면 정신의 내용과 신체의 상태 간에는 개념적인 관계가 없다고 말할 수 있다. 신체가 어떠어떠한 성향을 가진다는 것이 정신의 감정, 분노 혹은 분노의 의미(meaning)를 구성하는 일부가 될 수 없다."

17) G. Ryle, *The Concept of Mind*, New York: Barnes & Noble, 1970.
18) N. Malcolm, *Problems of Mind*, London: George Allen, 1972, pp. 24-25.

말콤은 라일이 지정한 범주 착오의 문제를 뛰어넘어 정신과 육체 간의 경험적 관계에 관한 관심을 표명하고 있다. 우리는 어떤 정신적 사건과 어떤 대뇌 사건 간에 인과관계를 가정할 수 있다. 예를 들어, 우리는 뇌의 일부를 도려낸다거나 어떤 유의 약물을 복용하면 그에 따른 심리적인 변화가 오리라는 가정을 할 수 있다. 혹은 '심인성 증세(psychosomatic symptom)'에서 발견되듯이 어떤 심리적 상태는 신체적인 증세의 원인이 될 수도 있다. 이런 가설은 정신과 신체 간의 상호 인과성을 가정한 것으로서 그 가설의 타당성은 개념에 의해서보다는 관찰에 의해서 검토되어야 할 성질의 것이다. 이 점에서 자연과학자와 사회과학자가 제휴되어야 할 이유는 분명해진다. 그러나 이처럼 두 개념 간의 관계를 경험에 의해서 확증하는 연구자가 만약 신체적 과정을 정신적 과정이 일어나는 기준으로 간주한다거나 혹은 그 반대의 입장을 택한다면 그 연구는 하등의 의미도 갖지 못한다. 왜냐하면, 이때 정신과 신체는 단지 다른 명칭으로 지칭되는 동일한 실체에 불과하기 때문이다. 말콤은 이 때문에 대뇌 사건과 정신적 사건 간의 '경험적 동일성(contingent identity)'을 주장한 스마트(J. J. C. Smart)의 이론을 다음과 같이 일축해 버린다.[19]

"스마트의 일반적인 입장은 구제될 수 없는 것처럼 보인다. 정신적 사건과 대뇌 과정이 경험적으로 동일하다는 주장은 경험적으로 증명되거나 반증될 수 없다는 것이 논리적으로 분명하다. 그것은 하나의 가능성 있는 과학적인 가설이 아니다. 사고, '내적 경험' 및 의식 상태는 대뇌 사건이나 대뇌 상태가 될 수 없다고도 할 수 없고, 그렇다고 대뇌 사건이나 대뇌 상태가 아니라고도 할 수 없다. 두 종류의 현상이 경험적으로 동일하다는 것이 증명될 수 있다는 생각은 허위라기보다는 무의미한 것이다(not false but meaningless)."

내가 이 아무짝에도 쓸모없는 철학적 논쟁과 오류를 지적하는 데 상당한 지면을 할애하는 이유는 일원론이나 이원론의 망령이 가끔 사회과학자들의 연구 과정에

---

19) *Ibid.*, p. 70.

나타나서 공연한 시간과 노력을 낭비하는 사례가 있기 때문이다. 이미 지적한 바와 같이 사회과학자들은 자연과학자들이 해명해 내지 않은 실존과 공존의 일상을 체계적으로 연구하기 위해서 그동안 많은 개념을 창출하고 상당한 정도의 연구 업적을 쌓아 왔다. 대체적으로 심리학자들은 그들에게 당혹스러운 실존의 측면을 설명하기 위해서 이례적인 개념을 도입하였다. 예컨대, 생물학 분야에서 노벨상을 탄 소련의 학자인 이반 파블로프(Ivan Pavlov, 1849~1936)는 실험 과정에서 개가 발자국 소리만 듣고도 침을 분비하는 당혹한 사태에 봉착하여 '정신적 분비(psychic secretion)'라는 개념을 적용했다. 비엔나(Vienna) 대학교에서 원래 신경학을 전공했던 지그문트 프로이트(Sigmund Freud, 1856~1939)는 아무런 신경학적 장애조차 없는 사람이 신경적 증세를 보이는 사례를 목격하고 '무의식(unconsciousness)'이라는 심리적 과정을 상정했다. 철학과 생물학의 배경을 가진 피아제는 아동의 사고 과정에 포함된 의미 있는 현상을 관찰하고 그들은 신체적 구조와 더불어 '인지 구조(cognitive structure)'를 가진다고 가정하여 그의 탐구 활동을 전개했다. 이와 같은 '정신적 개념(mental concepts)'은 개인이 자연과학적 개념만으로 이해하기 어려운 어떤 실체임을 드러나게 하였고, 그들의 새로운 작도는 우리가 우리 자신을 객관적으로 이해하는 데 퍽 유용한 것임이 이제까지 입증되었다.

한편, 개인은 서로 분리되어 있지만 동시에 타인과 더불어 생활한다. 이를 우리는 앞서 공존의 세계라고 약칭하였다. 사회학자나 문화인류학자들은 이 공존의 세계가 갖는 다양한 측면, 즉 개인 간의 상호작용으로 일어나는 현상, 대단위의 출현적인 체제, 그리고 그들이 대대로 전수되는 과정 등을 포착할 수 있는 일단의 개념체제를 창조하였다. 이를테면, 공학, 수학 및 자연과학의 배경을 가진 오귀스트 콩트(August Comte, 1798~1857)는 마치 자연현상이 갈릴레오(Galileo), 케플러(Kepler) 및 뉴턴에 의해서 체계적으로 해명될 수 있듯이 인간관계나 사회생활을 설명하는 과학이 성립될 수 있음을 역설하고 '사회 정태(social statics)'라거나 '사회 동태(social dynamics)'라는 개념을 도입하였다. 찰스 다윈(Charles Darwin)의 영향을 받은 허버트 스펜서(Herbert Spencer, 1820~1903)는 콩트와 더불어 사회과학의 가능성과 필요성을 인정하고 사회적 조건이 아직 알려지지 않은 수단에 의해서 설명될 수 있으리라는 희망을 피력하였다. 막스 베버(Max Weber, 1864~1920)는 '사회(society)'라는 말을 상호주관성에 의해서 특징지어진 개인 간의 관계에 국한시켜 적용하고 과학적 탐구는 가치중립적으로 추구되어야 함을 주장하였다. 베버와는 대조적으로, 에밀 뒤르켕(Emile Durkheim, 1858~1917)은 심리학적 요인과는 독립된 사회의 실체성을 '사회적 사실(social facts)'로 규정하고, '사회적 연대(social solidarity)'라거나 '아노미(anomie)'라는 개념을 발전시켰다. 한편, 조지 허버트 미드(George Herbert Mead)와 찰스 호튼 쿨리(Charles Horton Cooley)는 일상생활에서 개인의 성격과 사회적 질서 간에 상호작용하는 측면을 부각시키면서, 이른바 '상징적 상호작용주의(symbolic interactionism)'의 전통을 구축하였다. 이 외에 타일러(E. B. Tyler)와 같은 문화인류학자들은 인간에 의해서 획득되는 지식, 신념, 예술, 도덕, 법률, 관습 및 다른 능력과 습관을 포함한 복합체에 관심을 갖고 새로운 학문을 개척하였다. 이들이 쓰는 '문화(culture)'라는 말은 앞에서 든 '사회적(social)'이라는 말보다 포괄적인 의미를 가진다. 문화인류학자들은 대개 그것이 어떤 주어진 사회구성원에 의해서 학습되고 공유되는 행동유형들을 탐구한다.

간단히 소개된 이 사회과학적 탐구의 사례는 과학의 대상으로서 실존과 공존이 갖는 측면들이 얼마나 다양한지를 분명히 방증하고 있다. 지금까지 사회과학자나 행동과학자들은 애초부터 그들의 탐구 영역을 분명하게 구획하거나 어떤 공통된 경험적 전략을 택해 온 것은 아니다. 따라서 그들의 개념과 이론 체제는 가끔 중첩되는 경우가 있다. 그러나 대부분의 경우에 그들의 개념들은 마치 색깔과 모양이라는 개념처럼 동일한 현실의 다른 측면이나 수준을 대표하고 있기 때문에, 위에서 말콤이 지적했듯이, 그들 간의 경험적 관계의 탐색은 실존과 공존의 현실을 보다 입체적으로 파악할 수 있는 조감도를 마련할 것이다.

그럼에도 그 지적 협조는 상호 간의 배타적 태도 때문에 지연되는 경향을 보인다. 사회과학자들이 자연과학적 탐구가 그들의 탐구 영역과 관심과는 별개의 것이라는 생각을 갖게 될 때 그 조감도는 단색화된다. 뿐만 아니라 그 단색화는 사회과학 내에서조차 일어난다. 각각 실존과 공존의 다른 수준과 측면을 설명하면서도 마치 한쪽의 개념화가 다른 쪽의 개념화보다 우세하다거나 열세하다는 태도는 가끔 환원(reduction)의 문제와 관련하여 사회과학 분야에서 심심찮게 등장하는 것을 우리는 본다. 이는 정신을 신성화시켜 물질과 대비시키는 이원론적 사고나 혹은 물질이 정신에 의해서 흡수된다거나 정신이 물질에 의해서 흡수된다는 마찬가지의 신성화된 사고방식과 유사한 형태를 취하고 있다. 이를테면, 호만스(G. C. Homans)는 사회 현상의 궁극적인 요소를 개인으로 보고 그 개인들의 상호작용에 대한 진술만으로 사회 현상의 전반을 설명할 수 있다는 주장을 하였다.[20] 한편, 터너(B. M. Turner)는 근래에 "행동의 모든 설명이 원칙상 신경생리학의 언어로 환원될 수 있다."[21]라는 점을 역설하고 있다. 이는 적은 개념으로 많은 것을 설명하려는 과학의 취지, 즉 '절약의 원칙(principles of parsimony)'에 충실하려고 한다는 관점에서 볼 때 크게 잘못된 시도는 아니다. 그러나 그들의 조급한 소망은 가끔 본래의 취지와는 다르게 실존과 공존에 내재된 다원적인 측면을 무리하게 생략해 버리는 오류를 범할 위험성을 가져온다. 환원은 주장이 아니라 실증에 의해서 성취될 수 있다. 따라서 우리는 분명한 경험적 실증이 없는 주장을 하나의 신조로 받아들이는 어떤 유의 시도도 의심스럽게 받아들여야 한다.

실존과 공존의 현실은 그것이 큰 규모든 작은 규모든, 구조든 과정이든, 혹은 장기간이든 단기간이든 간에, 수시로 변천하는 실체로서 우리는 다양한 개념으로 그것에 내재하는 어떤 공변성(covariance)을 찾고자 한다. 우리의 목적은 일단의 체계적이고 타당한 지식을 생산하는 데 있다. 우리는 분명히 실존과 공존의 현실을 우리들 자신이 구성하고 있지만 그들 속에 내재된 요인들이 무엇이며 그들이 어떻게 공변하고 있는지에 관해서 아직 충분히 알지 못하고 있다. 그런데 이 미지의 실체를 해명해 나가면서 가끔 사회과학자들은 두 가지 대립된 견해를 표명했다.[22]

하나는 우리가 인식의 주체임과 동시에 객체라는 사실은 우리로 하여금 인식론적으로 유리한 입장에 놓이게 한다고 본다. 이것은 대체로 정신과 물질을 대비시

20) G. C. Homans, *The Nature of Social Science*, New York: Hartcourt, 1967.
21) B. M. Turner, *Psychology and the Philosophy of Science*, New York: Appleton, 1968, p.173.
22) R. Borger & F. Cioffi (Eds.), *Explanation in the Behavioral Sciences*, London: Cambridge University Press, 1975.

키는 이원론자들이 정신적 측면의 탐구와 관련하여 견지하고 있는 전제다. 일찍이 데카르트는 정신 활동을 알 수 있는 사람은 오직 그것을 하는 당사자일 뿐이라는 이른바 유아론(solipsism)을 제창하고 정신에 관한 연구는 물질 현상에 접근하는 방법과 근본적으로 다르다는 전통을 세웠다. 이 '특전적 접근(priviledged access)'을 믿는 사회과학자들은, 가령 살인자의 살인 행위를 이해하는 데 대충 이와 같은 방식을 택한다. 우선 일부는 그에게 왜 그런 행위를 하게 되었는가를 묻는다. 그리고 그가 만약 "증오심 때문이었다."라고 진술한다면 그 내성(introspection)과 이유(reason)을 수락한다. 만약 이것이 어려울 경우(예컨대, 말 못하는 장애인이거나 혹은 이유를 알 수 없다고 고백할 때) 일부는 그 살인자의 심리 상태에 공감(empathy)하려고 노력하고 그 공감 내용에 의해서 사태를 이해(understanding)한다. 이 모든 절차에서 우리가 공통적으로 발견할 수 있는 것은 인식의 타당성을 주관성(subjectivity)이나 상호주관성(intersubjectivity)에 두는 것이다.

한편, 대부분의 다른 사회과학자들은 정신 현상과 물질 현상은 그 대상의 차이에 불과하며 그것을 설명하는 방법에 별다른 차이가 있을 수 없다고 본다. 이들은 내성에 의한 이유는 사태를 설명하는 자료의 구실을 할 수 있지만 그것 자체에서 타당성의 근거를 찾는 데 반대한다. 가령, 그들은 최면 상태에서 살인한 개인이 "나는 증오심 때문에 살인했다."라는 진술을 할 수 있음을 경계한다. 따라서 그들은 마치 물체를 연구할 때와 마찬가지로 그들 나름의 가설을 구성하고 그것을 다양한 자료에 의해서 객관적으로 입증하는 절차를 택한다. 이 실증주의적 접근을 택하는 학자들은 피사(Pissa)의 사탑에서 떨어지는 사람은 분명히 낙체법칙의 지배를 받지만 그가 반드시 낙체법칙을 설명할 수 있다고 보기 어렵다는 점을 중시한다. 또한 낙체법칙을 이해하기 위하여 반드시 피사의 사탑에서 떨어지는 경험을 인식자 자신이 해야 할 이유는 없다고 그들은 생각한다. 이렇게 볼 때 갑이 갑을 이해하는 것과 갑이 을을 이해하는 데 본질상의 차이는 없어지게 된다. 만약 정신현상에 관해서 인식 주체가 특전적 접근을 향유할 수 있다는 것이 사실이라면 사회과학이 자연과학보다 훨씬 높은 수준의 지식을 구축했어야 함에도 그렇지 못한 실정은 특전적 접근의 전제를 반증하는 하나의 사례로 지적될 수도 있다.

우리는 여기서 이 두 가지 상이한 방법론적인 대립이 논쟁에 의해서 낙찰될 성질이라기보다는 증거에 의해서 증명될 성질의 것임을 알 필요가 있다.[23] 이미 여러 곳에서 지적했지만 사회과학의 목적은 우리 자신에 대한 보다 타당하고 풍부한 지식체제를 구축하는 데 있다. 이 목적을 달성하는 데 학문마다 제 나름의 방법을 택할 수 있지만 그 효용은 결과에 의해서 평가되어야 한다. 내가 보기에는 우리가 인식의 주체이자 객체라는 사실은 전혀 그렇지 않은 경우에 비해서 풍성한 가설을 허용하는 이점을 주는 듯하다. 왜냐하면, 각자는 적어도 자신의 심리 상태나 그가 소속한 공존 세계에 관해서 그 나름의 독립된 관념을 가질 수 있기 때문이다. 그러나 그것이 '내관'의 형태를 취하건 '공감'의 형태를 취하건 그것의 타당성은 객관적으로 구명되어야만 한다. "내가 정말 그런 신념이나 감정을 가지고 있는가?" "나는 타인의 입장에서 세상을 보고 느낄 수 있게 되었는가?"라는 질문은 그런 내적 성향을 가진 것에 대한 일차적인 추궁에 해당한다. 만약에 그것이 신념의 경우이고 그런 것이 확인되었으면 다음에는 그 신념의 타당성을 추궁하는 다른 하나의 절차가 후속되어야만 한다. 이때 우리에게 필요한 것은 "그 특수한 인식이 인식되는 대상과 어느 정도의 대응성이 있느냐?" 하는 질문이다. 이런 독립된 절차에 의해서 검증되지 않은 어떤 유의 인식도 타당하다는 평가를 받을 수 없다. 우리가 분명히 우리 자신의 심리적 상태에 대해서 '특전적 접근'의 이점을 가지고 있는데도 그것을 지식화하는 데 실패하는 것은 우리에게 그 주관적 인식을 검증의 절차를 생략한 채 믿어 버리는 경향이 있기 때문이다. 방법론적 이원론을 주장하는 학자들은 이 위험성을 시정하기는커녕 가끔 강화하는 듯한 인상을 준다.

객관적 검증에 의한 타자의 인식이 검증 절차를 생략한 주관적 인식보다 강력한 사례는 어느 사회과학 분야에서나 증명되고 있다. 평소에 자신에 대해서 가장 잘 알고 있다고 생각하던 개인이 심리학자의 조력을 요구할 때 내가 여기서 이야기하는 '강력성'의 의미가 무엇인지를 독자는 짐작할 것이다. 심리학자들은 비교적 잘

---

23) 장상호, 행동과학의 문제와 방법론, 서울: 교육출판사, 1977, pp. 38-53.

다듬어진 일단의 설명체제에 의해서 그의 중세를 진단할 것이다. 그는 우선 내담자에게 어떤 중세가 있는지를 물을 것이고 경우에 따라 자기 중세에 대한 이유를 들을 것이다. "아마 며칠 동안 잠을 자지 못해서 머리가 이렇게 무거운 듯싶습니다."라고 내담자가 말할 때 심리학자는 그것을 액면 그대로 받아들이지는 않는다. 그는 물론 내담자의 말을 전적으로 무시하지는 않는다. 그러나 그는 내담자의 그 설명 방식 자체가 중세의 원인일 수 있다는 '엉뚱하고 새로운' 가설을 추궁하거나 혹은 내담자의 무의식적 억압 상태, 생활사, 현재의 사회적 환경 등을 다면적으로 고려할 것이다. 그래서 심리학자들은 대개 개인의 자신에 대해서 새로운 인식에 도달하도록 협조해 준다.

과학자들은 결정주의적 전제하에 그들의 실명체제를 구축해 나간다. 결정주의는 모든 사건에는 어떤 원인과 결과가 있다는 신념이다. 예를 들어, 어떤 두 사건이나 혹은 요인인 A와 B의 인과성은 만약 A가 어떤 시간 t_1에 변하면 B가 후속되는 시간 t_2에서 변하는 것으로 정의된다. 이때 A는 B를 결정하는 원인이라고 하고 B는 A의 결과라고 한다. 그러나 이는 단순한 예에 불과하고 그 요인들을 다원화시키면 그 관계는 매우 복잡해진다. 즉, B는 비단 A뿐만 아니라 다른 무수한 요인에 의해서 동시에 결정될 수 있으며, 또 B는 다른 요인들과 더불어 요인 C, 혹은 방금 그것을 결정한 요인 A를 결정하는 원인이 될 수도 있다. 예컨대, "살인자가 피해자를 살해한 원인이 무엇인가?"라는 질문을 해명하는 데 우리는 다음과 같은 다양한 수준의 원인을 가정해 볼 수 있다.

- 1차 수준: 예컨대, 가해자의 유전적 혹은 문화적 배경 등
- 2차 수준: 예컨대, 피해자의 도발, 격정, 복수, 가해행동으로 얻는 보상 등
- 3차 수준: 예컨대, 총의 방아쇠에 접촉한 근육의 수축, 의식을 작용시킨 뇌파의 유형 등
- 4차 수준: 예컨대, 신경, 뇌세포 혹은 눈의 망막 내에서 일어난 특수한 생화학적 에너지의 변화 등

물론 우리는 이외의 다른 무수한 요인들을 살인 행위의 원인으로 일단 가정할 수 있다. 현재로서 과학자들은 사건과 사건에 내재한 요인들을 완벽하게 매거한 개념체제를 갖추지 못하였고, 뿐만 아니라 그들 간의 인과관계에 대한 설명을 완료한 것이 아니다. 다만, 그런 기본 가정하에 그들은 한정된 요인들을 임의적으로 선택하고, 그들 간의 인과관계에 대한 한정된 가설을 세우고, 그들을 검증할 수 있는 정도에서 검증하는 데 그친다. 사태가 이러한즉, 현재로서의 결정주의는 탐구 활동을 지향하는 프로그램의 취지를 대표하고 있을 뿐이며, 어떤 과학자라도 그가 이 프로그램을 완성했다고 장담할 수 없다. 그럼에도 이 프로그램의 취지는 종전에 관련이 없던 것으로 생각되었던 요인들 간에 매우 밀접한 관계가 있음을 구명하도록 했으며 우리는 접하는 현상을 상당한 정도로 설명하고, 예언하고, 통제하는 설명체제를 탄생시켰다. 그러나 만약 우리가 결정주의에 대해서 이와 같은 도구적 의미 이상의 어떤 의미를 부과한다면 우리는 과학 자체를 교조화하는 위험한 함정에 스스로 빠지게 될 것이다.

이제 이 장의 마무리를 지어 보자. 현실은 부단히 변하며 동일하게 정착되기를 거부하는 듯하다. 그 현실 가운데 나는 실존과 공존이라는 외연적 실체를 가정하고 그것에 관해서 우리가 갖는 인식의 다양성과 수준, 그리고 타당성의 문제를 이 장에서 추궁하려고 하였다. 우리는 우리들 자신에 관해서 많은 것을 생각하며 그 생각을 언어에 의해서 전달한다. 이때 우리는 인식의 주체로서의 우리와 인식의 대상으로서 우리를 구분할 필요가 있다. 전자는 항상 측면적이며 후자는 항상 유동하는 전체다. 이들을 동일시하는 것은 마치 지도와 영토를 혼동하는 결과를 가져온다. 여기서 우리는 그 작도의 타당성과 관련하여 일상적 인식과 과학적 인식의 구분을 해 볼 수 있다. 일상적 인식은 그것이 갖는 자명성으로 인해서 변화하는 세계에서 우리가 안주할 수 있는 기반을 마련해 준다. 그러나 그 과신 속에는 많은 오류가 포함될 수도 있다. 한편으로 과학은 우리의 통상적인 세계관을 바꾸어 놓았을 뿐만 아니라 일상적 인식의 범위를 뛰어넘는 현실까지를 계속해서 탐색(re-search)하면서 작도의 깊이를 심화하고 범위를 확대해 왔다. 더구나 그것이 갖는 타당성에 대한 내규와 자기수정성은 우리 자신을 적나라하게 투영시킬 수 있는 길을 터놓고 있다. 그러나 현재로서 어느 쪽의 인식도 완결된 상태가 아니기 때문에 일상적 인식과 과학적 인식의 병행은 당분간 계속될 것이다. 다만, 이 책은 상식보다는 과학적 인식의 편에 선다는 점을 밝힌다.

제7장 행동가능성

악극 〈지붕 위의 바이올린(Fiddler on the Roof)〉의 주인공인 테비(Tevye)와 그의
아내 골데(Golde)는 노래 부른다.

이 처녀가 내가 안고 다니던 그 작은 소녀란 말인가
이 청년이 장난질하던 그 작은 소년이란 말인가
나는 언제 그렇게 성장했는지 기억할 수 없네
어느 틈에 이렇게 그들이 성장했단 말인가
해가 뜨고 해가 지고
해가 뜨고 해가 지고
쏜살같이 나날이 흘러가면서
갑자기 밤새 해바라기꽃으로 변하는구려
우리가 그것을 잠시 쳐다보는 순간에도 꽃이 만발하고 있구려

가끔 우리는 어떤 대상이 가진 과거의 상태가 현재에도 미래에도 항구불변하게
반복되리라는 착각을 한다. 그러나 우리가 지적할 수 있는 외연적 현실은 좀 더 넓

은 시공적 차원에서 볼 때 부단히 변전한다. 여기서 '어떤 대상이 변화한다'는 말
은 우리가 그 대상에게 시시각각으로 다른 내포적인 술어를 적용해야 함을 뜻한
다. 즉, 그 대상에 '가'라는 행동성향의 개념이 시간 t에서 쓰일 수 있었지만 그 이
후에는 적용될 수 없을 때 그 대상은 시간 t에서 어떤 방식으로 변했다고 할 수 있
다. 또한 '가'라는 행동성향이 어떤 시간 t에서 적용될 수 없었지만 그 이후에 쓰일
수 있을 때 그 대상은 시간 t에서 어떤 방식으로 변했다고 말할 수 있다. 코지브스
키는 현실이 일시적이며 변하는 측면을 환기시키기 위해서 그들을 기술할 때 시간
에 관한 정보를 첨가하는 방안을 시사한 바 있다.[1] 이를테면 한국(1940년)은 한국
(1980년)이 아니며, 장상호(1940년)는 장상호(1980년)나 장상호(2000년)가 아니다.

　모든 개별적인 존재는 그것을 좀 더 폭넓은 시공의 차원에 정치시키는 확장된
견해를 요구한다. 존재는 과거와 현재와 미래를 갖는 과정의 실체다. 이른바 '형성
과정 속의 존재(being-in-becoming)'라는 말은 이를 매우 적절하게 지적하고 있다.
과거의 존재는 물론 이미 있었던 사실로 드러났고, 현재의 존재는 바로 지금 진행
되고 있는 사실로 드러나며, 미래의 존재는 가능성 있는 사실로 예측된다. '나(I)'
라는 지칭대명사나 장상호라는 고유명사는 이 확장된 견해에 부합한다. 장상호라
는 고유명사는 그가 탄생한 1940년에 주어졌으며, 그 후 75년이 경과한 현재에도
'나'라는 대명사로 지칭되며, 어느 순간에 죽음을 맞이할 때까지 '나'라는 말로 지
칭될 것이다.

　나의 정체성(identity)은 부단히 변전되어 왔다. 나는 육체적으로 한때 기어 다
니다가 아동이 되었으며 다음에 청년이 되어 이제 성인에 이르렀으며 언젠가는
하나의 무생물로 환원될 것이다. 나의 체세포는 약 7년을 주기로 쇄신되고 있다.
체세포의 입장에서 보면 삶과 죽음을 반복하고 있는 중이다. 심리적으로 볼 때
나는 인생의 출발에서부터 광범위한 가능성을 가지고 탄생하였다. 나에게 시제를
달리해서 다음과 같은 말이 논리적으로나 경험적인 모순이 없이 합당하게 적용될

1) A. Korzybski, *Science and Sanity*, Lakeville, Conn: International Non-Aristotelian Publishing Co.,
　1958.

수 있었다.

> 내향적이다 / 외향적이다
>
> 1+2=3임을 안다 / 1+2=3임을 모른다
>
> 정구를 칠 수 있다 / 정구를 칠 수 없다
>
> 유신론자다 / 무신론자다
>
> 이기적이다 / 이타적이다
>
> 보수적이다 / 진보적이다

이 외에도 나는 나의 앞에 전개되는 미래의 경험에 따라 서로 모순되는 속성을 그리고 아직까지 가지고 있지 않던 속성을 갖게 될 수 있는 존재임을 안다.

마찬가지로 이미 이 세상을 떠난 무수한 인물들에게는 그 나름의 생활양식과 역사적인 기회가 부여되었다. 가끔 전기나 자서전은 한 개인의 성취, 그의 경험, 그가 살았던 사회적인 환경 등을 기술한다. 예컨대, 윈스턴 처칠(Winston Churchill), 마하트마 간디(Mahatma Gandhi) 그리고 엘리너 루스벨트(Eleanor Roosevelt)는 모두 우리에게 유명한 정치지도자로 알려졌지만 전혀 대조적인 생애를 보냈다.[2] 그러나 그들이 탄생했을 때는 그들은 이론적으로 그들 앞에 광범위한 범위의 상이한 생애를 보낼 수 있는 기회를 가질 수 있었을 것이다. 말하자면 그들은 그들의 경험을 달리했을 때 의존적이거나 독립적이거나, 정직하거나 정직하지 못하거나, 정치적으로 보수적이거나 급진적이거나, 무신론자거나 유신론자가 될 수 있었던 것이다.

이 점에서 인간의 본성은 쉽게 규정될 수 없다. 우리는 실존의 모든 가능성을 알 수 있을 때까지 이제 탄생하는 어린이들의 본성이 무엇인지를 포괄적으로 기술할 수 없다. 여기서 그 가능성은 지금-여기에서뿐만 아니라 모든 가능한 시공적 상황

---

2) R. W. White, *The Enterprise of Living: Growth and Organization in Personality*, New York: Holt, 1972, pp. 494-500.

에서 개인이 실현할 수 있는 모든 속성의 탐구를 통해서 증명될 수 있다. 인간의 본성은 시대와 장소에 따라 다르기 때문에 고정 개념이 아니라 항상 형성되거나 해명되어야 할 개념이다. 특히 사회가 급격하게 변화하는 시대에서는 인간 본성이 동적인 것이라는 의식이 두드러지게 나타난다. 이 당혹한 문제를 해결하는 방도로 어떤 사람은 인간에게는 주어진 본성이 없다거나 혹은 일단의 가능성이라는 태도를 취했다. 예컨대, 가드너 머피(Gardner Murphy)는 일찍이 그의 저서 『인간의 가능성』에서 "우리는 인간의 가능성에 대해서 한계를 설정하거나 그의 실존이 무엇이 될 수 있다거나 될 수 없다는 말을 할 수 없다." [3]라는 결론을 맺은 바 있다.

　나는 이 장에서 이와 같이 실존이 갖는 무궁무진한 가능성의 측면을 행동가능성(behavior potential)이라는 개념에 의해서 부각시켜 보고자 한다. 행동이란 용어는 심리학의 한 학파인 이른바 행동주의(behaviorism)와 연관시켜 매우 협소한 의미, 즉 밖으로 드러난 인간의 특징을 지칭하는 것으로 가끔 쓰였다. 그러나 그 용어는 근래에 사회과학자들에 의해서 매우 확장적인 의미를 갖기 시작하였다. 이를테면, 근래에 "인간의 행동을 과학적으로 구명한다."는 취지를 가진 행동과학(behavioral sciences)이 출현하여 광범위한 지식체제를 구성하고 있는데, 이때 쓰이는 행동이란 용어는 지각, 사고, 감정, 가치관 등등의 내재적인 심리적 과정이나 구조를 총칭하고 있다. [4] 다시 말하면 현대적인 의미의 행동은 인간이 드러낼 수 있는 모든 속성을 뜻한다.

　여기서 행동가능성이란 한 개인이 어떤 특정한 시공에서 그것을 드러내고 있지는 않지만 그것을 다른 시공에서 가질 수 있으리라고 가정되는 속성을 일컫는다. 이제 막 탄생한 신생아는 아직 걸을 수 없고 말할 수도 없으며 논리적인 사고를 할 수도 없지만, 우리는 머지않아 그가 그런 능력과 자질을 가질 수 있으리라는 예상을 하게 된다. 가능성이란 엄격히 말하면 실재하는 것은 아니다. 그러나 어떤 조건이 주어질 때 혹은 성숙될 때 그것이 실재화될 수 있는 어떤 것이다. 다시 말하면,

---

3) G. Murphy, *Human Potentialities*, New York: Basic Books, 1958, p. 31.
4) 장상호, 행동과학의 문제와 방법론, 서울: 교육출판사, 1977.

이는 개체의 현재성의 제한을 시간적으로 초월해서 포착되는 행동의 윤곽이나 반경이다. 그것은 예상되는 것이기 때문에 항상 오류를 내포할 수도 있지만 그것의 실재화는 실험에 의해서 입증될 수도 있다. 인간의 인식이 갖는 위력은 이 조건부의 실재를 예상할 수 있는 데서 발휘되어 왔다.

이 가능성 탐색의 예를 레러(K. Lehrer)의 말을 빌려 살펴보자.[5]

"어떤 자동차가 깨끗하게 수리되고, 완전히 작동될 수 있도록 점검되고, 제대로 운행될 수 있는 상황에 정치되었다고 가정하자. 만약 어떤 사람이 그 차를 시동 걸기 위해서 시동 열쇠를 돌리고 공기흡입장치를 가동하는 등의 시도를 하였는데 그 차가 시동 걸리지 않았다면 그것은 그 차가 시동이 되지 않는다는 증거다. 다른 한편으로 만약 그 차를 시동하려는 어떤 시도도 이루어지지 않았다면 그 차가 어떤 방식으로든 시동이 걸리지 않는다는 단순한 사실이 증명될 수 없다."

우리는 어떤 사태에서 어떤 대상이 어떤 가능성을 가지리라는 것을 예측하고 그 가능성을 발견하기 위한 시도를 계속한다. 만약 그 시도가 예상된 바와 같은 결과를 가져오지 못할 때 그 대상의 가능성에 대한 우리의 신념은 사라진다. 반면, 그 예상이 들어맞는다면 우리 앞에는 새로운 현실이 등장하게 된다. 이와 같은 시도가 우리를 가능한 현실로 안내하게 된다. 근래에 인간은 이와 같은 과정에 의해서 핵에너지를 발견하였으며, 그로부터 지구상에 실재하는 생물체를 전멸시킬 수 있을 만한 물리적인 힘이 이론적으로 가능함을 깨닫게 되었다. 또한 인간은 지구상의 한계를 벗어나서 우주의 생활을 시도하는 데 성공하였다. 과학자들이 우주인들을 달에 안착시키기 전에 그들은 그들의 이론에 의해서 그 가능성을 미리 예측하였다는 것은 누구나 알고 있는 사실이다. 이와 같이 경험과학의 역사는 우리가 어떤 특정 시점에서 접하는 현실이 많은 가능성 있는 현실 가운데 하나에 불과함을

---

5) K. Lehrer, Disproof of determinism?, In B. Bernard (Ed.), *Freewill and Determinism*, New York: Harper, 1966, pp. 182-183.

입증한다.

현실은 거의 항상 먼저 등장하며 그 후에 우리는 그것에 대해서 이론화하기 시작한다. 이렇게 보면 우리는 기존의 현실 이상의 어떤 가능성 있는 현실에 대한 지식을 가질 수 없다는 것 같은 기분을 갖기 쉽다. 기실 이 기술적 차원의 실증주의는 우리가 가질 수 있는 지식 가운데 매우 초보적인 것에 불과하다. 이미 누차 지적했듯이 우리의 사고는 주어진 정보를 초월할 수 있을 만큼 자유롭게 조작되기 때문에 우리가 일단 현실에 대해서 어떤 이론화에 성공한 후에는 그 이론을 토대로 우리는 '있을 수 있는 현실'을 예상하고 구성할 수 있게 된다. 이것이 모든 과학적 지식의 창조적인 측면이다.

이와 똑같은 방식에 의해서 인간의 행동가능성도 기술, 설명, 예언 혹은 통제될 수 있다. 여기서 하나의 비결은 변화무쌍한 우리 자신의 배후에 작용하는 요인들을 추출해 내고 그들 간에 있을 수 있는 항상적인 공변관계를 구명하는 것이다. 행동가능성을 결정하는 요인은 거의 무한대한 것으로 가정되기 때문에, 그리고 우리는 아직 그것에 대해서 완결된 지식을 가지고 있지 않기 때문에, 여기서 그것에 대해서 명백한 결론을 얻을 수 없다. 그러나 가장 광범위하게 말해서 인간의 가능성은 유전(heredity), 환경(environment) 및 시간(time)과 함수관계를 갖는 것으로 가정될 수 있다.

잠시 머피의 말에 귀를 기울여 보자.[6]

"모든 것은 유전자에 의해서 허용된 특수한 것이 환경을 통해서 실현된 것이다. 혹은 당신의 취향이 그렇다면 모든 것은 환경에 의해서 허용된 가능성이 유전자를 통해서 실현된 것이다. 이로부터 우리는 한걸음 더 나아가 자명하고도 충격적인 사실을 시인하기로 하자. 그것은 어떤 경험에서든 간에 오직 나로부터 비롯되는 것도 없고, 오직 나의 환경에서 비롯되는 것도 없으며, 모든 것이 내가 한 사람으로서 항해하는 생활공간, 즉 (유전과 환경의) 상호작용에서 비롯된다는 사실이다."

---

6) G. Murphy, *op. cit.*, 1958, p. 303.

가끔 학자들 간에 인간행동을 결정함에 있어 유전이 더 중요하냐 혹은 환경이 더 중요하냐를 두고 논쟁을 벌여 왔다. 그러나 이 논쟁은 마치 4각형의 면적을 결정함에 있어 가로와 세로의 공헌도를 두고 언쟁을 벌이는 것처럼 무의미한 것이다. 이 점이 머피의 짧은 문구 속에 매우 간결하게 지적되었다. 생물학에서 편의상 유전형(genotype)과 실현형(phenotype)이 구분된다. 여기서 전자는 배란된 세포의 염색체 내에 있는 유전자의 청사진에 해당하고, 후자는 그 청사진 혹은 계획이 그들이 실현되는 어떤 조건에 의해서 영향받은 실제적인 양상에 해당하는 것이다. 그런데 우리가 일상생활에서 볼 수 있는 실제적인 행동은 그 어느 것이든 간에 실현형에 불과하다. 인간의 어떤 행동도 유전과 환경이 상호작용한 결과인 것이다. 다시 말하면, 개인은 유전에 의해서 광범위한 가능성을 부여받지만 그 가능성은 환경적인 투입에 의해서 실제적인 특성으로 나타난다. 따라서 우리의 질문은 어느 것이 중요하냐가 아니라 그들이 어떻게 조합되어 어떤 특정한 인간적인 특성을 조형하게 되는가라는 과정에 던져져야 한다.

한 개체의 생활은 아버지에게서 나온 정자세포의 하나가 어머니에게서 나온 난자의 벽에 침투해 들어갔을 때부터 시작된다. 그 새로운 유기체는 각 부모로부터 염색체의 반을 무작위 선택 방식에 의해서 공여받는다. 이때 새로운 유전자가 조합될 수 있는 방식은 최소한 64,000,000,000,000가지인 것으로 추산된다.[7] 이것은 개인이 수적으로 지구상의 인구보다 몇 배에 해당하는 유전적인 다양성을 가지고 세상에 태어남을 뜻한다. 그 특수한 유전자의 집합이 통상 '유전(heredity)'이라고 칭하는 모든 것이며, 수태의 순간으로부터 일어나는 어떤 것이든 간에 통상 '환경(environment)'이라고 칭하게 된다. 이렇게 보면 환경은 출생 전의 태내 조건과 생후에 일어나는 모든 것을 포함한다. 여기서부터 다시 유전과 환경 간의 거의 무한대한 상호작용이 일어나면서 고유한 개인의 특성이 발전하게 된다. 이 때문에 동일한 유전적 구조를 가진 일란성 쌍생아(identical twins)조차도 상이한 환경적 조건

7) P. H. Mussen, J. J. Conger, & J. Kagan, *Child Development and Personality* (4th ed.), New York: Harper, 1969, p.81.

하에서 각각 고유한 개성을 가질 수 있다.[8]

심리학개론에서 "유전은 한계를 설정하고 환경은 그 한계 내에서 발달을 결정한다."라는 식의 상투문구를 우리는 가끔 읽는다. 그러나 실상 그들 간의 상호작용은 이 문구에서처럼 단순하게 진행되지 않는다. 이미 앞에서 언급한 다양한 종류의 인간의 유전형은 그것이 발전되는 무한한 환경적 다양성과 상승작용을 하면서 보다 광범위한 실현형을 등장시킨다. 제리 허쉬(Jerry Hirsh)는 종전의 개론적 오류를 지적하기 위해서 간단한 계산 과정을 소개한다.[9] 예컨대, 2가지의 유전형과 3가지의 환경, 혹은 3가지의 유전형과 2가지의 환경이 상호작용할 수 있는 가능성은 60가지이며, 10가지의 유전형과 10가지의 환경은 10,144 종류의 가능한 상호작용을 초래한다. 이렇게 계산을 확대해 나가면 한 개인의 실현형이 갖는 다양성은 우리가 상상할 수 있는 범위를 훨씬 뛰어넘는다. 이 사실은 실존이 갖는 행동가능성의 범위가 얼마나 방대한 것인가를 극적으로 예고한다.

개인은 단일세포의 접합자(a single-celled zygote)의 형태에서부터 출발하여 그에게 허용되는 유전형과 환경의 어떤 특수한 상호작용을 경험하면서 매우 복잡한 성장 계열을 따라 특수한 유형의 행동을 발전시켜 나간다. 그는 태내(胎內)의 보호액에 둘러싸여 어머니의 건강, 영양, 및 심리적인 상태의 영향을 받는다. 출생했을 때 이미 그는 다양한 개인차를 보인다. 어떤 신생아는 잠을 많이 자며, 어떤 애는 끊임없이 울며, 어떤 애는 피동적이며, 어떤 애는 능동적이다. 어떤 애는 여자이며, 어떤 애는 남자이며, 어떤 애는 뚱뚱하고 건장하며, 어떤 애는 왜소하고 연약하다. 이 '애초'의 개인차는 다시 더욱 급진적인 태외 환경과 상호작용하면서 부단히 변전한다. 그가 탄생한 시공적 상황의 다양성은 천차만별이다. 그는 원시시대에 출생할 수 있으며 현대사회에 출생할 수도 있다. 열대지방과 북극지방의 기후는 매우 대조적이다. 어떤 대기는 각종 질병이 나돌며 경우에 따라 상당히 오염되었다. 신생아

8) H. H. Newman, F. N. Freeman, & K. J. Holzinger, *Twins: A Study of Heredity and Environment*, Chicago: University of Chicago Press, 1937.
9) J. Hirsh, Behavior-genetic analysis and its biosocial consequences, In P. Zimbardo, & C. Maslach (eds.), *Psychology for Our Times*, Glenview Ill.: Scott, 1973, pp. 36-47.

는 장기간 주위 성인의 보호하에 생존을 유지하는데, 그들의 육아 방식은 그의 발
달 과정과 내용을 180도 전환하기도 한다.[10] 다양한 사회문화적 환경은 이미 유형
화된 형태로 기존하여 이른바 '사회화(socialization)' 혹은 '문화화(enculturation)'라
는 압력을 가하면서 '적응적인 행동 유형(adjustive behavior patterns)'을 요구한다.
예컨대, 유리 브론펜브레너(Urie Bronfenbrenner)는 미국과 소련이라는 양대 국가
의 어린이들이 봉착하는 이질적인 사회문화적 환경을 대조시킨 바 있는데, 그와
비슷한 대조가 한반도에서도 휴전선을 경계로 이미 조성되었다. 이 이질적인 사회
문화적 환경은 그 구성원으로 하여금 다양한 범위의 신념, 정보, 가치관, 이데올로
기 및 규칙 등을 내면화하도록 하는 강력한 압력을 가한다.

　세계는 인간성 개선의 실험장이었으며 역사는 다양성 있는 행동의 실현형을 보
여 주었다. 이 실현형을 토대로 우리는 이제까지 인간행동의 가능성을 추리했다.
이는 대충 두 가지 방식에 의해서 추진되었다. 하나는 '자연적 관찰'이라는 범주에
드는 것으로서, 이미 진행되었거나 진행 중인 특정한 환경적 맥락 속에서 일어나
는 행동을 범주화하고 그 안에 내재한 변인들 간의 의미 있는 관계를 추리하는 것
이다. 이 방법은 행동 실현형의 시공적 분포 및 그들을 결정하는 요인들 간의 공변
관계를 구명하는 데 광범위하게 적용되었으나, 여기서 얻은 결론은 여러 가지 변
인들의 복합적인 상호작용의 결과에 토대를 두고 있어서 해석상의 제한을 받게 된
다. 다른 하나의 방법은 연구자가 행동의 조건을 고의적으로 조작하고 유발하면서
그가 가진 가설과 추리를 검증하는 것이다. 조작된 상황은 기존의 조건을 재편성
하는 효과가 있으며, 그로부터 연구자는 새로운 조건에 의한 새로운 행동 변화의
인과관계를 예측하고 설명할 수 있는 자료를 수집할 수 있다. 이 두 가지 연구 전략

---

10) 다음을 참고하라.
　　ⓐ J. W. M. Whiting, & I. L. Whiting, *Child Training and Personality*: *A Cross-cultural Study*,
　　　New York: Yale University Press, 1953.
　　ⓑ R. R. Sears, E. E. Maccoby, & H. Levin, *Patterns of Child Rearing*, Evanston, Ill.: Row,
　　　Peterson, 1957.
　　ⓒ U. Bronfenbrenner, *Two World of Childhood: U.S. and U.S.S.R.*, New York: Pocket Books,
　　　1970.

에 의해서 얻은 결과는 우리로 하여금 우리의 행동가능성을 조형하는 방대한 경험에 대한 확장된 견해를 갖게 한다. 여기서 나의 관심은 급진적으로 상이한 경험은 전혀 상이한 형태의 행동 실현형을 발전시키는 요인이 됨을 시사하는 데 국한된다.

　　우선 나는 이른바 사회화나 문화화가 될 기회가 없었던 사람의 형상이 어떤 것일까를 짐작게 하는 하나의 일화에서부터 시작해 보겠다. 18세기 장 자크 루소 (Jean Jacques Rousseau, 1712~1778)는 야생적인 자연환경에서 자유롭게 생활하는 '자연인(natural man)'이라는 신화를 창조하였는데, 그 신화의 인물이 1799년 프랑스의 어느 숲 속에서 발견되었다. 나중에 빅터(Victor)라는 이름이 주어진 이 12~13세 된 소년은 적어도 1년 이상을 숲속에서 홀로 생활한 것으로 추측되었는데, 당시 그를 보호하고 있던 한 외과의사의 그에 대한 기록은 우리에게 인간성의 폭이 어디까지 확대될 수 있는가를 역설적으로 방증해 준다.[11]

　　"(그는) 인간의 형상을 하고 있지만 인간으로 취급하기 어려운 실존이었다. 들판의 야생동물처럼 걸어 다니다가 낑낑거리며 찌꺼기 음식을 먹는 더럽고 무섭고 발음이 불분명한 이 생물은 분명히 주의심이 없었고 더우나 추위 같은 초보적인 지각조차 할 수 없었으며 동물원의 동물과 같이 무표정하게 그의 몸을 전후로 흔들면서 시간을 보냈다. …… 그가 갇힌 방 속을 들여다보면, 그는 지루하도록 단조롭게 몸을 흔들며 창문 쪽으로 눈을 돌려 밖에 있는 평원을 일정하게 슬픈 표정으로 바라보고 있었다. 어쩌다가 폭풍이 몰아치거나 구름에 가려진 햇빛이 갑자기 나타나 주위를 환하게 비치면, 그는 불현듯 큰소리로 껄껄대며 거의 강박적인 희열감을 느끼면서 당장 창문을 부수고 뜰로 뛰쳐 가고 싶은 듯이 몸을 좌우로 움직였다. 어떤 때는 희열적인 동작 대신 미친 듯한 분노도 보였다. 그는 팔을 뒤틀며, 꽉 쥔 주먹으로 그의 눈을 누르며, 소리 내어 이를 갈며, 주위 사람들에게 위협적인 실존이었다. 어느 날 아침 그가 취침하고

---

11) R. W. Schwitzgebel, & D. A. Kolb, *Changing Human Behavior: Principles of Planned Intervention*, Tokyo: McGraw-Hill Kogakusha, Ltd, 1974, p. 59에서 재인용됨.

있는 동안 폭설이 내렸는데, 그는 눈을 뜨자마자 침대에서 뛰어나와 창문과 방문 쪽을 오가더니 결국 거의 발가벗은 채 방을 탈출하여 정원에 이를 수 있었다. 거기서 그는 기쁨에 넘쳐 거의 찢어지는 듯한 괴성을 지르며 눈 속을 뛰어다니고 뒹굴고 눈덩이를 손에 쥐고 거의 믿기 어려울 정도로 열심히 그것에 대해서 기뻐하였다."

문화화된 사람의 관점에서 볼 때 빅터는 '비인간적인 동물'임에 틀림없다. 그러나 이 희귀한 사례는 인간이 짐승으로 변할 수 있는 가능성을 가지고 있음을 우리에게 시사해 준다. 이 소년은 그 후 약 5년 동안 주위 사람의 사랑과 애정 속에서 '인간적인 형태'를 갖게 되었지만 그는 그런 자신에 대해서 항상 슬픔을 가지고 있었다고 한다. 예컨대, 주위 사람들이 그에게 문자를 해독시키려 하면 그것을 이해할 수 없어 눈물을 흘린 사례가 기록되어 있다. 그 후 그의 생활은 별로 알려진 바 없지만 다만 1828년에 어느 외진 농촌에서 농부로서 일생을 마쳤다는 말이 전해진다.

현대 사회과학자들은 이른바 '사회화되거나 문화화된 사람들'을 연구의 대상으로 삼는다. 우리가 만약 지표상의 여러 곳을 여행하면 다양한 사회문화적 현실 속에 사는 다양한 인간을 볼 수 있으며, 혹은 한 곳에 장기간 머물면서 사회문화적 변화에 따라 인간성이 점차 다양하게 발전하는 양상을 볼 수도 있다. 문화인류학자나 사회학자들은 방대한 수의 인간이 그들의 행동을 서로 상응시키면서 사회문화적 질서를 유지하는 양상에 관심을 가졌다. 차일드(I. Child)는 "사회화란 무한한 범위의 행동가능성을 가지고 태어난 개인이 그의 집단표준에 따라 관례적이며 좁은 범위의 실제 행동을 발전시키는 과정"[12]으로 정의한다. 마찬가지로 문화화란 한 개인이 이미 그 주변에 있는 문화적인 내용을 내면화함으로써 어떤 특정한 범위의 행동 실현형을 갖게 되는 과정으로 정의될 수 있다. 사회학자나 문화인류학자들은 이른바 '전형적 성격(modal personality)'이나 '사회적 성격(social personality)'이라는

---

12) I. Child, Socialization, In G. Lindsay (Ed.), *Handbook of Social Psychology, Reading*, Mass.: Addison-Wesley, 1954.

개념을 적용하여 특정한 시대와 장소에 처한 사람들의 일반적 행동에 관한 연구를 추진해 왔다.

　이 분야의 연구는 제한된 조건에서나마 인간성의 범위와 그것과 함수관계를 갖는 시공적 상황을 이해하는 데 공헌하였다. 예컨대, 우리는 '한국 사람', '중국 사람', '아프리카 사람', '유럽 사람', '미국 사람' 등의 범주를 구획하고, 그들이 상호 간에 대조적인 성격을 가지고 있는 측면을 보게 된다. 허버트 오토(Herbert A. Otto)는 지구상의 각종 인종이 그들이 처한 특수한 환경 조건에서 그 환경에 적응할 수 있는 특이한 능력을 발전시킴을 지적했다.[13] 이를테면, 미국의 인디언은 사슴이 지나간 발자국만 보고 그것의 크기, 무게 및 나이는 물론 그들이 지나간 시간까지 정확하게 추정하는 능력이 있다. 북극에 사는 에스키모인은 다른 사람들이 동사할 수 있는 낮은 기온에서 생존할 수 있는 한편, 사막 지방에 사는 베두인(Bedouin)인은 일사병의 희생물이 될 수 있는 높은 온도에 노출되어도 생존할 수 있다. 이 사실은 가끔 그들이 보이는 생물학적 특징(예컨대, 신장, 피부의 색깔, 머리털의 조직, 신체의 구조 등)과 관련하여 유전적 요인의 차이에서 기인된 것이라는 해석을 낳게 한다. 물론 인종은 비교적 생물학적 유전성을 공유하고 있기 때문에 그런 해석도 가능하지만 지구상에 분류된 인종은 어떤 방식으로 분류되든 간에 유전적 차이뿐만 아니라 각각 다른 사회문화적 전통이 있기 때문에 또한 사회문화적 결정 요인을 무시할 수 없다. 특히 신체적 특징 이외의, 이를테면 태도, 가치관, 지능 등의 심리적 특성의 차이는 다분히 후자에서 기인될 것이라는 추측을 할 수 있지만 이 연구를 토대로 어떤 분명한 인과적 설명을 가하기는 어렵다. 그러나 어떤 아이가 북극에서 태어났을 경우나 열대지방에서 태어났을 경우, 그는 매우 상이한 경험을 하게 될 것이며 그만큼 상이한 행동 실현형을 발전시키게 될 것이라는 상상을 해 보면 그 행동적 동질성이 어디에서 기인하는지에 대한 결론은 다소간 명백해진다.

　입증할 만한 자료는 불충분하지만, 일련의 사회학자들은 비교적 같은 장소에 사는 사람들의 행동이 시대에 따라 변천한다는 일반적 가설을 주장한 바 있다. 예

---

13) H. A. Otto, *A Guide to Developing Your Potential*, Cal.: Wilshire, Book Co., 1974, pp. 23~24.

컨대, 에리히 프롬(Erich Fromm)은 유럽인이 수세기에 걸쳐 특정한 사회적 조건 때문에 상이한 성격적인 변화를 체험했음을 주장했다.[14] 마찬가지로 데이비드 리스먼(David Riesman)은 미국인의 성격이 지난 반세기 동안 특징 있는 변화를 보였다는 가설을 제안했다.[15] 그는 현대인을 '타인지향적(other-directed)'인 것으로 규정하고, 이를 '전통지향적(tradition-directed)'인 사람들과 '내부지향적(inner-directed)'인 사람들하고 대비시켰다. 그에 의하면, 전통지향적 유형은 원시사회에서 전형적으로 볼 수 있었던 행동성향으로서 전통을 존중하고 행동의 지침을 과거에 둔다. 내부지향적 유형은 19세기의 인간에서 전형적으로 발견할 수 있는데, 이 유형의 사람들은 어린 시절에 가정의 권위에 의해서 그들에게 전달된 이상, 지식, 도덕적 생활과 같은 이념에 준해서 행동한다. 마지막으로 타인지향적인 사람은 마치 머리에 수신 장치를 해 놓은 것처럼 상황적인 신호를 포착하여 생활을 영위한다. 이와 같은 주장은 비록 입증하는 자료는 부족하다고 하더라도 시대적 상황의 변화에 따른 인간성의 변화를 설득력 있게 묘사하고 있다.

특정한 사회문화적 상황 속에서도 각 개인은 일생에 걸쳐 놀라울 정도의 다양하고 융통성 있는 행동을 보인다. 갓난아이는 어느 모로 보나 다른 동물에 비해서 무력한 상태에 있지만 그가 성인이 될 즈음에는 그 어떤 생물체보다 복잡하고 개성 있는 실존으로 변모한다. 심리학자들은 시야를 좁혀 그들이 소속한 특정한 문화권 내에서 보이는 이 개별적인 행동의 변화 속에서 개인의 행동에 대한 어떤 규칙성을 발견하려고 노력하였다. 특히, 발달심리학과 학습심리학은 행동 변화의 이면에 내재한 요인을 상정하고 한정된 범위 내에서 각각 여러 가지 이론을 구성하는 데 크게 공헌하였다. 그러나 이 이론들도 개체가 가질 수 있는 모든 국면의 행동가능성을 조명하기에는 퍽 미흡한 감이 있다.

인간발달은 점차적으로 증가하는 연령에 비례해서 개인 내에 일어나는 행동상의 변화로 정의된다. 이 분야를 탐구하는 학자들의 관심은 그 변화의 특징이 두드러진

14) E. Fromm, *Escape from Frecedom*, New York: Holt, 1941.
15) D. Riesman, *The Lonely Crowd*, New Haven: Yale University Press, 1950.

단계를 구분하고 그 진전 과정을 기술하거나 설명하는 데 있었다. 이미 설명한 바와
같이 피아제는 인지상의 발달과정을 감각적, 전(前) 개념적, 직관적, 구체적 및 형식
적 조작 단계로 나누어 설명한 바 있다. 로렌스 콜버그(Lawrence Kohlberg)는 피아
제의 접근 방법을 토대로 도덕성 발달에 관한 이론을 발전시켰다.[16] 한편, 프로이
트 계열의 정신분석학자들은 개인이 대체로 구강기, 항문기, 성기기, 잠복기 및 사
춘기 등의 단계를 거치는 것으로 보았다.[17] 발달심리학개론은 하비거스트(R. J.
Havighurst)가 제창한 발달과업(developmental tasks)의 개념[18]이나 에릭슨(E. H.
Erikson)이 상정한 단계별 심리적 위기(psychological crises)의 이론[19]을 흔히 포함
하고 있다. 이들의 견해에 접근하다 보면 우리는 모든 문화권의 어린이들이 공통
된 발달 단계를 거치는 듯한 착각에 빠진다. 그러나 문화비교연구(cross-cultural
studies)는 이런 유형의 개념화나 이론이 특정한 사회문화의 산물이라는 안목을 갖
게 한다. 브루너의 연구는 특정한 문화 내에서 생활하는 성인들이 대부분 구체적
조작기의 인지 상태에 머문다고 보고한다.[20] 프로이트는 그가 비엔나에서 개업하
는 동안 남자 어린이가 성기기에 이른바 오이디푸스 콤플렉스(Oedipus complex),
즉 어머니에 대해서 사랑의 감정을 가지며 아버지에 대해서 적대감이나 복수심을
갖게 된다는 생각을 가졌지만, 문화인류학자인 브로니슬라브 말리놉스키
(Bronislaw Malinowski)는 그런 심리적인 경험을 전혀 거치지 않는 문화를 지적한
바 있다. 서구 문화를 배경으로 발달심리학자들은 청년들이 '폭풍과 긴장(storm
and stress)'을 불가피하게 체험하게 된다는 방식의 설명을 한다.[21] 그러나 마가렛

16) L. Kohlberg, The development of children's orientations toward moral order: Sequence in the
development of moral thought, *Vita Humana*, 1963, 6, 11-33.
17) T. Lidz, *The Person: His Development throughout the Life Cycle*, New York: Basic Books,
1968.
18) R. J. Havighurst, *Developmental Tasks and Education*, New York: Longmans, Green, 1952.
19) E. H. Erikson, *Childhood and Society*, New York: Norton, 1963.
20) J. S. Bruner, R. R. Olver, P. M. Greenfield, et al., *Studies in Cognitive Growth*, New York:
Wiley, 1966.
21) B. Malinowski, *Sex and Repression in Savage Society*, Cleveland: The World Publishing Co.,
1951.

미드(Magaret Mead)는 사모아(Samoa)의 어린이들이 전혀 그런 경험을 하지 않고 청년기를 보낼 수 있다는 자료를 얻었다.[22] 그리고 발달과업이나 심리적 위기라는 것도 문화에 따라 그리고 시대에 따라 상당한 정도로 다르게 규정할 수 있다. 이 모든 사실은 한편으로 발달심리학자들의 이론을 지나치게 일반화해서는 안 된다는 시사를 담고 있으며, 다른 한편으로 사람들은 세계의 다른 부분에서 각각 다른 심리적 경험을 하면서 인생행로를 거칠 수 있다는 확장된 견해를 갖게 한다.

한편, 학습심리학자들은 학습을 경험에 의한 비교적 안정성 있는 행동의 변화로 규정하고, 개체의 행동이 그 자체 내의 '성숙(maturation)'보다는 환경에 의해서 가변될 수 있는 가능성을 탐색해 왔다.[23] 그들은 초기에 편의상 계통발생적으로 인간보다 하위에 속한 동물을 대상으로 특정한 실험적 조건을 부여하고, 그로부터 행동 변화와 환경적 조건 간의 일반적인 함수관계를 얻으려는 데 많은 노력을 경주하였다. 이를테면, 헤스(E. H. Hess)는 출생한 지 17~18시간이 경과한 오리새끼에게 움직이는 물체(예컨대, 장난감차 혹은 사람)를 노출시키면 오랫동안 그 물체를 따라다니는 사실을 발견하고 생래적이며 본능적인 행동이 환경에 의해서 가변될 수 있다는 관념을 가질 수 있었다.[24] 파블로프는 실험실에 있는 개가 고기 가루뿐만 아니라 소리, 빛, 촉감에 의해서 침을 흘리는 과정을 목격하고 이른바 조건반사(conditioned reflexes)의 학습이론을 형성하는 행운을 가졌으며,[25] 손다이크(E. L. Thorndike)는 고양이가 '문제상자(problem box)' 속에서 음식을 얻어먹는 적응적인 행동을 반복하는 실험을 계속하여 이른바 '시행착오(trial-and-error)'의 학습이론을 발전시켰으며,[26] 쾰러(W. Köhler)는 침팬지가 갑자기 우리 안에서 손에 미치지 못할 거리에 있는 바나나를 따먹을 수 있는 인지적 관계를 자각한다는 방증을 도대로 이른바 통찰이론(insight theory)을 주장하였다.[27] 이 모든 이론은 우리가 흔히

22) M. Mead, *Coming of Age in Samoa*, Harmondsworth: Penguin, 1928.

23) E. R. Hilgard, & G. H. Bower, *Theories of Learning*, New York: Appleton, 1966.

24) E. H. Hess, Imprinting, *Science*, 1959, *130*, 133-141.

25) I. P. Pavlov, *Conditioned Reflexes*, London: Oxford University, 1927.

26) E. L. Thorndike. *Educational Psychlolgy, Vol.2.*, New York: Columbia Teachers College. 1913.

본능이나 생득적인 기제에 의해서 행동하리라고 생각하는 하위동물들조차도 경험의 질에 따라 전혀 다른 생활양식을 가질 수 있음을 입증한다.

하위동물을 대상으로 해서 발전된 학습이론은 인간에게 적용될 수 없다는 배타 감정을 가질 필요는 없다. 사실 이 일련의 연구를 통해서 얻은 학습의 법칙이 인간에게도 강력하게 작용하고 있다는 증거는 무수하다. 그러나 인간은 다른 유기체와는 달리 그 몇 가지 모형에 의해서 설명할 수 없는 고도로 복잡한 성향성을 역시 가지고 있음을 인정해야 한다. 그래서 근래에는 인간의 언어능력, 사고능력, 창의력 및 기타 매우 복합적인 가치관이나 감정 상태를 결정하는 요인을 탐색하는 다양한 모형이 인간을 대상으로 시험되고 있다. 이런 실험이 진행되는 동안 우리에게 필요한 것은 인간성이 하나의 산뜻한 도식에 의해서 결정되지는 않는다는 지적 개방성을 견지하는 것이다. 이 점에서 이를테면 스키너(B. F. Skinner)의 주장은 간과해서는 안 될 위험성을 내포한다. 그는 지금까지 쥐나 비둘기를 대상으로 실증된 이른바 작동조건화(operant conditioning)의 원리에 의해서 인간의 행동을 이상적으로 조형할 수 있다는 도식을 일반인에게 호소했다.[28] 이는 어느 모로 보나 학습심리학자들이 학습의 현상을 구명하는 기본 취지와 상치된다.

실험이 갖는 중요한 목적의 하나는 인간이 이제까지 발견하지 못한 자신의 가능성을 예측하고 그것을 결정하는 다면적인 요인을 입증해 나가는 것이다. 근래에 활발하게 연구되고 있는 생리피드백(biofeedback)은 이를 예증한다. 생리학과 심리학은 전통적으로 중추신경계통(somatic nervous system)과 자율신경계통(autonomic nervous system)을 구분하고 개인은 걷거나 손을 움직일 수는 있지만 신체의 내부 기관, 이를테면 심장의 고동, 혈압, 위액 분비 등은 의도적으로 통제할 수 없으리라는 가정을 해 왔다. 그러나 근래의 연구에 의하면 개인에게 그런 과정에 대한 순

27) W. Köhler, *The Mentality of Apes* (translated by E. Winter), New York: Harcourt, 1925.
28) 다음 책을 참고하라.
    ⓐ B. F. Skinner, *Walden Two*, New York: Macmillan, 1948.
    ⓑ B. F. Skinner, *Science and Human Behavior*, New York: Macmillan, 1953.
    ⓒ B. F. Skinner, *Beyond Freedom and Dignity*, New York: Alfred A. Knopf, 1971.

간순간의 정보를 제공하면 그가 궁극적으로 그 과정을 임의로 통제할 수도 있다는 새로운 사실이 드러났다.[29] 말하자면 개인은 마치 피아노 연주를 학습하듯이 어떤 특수한 훈련 과정을 밟으며 자신의 뇌파, 심장, 체온 및 맥박 등을 조절할 수 있다는 가능성이 입증된 것이다.

신경생리학자들은 인간의 대뇌피질이 거의 무한대의 학습을 할 수 있을 만큼 많은 수의 신경세포로 구성되어 있음을 지적하였다.[30] 이 부위는 인간의 학습된 경험이 저장될 수 있는 것으로 이제까지 밝혀졌는데 우리의 대부분은 그 엄청난 대뇌적 기능의 일부만을 일생에 걸쳐 사용한다는 증거가 있다. 예컨대, 와일더 펜필드(Wilder G. Penfield)는 어떤 뇌전증 환자의 뇌를 수술하는 과정에서 대뇌피질의 어떤 부위를 전기봉으로 자극하게 되었는데, 이때 환자는 음악소리를 마치 라디오를 듣는 것처럼 생생하게 듣는 경험을 하였다. 그 음악소리는 같은 장소에 전기봉을 접촉시킬 때마다 반복되었다. 이 실험 결과가 발표된 후 다른 신경외과 의사들은 신경세포의 어떤 부위가 개인의 과거 경험을 저장하고 재생시켜 주는 기능을 한다는 것을 발견하였으며, 경험에 따라 개인은 대뇌피질의 일부만을 발전시키게 된다는 정보를 얻게 되었다. 예컨대, 음악가의 경우는 청각과 관련된 부위가 높게 발달되었고, 미술가의 경우는 같은 현상이 시각과 관련된 부위에서 일어난다는 것이다. 이는 실험이 주는 또 하나의 가능성에 대한 시사다.

이 외에도 우리가 아직 충분히 개발하지 않은 행동가능성의 존재를 짐작게 하는 증거는 무수하다. 최면술은 본격적으로 연구된 지가 얼마 되지 않지만 지금까지 최면 상태에서 피험자가 보여 준 능력과 기능은 우리의 상식적 인식의 범위를 훨씬 앞선다.[31] 최면 상태에서 인간은 정상적인 상태에서 느낄 수 있는 산고, 치통, 가려움증을 극복할 수 있으며, 야뇨증이나 월경을 조절할 수 있음이 밝혀졌다. 최면을 유도하는 사람들은 단순히 피험자에게 그들 자신이 부여한 자기한계의식, 회

---

29) J. M. R. Delgado, *Physical Control of the Mind: Toward a Psychocivilized Society*, New York: Harper, 1969.

30) C. T. Morgan, *Physiological Psychology*, New York: McGraw-Hill, 1965.

31) W. S. Kroger, *Clinical and Experimental Hypnosis*, Philadelpia: J. B. Lippincott Co., 1963.

의, 공포 등을 제거하고 그들이 아직 실현하지 못한 가능성의 어떤 것이 실현될 수 있다는 강한 신념을 갖도록 돕는 촉매 역할을 하는 데 불과하다. 아직 보편적인 인간의 가능성인지는 분명히 밝혀지지 않아 과학적인 쟁점의 대상이기는 하지만 이른바 심령심리학(parapsychology)은 우리에게 오감의 영역을 벗어난 다른 정보 획득의 능력이 있음을 탐색하고 있는데, 앞으로 이 분야의 연구가 우리에게 어떤 지식을 줄 수 있을는지는 매우 흥미 있게 주시해 볼 만하다.

우리는 우리가 입수할 수 있는 범위 내에서 인간이 가진 행동가능성의 외곽이 어느 정도까지 확대될 수 있는지를 계속해서 탐구해 나가야 할 것이다. 인간의 행동가능성은 무한하다고만 볼 수는 없다. 지금까지의 자료에 의하면 1마일을 10분 이내로 주파했다는 기록은 아직 없다. 혹은 남성이 임신했다는 기록도 없다. 그러나 이 사실을 토대로 인간이 먼 장래에도 그렇게 할 수 없다는 속단은 내리기 어렵다. 인간은 다른 방식에 의해서 먼 거리를 짧은 시간 내에 이동할 수 있게 되었으며 근래에는 성전환의 사례가 심심찮게 보고된다. 생리적인 특징에 있어 남성을 여성으로 전환시키기는 어렵다고 하더라도 이른바 남성성(masculine characteristics)과 여성성(feminine characteristics)은 후천적인 경험에 의해서 쉽게 결정된다는 것은 널리 알려진 사실이다.[32] 이렇게 볼 때 인간의 특성 가운데 어떤 것은 다른 것에 비해서 보다 수정성이나 가변성이 높거나 낮을 수도 있으리라는 추측도 가능하다. 혹은 연령에 따라 변성의 폭이 다르리라는 가설도 있다.[33] 그런데도 개인의 개별적인 경험의 폭과 깊이에 대한 충분한 자료를 우리가 가지고 있지 않은 한 현 단계에서 어떤 일률적인 일반화도 허용될 수 없다.[34]

---

32) 다음 두 책을 참고하라.
　ⓐ M. Mead, *Sex and Temperament in Three Primitive Societies*, New York: New American Library of World Literature, Inc., 1950.
　ⓑ W. Mischel, Sex-typing and socialization, In P.H. Mussen (Ed.), *Carmichael's Manual of Child Psychology* (3rd ed.), *Vol. 2*, New York: Wiley, 1970, pp. 3-72.
33) B. Bloom, *Stability and Change in Human Characteristics*, New York: Wiley, 1964.
34) 관심 있는 독자는 다음의 두 논문을 대조해 보기 바란다.
　ⓐ C. H. Stott, The Persisting effects of early family experiences upon personality development,

이제 우리는 시야를 넓혀 인간행동의 가소성과 유연성을 이해하는 다른 하나의 방법으로 계통발생(phylogenesis)과 개체발생(ontogenesis)의 문제를 생각해 보기로 하자. 현대의 생물학자들은 장기간에 걸친 종(species)의 진화가 돌연변이에 의한 유전자의 변화와 적자생존(survival of the fittest)이라는 '자연의 선택'에 의해서 결정된다는 찰스 다윈(C. Darwin)의 가설을 일반적으로 받아들이고 있다. 다윈은 그의 유명한 저서 『종의 기원』에서 외계의 환경에 가장 적합한 종만이 생존 번영하고, 적합지 않은 것은 도태되어 쇠퇴한다는 생물의 진화론을 제창하였다.[35] 이런 방식에 의해서, 북극의 곰은 흰색을 획득하고, 기린은 긴 다리를 갖게 되었으며, 낙타는 물을 보관할 수 있는 등을 갖게 되었다는 설명이 이루어진다.

언제쯤 인류가 지구상에 출현하게 되었는지는 매우 흥미 있는 주제인데, 그 생물학적 진화는 대충 세 가지 경향에 의해서 추진되었다고 한다. 첫째, 인간은 진화의 어떤 단계에서 양발로 직립하여 걷는 능력을 갖게 되었으며, 그의 양손을 자유롭게 움직일 수 있었다. 둘째, 골격과 치아의 형성에 중요한 변화가 일어났다. 셋째, 뇌의 용량이 점차 확대되면서 좀 더 복잡한 능력을 갖게 되었다. 이렇게 해서 약 5만 년 전에 오늘날의 현대인과 같은 생물학적 형태를 갖게 되었다는 것이다. 이와 같은 변화는 다시 새로운 기술, 언어, 불의 사용, 그리고 복잡한 사회적 조직과 문화를 구성할 수 있는 소지를 마련해 주었다는 데서 종으로서의 인류의 역사가 기술된다.

그러나 사회문화적 현실의 출현은 인간에게 생물학적 진화를 뛰어넘는 새로운 형태의 설명 방식을 요구하기에 이르렀다. 그것이 이른바 사회과학자들에 의해서 주창되고 있는 '사회적 혹은 문화적 진화'인 것이다.[36] 20세기의 현대인과 기원전의 인간 간에 유전학적 가능성에 큰 차이가 있으리라는 가설은 성립되지 않는다. 생물학자들은 짧은 일생을 가진 동물의 관찰에서 다윈이 일컫는 돌연변이가 매우 장

Merrill-Palmer Quarterly of Behavior and Development, 1957, *3*, 145-159.

ⓑ J. W. MacFarlane, From infancy to adulthood, *Child Education*, 1963, *39*, 83-89.

35) C. Darwin, *Origin of species*, New York: Appleton, 1859.

36) L. White, *The Evolution of Culture*, New York: McGraw-Hill, 1959.

기적인 시간을 필요로 한다는 사실을 알게 되었으며, 만약 인류가 그와 같은 돌연변이를 하려면 적어도 수만 년이 걸리리라는 유추를 한다. 이렇게 볼 때 20세기의 신생아와 기원전의 신생아는 유전학적인 관점에서 보면 그 행동가능성의 측면에서 별다른 차이가 없으리라는 결론이 나온다. 그렇다고 해서 한 세대에 의해서 획득된 적응 능력이 다음 세대에 유전에 의해서 직접적으로 전수된다는 이른바 라마르크(Larmark)식의 학설은 통용될 수도 없다. 그렇다면 기원전과 20세기의 신생아가 경험하는 개체발생적 변화의 엄청난 차이는 어떻게 설명될 수 있는가? 그에 대한 해답은 한마디로 기원전의 신생아가 20세기의 사회문화적 환경을 배경으로 한 어머니의 품에 안기게 된다는 사실에서 찾을 수밖에 없다.

현대의 신생아는 그가 가진 유전적 가능성을 실현할 수 있는 환경적 여건이 다른 시대에 태어난 신생아에 비해서 훨씬 풍부하다는 유리한 입장에 있다. 역사가 진행됨에 따라 인류는 방대한 범위의 다양한 사회와 문화를 창조하고 시험해 왔다. 시간을 짧게 쪼개고 그 한 시점에서 우리를 둘러싼 사회문화적 환경을 바라볼 때 그 다양성은 다소간 안정되어 있다는 인상을 준다. 그러나 그 상황을 장기적으로 조감하면 그 변화는 점차 가속화되어 왔음을 우리는 당장 알 수 있다. 인류 역사상 어떤 형식의 사회문화적 현실도 한곳에 정지한 적이 없다. 그 역사의 흐름과 격랑 속에서 인간성도 점차 다양화되고 급격한 변화를 하고 있다. 따라서 현대의 신생아들은 마치 거인의 어깨 위에 선 난쟁이처럼 역사적 경험을 토대로 보다 넓은 범위의 행동가능성을 가질 수 있다.

20세기의 세계는 인류 역사상 유래를 찾아보기 어려운 변화 과정을 밟고 있다. 테크놀로지의 발달은 지구인을 달에 착륙시키고, 인류를 몇 분 내로 파괴할 수 있는 힘을 창조하고, 물리 세계에 내재한 가능성의 폭을 훨씬 확장시켜 놓았다. 과학의 발전은 수 세기 전에 신비의 베일에 싸여 있던 우리 자신과 세계를 마치 X광선처럼 투명하게 노출시킨다. 산업화와 도시화는 서로 복합적인 상승작용을 하면서 전통적인 대인관계의 형식을 송두리째 교란하였다. 발전된 소통 매체는 지구의 공간성을 축소시켜 온갖 문화 내용, 관념, 사건 등을 불과 몇 시간 내로 전달할 수 있는 체제를 구성하였다. 이것이 우리에게 시사하는 바는, 세계는 다면성과 가능성의 덩어리이고 인간은 지금-여기에 있는 상태가 아닌 그 가능성에 대처해서 적응해 나가야 한다는 사실이다. 이 문제는 날이 갈수록 예리하게 제기되고 있으며, 어쩌면 문제가 아니라 도전의 성격을 띠게 될지도 모른다.

우리는 이제까지 행동가능성이 유전과 환경 간의 상호작용에 의해서 결정된다는 일반적인 가정을 검토해 왔다. 그런데 이 양대 결정인자는 우리가 상상할 수 없는 변화를 거듭하면서 인간성을 또 다른 차원으로 변모시킬 것이 예상된다. 근래에 생물학자와 유전학자들은 DNA와 RNA의 화학성을 분석하여 생명을 창조하고 그것의 유전적 구조를 변화시킬 수 있는 비결을 점차 해독해 내고 있다.[37] 이는 각종 생물의 품종개량에서 점차 증명되었으며, 궁극적으로 인간의 유전적 속성을 변화시키는 실험에까지 이르게 될 것이다. 이른바 '유전공학(genetic engineering)'이라는 학문은 이제 누구에게나 생소하지 않게 되었다. 한편으로 많은 사람은 미래의 세계가 충격적으로 변모되리라는 예고를 하고 있다.

예컨대, 앨빈 토플러(Alvin Toffler)는 『미래충격』이라는 저서에서 이렇게 말한다.[38]

"지금으로부터 불과 30년과 21세기 내에 수백만의 심리적으로 정상적인 일반인들은 미래와 갑작스럽게 충돌하는 사태에 봉착하게 될 것이다. 세계에서 가장 풍부하고 기술적으로 진보된 나라에서 사는 시민들은 우리의 시대를 특징짓는 변화에 대한 끝없는 요구와 보조를 맞추는 일이 점증적으로 고통스러운 것임을 알게 될 것이다. 그들에게는 미래가 너무도 조급하게 당도할 것이다."

토플러의 예견은 말 그대로 확정적인 것은 아니다. 그러나 그의 말이 어느 정도의 신빙성이 있는 것이라면 방금 비친 유전공학의 사실과 결부하여 우리는 예측하

37) J. Lederberg, Genetic engineering, or the amelioration of genetic defect, In P. Zimbardo & C. Maslash (Eds.), *Psychology for Our Times*, Glenview, Ill.: Holt, 1973, pp. 48-53.
38) A. Toffler, *Future Shock*, New York: Bentam Books, 1971, p. 9.

기 어려운 인간의 행동가능성을 엿볼 수 있게 된다. 이렇게 볼 때 인간성은 무엇이라고 규정할 수 없다는 말이 보다 실감나게 들린다. 그러나 우리에게는 그 가능성 가운데 어느 것을 선택할 수 있는 능력이 다소간 내재되어 있다. 문제는 우리가 어떤 행동가능성을 선택하고 실현해 나가느냐로 요약된다.

제8장 행동성향

시인 에드윈 알링턴 로빈슨(Edwin Alington Robinson)은 '리처드 코리(Richard Cory)'라는 인물을 이렇게 묘사하였다.[1]

리처드 코리 씨가 마을에 내려올 때마다
우리네들은 그를 길거리에서 보았네
그는 머리에서부터 발끝까지 신사였지
말쑥하게 단정하고 제왕처럼 날씬했지

그리고 그는 항상 점잖은 몸차림을 했다네
그리고 그는 항상 말마디마다 인간미가 있었다네
그러나 웬일인지 그는 "안녕하세요."라고 인사할 때 허둥거렸고
그가 걸을 때 화려하게 눈길을 끌었다네

---

1) F. J. Bruno, *Human Adjustment and Personal Growth*, New York: Wiley, 1977, p. 10에서 재인용됨.

그리고 그는 부자였지—암, 왕보다 유복했지

그리고 그는 탄복할 정도로 훌륭한 교육을 받았지

한마디로 우리는 그가 모든 것이라고 생각했고

우리도 그와 같이 될 수 있기를 기원했다네

우리는 볕들 날을 기다리며 땀 흘려 일했으며

그리고 고기를 못 먹으며 빵조각을 저주했다네

그리고 리처드 코리 씨는 어느 고요한 여름밤

집에 가서 총알로 그의 머리를 관통시켜 자살했다네

이런 시는 "열 길 물속은 알아도 한 길 사람 속은 모른다."라는 속담을 실감나게 한다. 사실 우리 각자에게는 외모로 쉽게 알 수 없는 내면적 과정(internal processes)이 있다. 인간의 내면성을 기술하는 데 가장 오랜 역사를 가지고 있고, 또 직접적인 방법은 겉으로 나타난 행동을 보고 그것에 제멋대로 추상적인 명칭을 부여하는 것이었다. 우리의 사전은 인간의 속성을 기술하는 무수한 형용사를 포함하고 있다. 불행히도 이 용어들은 일상생활에서 지나치게 남용된 경력이 있다. 예컨대, 일반 사람들은 리처드 코리를 그가 자살하기 이전에는 '비공격적'이라거나 '행복한' 상태에 있었다고 규정하고, 그가 자살한 후에는 '공격적'이고 '불행한' 상태에 있었다고 규정하게 된다. 왜 그렇게 다른 상태에 있는 것으로 알게 되었느냐고 물으면 대개의 경우 그들은 자살 사건의 예를 들 것이다. 다시 말하면, 그들은 한 개인의 내면 상태를 독립적으로 가정하고 확인한 것이 아니라 어떤 표현행동을 보고 그것에 그럴 듯한 명칭을 부여하는 편법을 쓴다. 이와 같은 방식에 따르면, 가령 어떤 사람이 손가락을 가지고 코를 후비면 그의 내부에 손가락으로 코를 후비는 의지가 있다고까지 비약할 수 있다.

이 편법은 비단 표현행동을 요약해서 기술하는 데 그치지 않고 그 표현행동을 설명하는 데까지 확장하여 오용되기도 한다. 이것은 언어가 갖는 신비스러운 마력에서 비롯한다. 가령, "리처드 코리 씨가 왜 자살하게 되었느냐?"는 질문을 던지면 대부분의 사람은 "그가 공격적이며 불행한 상태에 있었기 때문이었다."라는 해명을 한다. 이 해명은 얼른 듣기에 매우 자명한 듯하지만 그 해명의 맹점은 "어떻게 해서 그가 공격적이며 불행한 상태에 있음을 알게 되었느냐?"라는 질문을 던질 때 분명히 드러난다. 왜냐하면, 그 사실은 리처드 코리 씨가 자살한 사건에서 유추되었기 때문이다. 즉, 이와 같은 방식은 매우 편리한 설명 체제를 제공하는 듯하지만 잠시 더 생각해 보면 그것은 설명이 아니라 단순한 순환론에 불과하다. 순환론은 매사를 설명해 주는 듯한 명료성을 가지고 있지만 사실은 아무것도 설명해 주지 못하는 맹점을 지니고 있다. 손가락으로 코를 후비는 의지가 있기 때문에 어떤 특정인이 코를 손가락으로 후빈다는 해명이 이 점을 잘 지적해 준다.

이와 같은 이유 때문에 과학주의를 표방했던 이른바 행동주의(behaviorism)는 우리의 내면에서 일어나고 있는 과정을 상정하는 어떤 유형의 이론도 별 성과를 가져오지 못하리라는 극단적인 입장에 서게 되었다. 좀 더 공식적으로 말하면, 그들은 우리가 우리 자신의 내부에 아무것도 작용하지 않는다고 생각하는 것이 오히려 우리 자신에 대한 보다 타당한 지식을 구성하는 데 공헌하리라고 보았다. 대신 그들은 우리가 외현적으로 보고 듣는 행동과 우리 주변의 환경 간의 함수관계를 구명하는 데 주력하였다.

1910년대에 행동주의를 스스로 대변했던 왓슨(J. B. Watson, 1878~1958)은 이를테면 다음과 같은 폭탄적인 말을 하여 일반인은 물론 당시의 심리학자들을 놀라게 하였다.[2]

"사고에 대한 행동주의자들의 이론을 이해하려고 하기 전에 독사는 내관적 심리학 교재의 어느 것이든 간에 꺼내서 사고에 대한 부분을 읽어 보라. 이 중요한 기능에 대해서 철학자들이 우리에게 제시하는 문제의 약간을 소화하려고 노력하라. 나는 그것을 이해하려고 애썼다. 그러나 나는 그것을 포기할 수밖에 없었다. 나는 독

2) J. B. Watson, What is thinking, In M.S. Gazzaniga, & E.P. Lovjoy (Eds.), *Good Readings in Psychology*, New Jersey: Prentice-Hall, 1971, p.176.

자도 역시 그것을 포기하리라고 믿는다. ……행동주의자들은 심리학자들이 지금까지 사고라고 일컬어 왔던 것이 단적으로 그들 자신에게 말하는 것 이상의 것이 아니라는 견해를 가지고 있다."

이 글에서 우리는 이른바 내관주의에 의존해서 사고에 대한 설명을 하려고 했던 당시의 철학이나 심리학에 대한 행동주의자들의 도전을 읽을 수 있다. 인간의 내면적 과정에 대한 순환론적인 설명이 흔했던 당시의 상황을 고려할 때, 이 글의 내용은 비록 수긍되지 않더라도 그 주장의 취지는 이해할 만하다. 그러나 지금쯤 그가 사고에 관한 연구 결과를 본다면 인간의 내적 과정이 이른바 내관 방법이 아닌 방법에 의해서 타당하게 구명될 수 있다는 확신을 갖게 될지도 모른다. 그럼에도 스키너 같은 심리학자는 지금까지도 인간의 내면 과정에 대한 어떤 유의 가설적 설명 체제에도 고집스럽게 부정적인 태도를 견지하고 있다.

스키너는 『행동주의에 관해서』라는 그의 저서에서 이렇게 말한다.[3]

"전통적인 정신주의적 견해(the traditional mentalistic view)로 보면…… 한 개인은 허다한 내적 특성이나 상태를 갖기 때문에 그가 행동하는 바와 같은 행동을 하는 인류의 한 구성원인 것이다. 그 내적 속성 가운데는 지각, 습관, 지능, 의견, 꿈, 성격, 기분, 결정, 환상, 기술, 표상, 사고, 덕성, 의도, 능력, 본능, 백일몽, 유인가, 의지, 환희, 격정, 지각적 방어, 신념, 콤플렉스, 기대, 욕구, 선택, 충동, 관념, 책임, 의기, 기억, 필요, 지혜, 욕구, 죽음의 본능, 의무감, 승화, 일시적 감정, 역량, 영상, 지식, 흥미, 정보, 초자아, 명제, 경험, 태도, 갈등, 의미, 반동 형성, 삶의 의지, 의식, 불안, 우울증, 공포, 이성, 리비도, 정신력, 잔상, 금기 및 정신병 등이 포함된다. …… 이 정신주의를 추구하는 사람들이 '우리는 2000년에 걸친 반성적 사고에 의해서 이 문제에 대해서 별로 많이 배우지 않았다.'고 고백할 때, 우리는 왜 그 반성적 사고가 좀 더 일찍 의심받지 않는지를 물을 수 있다. 행동수정(behavior modification)은

3) B. F. Skinner, *About Behaviorism*, New York: Alfred A. Knoph, 1974, pp. 207-209.

아직 유아기에 있지만 성공적인 결과를 얻고 있는 반면 정신주의적 접근은 계속 실패하고 있다."

스키너가 이 글에서 일컫는 정신주의적 접근이란 인간의 내적 과정을 상정하고 그것에 가설연역적인 설명을 가하려는 노력을 뜻한다. 그에 의하면 그 방법은 실패하고 있고 지금까지 자기가 추구해 온 접근방법, 즉 외부적으로 관찰할 수 있는 자극과 반응 간의 함수관계를 추구해 나가는 방법은 성공하고 있다고 한다. 이 설명이야말로 그가 주창하는 인간에 대한 과학적 인식의 취지에 어긋나는 전형적인 독단이다. 사실 정신적 접근에 어려움이 없는 것은 아니다. 대부분의 정신적 개념이 애매모호하고 앞서 밝힌 바와 같이 그것에 의해서 우리에 대한 모든 것을 설명하려는 안이한 태도가 없었던 것은 아니다. 그렇다고 해서 정신적 개념이 불필요하다고 생각하는 것은 마치 불에 덴 어린이가 어떤 유의 난방 장치도 회피하려는 것과 유사한 듯하다.

행동주의는 그것 자체가 통일된 접근방법을 택하는 학파는 아니다. 외부적 속성과 외현적 반응 간의 함수관계에 주로 관심을 갖는 많은 행동주의 학자들도 오늘날은 유기체의 개인차와 내면적 과정을 그들의 이론에 도입하고 있다.[4] 왓슨이나 스키너처럼 피부 내에서 일어나는 어떤 과정도 고려하지 않는 '극단적 행동주의자(radical behaviorists)'의 문제점은 매우 단순한 실험 상황에서도 당장 드러난다. 종이 다른 유기체(예컨대, 고양이, 비둘기, 침팬지, 인간)는 같은 자극에 대해서 일률적인 반응을 하지 않는다. 또한 같은 인간이라고 하더라도 그들이 가진 과거의 경험 및 내적 상태에 따라 실험자가 제시한 동일한 처치에 대해서 각각 다른 반응을 보이게 된다. 따라서 설사 유기체의 외현적 반응만을 연구하려는 목적만을 가지고

---

4) 다음을 참고하라.
  ⓐ C. L. Hull, *Essentials of Behavior*, New Haven: Yale University Press, 1951.
  ⓑ L. E. Homme, Control of coverants: The operants of the mind, *Psychological Record*, 1965, 15, 501-511. 이 논문에서 coverant는 'covert operant' 라는 두 단어를 합쳐 만든 조어로서 사고, 상상, 이완, 백일몽 등과 같이 우리의 피부 내에서 일어나는 과정을 지칭하는 것이다.

있는 학자라고 하더라도 그것을 전적으로 외부적 자극에 의해서 설명하는 데는 무리가 있게 된다.

리처드 코리의 자살행동을 결정한 요인을 전적으로 그의 내면 상태에 의해서 설명하는 것도 무리지만 또한 전적으로 외부적 환경에 의해서 설명하려는 것도 무리다. 그의 자살을 설명하는 가장 확실성 있는 접근은 그것이 그의 내면적 속성과 외부적 환경 간의 상호작용의 결과라고 보는 것이다. 이 점에서 크론바흐(L. J. Cronbach)가 제시한 [그림 8-1]과 같은 모형이 우리가 우리 자신에 대한 일단의 지식체제를 구성해 나가는 일반적인 청사진이 될 수도 있다.[5] 이 모형은 우리가 '상황 속의 유기체 행동(the behavior of organism-in-situation)'을 예언하려면 환경적 상황과 유기체가 가진 내면적 상태를 동시에 추리해야 함을 시사하고 있다. 유기체가 가진 현존 상태는 과거의 상황적 조건과 관련을 가지며, 그에 대한 정보는 측정에 의해서 얻을 수 있다. 그 현존한 유기체의 체제는 현존한 상황과 상호작용하

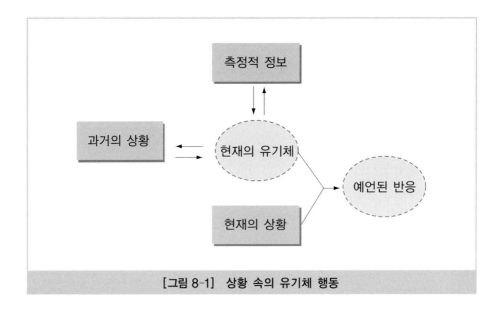

[그림 8-1] 상황 속의 유기체 행동

5) L. J. Cronbach, The two disciplines of scientific psychology, *American Psychologist*, 1957, *12*, 671-684.

면서 유기체의 반응을 결정할 것이다.

여기서 우리의 관심은 개인의 현존 상태를 어떻게 분할하여 개념화하고 그것의 타당성을 증명할 수 있느냐에 있다. 실존은 겉으로만 보고 쉽게 규정해 버릴 수 없는 매우 복잡한 내적 과정을 가진 실체이기 때문에 우리는 다소 어려운 점이 있다고 하더라도 우리가 주관적으로 느끼거나 느끼지 않는 그 내밀한 과정을 다양한 방법에 의해서 이해하는 노력을 게을리하지 말아야 할 것이다. 나는 다음 장에서 '표현행동'이라는 제목하에 우리가 겉으로 드러내는 반응에 대해서 자세하게 언급하려고 하지만, 표정이나 언어나 제스처나 거동에 의해서 보이는 외현적 반응은 대부분 사회문화적 통례에 의해서 유형화된 것이며, 그것만으로 실존의 진면목을 파악하려고 하는 것은 커다란 오산에 불과하다. 외모로 보아서는 리처드 코리 씨는 행복하고 평화로운 상태에 있는 듯하였지만, 추측하건대 그는 우리가 알 수 없는 '냉가슴'을 앓고 있었던 것 같다. 마찬가지로 유명한 야바위꾼은 얼굴에 그의 감정 상태를 솔직하게 나타내지 않는다. 얼굴 표정은 다소간 임의적으로 통제할 수 있기 때문에 그는 슬플 때 기쁜 듯한 표정을 짓고, 기쁠 때 슬픈 표정을 지을 수 있다. 그러나 그의 내면에 작용하는 '자율적인 신체적 변화(autonomic physical changes)'는 임의로 통제할 수 없기 때문에 우리는 이른바 '거짓말 탐지기(lie detector)'를 이용하여 그의 진심을 파악할 수도 있다.

과학자들은 오래전부터 사물 현상을 설명하는 데 성향(disposition)이라는 개념을 도입하였다. 성향이란 과학자의 상상에 의해서 창안된 것이지만 어떤 조건하에서 그것의 실존을 간접적으로 추리해 볼 수 있는 개념을 뜻한다. 유리병이 솜덩이에 쌓여 보관되어 있지만 우리는 그것이 깨지는 속성을 가졌다고 한다. 잘 마른 소나무는 지금 타고 있지 않지만 그것이 지금 가연성을 가지고 있다고 말하기도 한다. 이 성향은 그것을 가진 사물의 외모로써는 쉽게 판독하기가 어렵다. 그러나 우리는 그런 내적 과정이 그 사물 내에 실존한다고 가정함으로써 그 사물을 보다 심층적이고 풍부하게 이해할 수 있다. 대개 물리학에서 물체는 원자와 아원자로 구성되어 있으며, 이는 계속 움직이는 상태에 있다고 한다. 이 원자 구조는 직접 육안으로 관찰할 수 없지만 그런 것이 모든 물질의 기초적인 구성체로서 잠복되어 작용하고 있다고 간주되며 그 추리는 물체를 이해하는 데 실제적인 가치를 갖는 것으로 판명되어 왔다. 마찬가지로 우리는 우리 자신의 배후에 내밀하게 작용하리라고 가정되는 속성들을 개념화함으로써 우리 자신을 깊은 차원에서 설명하고 예언하고 통제할 수 있는 입장에 설 수도 있다.

물론 이 성향의 개념을 도입할 때 우리는 앞서 지적한 순환론적 해명을 합리화하자는 것은 아니다. 그것이 실존에 대한 경험적 지식의 축적에 이용되려면 우리는 그것을 독립적으로 측정하고 그것이 다른 것에 의해서 결정되고, 또 그것이 다른 것을 결정하는 일련의 과정을 타당하게 검증하여야 하는 난제를 해결해 나가야 한다. 이 문제를 해결하는 방법의 하나가 이른바 조작적 정의(operational definition)이다. 쉽게 풀이하면 조작적 정의는 그 정의하는 성향이 나타나는 조건을 정의의 일부로 포함시키는 방법이다. 이는 대개 '만약 ～하면, ～한다.'라는 문장 형식을 취한다. 이 문장에서 조건절(만약 ～하면)은 성향을 관찰하기 위해서 수행되어야 할 조작 과정 혹은 자극 상태를 진술하고, 종속절(～한다)은 그 특정한 조건이 부과된 뒤에 관찰될 수 있는 반응을 진술한다. 즉, "x가 C라는 성향을 가졌다."라는 말은 "만약 x가 S라는 조건에 처하면, 그것은 R이라는 반응을 할 것이다."라는 말과 같다고 본다. 여기서 S와 R은 각각 조작되거나 관찰될 수 있기 때문에 C라는 성향은 이 방법에 의해서 경험적인 의미를 가질 수 있다. 예를 들어 보자. 유리병에 깨지는 속성이 있다고 했는데 그것이 솜덩이에 쌓여 있을 때는 그 속성의 소재를 우리는 쉽게 확인할 수 없다. 그러나 그것을 시멘트 바닥에 떨어뜨려 보는 조작을 가하면 우리는 정말 그것이 깨지는 속성을 가지고 있는지 아닌지를 확인할 수 있다. 마찬가지로 어떤 사물에 가연성이 있는지 없는지를 확인하려면, 이를테면 성냥불을 그것에 대어 보면 된다. 이처럼 우리가 도입하는 성향의 개념에 경험적인 의미를 부여할 수 있게 되면 그것이 다른 것과 어떤 관계를 갖느냐의 문제는 부차적으로 해결될 수 있다.

이렇게 볼 때 인간에 대한 과학적 탐구에서 내적 과정의 개념을 제외시킨, 이른바 극단적 행동주의는 방법론적 무지에서 비롯된 것이라고 말할 수 있다. 우리는 이제부터 우리의 내면에 다양한 행동성향이 있다고 가정하기로 하자. 나는 지금 노래를 부르고, 수영을 하고, 삼각함수를 풀고 있지는 않지만 그럴 수 있는 행동성향이 있다고 가정한다. 나는 아직 살인을 해 본 적이 없지만 필요하다면 그것을 할 수 있는 능력과 기법이 있다고 본다. 나는 또한 내가 지금 의식하지 못하는 무수한 물리적, 생화학적, 심리적 과정이 나의 내부에 동시에 작용하리라는 추측도 해 본다. 심리학자는 나의 내부에 작용하는 모순 구조를 해명할 수 있을 것이며, 생물학자는, 이를테면 호흡기계통, 순환기계통, 소화기계통 등이 어떻게 나의 내부에서 작용하고 있는지를 검진해 줄 수 있을 것이다. 심리학자들은 나의 동기, 감정 상태, 지식, 능력 따위를 진단하고 예측할 수 있는 다양한 개념체제와 기법을 발전시켜 왔다고 나는 생각한다. 나의 행동성향의 어떤 것은 일시적인 시효를 가지고 작용할 수도 있고 다른 것은 지속적인 것일 수도 있다. 우리말은 흔히 '기분'과 '특성'을 구분하여 사용한다. 가령, "술 한 잔 마셨더니 기분이 좋다."와 "나는 행복한 사람이다."라는 표현이 있는데, 전자는 불과 몇 시간의 시효를 가진 나에 내재된 성향이고, 후자는 몇 달 동안 그 성향이 지속되리라는 가정이 포함되어 있다. 그러나 어떤 특정한 개인이 지니고 있는 성향은 늘 유동적으로 변한다. 다시 말하면 한 개인에 대한 성향에 대한 추리는 시효를 따져 이루어질 필요가 있다.

나는 여기서 행동성향의 개념을 부각시켜 보고자 한다. 행동성향이란 한 개인이 지금—여기에서 가지고 있을 것으로 가정되는 성향의 총체를 의미한다. 이는 앞 장에서 밝힌 바와 같이 한 개인이 과거에서 현재에 이르기까지 어떤 고유한 경험 계열을 밟아 형성된 것으로 가정될 수 있다. 개인은 고유한 유전인자를 부모로부터 부여받고 그것이 그 후 특이한 환경과 상호작용하면서 현재의 행동성향을 갖게 되었다고 말할 수 있다. 두 쌍생아도 똑같은 행동성향을 가질 수 없다. 또한 한 개인도 장기간에 걸쳐 똑같은 행동성향을 지속적으로 유지하리라는 가정도 할 수 없다. 왜냐하면, 두 개인이 혹은 한 개인이 출생 후 똑같은 환경에 있을 수 없기 때문이다. 아마 전지전능의 인식 능력을 가진 사람이라면 행동성향이 형성된 요인과 그들의 복합적인 상호작용의 역사를 설명할 수 있을 것이다. 그러나 우리는 아직 행동성향을 결정한 요인을 매거할 수 없기 때문에 어떤 간단한 공식에 의해서 그것의 원인을 완벽하게 추적할 수 있다는 어떤 유의 주장도 의심스럽게 받아들여야 할 것 같다.

행동성향은 그것이 형성된 과정과는 별도로 파악될 수 있으며, 그것이 어떤 경위에 의해서 형성되었든 간에 그것이 현존하고 있다는 사실에서 우리는 그것을 이해하고 그것의 의미를 추궁해 나갈 필요가 있다. 어떤 심리학자들(예컨대, 전통적인 프로이트학파)은 심리적인 문제를 가진 사람들을 대할 때 그 사람의 과거사를 특히 과장하는 경향이 있다. 이때 그것이 행동성향을 이해하려는 노력이라면 그 노력 자체를 나무랄 수는 없다. 그러나 과거의 어떤 사건이 현재나 미래에까지 작용하리라는 가정에서 그와 같은 노력을 한다면, 혹은 한 개인이 현재와 미래에 어떤 행동을 할 것인가를 예측하려고 그와 같은 노력을 한다면, 그 노력은 효율적인 것은 못 된다. 왜냐하면, 한 개인이 장차 어떤 방식의 실존양식을 가질 것이냐는 그의 행동성향과 현재 그에게 작용하는 직접적인 환경에 의해서 좌우되기 때문이다. [그림 8-1]의 모형은 이 점을 잘 시사하고 있다.

가끔 우리는 우리들 자신과 타인을 피동체로 보는 경향이 있다. 이는 현존한 개인이 어떤 과정에 의해서 형성되었느냐에만 관심을 둠으로써 비롯되는 편견에 불과하다. 이렇게 보면 사실상 각 개인은 유전이나 환경이 상호작용에 의해서 좌우로 표류하고 부침하는 보잘것없는 난파선이라는 인상을 갖기 쉽다. 그러나 한 개인은 어떤 경로를 통해서든 간에 어떤 행동성향을 가지고 있는 실존이며, 그 행동성향은 그의 미래를 결정하는 그 나름의 독립된 변인으로써 무시할 수 없는 영향력을 스스로 발휘하게 된다는 점을 간과해서는 안 된다. 다시 말하면 개인은 그가 가진 행동성향에 의해서 과거와 결별하고 미래에 대처해 나간다고 볼 수 있다. 모든 성향이 그러하지만 이해를 돕기 위해서 독립성과 자율성을 예로 들어 보자. 이 성향은 분명히 과거지사에 의해서 결정된 것으로 가정된다. 그러나 일단 그들이 형성된 이후에는 그 나름의 성향에 의해서 개인이 그가 봉착하는 상황을 스스로 판단하고 수정하고 재해석하고 변화시키는 요인으로 작용하게 된다.

개인의 행동성향은 다양한 사태에서 독립 변인으로 작용한다. 이 단순한 사실을 지적하기 위해서 일찍이 고든 올포트(Gordon W. Allport)는 '기능적 자율성(functional autonomy)'이란 말을 주조한 바 있다.[6] 당시 이른바 기능주의자들은 개인의 특성을 어떤 원천적인 수단에 부수되는 적응의 개념으로만 파악하려고 하였다. 그러나 올포트는 개인의 행동 특성이나 활동이 원래 어떤 목적에 대한 수단의 기능을 하기 위해서 형성되었다고 하더라도 차후에는 그들 자체가 한 개인이 추구하는 그 나름의 목표가 될 수 있음을 이 개념에 의해서 주장하였다. 그 자신의 말을 빌리면, "기능적 자율성은 성인의 동기들이 어떤 선행하는 체제로부터 형성되었지만 기능적으로 그들과 독립해서 다의성을 가지고 자족하는 현존의 체제로 간주될 수 있다."[7] 가령, 사냥은 원래 기아 충동을 줄이려는 필요성에 의해서 형성하게 되었지만, 개인은 기아 충동이 만족된 이후에도 그것을 지속하고 반복하려는 독립된 성향을 갖게 된다. 이 외에도 많은 성향이 어떤 기능적인 수단 활동에 의해서 형성될 수 있다. 어떤 음악가는 그의 열등의식을 극복하기 위해서 매우 높은 수준의 연주 능력을 발전시킬 수 있고, 어떤 사람은 불안감을 극복하기 위해서 알코올중독증을 가지게 될 수 있고, 어떤 사람은 사회적인 지위를 향상하기 위해서 필요한 지식과 기술을 습득할 수도 있다. 그러나 이처럼 다양한 이유에서 형성된 행동성향은 애초에 그것이 형성된 연유와는 독립해서 한 개인 내에 지속되며 작용하게 된다는 것이 올포트의 논지다.

내가 보기에는 획득된 어떤 성향이든 간에 그리고 그 성향이 어떤 경위로 결정되었든 간에 그것은 그 나름의 속성을 가지고 현존하고 있으며, 그 나름의 속성에 의해서 다른 것을 결정하는 요인으로 간주되는 것이 타당할 듯하다. 가령, 내가 지금 가지고 있는 불안감은 프로이트가 주장하듯이 과거 어떤 시점의 충격적인 경험(traumatic experience)에서 비롯될 수도 있고, 파블로프가 일컫는 조건반사에서 비롯될 수도 있지만, 그것은 불안감으로서 현존하는 나를 형성하고 있고, 나의 내면에 작용하고 있으며, 나의 생활 양태를 결정하고 있다. 현재를 살고 있고 미래를 지향하는 나로서는 그 과거지사와는 상관없이 그것을 어떻게 처리하느냐에 관심을 갖게 된다. 나는 이 불안감을 프로이트나 파블로프의 설명 체제 속에 없는 인과율

---

6) G. W. Allport, *Patterns and Growth in Personality*, New York: Holt, 1961.
7) *Ilid.*, p.227.

을 적용하여 극복하고 전혀 다른 성향을 가진 실존으로서 미래 상황에 대처해 나
갈 방도를 구상할 수도 있다. 그러나 나는 그 불안감이 무엇에 의해서 결정되느냐
를 따짐과 동시에 그것이 하나의 독립된 변인으로서 나의 내부에 작용하고 나의
생활을 지배할 수 있다는 점을 시인해야만 한다.

　행동성향은 그 나름의 기능적 자율성을 가지고 개인 내에 잠재되어 있으리라고
가정된다. 모든 개념이 그러하듯이 이것도 실존의 어떤 측면을 이해하고 설명하는
하나의 방편에 불과한 이상, 그것의 유용성은 계속 검토되고 증명되어야 할 성질
의 것이다. 만약 이 개념화가 우리 자신을 심층적으로 폭넓게 이해하는 데 도움을
주지 않는다면 그것은 한낱 구차스러운 허구에 불과하다. 이제까지 많은 과학자들
이 개인의 내면적 과정을 이 개념에 의해서 임의로 구획하고, 그 구획된 개념이 포
착할 수 있는 범위 내에서 개인에 대한 다양한 개념체제를 구성하는 데 가담하여
왔다. 앞서 나는 신체와 정신이 발과 신발처럼 분리된 것이 아니라 한 개인의 다른
측면을 이해하기 위해서 우리가 마음속에 구성한 범주화에 불과하다는 점을 강조
하였다. 마찬가지로 우리는 다면적 차원에서 우리의 내면 과정을 탐색하는 노력을
계속해야 할 것이다.

　근래에 측정심리학(psychological measurement)은 인간의 심리 과정을 객관적으
로 측정할 수 있는 방법을 고안하고 발전시켜 왔다. 그들의 전략은 물리적 측정과
유사하다. 우리는 보통 센티미터나 인치를 단위로 신장을 측정하고 그램이나 파
운드를 단위로 체중을 측정한다. 측정심리학자들은 정신적 과정의 차이를 이와
유사한 방식으로 측정할 수 있다고 본 것이다. 애초에는 일반 지능의 측정에서 출
발하여 그들은 무수하게 다양한 특성ー예컨대, 적성, 동기, 흥미, 태도, 가치관
등ー을 측정하는 양적 측정도구를 구안하는 데 몰두하였다. 이는 앞서 지적한 일
상적 인식의 순환론적 해명이나 극단적 행동주의자들의 피상적인 경험주의적 입
장과는 다른 관점에서 우리들 자신에 대한 타당한 지식을 형성하는 데 다소나마
공헌하였다.

　측정심리학자들이 내밀한 행동성향을 총체적으로 완벽하게 추리해 내는 지식이
나 기법을 현 단계에서 가진 것이 아니다. 아직도 산적한 문제들이 남아 있다.[8] 그

러나 그들은 최소한 성향을 경험적으로 구명할 수 있는 기반을 구축하여 온 것은 사실이다. 이들의 주된 과제는 한마디로 심리적 상태에 조작적인 정의를 가하는 것이었다. 몇 가지 예를 들어 보자. 우리가 어떤 개인의 감정 상태, 지식, 동기를 알아보고자 할 때 가장 일차적인 방법은 그 개인에게 직접 물어보는 것이다. 이 방법은 개인이 그의 내면 상태를 정확하게 내성해서 그것을 솔직히 언어로 표현할 수 있다는 특이한 자질을 전제로 성립된다. 그러나 우리는 그의 말을 액면 그대로 믿을 수 없는 경우에 봉착한다. 그는 자기 자신의 내면을 항상 정확하게 인식하지 못할 수도 있고 어떤 것은 왜곡하거나 의도적으로 숨기거나 혹은 그것을 표현하는 데 부적절하고 애매모호한 언어를 구사할 가능성도 있다.

따라서 측정심리학자들은 그 언어에 의한 보고를 축어적으로 해석하기가 어려울 때 다른 방증을 얻고자 한다. 이를테면 그들은 다양한 측정 사태에서 개인이 보이는 다양한 외현적 징후를 관찰하고 그의 성향성을 추리한다. 예컨대, 어떤 사람이 기아 상태에 있다면 그는 음식을 구하는 여러 가지 도구적인 징후를 보일 것이다. 만약 그가 어떤 대상에 대한 공포심을 가지고 있다면 그것을 가능한 한 기피하거나 회피하려고 할 것이다. 무의식적으로 나타내는 여러 가지 비언어적 동작도 성향을 추리하는 하나의 단서가 된다. 예컨대, 어떤 사람은 성난 상태에 있음을 완강히 부인하면서도 책상을 치거나 이를 갈고 있을 수도 있다. 이는 그의 언어 보고를 축어적으로 받아들이지 말아야 할 하나의 방증이다. 이 외에도 인간의 심리 상태는 우리가 관찰할 수 있는 여러 가지 신체적 변화와 동시에 일어나는 것들이 있다. 이를테면 어떤 대상에 대해서 고조된 공포심을 가지고 있는 사람은 그 자극 상태에서 손을 떤다거나 얼굴이 창백해진다거나 혈압이 오른다거나 맥박의 빈도가 높아지는 등의 증상을 보인다. 물론 이 외현적 징후군의 어떤 것은 공포심보다는 다른 이유, 예컨대 방 안의 온도, 호흡기 계통의 질환 등에서 비롯될 수도 있다. 그럼에도 이들 공포심과 관련된 징후군을 종합적으로 고려함으로써 그의 진면목을 이해하려는 우리의 입장이 보다 타당성을 갖게 된다.

● ● ● ●　· ·

8) W. Mischel, *Personality and Assessment*, New York: Wiley, 1968.

인간의 성향을 측정하는 데 과학적 타당성의 문제를 제기하고 엄격한 규칙에 의해서 그 기법을 발전시켜 온 측정심리학자들의 노고는 쉽게 저평가되어서는 안 될 듯하다.[9] 이들은 그들이 얻은 측정치의 일관성에 유의하면서 이전에 애매하게 쓰였던 특성의 지칭물을 객관화하는 데 어느 정도 성공했다고 볼 수 있다. 또한 그들은 그들이 측정하고자 의도했던 특성을 사실상 측정하고 있는지를 검증하는 다양한 기법을 개발하였다. 이를테면 특정한 측정치가 그 특성과 관련이 있으리라고 추측되는 기준과 일치하는 정도, 그것이 측정자가 애초에 상정했던 어떤 이론체제 (nomological network)에 부합하는 정도, 혹은 한 특성을 재는 다양한 측정척도 간의 수렴하는 정도 등을 검토하여 이른바 각종 척도의 타당도가 검증되어 왔다. 또한 요인 분석(factor analysis)이라는 통계적 기법은 수많은 특성 개념 간의 경험적 관계를 검토하여 몇 가지 근본적인 요인으로 축소시키는 작업을 수월하게 하였다. 이와 같은 노력은 가끔 양화(quantification)라는 문제를 제기하여 저평가되는 경향이 있는데 여기에는 약간의 오해가 있는 듯하다. 우선 그들은 인간이 갖는 성향의 질 (quality)을 양화시키려고 했던 점을 우리는 이해해야 한다. 그리고 그 양화는 양화될 수 있는 범위 내에서 양화된 것이지 양화가 전혀 불가능한 특성을 양화하려 한 것은 아니다. 무리한 양화는 앞서 든 타당도 검증에 의해서 제외된다. 더러는 '고차원의 인간성'은 양화될 수 없고 저차원의 것만 양화된다는 비판도 있다. 그러나 오늘날 측정심리학자들은 이를테면 지능과 창의력을 측정하는 척도를 개발하게 되었는데, 이들을 저차원의 인간성이라고 보기는 어렵고 또한 그들이 이제 양화될 수 있다고 하여 고차원의 인간성의 위치를 상실했다고도 볼 수 없다.

이제까지 측정심리학자들에 의해서 구안된 심리검사는 대체로 능력(abilities), 지향성(directions), 그리고 심리 양식(styles)의 차원으로 분류될 수 있다.[10] 능력 검사는 지능, 지식, 기술 등을 측정하는데, 이들은 낮은 점수보다는 높은 점수가 항상 우수한 것으로 평가되기 때문에 피험자는 검사 상태에서 그가 할 수 있는 한 최

9) L. J. Cronbach, *Essentials of Psychological Testing*, New York: Harper, 1970.

10) L. E. Tyler, *Individual Differences: Abilities and Motivational Directions*, New Jersey: Prentice-Hall, 1974.

선을 다하도록 권장된다. 지향성 검사는 개인이 어떤 대상 및 관념과 관련하여 접근하고 회피하거나 혹은 어느 쪽으로 방향 지어지느냐를 측정하기 때문에 능력 검사의 경우와는 달리 점수의 고하가 절대적으로 평가될 수는 없다. 흥미 검사, 성격 검사, 가치관 검사, 태도 검사 등이 이 범주에 든다. 이 두 부류의 어느 것에도 소속시키기 어려운 개인차의 측면이 심리 양식이라는 범주에서 측정된다. 요즘 관심의 대상이 되고 있는 이른바 인지양식(cognitive style) 혹은 학습양식(learning style)은 그 전형적인 예다. 여러 사람이 똑같은 문제 사태에 봉착했다고 하더라도 그들은 그 문제를 상이한 방식으로 접근한다. 어떤 사람은 문제해결을 시도하기 전에 문제 영역의 주변으로부터 심사숙고하는가 하면, 다른 사람은 시행착오로 이것저것 해 보는 가운데 맞는 해결방식을 택한다. 어떤 사람은 특징 있게 다른 사람보다 모험적인 것을 택한다. 또한 어떤 사람은 적극적인 접근을 꾀하고 다른 사람은 소극적인 접근을 꾀한다.

이들 심리검사는 인간이 같은 종에 속하지만 각각 서로 같게 취급되기 어려운 천차만별의 개인차(individual differences)를 가지고 있음을 우리로 하여금 시인하고 이해하고 고려하도록 도와 왔다. 우리는 가끔 모든 인간이 공통된 속성을 지니고 있으리라는 가정하에 그들을 일률적으로 취급하는 경향이 있다. 문화와 사회는 그것의 안정성을 유지하기 위해서 개인으로 하여금 어떤 공통된 규준에 일치하도록 압력을 가한다. 그러나 측정심리학자들은 개인마다 각각 다른 행동성향을 가지고 있으며, 그 개인차는 사회적 진보와 개인의 행복을 위해서 그 나름으로 인정되어야 함을 우리에게 각성시키는 계기를 마련해 주고 있다. 그들은 인간을 일률적으로 추상화시켜 논급하려는 일부 철학자들의 개념을 수정하였고, 문화 내용을 학습시키는 교육실천장에서 개인차 문제를 고려하도록 요구하였으며, 개인들의 상호 관계를 정책적으로 규정하는 입법가나 행정가의 관념에 변화를 주기 시작했다. 무엇보다도 각 개인에게 그들이 남다른 실체라는 것을 증빙하는 실증적 자료를 제공하게 되었지만 아직도 개인이 가진 고유성은 사실만큼 충분히 우리에게 인식되고 있는 것 같지는 않다.

개성에 경험적 의미를 줄 수 있는 무수한 검사를 제작하고 우리 자신의 내면적 과정을 분할해 온 측정심리학의 공헌은 그러나 그 나름의 한계 내에서 이해되어야 한다. 이 접근방법의 한계는 적어도 세 가지로 요약할 수 있다.

첫째, 이 분야는 주로 인간의 성향 가운데 특히 개인차가 부각되는 것만에 흥미를 가져 왔다. 검사 제작의 목적은 바로 개인차를 측정하려는 데 있었다. 그래서 모든 인간에게 공통된 속성은 그들의 관심에서 제외된다. 왜냐하면 그것은 그들의 용어를 빌리면 변인(variable)이 될 수 없기 때문이다. 그러나 변인이 아닌 항인(constant)인, 이를테면 공기 호흡은 개인생활에 불가결하게 작용하는 중요한 특성임을 우리는 간과해서는 안 된다.

둘째, 측정심리학자들은 이들이 측정하는 특성이 일시적인 상태가 아니라 상당히 안정성을 갖는 것으로 보는 경향을 갖게 되었다. 그들은 얻어진 측정치가 매일 혹은 매주 동요하면 그것은 특성 자체의 변화라기보다는 검사가 부적절했기 때문인 것으로 간주한다. 이는 그들의 검사가 상당히 안정성 있게 다른 변인을 예언해 줄 수 있기를 바라는 그들의 소망에서 비롯된다. 예를 들면, 불안감은 시시각각으로 변하는 피험자의 기분과 그가 불안을 느끼는 상황의 성질에 따라 크게 좌우되기 때문에 측정치의 일관성이 결여될 수 있는데, 그로 인해서 그 측정치는 다른 변인을 예언하는 능력이 없는 방식으로 나타난다. 따라서 그들은 시간과 상황의 변화에 따라 쉽게 동요하는 중요한 행동성향을 무시하는 경향을 보인다.

셋째, 측정이론이나 그와 깊은 관련을 맺고 있는 이른바 특성이론(trait theory)은 행동성향의 여러 가지 측면에 대한 개별적인 정보를 제공하고 있지만 그들 간에 작용할 수 있는 역동성(dynamics)과 구조에 대한 체계적인 설명을 해 주지 못하는 결점이 있다. 심한 경우에 그들은 개인에 대한 한두 가지의 측정치를 얻고 그의 전체적인 인간성을 유형화하는 오류를 범한다. 물론 대부분의 측정심리학자들은 한 개인에게 여러 가지 검사를 동시에 실시하여 그들의 총체적인 프로파일 점수(profile scores)의 유형을 고려함으로써 이 문제를 다소간 극복하려고 한다. 그러나 여기서 우리는 개인의 다양한 성향이 통일되어 상호작용하면서 개인 내부에서 동시에 작용하고 있다는 사실을 항상 잊지 말아야 할 것이다.

사실은 우리가 이제까지 상정해 온 행동성향이라는 개념이나 그들을 세분한 특성의 개념은 실존의 깊은 측면을 이해하기 위한 임의적인 구분에 불과한 것이다. 이 점은 누차에 걸쳐 이 책에서 강조되어 왔다. 따라서 그런 개념적인 구분이 있음으로 해서 인간 내면이 사실상 그렇게 분열되었으리라는 오류를 우리는 늘 경계해야 한다. 흔히 범하게 되는 이 오류를 시정하기 위해서 코지브스키는 가능한 한 특성 개념에 하이픈(hyphen)을 사용하는 방도를 제안한 바 있다.[11] 이를테면, 우리가 신체와 정신이라는 말을 분리시키면 마치 그들은 우리 내부에서 분리되어 있는 듯한 기분을 주지만 '신체—정신'의 형식으로 표기하면 그들이 동시에 우리 안에 상호작용하고 있다는 점이 두드러지게 나타난다.

다음에 인용하는 앨버트 엘리스(Albert Ellis)의 글은 이 일반의미론(general semantics)의 취지에 전적으로 부합한다.[12]

"개별적인 인간은 네 가지의 기본적인 과정을 지니고 있는데, 이 모든 것은 적절하게 행동하는 데 불가피하게 서로 관련된 것이다. ① 그는 지각하거나 감지한다—즉, 보고, 맛보고, 냄새 맡고, 느끼고, 듣는다. ② 그는 움직이거나 행위한다—걷고, 먹고, 수영하고, 던지고, 기어오른다. ③ 그는 느끼거나 정조를 가지고 있다—사랑하고, 미워하고, 두려워하고, 죄의식을 가지고, 우울함을 느낀다. ④ 그는 추리하고 사고한다—기억하고, 상상하고, 가설을 세우고, 결론을 맺고, 문제를 푼다 …… 우리가 '존스(Jones)는 이 수수께끼에 대해서 생각한다.'라고 통상 막연하게 말할 때, 우리는 '존스는 이 수수께끼에 대해서 지각하고—움직이고—느끼고—생각한다.'라는 점을 보다 정확하게 주목할 수 있다. 그러나 그 수수께끼에 대한 존스의 동기는 다분히 그것을 푸는 데 집중되고 단지 부수적으로 그것에 대해서 보거나, 조작하거나, 감정을 가질 수 있기 때문에 우리는 그가 그것과 관련하여 역시 지각하고, 움직이고, 느낀다는 것을 특수하게 진술하지 않고 그가 그 수수께끼에 대해서 생각한다

---

11) A. Korzybski, *Science and Sanity*, Lakeville, Conn., International Non-Aristotelian Library Publishing Co., 1958.

12) A. Ellis & R. A. Harper, *A Guide to Rational Living*, Hollywood: Wilshire Book Co., 1961, pp. 17–18.

고 말하는 구실을 찾을 수 있다. 그러나 우리는 존스가 (다른 사람과 마찬가지로) 불과 1~2초를 제외하고 그 수수께끼에 대해서 단지 생각만 할 수 없다는 점을 잊어서는 안 된다."

이 말은 성향과 관련하여 우리가 임의로 구분해 낸 내면 과정이 서로 어떤 유기적인 관계를 맺고 동시에 작용하고 있음을 매우 적절하게 지적하고 있다. 이런 역동적 측면은 일찍이 심리학자인 올포트가 성격(personality)이라는 개념을 정의할 때 다소 강조되었다. 그는 "성격이란 개인 내부에 작용하는 심리적 체제의 역동적 구조(the dynamic organization)로서 환경에 대한 개인의 고유한 적응을 결정하는 것"[13]이라고 하였다. 여기서 우리는 우리가 구획하는 다양한 심리적 특성(예컨대, 지적, 정서적, 기질적, 도덕적 측면들)이 단순히 정지된 집합의 형태로 우리 자신을 구성하는 것이 아니라 그들은 서로 상호작용하면서 전체로서 작용한다는 기본 가정을 읽을 수 있다. 그러나 우리의 행동성향은 올포트가 일컫는 이른바 심리적 체제뿐만 아니라 우리에게 우리가 부과할 수 있는 모든 성향(예컨대, 물리적, 화학적, 생물학적 과정)을 포함하는 것으로서 우리는 현 단계에서 그들이 실제로 어떻게 상호 관련을 가지고 우리 내부에서 작용하고 있는지에 대한 충분한 지식을 가지고 있지 않다.

근래에 우리는 이른바 '심리적 과정'과 '신체적 과정' 간의 관계를 구명하는 연구들이 활발하게 이루어지고 있음을 본다. 이들은 행동성향 간의 역동적 관계를 이해하는 하나의 예증이 될 수 있을 듯하다. 일찍부터 '건전한 신체에 건전한 마음'이라든가 '음식은 사고의 양식이다'라는 표어를 써 왔다. 이 말은 과학적인 타당성을 지니고 있다. 인간의 두뇌는 주로 단백질로 구성되어 있다. 따라서 그것이 발달하는 시기에 충분한 단백질을 섭취하지 못한 어린이들은 그들이 가질 수 있는 만큼의 건강하고 큰 두뇌를 가지지 못한다. 이 결과 그들은 높은 지능을 갖지 못한다. 소아과 의사인 페인골드(B. F. Feingold)는 『왜 당신의 어린이는 지나치게 안절부절못하

13) G. W. Allport, *Personality: A Psychological Interpretation*, New York: Holt, 1937, p. 48.

는가』라는 저서에서 그것은 그들이 자주 먹는 가공식품 속에 있는 색소 때문인 것
으로 진단한다.[14) 이는 우리가 먹는 바에 따라 다른 유형의 심리 상태를 가질 수 있
는 가능성을 강력하게 시사한다. 어떤 약물의 복용은 우리의 정신 상태를 변화시키
는 것으로 알려졌으며, 이 사실을 토대로 근래에는 '화학치료(chemotherapy)'라는
특수한 학문이 출범되었다. 이른바 진정제라는 것들은 중추신경에 작용하여 지각
신경과 운동신경의 이상적인 흥분 상태를 제어함으로써 심리적인 안정감을 주는
효과가 있다. 델가도(J. M. R. Delgado)는 『정신의 물리적 통제』라는 저서에서 두뇌
의 전기 자극에 의해서 인간의 심리를 통제할 수 있는 광범위한 가능성을 제시하
고 있다.[15) 예를 들면, 불안, 공포, 강박성, 공격성이 지나친 사람들은 뇌의 전기 자
극을 통해서 그 증세를 경감시킬 수 있다고 한다. 이 모든 연구는 그것이 갖는 이른
바 '도덕적 문제'를 떠나서 신체적 과정이 심리적 과정에 지대한 영향력을 갖고 있
음을 충분히 시사해 준다.

그러나 다른 한편으로 인간의 정신적 과정이 신체적 과정을 결정하는 매우 중
요한 역할을 하고 있음도 널리 시인되고 있는 사실이다. 이른바 '심인성 질병
(pschosomatic illness)'은 그 전형적인 예다. 이는 육체적인 질병이 정신적 요인에
의해서 촉발되는 경우를 뜻한다. 정신의학자(psychiatrists)들은 대부분 의학자로서
훈련을 받지만 그들 가운데 정신질환을 배타적으로 유기체적 용어로만 해석하는
사람은 매우 드물다. 이들은 대체로 정서나 행동의 장애를 동기, 사고 과정, 욕구,
공포, 습관과 같은 심리적 개념에 의해서 설명한다. 이 접근방법은 다소간 프로이
트의 업적과 크게 관련된다. 앞서 지적했듯이, 그는 원래 의학도였지만 그가 접한
환자의 문제를 엄격하게 육체적 용어로 규정짓기를 거부하고 분명한 신체적 장애
가 없이 신경쇠약 증세를 보이는 환자를 취급할 수 있는 다수의 심리적 개념을 발
전시켰다. 그 신경쇠약 반응의 하나가 히스테릭 노이로제(hysteric neurosis)다. 이
특수한 신경쇠약은 다시 전향형(conversion type)과 분열형(dissociative type)으로 양

---

14) B. F. Feingold, *Why Your Child is Hyperactive*, New York: Random House, 1974.
15) J. M. R. Delgado, *Physical Control of the Mind: Toward a Psychocivilized Society*, New York:
    Harper, 1969.

분되는데, 전자의 경우 개인은 그가 불안감을 장님 증세, 귀머거리 증세, 혹은 마비와 같은 신체적 증세로 전향시키고, 후자의 경우 개인은 기억력 상실이나 다면적 성격과 같은 증세로 나타내는 것으로 이제까지 알려졌다. 이제 대부분의 사람은 생리학적 증세인 궤양(ulcers)이 심인성 질병일 수 있음을 의사에게서 진단받는다. 이 외에도 심리 상태에서 기인되는 신체적 증세의 목록 속에는 근육경련(muscle spasms), 과다한 통기(hyperventilation), 과다한 심장의 고동(tachycardia), 빈번한 배뇨 등등이 포함된다. 의학자인 맥밀런(S. I. McMillen)은 소화기계통, 순환기계통, 비뇨기계통, 신경계통, 내분비계통, 근육과 피부계통에서 볼 수 있는 심인성 질병의 종류를 51가지로 열거한 바 있다.[16] 이와 같은 사실은 우리가 흔히 분류하는 신체-정신의 양 측면이 아주 복잡하게 우리 안에서 상호작용하고 있음을 잘 지적해 준다.

내면적 과정에 포함된 원인과 결과는 우리의 감정 상태를 설명하는 일련의 학설에서도 쉽게 엿볼 수 있다. 일찍이 제임스-랑게(James-Lange) 이론은 우리가 경험하는 감정이 생리적 사건에 후속하는 것이라고 주장하였다.[17] "눈물을 흘리니까 슬퍼진다."라는 식의 제임스(W. James)의 해석은 한때 그럴 듯해 보였다. 그러나 캐논(W. B. Cannon)은 상이한 감정 상태가 동일한 생리적 상태에서 일어난다는 증거를 들어 제임스-랑게의 관념이 그릇된 것임을 주장하게 되었다.[18] 다시 말하면 우리가 주관적으로 경험하는 다양한 감정을 식별할 만한 특수한 생리적 과정을 발견하기가 어렵다는 것이 입증된 것이다. 그 후 스탠리 샤흐터(Stanley Schachter)는 우리의 희로애락이 보다 복잡한 과정의 소산임을 밝혀냈다.[19] 그의 이론에 의하면, 생리적인 반응은 감정의 강도(intensity)를 결정할 수 있지만 개인은 그것의 질을 결정하는 데 감정적으로 유관한 인지적 단서를 이용한다고 한다. 이 이론을 증

---

16) S. I. McMillen, *None of These Diseases*, New Jersey: Fleming H. Revel, Co., 1973.
17) W. James, Subjective effects of nitrous oxide, *Mind*, 1882, 7, 186-208.
18) W. B. Cannon, *Bodily Changes in Pain, Hunger, Fear, and Rage*, New York: Appleton, 1929.
19) S. Schachter & J. Singer, Cognitive, social and physiological determinants of emotional states, *Psychological Review*, 1962, 69, 379-399.

명하는 하나의 실험에서 그는 일단의 피험자에게 동일한 생리적 홍분 상태(physical arousal)를 유발하고, 그들이 사회적으로 다른 상황에서 실제로 그 내면 상태를 어떤 감정으로 해석하는지를 주목하였다. 그 결과, 피험자들은 그가 느끼고 있는 홍분 상태에 대한 적절한 해석을 내릴 수 없을 때 그 주변에서 그가 인지하는 사회적 상태를 참고로 하는 것을 발견하였다. 가령, 그들은 사회적 상황이 유쾌한 듯하게 보이면 그가 행복한 상태에 있다고 하고, 그것이 도발적인 상황으로 인지되면 성난 상태에 있다고 보고하였다. 다시 말하면, 한 개인의 감정 상태는 생리적 홍분 상태 및 사회적 상황의 인지와 함수관계를 맺고 있음이 증명된 것이다. 이 새로운 발견은 우리가 주관적으로 해석하는 내면 상태가 얼마나 복잡한 인과관계에서 비롯되는가를 실증하는 하나의 예에 불과하다.

실험에 의해서 잘 검증된 것은 아니지만 많은 심리학자가 이제까지 심리 과정의 역동적인 측면을 설명하는 풍성한 이론을 제시해 왔다. 이른바 심층심리학(depth psychology)의 원조인 프로이트(S. Freud)가 구성한 이론은 그 대표적인 것이다. 그는 누구나 알고 있듯이 우리 내부에 원본능(id), 자아(ego) 및 초자아(superego)라는 세 가지 요인이 복합적으로 작용한다고 보았다.[20] 여기서 원본능이란 우리의 기본적인 생리적 충동, 즉 기아, 갈증, 고통 회피, 온도 조절, 반사적 기제, 성욕, 공격욕 등을 대표하는 것으로서 주로 쾌락을 추구한다. 이는 다른 하나의 성격 요인인 초자아와 필연적으로 갈등 관계를 가진다. 왜냐하면, 초자아는 사회적으로 규정한 선과 악, 정의와 불의 등과 같은 가치 개념을 추구하기 때문이다. 외부인들(특히 부모)은 개인에게 어떤 행동은 나쁘다거나 착하다는 판정을 내린다. 따라서 그는 금지된 행위를 할 때 죄의식과 수치심을 갖게 되면서 이른바 양심(conscience)을 발전시키게 된다. 또한 주위 사람의 권장 사항을 내면화하여 자아이상(ego ideal)이 형성되는 것이다. 이처럼 쾌락 원리를 따르는 원본능과 도덕 원칙을 따르는 초자아는 마치 로버트 루이스 스티븐슨(Robert Louis Setevenson)의 소설에 등장하는 지킬(Jekyll) 박사와 하이드(Hyde)처럼 대조를 이루게 되는데, 이 양자를 중재하는 것이

●　●　◦　◦　⚬⚬⚬

20) S. Freud, *The Ego and the Id*, London: Hogarth Press, 1923.

자아라는 성격 요인이라고 한다. 한마디로 자아는 현실지향적인 것이다. 이는 외부적 현실에서 부과하는 제반 장애와 제약을 고려하면서 원본능의 요구를 만족시키려고 한다. 그러나 그것이 여의치 않으면 자아는 억압(repression), 합리화(rationalization), 반동 형성(reaction formation), 보상(compensation), 대치(displacement), 동일시(identification), 공상(fantasy), 투사(projection) 등과 같은 이른바 '자아방어기제(ego defence mechanisms)'를 이용하게 된다.

이와 같이 심리적 요인 간의 갈등을 묘사한 프로이트의 개념화는 근래에도 여러 가지 형태로 심리학 분야에서 채용되고 있다. 근래에 에릭 번(Eric Berne)[21]과 토마스 해리스(Thomas Harris)[22]를 중심으로 제안되고 있는 이른바 교섭분석(transactional analysis)은 두 사람 이상의 대인관계적 행동을 주로 다루고 있는데, 그들은 한 개인 내에 세 가지 구성 요인, 즉 '아동 자아(child ego)', '성인 자아(adult ego)' 및 '부모 자아(parent ego)'가 있음을 가정한다. 이들은 각각 대충 프로이트의 원본능, 자아 및 초자아의 개념과 대응되지만 약간의 차이가 있다. 아동 자아 상태는 유아기로부터 전수되어 현재에 재현되는 정서적 기록으로서 마치 어린이와 같은 성격의 측면을 이룬다. 부모 자아 상태는 마찬가지로 유아기부터 전수된 기록이지만 부모의 가치 및 도덕률로 구성되어 있다는 점에서 아동 자아와 대비된다. 한편, 성인 자아 상태는 성격 가운데 계산기와 같은 역할을 하는 것으로써 합리적으로 계획을 세우며 현실을 고려하는 요인이다. 교섭분석은 두 사람 간의 관계에서 성격의 이 세 가지 측면이 서로 교류되는 양식을 분석하여 상호 간에 조작적이고 파괴적이고 자기 개조적인 대인관계를 지양하고 각자가 보다 친밀성과 자율성을 유지할 수 있는 길을 모색하고자 한다. 최근에 이른바 '형태적 접근(gestalt approach)'을 제창하여 인기를 얻고 있는 프레데릭 펄스(Frederick S. Perls)의 이론 속에도 이와 유사한 개념화를 볼 수 있다.[23] 그는 성격에 소위 '지배자(top dog)'와 '피지배자(underdog)'의

● ● ● ●

21) E. Berne, *Games People Play: The Psychology of Human Relationships*, New York: Grove Press, 1964.
22) T. A. Harris, *I'm Ok-You're Ok*, New York: Avon Books, 1973.
23) F. S. Perls, *The Gestalt Approach and Eye Witness to Therapy*, Palo, Alto, Calif.: Science &

양 측면이 있다고 보면서 그들 간의 분열화를 경고하고 있다. 여기서 지배자는 프로이트의 초자아나 번의 부모 자아의 개념과 유사한 것으로서, 이를테면 '너는 ~해야 한다.'나 '만약 ~하지 않으면 ~한다.'와 같이 항상 자기 자신이 옳다고 고집하는 권위적인 부면에 해당한다. 한편, 피지배자는 번의 아동 자아의 개념에 가까운 것으로서 어린이처럼 항상 변명, 방어, 불평, 심술 등과 같은 전략을 취한다고 한다. 펄스는 한 개인의 내면에서 작용하는 이 두 측면 간의 평화란 있을 수 없고 오직 휴전을 맺고 상대방의 실존을 인정하는 것만이 이 끝없는 투쟁에서 해방되는 길이라고 주장한다.

이 외에도 우리는 심층심리학이나 성격심리학에서 구성한 무수한, 행동성향의 개념을 열거할 수 있다. 그러나 이 거창한 이론들은 우리의 내면 과정에 대해서 너무도 많은 것을 설명해 주는 것처럼 통용되고 있지만 아직 그것을 증빙하는 충분한 증거를 가지고 있지 못하다는 문제점이 있다. 그들의 개념은 모호하고 그들의 가설은 쉽게 증명되기 어려운 방식으로 설정된다. 그들의 몇 가지 임상적 증거는 과학이 요구하는 엄격한 기준을 충족시켜 주지 못하는 약점을 가지고 있다. 따라서 이 무수한 개념이나 주장은 좀 더 확실한 타당화를 요구하는 흥미 있는 가설로 보는 것이 옳을 듯하다.

이제까지 우리는 우리가 직접적으로 감지하기가 어렵고 또한 피상적으로 나타나지도 않는 행동성향이 우리의 내면에서 작용하고 있다는 주제를 다루어 왔다. 행동성향이 내면에 잠복된 속성이라는 사실이 우리에게 증명의 애로를 제공하는 것은 부인하기 어렵지만, 스키너와 같이 그것을 전적으로 간과해 버리는 입장은 정당화될 수 없는 듯하다. 이 주제를 다루어 온 각종 학문이 우리에게 제공하는 정보는 그렇게 만족스러운 것은 아니라고 할지라도 그들은 그것을 전혀 도외시하는 것보다 훨씬 유리하게 우리가 우리 자신을 타당하고 깊이 있게 이해할 수 있는 길을 모색해 왔다. 이 점에서 우리가 이제까지 검토해 온 측정심리학, 성격심리학, 실험심리학, 심층심리학의 공헌은 큰 것이다. 이들은 한마디로 우리 자신을 이루

Behavior Books, 1973.

고 있는 행동성향이 정당하게 우리 자신의 일부로 인식될 수 있도록 돕는 데 관심을 집중했던 것이다.

그런데 이와 같은 일련의 노력은 가끔 학자들에게서 볼 수 있는 배타적 태도, 즉 "나의 것이 너의 것보다는 낫다."라는 식의 패권 싸움에 의해서 그 취지가 왜곡되는 경향이 있다. 근래에 이른바 실존주의 심리학(existential psychology)이나 인간주의 심리학(humanistic psychology)이 스스로 표방하는 '제3의 세력(a Third Force)'이라는 용어가 바로 이런 사정에서 생긴 것이다. 이 명칭이 붙은 이유는 금세기에 심리학에서 지배적인 세력을 구축해 왔던 정신분석학과 행동주의와 대조시키기 위한 것이었다. 이 양자는 우리가 일상적으로 중요시해 온 의식(consciousness)을 저평가하는 방향으로 제시되었다. 이를테면 프로이트는 인간의 정신을 빙산(an iceberg)에 비유하면서 무의식이 물에 잠긴 부분처럼 주류를 이루고 있다고 하였다. 한편, 극단적 행동주의는 이미 지적했듯이 의식의 실존을 무시했으며 그것을 인정하는 일부 행동주의자들도 다분히 그것의 피동성을 부각시켜 왔다. 이른바 제3의 심리학은 정신분석학과 행동주의가 이처럼 의식을 보는 방식을 못마땅하게 생각한다.

예컨대, 롤로 메이(Rollo May)는 다음과 같이 이 입장을 밝히고 있다.[24]

"심리학에서 실존주의자들이 강조하는 바는…… 조건화의 타당성, 충동의 개념화, 개별적인 기제의 연구 등등을 부인하는 것이 아니다. 이들이 오직 주장하는 것은 결코 그것을 토대로 생활하고 있는 인간 실존의 어느 누구(any living human being)도 우리가 설명하거나 이해할 수는 없다는 사실이다. 그리고 이들은 인간상이 배타적으로 그런 방법을 토대로 하고 있다면 유해하리라고 생각한다."

의식이란 주관적으로 개인이 각성하고 있는 상태를 일컫는다. 우리는 잠을 자고 있는 동안 의식 상태에 있다고 하지는 않는다. 우리의 의식은 하루 중에도 순간순

---

24) R. May (Ed.), *Existential Psychology*, New York: Random House, 1960, p. 14.

간 부침하는 특이한 경험인 것이다. 나는 현재 이 글을 쓰면서 내가 글을 써야 할 내용, 펜의 흐름, 그리고 커피포트에서 물이 끓는 소리를 전체로서 의식한다. 나는 또한 나의 내면에 잠재되어 있던 지식이 필요에 따라 나의 의식 상태로 되돌아오는 것을 의식한다. 이를테면 나는 책상 위에 여러 가지 물체가 있다는 것을 알고 있을 뿐만 아니라 그런 성향이 있다는 것을 역시 각성하고 있다. 나는 깨어 있는 동안 일상사를 이처럼 부침하는 주관적인 해석에 의존해서 계획하고 실천하고 생활의 의미성을 음미한다. 이 점에서 우리는 의식의 존재나 일상생활에서 그것이 차지하는 중요성을 간과해서는 안 된다. 그러나 우리는 또한 의식만이 우리에게 가장 확실한 내면 상태라거나 그것이 무조건 타당하고 합리적이라는 방식으로 지나치게 미화하고 격상시키는 오류를 범하지 말아야 된다. 개인은 현존한 상황과 자기 자신에 대한 그릇된 의식을 가질 경우가 허다하다. 어떤 사람은 대수롭지 않은 일에 '하늘이 무너진다'는 상황 판단을 할 수도 있으며 실제 지능지수가 매우 높은데도 '나는 바보다'라는 자아개념(self-concept)을 가지고 스스로 고통받거나 생활의 장애를 받을 수도 있다.[25]

이렇게 볼 때 우리에게 요구되는 것은 의식과 무의식의 중요성을 놓고 벌이는 패권 다툼보다는 그들 각각의 존재를 인정하고 그들에 대한 타당한 지식을 누적시켜 나가는 일이다. 근래에 인간주의 심리학자들은 자아실현(self-realization)이나 자아소외(self-alienation)를 문제시하고 있다. 사람들은 가끔 자기 내부에서 작용하는 하이드와 같은 측면을 인정하기를 거부하거나, 의식에 떠오르는 것을 억압하거나, 혹은 왜곡하는 경우가 있다. 그러나 의식화되지 않은 내적 성향은 우리 내부에서 작용하면서 다양한 문제를 일으키게 됨이 지적되고 있다. 이런 측면은 좀 역설적일지는 몰라도 분석심리학이나 행동주의심리학에서 오래전부터 탐구해 온 것이다. 우리는 의식에 의해서 일상생활을 영위하고 계획하고 실천해 나가지만 그 의식은 우리의 다른 측면을 도외시할 것이 아니라 인정하고 고려하여 성격 내의 분

25) A. Ellis, *Humanistic Psychotherapy: The Rational-Emotive Approach*, New York: McGraw-Hill, 1973.

열을 방지하는 방향으로 개화될 필요가 있다. 이 목적을 위해서 각 학문은 의식과 무의식을 동시에 고려하는 협동 작업에 가담할 수 있다.

가끔 우리는 의식의 중요성을 지나치게 강조한 나머지 그것만이 우리가 가진 성향의 전부인 양 행동하기 쉽다. 이 점은 많은 심층심리학자의 연구 주제가 되어 왔다. 프로이트는 우리의 식역(識閾) 아래의 수준에서 우리가 의식하지 않은 성향성이 있음을 가정하였다. 이를테면 그는 금기된 동기, 고통스러운 경험, 불편한 관념이나 감정을 자아가 현실적으로 처리할 수 없을 때 그것이 가진 방어기제에 의해서 그들을 무의식으로 억압해 버리는 경향이 있음을 지적하였다. 융(C. G. Jung)은 이른바 원시적인 '집단무의식(collective unconscious)'의 중요성을 중시하고, 그것이 자아에 의해서 의식화되지 않음으로써 많은 심리적인 문제가 일어난다고 주장하였다.[26] 여기서 그의 '집단무의식은 마치 짐승의 본능과 같이 인간의 실존이 시작될 때부터 어느 시대나 장소를 막론하고 모든 사람에게 경험되는 잔여 기억으로 정의된다. 근래에 재너브(A. Janov)는 그의 저서 『원시적 비명』에서 이른바 진자아(a real self)와 조작된 거짓 자아(a manufactured unreal self) 간의 괴리를 중시하였다.[27] 그에 의하면, 전자는 원시적 필요를 가진 원래의 자아이고, 후자는 외부의 조작에 의해서 형성된 자아다. 비슷한 착상은 일찍이 호나이(K. Horney)[28]와 레잉(R. D. Laing)[29]에 의해서 제시된 바 있다. 이들은 모두 현대의 질병이라는 인간소외의 문제를 해명하는 흥미 있는 가설들이다.

우리는 또한 우리 내부에 파블로프나 헐(C. L. Hull)[30] 등에 의해서 설명되는 각종 습관체제(habit systems)를 가지고 있다. 비록 극단적 행동주의자들이 가정하는 기본 전제에 대해서 우리가 동조할 수는 없다고 하더라도 그들은 우리의 습관이 일상생활을 하면서 무의식의 수준에서 어떻게 형성되고 강화되고 수정될 수 있는

---

26) C. G. Jung, *Memories, Dreams, Reflections*, New York: Holt, 1972.
27) A. Janov, *The Primal Scream*, New York: G. P. Putnam's Sons, 1971.
28) K. Horney, *The Neurotic Personality of Our Time*, New York: Norton, 1937.
29) R. D. Laing, *The Divided Self*, London: Tavistok, 1960.
30) C. L. Hull, *op. cit.*, 1951.

가에 대한 일단의 지식을 제공하고 있다는 것은 부인할 수 없다. 따라서 이 지식체제는 우리로 하여금 습관을 계획적으로 통제할 수 있는 의식의 범위를 확장하는 데 공헌한다고 볼 수 있다. 우리는 습관을 항상 의식하지는 않는다. 그러나 그것은 우리의 생활을 직접, 간접으로 지배한다. 습관 가운데는 '좋은 것'도 있고 '나쁜 것'도 있다. 문제는 우리가 어떻게 그것을 의식적으로 형성하고 통제할 수 있느냐에 달려 있다. 이 점에서 콜린 윌슨(Colin Wilson)의 다음 이야기는 경청할 만한 가치가 있다.[31]

"윌슨의 '로봇'은 모든 사람의 생활이 여러모로 틀에 박히고 대부분의 행동이 반자동화된다는 점을 시사하는 강력한 비유이다. 만약 사실이 그러하다면 그리고 만약 그것이 불가피하다면, 우리에게 흥미 있는 문제는 어떻게 우리가 우리의 이로운 습관을 유지하고 우리의 이롭지 못한 습관을 제거하거나 수정할 수 있느냐로 요약된다."

우리는 이외에도 우리가 의식하지 못하는 무수한 성향(예컨대, 물리학적, 생화학적 속성)을 가지고 있을 것이다. 여기서 우리는 이런 측면을 가능한 한 타당하게 의식화함으로써 자아소외를 극복하고 자아각성에 도달할 수 있다. 혹은 타당한 인식은 오식보다 그들을 의식적으로 통제할 수 있는 가능성을 높여 준다. 어느 미국인이 출장 가서 며칠 외도를 하면서 아내에게 "나는 매우 재미있게 지내고 있소, 당신도 여기서 같이 지낼 수 있으면 얼마나 좋겠소.(Having wonderful time, wish you were here.)"라는 엽서를 쓴다는 것이 "나는 매우 재미있게 지내고 있고, 당신이 그 여자라면 얼마나 좋겠소.(Having wonderful time, wish you were her.)"와 같이 보내졌다면, 그는 이 실수를 통해서 그가 아내에 대해서 매력을 느끼지 않고 있다는 통찰을 얻을 수 있다. 정신분석학자들은 꿈을 분석하여 자신의 무의식적 역동성을

31) C. Wilson, *New Pathways in Psychology*, New York: New American Library, 1972, p. 4.

이해할 수 있다고 한다.[32] 근래에 활발하게 발전하고 있는 생리피드백 연구 (biofeedback research)는 개인이 자신의 생리적인 과정을 의식으로 통제할 수 있는 통로를 시사하고 있다.[33] 선이나 요가도 개인이 정상적인 의식에 의해서 부과된 한계를 초월해서 자신을 각성하게 하는 여러 가지 기법에 속한다.[34] 그 밖에 여기서 언급하지 않은 다양한 기법과 전통적인 심리학 이론이 우리가 우리 자신의 내면 과정에 이해를 통해서 접근하는 길을 제시한다.

32) A. Faraday, *Dream Power*, New York: Berkeley Mendallion Books, 1973.

33) J. Kamiya, *Conscious Control of Brain Waves: Readings in Experimental Psychology Today*, Del Mar, Calif. CRM Books, 1970.

34) J. Forem, *Transendental Meditation*, London: George Allen, 1973.

제9장 표현행동

우리에게 많은 희극과 비극의 문학작품을 건네준 영국의 극작가 윌리엄 셰익스피어(William Shakespeare, 1564~1616)는 작중 인물의 대사를 통해서 인생을 이렇게 묘사하였다.

"세계는 온통 무대올시다. 그리고 남녀는 죄다 배우에 불과합니다. 퇴장했다 등장했다 하는 남자는 생전에 여러 역을 맡아 하며, 일생은 7막으로 구분됩니다. 처음은 아기로서 유모의 팔에 안겨 앙앙 울고 침을 질질 흘리곤 합니다. 다음은 투덜거리는 학교 아동으로서 가방을 메고 아침에는 빛나는 얼굴을 하고 달팽이처럼 마지못해 학교엘 갑니다. 그다음은 연인, 용광로같이 한숨을 쉬고, 여인의 이마에 두고 슬픈 노래를 짓습니다. 다음은 병정인데, 기묘한 맹세를 늘어놓고, 수염은 표범 같고, 체면을 몹시 차리고, 싸움은 번개같이 재빠르고, 거품 같은 공명을 위해서는 대포 아가리에라도 뛰어듭니다. 다음은 법관으로, 살찐 식용 닭이란 뇌물 덕분에 배는 제법 뚱뚱해지고, 눈초리는 무섭고, 수염은 격식대로 길러져 있고, 현명한 격언과 진부한 문구도 많이 알고 있고, 이래서 자기 역을 맡아 합니다. 그런데 제6기에 들어서면 슬리퍼를 신은 말라빠진 어릿광대로 변하는데, 코 위에는 안경을, 허리에는 돈 주머닐 차고, 젊은 시절에 간수해 논 긴 양말은 말라빠진 다리에 너무 크고, 사내다운 굵직한 음성은 아이 같은 높은 음성으로 되돌아가서 피리같이 삑삑 소리를 냅니다. 그리고 파란 많은 이 일대기의 끝장인 마지막 장면은 제2의 어린아이랄까, 오직 망각이 있을 뿐, 이도 없고 눈도 없고, 미각도 없고 일체 무입니다."

— 우선, 희극『뜻대로 하세요(As You Like It)』에서 —

"이제가 아니라도 어차피 죽어야 할 사람. 한번은 그런 소식이 있고야 말 것이 아닌가. 내일, 내일, 또 내일은 매일매일 살금살금 인류 역사의 최종 음절까지 기어가고 있고, 이제라는 날들은 모두 바보들에게 무덤으로 가는 길을 비쳐 왔거든. 꺼져라 꺼져, 짧은 촛불아! 인생이란 한낱 걷고 있는 그림자, 가련한 배우. 제 시간엔 무대 위에서 활개치고 안달하지만, 얼마 안 가서 영영 잊혀 버리지 않는가. 글쎄 천치가 떠드는 이야기 같다고나 할까, 고래고래 소리를 친다. 아무 의미도 없이."

— 다시, 비극『맥베스(The Tragedy of Macbeth)』에서 —

이 유명한 문구에서 우리는 인생은 연극에서와 같이 시작과 끝이 있고, 그 사이에 사람들은 세상이라는 무대에서 배우처럼 여러 가지 역할을 공연하게 된다는 시사를 강렬하게 받게 된다. 사실상 이 관념은 많은 학자의 관심 영역이 되어 체계적인 이론의 형태로 발전되어 왔다. 이를테면 어빙 고프먼(Erving Goffman)은 그의 저서『일상생활 속에서의 자아 제시』에서 "모든 세상이 하나의 무대는 물론 아니지만 세상이 무대가 아니라고 할 수 있는 결정적인 방법을 일일이 지적하기는 쉽지 않다."[1]라고 언명하고 있다.

연극적 비유가 학자들의 이론에서 자주 나타나는 것은 별로 놀라운 사실이 아닌 듯하다. 왜냐하면 우리의 생활에 분명히 그런 측면이 편재해 있기 때문이다. 나는 일전에 TV 프로그램의 시사회를 브라운관을 통해서 보면서 여러 가지 수준의 연

* * *

1) E. Goffman, *The Presentation of Self in Everyday Life*, New York: Doubleday, 1959, p. 72.

극성이 우리의 일상생활을 지배하고 있음을 느꼈다. 그 하나의 수준은 그 새로운 프로그램의 일부가 방영될 때 나타났다. 이 속에서 탤런트들은 극작가가 쓴 대본 (scenario)에 맞춰 엄격하게 주어진 역할을 연출하였다. 탤런트들은 옛날의 왕과 신하가 아니었는데도 그 배역에 맞는 의상을 하고 그 배역에 맞는 표정, 몸짓, 언어 등을 구사하는 데 충실하였다. 그리고 잠시 후 다른 한 장면이 브라운관을 통해서 전개되었다. 거기에는 이 극에 출연했던 탤런트들이 사회자의 주관하에 그 극을 제작할 때 일어났던 재미있었던 일화를 두고 이 이야기 저 이야기를 주고받았다. 그들의 의상, 표정, 몸짓 등은 얼마 전의 것보다 비교적 자연스러웠다. 그들의 대화도 다소간 임기응변적인 요소가 포함되었다. 그러나 그들의 거동은 나와 같은 무수한 시청자의 눈과 귀를 의식하는 범위 내에서 자제되는 듯하였다. 이를테면 그들은 나처럼 베개를 비스듬히 세우고 파자마 차림으로 드러누워 하품을 하고 있는 것과 같은 거동은 보이지 않았다. 그렇다면 나는 이 순간에 완전히 연극성에서 해방되었다고 할 수 있는가? 그렇지는 않은 듯하다. 나는 실내 온도가 높은데도 최소한 발가벗고 있지는 않다. 왜냐하면 나는 나의 거동이 나의 가족에게 줄 수 있는 이미지를 의식하기 때문이다.

우리는 일상생활의 다양한 공간 영역(regions)에 노출되며 그 영역 내에서 허용되는 특이한 거동을 하게 된다는 점을 시인해야 할 것 같다. 여기서 영역은 무대에 비유되고, 그 특이한 거동은 공연행동에 비유될 수 있다. 고급 식당에서 접대원이 미소를 띠고 손님들을 반갑게 맞이할 때, 놀이터에서 어린이들이 마음껏 뛰어놀 때, 강의실에서 교수가 근엄한 표정을 짓고 있을 때, 해수욕장에서 아가씨들이 거의 온몸을 노출하고 일광욕을 하고 있을 때, 우리는 분명히 무대와 공연행동의 조화를 보게 된다. 영역에 따라 우리가 표리부동하는 정도는 다르다. 극장 위의 무대는 우리가 임의로 구성해 낸 영역에 속하고, 그 위에서 전개되는 행동은 연기자 자신의 자연스러운 행동이 아니라 사전에 궁리해 낸 환영에 틀림없다. 연기자는 사실상 슬픈 감정을 가지고 있는데도 대본이 요구하는 바에 따라 기쁜 듯한 자세, 제스처, 얼굴 표정, 목소리 등을 의도적으로 조작해 낸다. 이를 우리는 상식적인 말로 '가짜 행동'이라고 한다. 그러나 이들은 모두 현실 속에서 일어나고 있는 엄연한 사실이며, 매일의 작업이 연극적 공연에 해당하는 연기인으로서는 그들의 명예가 좌우되는 심각한 현실인 것이다. 따라서 표리 간에 어느 것이 사실이고 어느 것이 사실이 아니라는 논법은 성립되지 않고, 다만 우리는 겉과 속을 구분하여 고려할 필요가 있다.

나는 이 장에서 개인이 밖으로 드러내는 표현행동을 다루고자 한다. 이 표현행동은 앞 장에서 다룬 행동성향과 대비된다. 쉽게 말해서 전자는 피부 밖으로 나타나는 개인의 행동이고, 후자는 피부 안에서 일어나리라고 가정되는 내면적 과정으로서 우선 그 참조점이 다른 두 사실을 지칭하고 있다. 그런데도 우리는 가끔 이 양자를 구분하지 않고 혼용하는 경향이 있다. 그 예를 우리는 '성격(personality)'이라는 용어의 의미가 변천되어 온 과정에서 쉽게 찾아볼 수 있다. 일반적으로 영어에서 'person'이라거나 'personality'라는 말은 그리스어의 $\pi\rho\acute{o}\sigma\omega\pi\sigma\nu$나 라틴어의 persona에서 유래된 것으로 이해된다.[2] 당시 이 단어는 연극 무대에서 쓰는 가면(mask)을 뜻했다고 한다. 그리스의 극에서 가면이란 연기자가 묘사하려는 역할(role)이나 등장인물(character)을 대표하는 것이었다. 로마의 법률학에 의하면, persona는 오늘날의 '법인(a legal person)'과 관련된다. 사람(person)에 대한 히브리어인 panim도 역시 얼굴과 관련된다. 이 어원을 따져 보면 '성격'은 개인의 외관 및 그것의 사회적 자극가(刺戟價)에 해당한다. 그러나 오늘날 많은 심리학자(예컨대, 앞 장에서 소개한 올포트)는 성격이란 말을 개인의 내적 특성 및 그들 간의 역동적 구조로 지칭한다.

여기서 논의하려는 표현행동은 다른 물체처럼 그 소재와 운동과 형태를 우리가 직접 감지할 수 있다는 점에서 뚜렷한 특징이 있다. 이 점에서 그것은 행동성향에 비해서 좀 더 실재성이 두드러진다. "유모의 팔에 안겨 앙앙 운다.", "달팽이처럼 학교에 간다.", "맹세를 늘어놓는다.", "배가 뚱뚱하다.", "굵직한 음성이 높은 음성으로 변한다.", "고래고래 소리친다." 등의 말이 앞서 인용한 셰익스피어의 작

---

2) B. H. Son, *Science and Person*, Assen, The Netherlands: Koninklijke Van Gorcum & Comp. B. V., 1972, p. 35.

품 속에 나오는데, 이들은 모두 개인의 표현행동을 지칭하거나 기술하는 언어다.[3] 대개 심리학에서는 이들을 외현적 행동(overt Behavior), 행동수행(performance) 혹은 징후(symptom)라는 범주에 넣어 내면적 행동(covert behavior), 학습(learning) 혹은 질병(illness)과 대비하고 있다. 이처럼 표현행동은 외관에 의해서 쉽게 식별될 수 있기 때문에 대인관계에서 서로가 타인을 이해하는 직접적인 통로의 구실을 하게 된다. 그러나 여기에는 항상 위험이 따른다. '식별이 분명하다'는 것은 '그것의 의미가 분명하다'는 것을 보장해 주지 못한다. 가령, 내가 어떤 사람에게 "진지 잡수셨습니까?"라는 말을 했을 때 내가 그에게 그런 말을 한 것은 분명히 드러난다. 그러나 내가 이 말을 할 때 그것을 그가 어떤 의미로 받아들일지는 분명하지 않다. 왜냐하면 그 의미는 나의 의도와는 독립해서 그 타인의 해석 방식에 의해서 좌우되기 때문이다. 그는 이 말을 내가 그에 대해서 호감을 느끼고 있다는 방식으로 해석할 수도 있고, 혹은 내가 그의 곤궁한 경제 상태를 우려하고 있다는 방식으로 해석할 수도 있다. 따라서 표현행동은 다른 모든 소통 활동과 마찬가지로 그것의 타인에 대한 자극가가 중요한 의미를 가진다고 말할 수 있다.

　표현행동의 의미는 사회적 관계에 의해서 대체적으로 결정된다. 말을 바꾸면 이는 '상호주관적으로(intersubjectively)' 해석된다. 이를테면 '서로 손을 붙잡고 흔드는 행동'과 '서로 코를 맞대고 부비는 행동'은 사회에 따라 달리 해석된다. 아무리 사랑의 감정을 느끼고 있는 두 남녀라고 할지라도 그 감정을 사회에서 규정하는 방식에 따라 적절하게 표현행동으로 나타내지 않으면 그들 간의 뜨거운 사랑은 성립되지 않는다. 반면에 상대방에게 강한 적대감을 품고 있다고 하더라도 겉으로 우호적인 의미의 표현행동을 보이면 상대방은 우호적인 태도를 보이는 것으로 이해한다. 그래서 만약 어떤 사람이 일단의 표현행동과 그것이 상대방에게 주는 의미를 분명히 알고 있으면 그는 의도적으로 상대방의 그에 대한 인상(impression)을 조작할 수 있는 유리한 입장에 놓이게 된다. 즉, 표현행동은 사회적 관례의 요구 사항과 개인이 가진 내밀한 행동성향 간에 있을 수 있는 이질감을 외곽에서 완충시

---

3) R. F. Mager, *Preparing Instructional Objectives,* Belmont, Calif.: Fearon Publishers, 1962.

키는 방패나 대문이나 성의 구실을 한다.

개인들이 어떤 특수한 상황에 처해서 어떤 특수한 행동을 보이느냐 하는 문제는 행동과학(behavioral sciences)의 주요한 관심사가 되어 왔다. 근래에 측정심리학자인 터커(L. R. Tucker)는 행동과학의 많은 변인을 요약하는 방식의 하나로 사람(person), 상황(situation) 그리고 반응(response)이라는 세 가지 양식의 요인분석(factor analysis)을 제안한 바 있다.[4] 그보다 좀 일찍이 헐(C. L. Hull)은 행동에 대한 이론체제를 S—O—R이라는 계열에 따라 정리하려고 하였다.[5] 여기서 S는 어떤 순간에 작용하는 환경적인 자극이며, O는 유기체의 유전적인 요소와 과거 경험이 저장된 잔여 요인(a stored residue of heredity and experience)이며, R은 그 S가 O에 작용하여 일어나는 외현적인 반응을 뜻한다. 한편, 형태심리학(gestalt psychology)의 원조인 레빈(K. Lewin)은 그의 장이론(field theory)을 구성하는 과정에서 B＝f(P · E)라는 공식을 적용하였다.[6] 이 공식에서 B는 행동, f는 함수관계, P는 사람, 그리고 E는 그 사람을 둘러싼 전체적인 환경을 칭한다. 흔히 인용되는 이 공식은 개인의 행동이 서로 분리될 수 있는 두 가지 실체, 즉 사람과 환경 간의 역동적인 상호작용의 소산임을 가정하고 있다. 마찬가지의 도식을 우리는 앞 장에서 제시한 [그림 8-1]에서 보았다.

이와 같은 일반적인 개념체제에 비추어 보면 우리가 지금 논의하고자 하는 표현행동은 개인 속에 내재되어 있는 행동성향과 그 개인을 둘러싼 총체적인 상황의 맥락 속에서 설명될 수 있는 측면이다. 표현행동의 한편에는 우리가 앞 장에서 비교적 자세하게 다룬 행동성향이 작용하고 그것의 다른 한편에는 개인의 감각기관에 부딪치는 물리적인 에너지로부터 복잡한 사회적 상황에 이르는 모든 외부적 사태나 압력이 작용한다. 따라서 우리가 만약 어떤 특정한 시공에서 보이는 표현행

4) L. R. Tucker, Experiments in multimode factor analysis, Proceedings of 1964 Invitational Conference on Testing Problems, Princeton, New Jersey: Educational Testing Service, 1965, pp. 46-57.
5) C. L. Hull, *A Behavior System*, New Haven: Yale University Press, 1952.
6) K. Lewin, *Field Theory in Social Science,* New York: Holt, 1966.

동을 예언하고자 한다면 이 두 가지의 어느 하나, 즉 상황적 진공 상태에서의 내적 성향이나 혹은 내적 성향의 부재 상태에서의 상황적 특수성만을 고려해서는 안 되고 이들 간의 복합적인 상호작용의 부면을 동시에 고려해야 할 것이다. 예를 들어 보자.[7] 가령, 어떤 상황에서 세 사람이 모두 공개적인 표현행동을 했다고 가정하자. 혹은 어떤 한 사람이 세 가지 다른 상황에서 모두 '공격적인 표현행동'을 했다고 하자. 이때 어떤 사람은 그 표현행동이 개인 내의 어떤 안정되고 일관성 있는 특성 때문에 일어났다고 주장할 수도 있고, 다른 사람은 그것이 이를테면, 토론 장소, 운동경기, 시위 사태라는 상황적 조건 때문에 일어났다고 고집할 수도 있다. 그러나 이 두 주장은 모두 맞거나 모두 틀릴 수도 있다. 왜냐하면 그 공격적인 행동은 그 어느 요인에 의해서도 일어날 수 있기 때문이다. 이 점을 근래에 미셸(W. Mischel)[8]은 특성이론을 공박하면서 그리고 바커(R. G. Barker)[9]는 생태적 상황(ecological settings)에서 보이는 행동 에피소드(behavioral episodes)를 부각시키면서 충분히 지적하였다.

피부 밖으로 나타나는 표현행동이 이처럼 학문적으로 중요한 예측의 대상이 되어 왔다는 사실은 매우 흥미 있는 사실이다. 이른바 행동주의 심리학자들은 앞 장에서 지적했듯이 눈으로 직접 식별할 수 있다는 점에서 이 표현행동(그들의 말을 빌리면 반응)에 관심을 갖게 되었다. 이들이 규정하는 반응은 크게 미시반응(a molecular response)과 거시반응(a molar response)으로 대별된다. 여기서 미시반응이란 "신체 부위의 운동이나 눈물, 땀, 침 등의 분비에서와 같이 밖으로 드러나서 관찰할 수 있는 근육 활동이나 외적 분비선의 활동"[10]으로 정의될 수 있다. 초기 행동주의자들은 이 입장에 따라 근육 수축과 같은 매우 협소한 단위의 반응을 주로 연구하였다. 그러나 후기 행동주의자들은 그와 같은 미시반응에 대한 집념이

● ● ● ●⋯⋯⋯⋯⋯⋯⋯⋯⋯⋯⋯⋯⋯⋯⋯⋯⋯⋯⋯⋯⋯⋯⋯⋯⋯⋯⋯⋯⋯⋯⋯

7) M. Argyle, & B. Little, Do personality traits apply to social behavior?, *Journal of the Theory of Social Behavior*, 1972, *2*, 1-35.

8) W. Mischel, *Personality and Assessment*, New York: Wiley, 1968.

9) R. G. Barker, *Ecological Psychology*, Stanford: Stanford University Press, 1968.

10) D. O. Hebb, *A Textbook of Psychology*, Philadelphia: Saunders, 1958, p. 2.

목적적 반응(예컨대, 미로 찾기)과 같은 거시적 부면에 대한 이해의 폭을 축소시킨다고 보고 그들의 관심을 거시반응으로 전환시켰다. 예컨대, 에스테스(W. K. Estes)는 "반응이란 용어가 생리적으로 혹은 해부학적으로 정의된 단위가 아니라 일단의 활동(이를테면, 손잡이를 누르는 모든 행동들)을 지칭하는 것이다."[11]라고 하며 반응이 기술되는 일반성의 수준을 확장했다. 또한 행동주의를 신봉하지 않는 행동과학자들도 지금 여기서 논의되는 표현행동을 여러 가지 다른 차원에서 그들의 이론에 중심적인 부면으로 취급한다. 왜냐하면 표현행동은 그것이 같은 객관성(objectivity)으로 인해서 그들의 이론을 증명하는 하나의 근거점이 되기 때문이다. 이를테면, 표현행동은 심리학자들에게는 그들이 가정하는 내적 성향을 증명하는 준거가 되며, 사회학자들에게는 그들이 가정하는 사회적 현실을 증명하는 기점이 된다.

그러나 표현행동이 강조되는 보다 큰 이유는 그것이 일상생활에서 작용하는 의미 때문이다. 어떻게 보면 표현행동은 단순한 물리화학적 사실에 불과하다. 그런데도 사회적 상황에서 그것이 갖는 의미는 막중하다.

이 점은 어빙 고프먼이 그의 저서 『낙인』의 맨 앞부분에서 인용한 한 통의 편지 구절에서 매우 적절하게 나타난다.[12]

"저는 지금 16세인데 어찌할 바를 몰라 이 글을 씁니다. 선생님께서 저의 할 바를 가르쳐 주신다면 고맙겠습니다. 제가 어린 소녀였을 무렵에는 괜찮은 편이었습니다. 왜냐하면 당시 저는 이웃 애들과 서로 재미있게 어울려 지낼 수 있었으니까요. 그러나 지금은 다른 소녀들처럼 남자친구를 사귀고 주말에 데이트도 하고 싶지만 저를 데리고 나갈 소년은 아무도 없습니다. 왜냐하면 저는 코(a nose)가 없이 태어났기 때문입니다. 저는 춤도 잘 추고, 날씬한 몸매를 지니고 있고, 아버지께서 예쁜 옷도 사 주셨지만.

───────────────

11) W. K. Estes, The statistical approach to learning theory, In S. Koch (Ed.), *Psychology: A Study of a Science*, Vol. 2, New York: McGraw-Hill, 1959, p. 392.

12) E. Goffman, *Stigma: Notes on the Management of Spoiled Identity*, New Jersey: Prentice-Hall, 1963.

저는 하루 종일 저 자신을 쳐다보고 울고 앉아 있을 뿐입니다. 얼굴 복판의 큰 구멍은 사람들은 물론 저 자신조차 기겁하게 합니다. 그래서 저는 남자애들이 저를 데리고 나가고 싶지 않은 것에 대해서 나무랄 수 없습니다. 저의 어머니는 저를 사랑하시지만 저를 보면 소리 내어 울죠.

저는 전생에 무슨 짓을 했기에 이처럼 나쁜 운명을 타고 났을까요? 설사 제가 나쁜 짓을 했다고 하더라도 저는 한 살 되기 전에 그런 짓을 하지 않았고, 저는 이렇게 태어났을 뿐이에요. 아빠에게 물어봤더니 잘 모르시겠다고 하면서, 아마도 제가 전생에 어떤 것을 했거나 혹은 아빠가 나쁜 죄를 지어 그 대가로 딸인 저에게 벌을 내린지도 모른다고 하시더군요. 저는 그 말을 믿지 않습니다. 왜냐하면 아빠는 매우 훌륭한 분이시니까요. 저는 자살을 해야 합니까?"

얼굴이란 개인의 일부에 불과하다. 보다 정확하게 말하면, 얼굴은 신체 가운데 일부이며, 코는 얼굴 가운데 그 일부에 속한다. 그렇지만 코는 사람들의 눈에 가장 두드러지게 돋보이는 부분이며, 그것이 사회적으로 '비정상'의 형태를 취할 때, 그것은 위에서 읽은 바와 같은 심각한 결과를 가져온다. 만약 이 편지를 쓴 소녀의 감춰진 부분(예컨대, 콩팥이 하나라거나 처녀막이 파괴되었다거나 하는 경우)이 비정상이라면, 사람들은 그 소녀를 그토록 냉대하지는 않았을 것이다. 물론 감춰진 부분에는 비단 신체적인 것뿐만 아니라 앞 장에서 다룬 행동성향이 모두 포함된다. 이처럼 사회는 구성원의 외모를 위주로 타인을 평가하기 때문에 사람들은 그들의 표현행동에 대해서 과민할 정도로 관심을 가지고 처신하게 된다. 이제 우리는 이와 같은 측면에서 표현행동을 좀 더 깊이 다루어 보기로 한다.

사회는 이미 상황에 따라 마땅하게 용납되거나 용납되지 않은 표현행동의 목록을 가지고 있다. 이 점에서 사회는 일종의 연극적인 대본을 구성원이 출생하기 훨씬 이전에 마련해 놓고 있다고 할 수 있다. 개인은 출생과 동시에 점차 어떤 상황에서 어떤 표현행동이 인정받거나 거부되는지를 배우게 되며, 그것은 내적 성향의 일부를 구성한다. 그것은 프로이트가 일컫는 '초자아'일 수도 있고, 번이 일컫는 '부모 자아'일 수도 있고, 펄스가 일컫는 '지배자'일 수도 있다. 사회심리학자들은 이를 '역할 지각(role perception)'이란 용어를 써서 지칭하기도 한다. 물론 사회적 요구와 개인이 학습을 통해서 구성한 사회적 현실 간에는 항상 어느 정도의 불균형이 있지만, 개인은 대중 앞에 나타날 때 가능하다면 혹은 모든 조건이 동일하다면 그들에게서 인정받을 수 있는 형태의 표현행동을 하려고 노력한다. 그러나 그의 실제적인 표현행동은 그의 행동성향이 허용하는 범위 내에서 가능한 것이다. 이를테면 아무리 사회가 '나는 동작'을 바람직스러운 것으로 규정하고 있고 또 개인이 그것을 의식하고 있다고 하더라도 만약 그 개인에게 그런 능력이 없다면 그 동작은 이루어질 수 없다. 이는 두 탤런트에게 똑같은 대본을 준다고 하더라도 그들의 공연행동이 약간 다를 수 있는 이유를 마련해 준다. 또한 너무도 당연한 말이지만 개인은 그가 설사 어떤 표현행동을 할 수 있는 행동성향을 가지고 있더라도 상황의 제약 때문에 그것을 억제하게 된다. 가령, A는 B에 대해서 적대감을 느끼지만, 그리고 그것을 표현행동으로 나타낼 능력이 있지만, 그것을 표현하지 않거나 혹은 반대로 '우호적인' 표현행동으로 나타낼 수 있다. 이 점에서 표현행동은 현재 개인이 가진 행동성향과 상황적 요구 간의 상호작용의 소산이라거나 혹은 이 양자의 이질성을 완충하는 관문이라는 말이 성립될 수 있다.

우선, 사회학자들은 우리에게 개인이 표현행동을 하게 되는 상황적 조건에 대한 측면을 잘 묘사해 준다. 이들은 우리가 처한 사회를 일단의 조직과 제도로 구성된 것으로 개념화한다. 사회는 에밀 뒤르켕이 애써 지적했듯이 개인 밖에 존재하면서 개인에게 제약을 가하는 객체적인 현실(objective reality)이다.[13] 그것은 이른바 정치적, 경제적, 사회적 제도를 포함하며, 학교, 병원, 군대, 공장, 교회, 가정과 같은 단위를 가진다. 각 조직체는 다시 그것의 구성원에 의해서 점유될 직책(positions)과 관련하여 기술될 수 있고, 그 각 직책은 누가 그것을 점유하든 간에 그에게 기대되는 특수한 표현행동을 규정하고 있다. 이것이 이른바 역할(role)이라는 개념이다. 이 개념은 사회구성원이 사회와 관련을 맺는 과정을 설명하는 데 가장 핵심적으로 사용된다. 이는 본질상 연극에서 사용하는 '배역(parts)'이라는 말과 다를 바

---

13) E. Durkheim, *The Rules of Sociological Method,* New York: The Free Press, 1939.

없다. 연극에서 배역은 어떤 특수한 배우와는 독립적으로 존재한다. 예컨대, 셰익스피어는 어떤 특수한 연극배우를 의식하지 않고 『맥베스』라는 극본을 썼으며, 지금도 배우는 그 극본에 맞추어 연극을 공연한다. 극본에 의하면 맥베스의 역을 맡은 배우는 던컨(Duncan)을 살해해야만 한다. 따라서 맥베스의 배역을 맡은 배우가 그런 공연행동을 극에서 하기를 거부한다면 그는 연극에 참여할 자격이 없다. 사회적인 역할도 연극의 배역과 마찬가지로 어떤 특정한 개인을 의식하고 규정된 것이 아니라 그것을 차지한 인물이면 누구나 지켜야 할 권리와 의무 사항으로 구성되어 있다. 갑이 을에 대해서 처신하는 방식은 부분적으로 그들이 각각 선생과 학생, 이발사와 손님, 고용인과 피고용인으로 인정된 대본, 규칙 혹은 표준에 의해서 결정된다.

사회적 계층화(social stratification)는 인간 사회에서 발견되는 거의 일반적인 현상이다. 갑과 을은 그들이 점유한 위치에 따라 위계적으로 평가될 수 있다. 어떤 주어진 계급에 속한 사람들은 어떤 수락된 집단의 우열의 기준에 의해서 다른 계급에 속한 사람들보다 높게 평가받는다. 계급차는 일단의 정서적 태도의 발달에 근거를 두고 있다. 각 사회는 때와 장소에 따라 그들 나름의 이상적인 인물에 대한 개념을 가지고 있기 때문에 그 기준을 일률적으로 규정하기는 어렵다. 단순한 원시사회에서는 연령, 성별, 혈연을 기초로 계층을 구분하였다. 그러나 사회의 규모와 복잡성이 증가됨에 따라 계속적으로 분업의 현상을 갖게 되었으며, 그 과정에서 인정받고 우대받는 직책에 대한 개념도 변천하였다. 그들 가운데는 신성성, 권위, 권력, 생산 수단의 소유자, 수입, 교육, 가문 등이 포함된다. 그래서 개인은 사회의 무대에서 "나는 어디에 소속하고 있는가?", "나는 어떻게 처신해야 하는가?", "나는 어떤 의상을 입어야 하는가?" 따위의 질문을 던지며 대인관계에서 계층에 부응하는 적절한 공연행동을 표현하려고 한다.[14] 같은 계층에 속한 사람들은 사회적으로 동격이라는 연대감을 가지며, 서로 결혼한다거나, 같은 협회를 다니거나, 서로 방문하고, 식사하는 등의 비공식적 참여를 하면서 자기들보다 낮거나 높은 계층과

---

14) K. B. Mayer, *Class and Society,* New York: Random House, 1955.

구분된 표현행동과 생활양식을 추구한다.

사회적 체제 속의 각종 역할은 그 구성원에 의해서 충원된다. 개인은 대개 두 가지 종류로 구분될 수 있는 직책을 갖는다. 그 한 부류는 '귀속된 직책(the ascribed statuses)'이고, 다른 한 부류는 '성취한 직책(the achieved statuses)'이다.[15] 전자는 가족 구성원, 인종 혹은 성별 등과 같이 출생과 동시에 자동적으로 부여받는 지위이며, 후자는 특별한 훈련과 능력을 요구하는 것으로서 개인의 선택과 자질에 의해서 획득하는 지위다. 사회적인 계층은 때와 장소에 따라 이 양쪽 부류의 어느 것에 속해 왔다. 이를테면, 인도에서 찾아볼 수 있는 카스트 체제(a caste system)에서는 출생과 동시에 특정한 사회계층의 구성원이 결정되며, 개인이 그 자신의 노력에 의해서 높은 사회계층에 소속될 여지가 없다. 그러나 오늘날의 민주사회는 사회계층을 이처럼 엄격하게 정의하지 않고 개인이 자유롭게 사회적 이동(social mobility)을 할 수 있는 것을 최소한 그것의 이념으로 삼고 있다. 그래서 개인은 능력과 취향에 따라 비교적 자유롭게 계층 간의 이동, 즉 수직이동(vertical mobility)이나 계층 내의 이동, 즉 수평이동(horizontal mobility)을 할 수도 있다. 연탄 장사가 대기업주가 되었다면 전자의 예에 속하고, 연탄 장사가 목공수가 되었다면 후자의 예에 속한다.

그러나 여기서 우리는 연극에서 대본상의 배역과 어떤 특정한 연기인이 보이는 공연행동을 구분하듯이, 사회에서 규정한 역할(prescribed role)과 사회구성원이 그 역할을 배분받아 보이는 실제적인 역할수행(role performance)을 구분할 필요가 있다. 갑과 을이 똑같이 맥베스의 역을 받았다고 하더라도 그들의 공연행동은 서로 다를 수 있다. 왜냐하면 그들은 그 배역에 대해서 다른 지각을 할 수도 있고, 또 설사 같게 지각했다고 하더라도 그것을 표현하는 능력에 차이가 있을 수 있기 때문이다. 마찬가지로 사회적인 역할도 누구에 의해서 점유되느냐에 따라 그 역할수행은 전혀 다른 양상으로 나타날 가능성이 있다. 왜냐하면 이미 앞서 지적했듯이 개인은 그 나름의 다른 행동성향을 지니고 있기 때문이다. 여기서 독자는 표현행동

----

15) R. Linton, *The study of Man*, New York: Appleton, 1930, pp. 113-132.

이 상황적 요구와 내적 성향 간의 상호작용의 소산이라는 일반적인 명제의 특수한 사례를 볼 수 있을 것이다. 사회적 체제는 사회구성원이 체제에서 규정하는 역할에 충실한 역할수행을 보일 수 있을 때 좀 더 효과적으로 운행될 수 있을 것이다. 그러나 개인은 그 나름의 경험에 의해서 형성된 성향을 내재하고 있는 존재이기 때문에 사회에서 요구하는 바대로 처신하지는 않는다. 이로 인해서 개인과 사회는 서로 미묘한 긴장과 갈등을 체험할 수도 있다. 이제부터는 그 가운데 몇 가지 두드러진 측면을 간략히 검토해 보고자 한다.

한 유형의 문제는 사회에서 개인에게 어떤 인정된 행위 준칙을 제공하지 못할 때 일어난다. 단순 사회에서는 개인이 아동, 어머니, 아버지, 부락의 족장 등의 역할을 맡게 되었을 때 어떻게 처신해야 된다는 데에 관한 분명한 준칙이 있었다. 그러나 현대사회에서는 어떤 주어진 직책에서 수행해야 할 역할에 대한 합의가 결여되어 있다. 역할은 다양화되고 수시로 변한다. 그 결과, 많은 사람은 무엇이 옳고 그른 행동인지에 대한 의식을 잃고 불안감과 불편감을 경험하게 된다. 사회적인 유대감이 이완되고 사람들이 그들의 사회적 역할을 멀리하는 이와 같은 상태를 일찍이 뒤르켐은 '아노미'라는 말로 표현하였다.[16] 그는 여러 가지 유형의 사회적 통합성에 관심을 가졌는데, 이 아노미 상태에서의 사회구성원은 자살하려는 동기를 갖게 된다는 것을 관찰하였다. 방향 감각을 잃은 아노미 상태의 개인은 책임감이 결여되고 냉소적이고 비관적이고 순간순간의 감각적 쾌락에 탐닉하는 활동에 가담하거나 금전과 권력의 추구에 지나치게 부심하는 여러 가지 증세를 보이기도 한다.[17] 이에 미루어 보아 사회는 개인에게 심리적 안정감을 보장하고 그들의 생활 목표를 지향시킬 수 있는 최소한의 통정심을 가질 필요가 있다.

다른 하나의 문제는 한 개인에 의해서 점유된 여러 가지 역할이 이질성을 가질 때 야기되는 것으로 지적되어 왔다. 개인은 여러 가지 특수한 상황에서 그 상황에

---

16) E. Durkheim, *Le Suicide* (Paris: Alcan, 1897), English translation and introduction by George Simpson, New York: The Free Press, 1951.

17) M. B. Clinard (Ed.), *Anomie and Deviant Behavior*, New York: The Free Press, 1964.

맞는 다양한 가면을 쓰고 다양한 역할을 수행해야만 한다. 근래에 사회과학자들은 개인이 이런 상황하에서 체험할 수 있는 역할 갈등(role conflicts)과 그로 인한 성격의 분열화와 긴장의 문제에 상당한 관심을 표명해 왔다. 심한 경우, 개인은 지킬 박사와 하이드 같이 서로 상반된 역할을 동시에 수행하도록 사회로부터 요구될 수도 있다. 어떤 여성의 경우를 예로 들어 보자.[18] 전통적으로 여성은 남성보다 얌전하고, 매력적이며, 피동적이며, 정서적인 표현행동을 하도록 기대된다. 그녀는 어머니로서 혹은 아내로서 가정에서 이 기대에 맞는 행동을 할지 모른다. 그런데 그녀는 다른 한편으로 시장에서 상인으로서 혹은 계꾼으로서 억센 어투와 거동을 해야만 수익을 높일 수 있는 직책을 동시에 가지고 있기 때문에 출근하자마자 가정에서와는 전혀 판이한 무대생활을 할 수도 있다. 이런 경우에 그녀는 그 자신의 정체감에 대한 회의에 빠질 가능성이 있다.

로저 브라운(Roger Brown)은 다음의 문구에서 귀속적 역할과 성취적 역할 간에 있을 수 있는 또 하나의 미묘한 갈등을 매우 적절하게 지적하였다.[19]

"만약 당신의 아들이 당신의 학생이라면, 당신은 아들을 승급시키는 데 모든 방도를 강구해야 할 훌륭한 아버지의 의무와 상대적인 학업 성적을 토대로 엄격하게 점수를 매겨야 할 훌륭한 교사의 의무 간에 갈등을 겪을 위험에 직면한다. 만약 그 아들이 당신의 강의를 수강하지 않았다고 하더라도 당신의 동료 교사는 전문적인 의무감과 친구의 의무감 간에 있을 수 있는 갈등을 체험할 것이다. 이런 유의 갈등은 불편한 감정을 유발하지만, 우리의 문화에서 최선의 해결은 친족관계를 무시하고 선생의 역할을 수행하는 것이라는 점에서 우리는 동조할 수 있으리라고 나는 생각한다. 이것이 귀속적 역할보다 성취된 직업적 역할을 우선하는 하나의 해결 방법이다……. (그러나) 그것은 귀속성을 강조하는 문화에서는 정당한 해답이 아닐 것이다."

●　●　●　●　…………………………………………………………………………………………………

18) M. Komarovsky, Cultural contradictions and sex roles, *American Journal of Sociolgy*, 1946, *52*, 184–189.

19) R. Brown, *Social Psychology*, New York: The Free Press, 1965, pp. 157–158.

교사와 부모의 역할이 다르고 아들과 학생의 역할이 다르다. 이 역할들은 각각 다른 몸가짐, 의상, 거동, 언어, 예절 등의 표현행동을 요구한다. 똑같은 사람들끼리 학교와 가정이라는 사회적 장면에서 이처럼 상이한 거동을 할 수 있는 것은 그 장면들이 시간적으로나 공간적으로 분리되어 있기 때문에 가능하다. 우리는 웃는 표정을 지음과 동시에 우는 표정을 지을 수는 없다. 마찬가지로 학생의 성적을 '수'를 줌과 동시에 '양'을 줄 수도 없다. 이처럼 표현행동이 갖는 한계 때문에 개인은 장면마다 어떤 특이한 표현행동을 선택할 방도밖에 없다. 그런데 만약 시공적인 분리가 없는 상황에서, 혹은 앞에서 지적했듯이 성취와 귀속의 우열에 대한 분명한 한계가 없는 상황에서는, 그 결단은 결코 용이하지 않다. 물론 갈등의 해결은 항상 필수적인 것은 아니지만 그러나 그것을 해결하지 않고 지연시키는 것은 성격의 통합성과 안정성에 큰 위협을 준다.

이제까지 우리가 검토한 문제는 다분히 사회학의 측면에서 보는 관점이다. 개인은 동시에 여러 가지 역할을 가지며 그들 가운데 어떤 것은 일시적이거나 영구적이다. 그 역할 가운데 어떤 것은 분명히 규정되어 있고, 다른 것은 모호하게 규정되어 있다. 어떤 것은 성취적이고 다른 것은 귀속적이다. 어떤 역할은 서로 간에 일관성을 가지고 조화를 이루는 반면, 다른 것은 이율배반적으로 상충한다. 이와 같은 사회적 장면과 구조의 성질에 따라서 개인은 이른바 역할 갈등이나 긴장감을 갖게 된다는 것이 지금까지의 이야기다. 그러나 우리는 여기서 이런 문제를 제기할 수 있다. 이와 같은 사회적 상황의 재구성만으로 개인과 사회 간의 갈등은 해소될 수 있는가? 내가 보기에는 그렇지 않은 듯하다. 개인과 사회 간의 보다 원천적인 긴장 관계는 역할 기대와 개인이 가진 내적 성향 간의 이질성에서 비롯된다. 사회직 체제와 개인의 내면적 체제는 서로 분리될 수 있는 실체며, 표현행동은 양쪽 체제의 중간에서 서로의 관계를 중재하는 또 다른 하나의 실체다. 따라서 이들 간에는 항상 불균형(disequilibrium)이 있을 수 있다.

사회는 개인이 가진 행동성향에 상관없이 그가 점유한 직책에 따라 일률적인 표현행동을 요구한다. 그러나 어떤 사람은 그 표현행동을 할 수 있거나 혹은 하는 데 개인적인 만족감을 느낄 수 있지만 다른 사람은 그렇지 못한 경우가 있다. 가령, 신

체적으로 나약한 사람이 육상 경기의 선수로 출전하게 되었을 때, 고소공포증이
있는 사람이 공수부대원의 역할을 받게 되었을 때, 무식자가 대학교수의 직분을
맡게 되었을 때, 개인은 그렇지 않은 행동성향을 가졌을 때보다 사회에서 요구하
는 역할수행을 하기가 어렵거나 혹은 그 역할수행을 할 수 있었다고 하더라도 개
인적으로 많은 불안감과 긴장을 체험할 것이다. 대개의 경우 사회는 그 구성원에
게 사회적 직분의 수행에 부합하는 방식으로 그의 행동성향을 조형한다. 혹은 사
회나 개인은 그들 간의 체제가 서로 갈등이 없이 조화를 이룰 수 있는 방식으로 역
할을 부여하거나 역할을 선택할 수도 있다. 이와 같은 방식은 개인적으로나 사회
적으로 다행한 일이다. 그러나 가령 전혀 사회문화적 배경이 다른 환경에서 행동
성향이 형성된 사람이 서로 그 장면을 바꾸어서 사회적인 처신을 하게 되는 경우
에 사회와 개인의 이질감 때문에 양자가 모두 당혹감을 가지게 된다.

　레빈(R. A. Levine)은 사회적으로 기대되는 표현행동과 개인의 내면에서 어떤 방
식으로 지향되는 성향 간의 갈등된 상황을, 미국에서 자란 어느 여류 인류학자가
필리핀에서 거행되는 장례식에 참여할 때의 경우를 들어 다음과 같이 묘사하였
다.[20]

　"격식에 맞춰 조위하면서 그녀는 '거의 마비 상태의 당혹감(almost paralysing
embarrassment)'으로 인해서 고통을 받았다. 왜냐하면 그녀는 미국인으로서 양육
되었기 때문이다. 환언하면, 그녀의 감정(이것은 심리생리학적 과정이다)은 그녀의
어릴 적 규범 환경에 의해서 너무도 철저하게 예정되었기 때문에 그녀가 상이한 일단
의 규범에 따라서 처신하려고 할 때, 설사 인류학자로서 지방적인 관습에 일치하여야
한다고 알고 있음에도, 그녀는 내면적인 저항과 불편감(internal resistence and
discomfort)을 경험한다. ……(따라서) 외래인은…… 초대하는 집단의 분명한 관례
적 규칙에 따라 처신하는 것을 통상 학습할 수 있고, 더 나아가 그들의 희망과 공포를
공감할 수도 있지만, 이 규칙에 주는 자발적인 감정과 신념(spontaneous feelings

20) R. A. Levine, *Culture, Behavior and Personality*, Chicago: Aldine, 1973, pp. 18-19.

and beliefs) 및 깊은 의미가 있는 동기 등은 얻지 못한다."

여기서 우리는 개인의 행동성향은 그것이 표현되는 사회적인 상황과 독립적으로 취급되어야 한다는 시사를 강력하게 받는다. 우리는 앞서 행동가능성을 논의할 때 빅터라는 야생인간의 사례를 든 바 있다. 그의 행동성향은 숲 속에서 형성되었으며, 그 성향이 인위적인 환경에서 자유롭게 표현될 때 주위 사람들은 그의 거동을 '더럽고, 무섭고, 위협적인 것'으로 평가하였다. 따라서 그는 차츰 사회적인 기대에 부응하는 처신 방법을 배우면서 어느 외진 농촌에서 농부의 역할을 할 수도 있었지만, 그는 그 역할행동을 하면서도 항상 '부자연스러움'을 느껴야만 하였던 것이다. 마찬가지의 경험을 개인적으로 슬픈 감정을 가지고 있지만 카메라 앞에서는 대사에 따라 잠시나마 미소를 지어야 하는 어느 TV 탤런트도 가질 수 있다.

사회문화적인 상황에서 적절한 표현행동을 하는 방법을 배우는 과정은 반드시 행동성향의 형성 과정과 동일한 것은 아니다. 이 두 과정은 연극인의 경우를 생각하면 쉽게 이해될 수 있다. 모르긴 해도 탤런트 양성소에서는 탤런트의 내면적 성향을 문제시한다기보다는 대본에서 요구하는 표현행동의 적절성을 문제시할 것이다. 예컨대, 탤런트 후보자는 왕의 역할을 주었을 때 왕의 거동을 할 수 있고 신하의 역할을 주었을 때 신하의 거동을 할 수 있으면 되는 것이다. 슬퍼야 할 장면에서는 애도와 비통에 관련된 거동을 할 수 있고, 기뻐야 할 장면에서는 사회적으로 그것과 유관한 언동을 할 수만 있다면, 그는 훌륭한 연기수업을 마칠 수 있다. 연기인은 무대 위에서 이른바 '표현의 책임(expressive responsibility)'을 가지고 처신해야만 한다. 만약 그가 카메라 앞에서 대사에 없는 하품을 한다거나 엉뚱한 제스처나 언어를 구사한다면 그 결과에 대한 책임이 추궁되기 때문에 그것을 미리 방지할 수 있는 사건의 대책과 전략에 각별한 주의를 하게 되고, 그로 인해서 안절부절못하거나 땀을 흘릴지도 모른다. 그러나 그 '자연스러운 증세'조차 임기응변적으로 처리할 수 있어야만 그는 극을 살릴 수 있다.

앞서 B=f(P·E)라는 공식으로 지적했듯이 표현행동은 개인의 행동성향과 환경에 의해서 결정되기 때문에 개인의 표현행동을 예측하기는 거의 불가능하다. 우리

는 사실상 개인의 행동성향과 그 개인의 환경에 대한 총체적인 정보를 가지고 있
지 않다. 그러나 우리는 이 양자의 변인들이 표현행동에 주는 상대적인 비율에 따
라, 혹은 그 표현행동의 결과를 놓고 '적절한 표현행동'이라거나 '부적절한 표현
행동'이라는 평가를 내릴 수 있다. 가령, 어떤 사람의 거동이 주로 그의 사적인 성
향에 의해서 결정되면, 우리는 그것에 '충동적'이라거나 혹은 '비사회적'이라는
의미를 부여하고, 만약 그의 거동이 주로 사회적 기대에 의해서 좌우되면, 그것에
'사교적'이라거나 '사회적'이라는 의미를 부여한다. 따라서 개인은 이 평가를 의
식하는 한 자신의 표현행동을 사회적인 의미에 부합하게 나타내려고 노력하게 된
다. 그러자면 그는 표현행동에 대한 사회구성원의 전형적인 견해나 사고가 무엇인
지에 대한 인식을 가질 뿐만 아니라 그것을 스스로 표현할 수 있는 능력을 가져야
된다는 과제에 봉착한다. 우리는 이제부터 이 부면을 밝힌 몇 가지 이론을 점검하
기로 한다.

　일찍이 쿨리(C. H. Cooley)[21]와 미드(G. H. Mead)[22]는 개인이 자신과 관련하여 타
인을 인식하고 타인과 관련하여 자신을 인식하면서 사회적 현실을 내면화하는 특
수한 과정에 대한 흥미 있는 가설을 제공하였다. 이 가설은 오늘날에 이르기까지
이른바 '상징적 상호작용론(symbolic interaction)'이라는 유파를 형성하면서 여기서
일컫는 표현행동의 인식적 측면을 밝혀 주고 있다. 이들은 일단의 사회인들이 어
떤 공통된 세계관을 가지고 있다는 가정에서 출발한다. 이 세계관은 인간과 인간
본성에 대한 신념과 사람들의 행위를 인도하는 가치체제를 포함한다. 이런 현실
속에 태어나서 우리는 점차 자기 자신을 타인의 눈에 비친 하나의 개체로서 간주
하면서 이른바 '사회적 자아(social self or me)'를 형성하게 된다고 한다.

　이 과정은 다음에 인용하는 쿨리의 글에 매우 간결하게 압축되어 있는 듯하다.[23]

21) C. H. Cooley, *Human Nature and Social Order*, New York: Charles Scribner's Sons, 1922.
22) G. H. Mead, *Mind, Self and Society*, Chicago: University of Chicago Press, 1934.
23) C. H. Cooley, *op. cit.*, 1922, pp. 183-184.

"하나의 광범하고 흥미 있는 부류의 경우에서 사회적 참여(social reference)는 자신의 자아(즉, 그가 적절하다는 어떤 관념)가 어떤 특수한 사람의 마음속에 어떻게 나타나는가에 대한 어느 정도 분명한 상념(a somewhat definite imagination)의 형태를 취한다. ……이런 부류의 사회적 자아는 반사된 혹은 거울에 비친 자아(the reflected or looking-glass self)라고 칭할 수 있다.

'각자는 거울이 되어

지나가는 타인을 비춰 주느니'

우리는 거울 속에 있는 우리의 얼굴, 용모, 몸치장을 바라보고, 그것들이 우리의 것이기 때문에 그들에 흥미를 갖고, 그들이 어떤 형태를 취하였으면 좋겠다는 관념에 부합하는지의 여부에 따라 우리는 즐거운 감정을 갖거나 그렇지 못한 감정을 가진다. 마찬가지로 우리는 상상의 날개를 펴서 타인의 마음속에 들어가 우리의 외모, 몸가짐, 목적, 처신, 인격, 친구들에 대한 어떤 생각을 지각한다. 그리고 우리는 그 생각에 의해서 다양하게 영향받는다. 이런 유의 자아관은 세 가지 주된 요소를 가진다. (첫째는) 타인에게 우리가 어떻게 보이느냐를 상상하는 것이고, (둘째는) 그 외모에 대해서 그 자신이 판단을 내리는 것이고, (셋째는) 자존심이나 굴욕감 같은 어떤 유의 자기감정을 갖는 것이다."

한마디로 상징적 상호작용론의 취지는 우리가 남의 눈치를 보면서 자신의 적절하거나 부적절한 인간상을 그려 나가는 과정을 강조하고 있다. 다시 말하면, 개인은 사회생활을 통해서 표현행동의 사회적 의미와 평가방식에 대한 기준을 터득하고, 자신이 타인에게서 우호적인 행동을 한 것으로 지각하느냐 않느냐에 따라 자존심을 갖거나 수치심을 가지게 된다는 것이다. 이 부면은 그 거울 속의 자아가 그 개인에 대한 단순한 기계적인 반사가 아니라 그것이 갖는 사회적인 의미로 인해서 감정 상태를 유발하는 요인이 됨을 시사한다. 그러나 상징적 상호작용론자들이 이 부분을 강조한다고 해서 그것이 개인의 전체를 구성하는 것으로 본다고 해석해서는 안 된다. 물론 이 사회적 자아는 성격의 일부로서 개인이 특정한 사회적 상황에서 그가 처신해야 할 관례적인 요소로서 작용하지만, 개인은 또한 광범위한 범위의 자발적이고, 기선적이고, 참신하며, 고유한 요소를 지니고 있는 것으로 가정된다. 이를테면, 좀 모호한 개념이긴 하지만 이 예측불허한 성격의 측면을 미드는 '나(I)'로 지칭하고 있다.

개인은 특별한 경우를 제외하고 다른 개인과 밀접하게 상호작용을 하면서 생활해야만 한다. 그런데 이들 간의 심리-사회적 의미 교환은 대부분 표현행동의 정형에 의해서 가능해진다. 이 표현행동은 누차 강조해 온 바와 같이 개인이 실제로 내부에서 우러나오는 감정이나 신념의 직접적인 표현이라기보다는 사회적 관계를 원활하게 하기 위한 가면(mask)의 구실을 하기 마련이다. 우리는 지금 이 가면의 학습에 관해서 논의하고 있다. 이 가면의 학습은 그 가면의 이면에서 작용하는 내적 성향과 괴리되어 이루어지게 된다는 점은 심리학자들의 중요한 관심사로 등장하고 있다. 이는 이른바 프로이트 계열의 학자 가운데 근래에 사회심리적 발달에 초점을 전향하고 있는 몇몇 학자들에 의해서 예리하게 지적되었다. 특히 이들은 인생의 출발점에서 이루어지는 이 허구적 체제가 내면적 성향을 파괴할 수 있는 위험성을 우려한다.

이에 대한 많은 이론 가운데 설리번(H. S. Sullivan)의 주장은 지금 우리가 논의하고 있는 측면을 매우 적절하게 조명해 준다.[24] 그에 의하면 인간은 매우 불안한 동물이다. 출생 시에 유아는 거의 무력한 상태에서 그의 생존을 거의 전적으로 부모에 의존하여 유지해야만 한다. 부모는 그에게 안전을 보장해 주는 한편 구조화된 사회의 대표자로서 어떤 특수한 범주에 속한 사람들이 보여야 할 예정된 반응을 요구한다. 따라서 유아는 부모의 눈치를 보지 않을 수 없다. 어린이는 부모와의 관계에서 어느 경우에 어떤 반응을 하면 인정을 해 주거나 배척하는지를 식별하면서 이른바 자아체제(self-system)를 발전시키게 된다. 이 자아체제를 설리번은 '좋은 나(good me)'와 '나쁜 나(bad me)'로 양분화할 수 있는 것으로 보았다. 이는 사회적인 통념과 스테레오타입(stereotype)을 근거로 한 '의인화(personification)'로서 어린이가 불안 상태에서 자신을 보호할 수 있는 하나의 준거 기준의 구실을 하게 된다.

● ● ● ● ....

24) H. S. Sullivan, *The Interpersonal Theory of Psychiatry*, New York: Norton, 1953.

이 체제는 단순히 사회적 대가성에서 비롯되었기 때문에 그것과 상관없이 존재하는 그의 진자아(true self)와 상충할 수 있는데, 이때 그들 간의 간극이 계속 확대되고 심화되면 정신분열증과 같은 바람직하지 못한 결과를 초래한다는 것이 설리번의 논지다.

그러나 의인화나 그에 따른 자아체제의 형성은 누구에게나 거의 불가피한 생활의 국면이다. 우리에게 당면하는 문제는 대인관계에 중재하는 이 측면을 시인하고 불행한 사태로 발전되지 않은 방향의 대책을 사전에 강구하는 것이다. 우리는 조직화된 사회생활에 참여하면서 그들이 요구하는 사항에 스스로를 일치시키는 일에 급급하기 쉽다. 이는 의도적으로 이루어지기도 하지만 차츰 아무런 검토도 없이 기계적으로 반복될 수도 있다. 이처럼 심리적인 불안감으로부터 자아를 보존하기 위해서 사용되는 습관화된 대인행동을 설리번은 다이너미즘(dynamism)이라고 칭하였다. 생활에서 의미 있는 타인(significant others)과 교류되는 이 자동화된 반응은 가끔 참여자들에게 아무 이득도 없이, 혹은 더 나아가서 서로 피해를 주면서도 계속될 수 있다. 이 불필요하면서 비주체적인 행동에서 해방되는 길은 우선 그 맹목적이며 습관화된 행동의 근원을 파악하는 데 있다.

표현행동의 무비판적인 정형화는 스키너 계열의 작동조건화(operant conditioning)에 의해서 이루어질 수도 있다.[25] 이미 지적했듯이 스키너는 오직 외현적 반응에만 관심을 가지고 이것이 조형화되는 과정을 Sd→R→Sr±라는 패러다임에 의해서 설명하고자 하였다. 여기서 Sd는 식별적 자극, R은 도구 행동반응, 그리고 Sr±는 보강적 자극을 각각 지칭한다. 스키너는 많은 실험을 통해서 유기체의 반응은 일반적으로 그 반응의 전후에 주어지는 자극에 의해서 변형된다는 사실을 증명하여 왔다. 유기체가 우연히 어떤 특정한 작동행동을 하였을 때 만약 정적 보강자극(Sr+)이 주어지면 그 반응이 차후에 일어날 가능성은 점차 높아진다. 예컨대, 우리 안에 갇힌 굶주린 쥐가 우연히 그 안에 있는 어떤 막대기를 발로 눌렀을 때 먹이를 얻게 되었다거나 혹은 어떤 사람이 미소를 지을 때 상대방으로부터 인

---

25) B. F. Skinner, *Science and Human Behavior*, New York: Macmillan, 1953.

정을 받게 되었다면, 그 쥐나 사람은 그런 반응을 계속할 가능성이 있다. 또한 유기체는 어떤 반응을 함으로써 부적(負的) 보강자극(Sr-)에서 해방될 수 있게 될 때 그 반응을 계속하게 된다. 가령, 계속해서 전기쇼크를 받던 쥐나 더위에 시달리던 어떤 신사가 막대기를 누르거나 혹은 상의를 벗음으로써 그 고통스러운 자극 상태에서 벗어날 수 있게 되었다면, 다른 특별한 조건이 없는 한 그 반응은 반복된다. 마지막으로 어떤 반응을 한 직후 부적 보강자극이 뒤이어 계속되면 그 반응은 억제될 가능성이 높아진다. 더운 여름날 정장을 하고 공식석상에 나타나서 땀을 연방 씻어 내는 어떤 신사는 옷을 벗었을 때 부과되는 사회적인 불인정을 의식하고 있다.

작동조건화에서 식별자극(Sd)은 어떤 작동행동과 그것에 선행하는 자극 간의 높은 상관관계를 설명하는 데 매우 중요한 개념으로 사용된다. Sd는 하나의 작동행동이 보강받거나 보강받지 않는 정보를 제공하는 자극이다. 가령, 청색 신호와 같은 자극이 있는 상태에서는 어떤 반응이 항상 보강되고, 그 신호가 없는 조건하에서는 보강이 결코 이루어지지 않는다면, 그 반응이 일어날 가능성은 청색 신호가 있을 때 증가될 것이다. 즉, 청색 신호가 켜졌을 때 유기체는 그 반응을 높은 비율로 보일 것이고, 그 신호가 꺼졌을 때 유기체는 그 반응을 전혀 보이지 않거나 혹은 낮은 비율로 그 반응을 보이게 된다. 스키너는 일상생활에서 이 Sd가 작동행동을 위한 무대에 장치된 단서의 역할을 할 수 있는 것으로 보았다. 다시 말하면, Sd는 어떤 새로운 작동행동을 조형시키는 힘을 발휘하는 것이 아니라 기존의 반응을 유발하거나 유발하지 않는 무대장치인 것이다. 가끔 유기체는 원래의 Sd는 아니지만 그와 유사한 단서에 의해서 작동 반응을 보일 수도 있는데, 이 경우에 유기체는 약간의 갈등 상태를 체험할 것이다. 이를테면 어떤 숙녀가 어떤 청년의 곁에 다가앉을 때 그 '신체 언어'는 '껴안아도 좋다'는 청신호인지 아닌지가 알쏭달쏭하다. 그러나 어떻든 간에 유기체는 식별자극에 의해서 때와 장소에 따라 다른 종류의 작동행동을 할 수 있게 된다.

이제까지 어떤 특수한 사회적 무대에서 개인이 적절한 표현행동을 할 수 있게 되는 과정을 설명할 수 있는 몇 가지 이론들을 검토하였다. 물론 그 이론들은 각각 다른 계열에서 형성되었고 각각 다른 개념을 포함하고 있기 때문에 그 강조되는 측면이 약간씩 다르지만, 우리는 그들이 몇 가지 점에서 공통성이 있음을 주목할 수 있다.

첫째, 표현행동은 개인이 가진 특징의 일부를 구성하고 있을 뿐이라는 사실이다. 쿨리나 미드의 체제에서는 그것이 '나(I)'와 대비되었고, 설리번의 체제에서는 그것이 '진자아(real self)'와 대비되었다. 스키너의 체제에서는 물론 외현적 행동만을 문제시하기 때문에 그 구분이 분명하지는 않지만, 근래에 행동주의학자인 앨버트 반두라(Albert Bandura)는 학습(learning)과 행동수행(performance)을 구분하고, 스키너의 행동분석은 오직 후자에 국한되는 것이라는 점을 분명히 지적하였다.[26]

둘째, 표현행동의 의미와 그 자체의 학습은 사회적인 관례와 인정에 의해서 이루어진다. 타인의 거울 속에 비춰진 자신의 인식을 토대로 자존심이나 수치감을 갖게 된다거나, 안전감을 보장받기 위해서 주위의 중요한 인물의 의인화를 자아체제로 내면화한다거나, 혹은 보강자극에 의해서 반응이 조형된다는 주장은 한결같이 표현행동의 기준이 외재하고 있다는 점을 전제하고 있다.

셋째, 일단 형성된 표현행동은 그것에 별다른 문제를 제기하지 않는 한 자동화되어 대인관계에서 반복된다. 이를테면, 우리가 입는 의상은 원래 몸을 보호하기 위해서 생긴 것이지만, 더운 날에도 그것을 습관적으로 걸치고 다니면서 신체를 학대할 수도 있다. 마찬가지로, 이른바 '사회적 자아', '자아개념', '도구적 반응' 등도 상당한 기간 그 나름의 기능적 자율성을 가지고 생활을 지배한다. 그러나 마치 입는 옷이 전혀 몸에 맞지 않는다거나 옷을 입고 다닐 필요가 없는 어떤 기후 변화가 일어난다면 우리가 그것을 의식하게 되듯이, 표현행동도 행동성향과 사회적 요구나 관례가 급격하게 변할 때, 우리에게 하나의 문제로서 의식화될 수 있다. 한때 효과를 얻을 수 있었던 표현행동의 전략이 다른 때 통용될 수 없게 되면, 대개 우리는 두 가지 극단적인 방책의 어느 중간에서 그 해결의 실마리를 잡게 된다. 한 극단은 새로운 요구에 완전히 부응하는 방식으로 표현행동의 전략을 바꾸는 것이

---

26) A. Bandura, *Principles of Behavior Modification,* New York: Holt, 1969, pp. 118-216.

고, 다른 한 극단은 새로운 상황의 변화를 무시하고 종전의 것을 반복하는 것이다.

표현행동에는 개인차가 있다. 그 개인차는 사회적 체제의 불명료성, 개개인의 사회적 역할에 대한 인식차, 그리고 그것을 실제로 수행할 수 있는 행동 레퍼토리의 범위 등에 의해서 좌우된다. 일찍이 제이콥 모레노(Jacob L. Moreno)는 이 개인차를 진단하는 하나의 방법으로 이른바 '심리극(psychodrama)' 혹은 '사회극(sociodrama)'을 발전시킨 바 있다.[27] 일단의 피험자는 하나의 조그만 연극 장면에서 심리학자가 부여하는 역할을 실제로 수행해 보도록 요구된다. 이때 그들에게는 아무런 대사도 주어지지 않기 때문에 그들은 그들이 평소에 일상생활을 하면서 인식하고 보이던 표현행동을 자연스럽게 나타낼 수 있다. 심리학자들은 또한 그들 주변에서 중요한 위치를 차지하면서 그들과 관계를 맺고 있는 사람들의 역할을 수행하도록 그들에게 요구할 수도 있다. 이처럼 역할 전치(role reversal)를 시켰을 때, 그들이 보는 관점에서 전치된 역할을 수행하게 된다. 이로부터 심리학자들은 그 피험자들이 각각 다른 사회적 장면에서 자신과 타인을 어떻게 지각하고 있으며, 또 그들 간의 상호작용의 형태가 어떤 것인가를 추리할 수 있는 것이다. 모레노는 자발성(spontaneity)과 관련하여 심리극에서 세 가지 유형의 표현행동이 있음을 주목하게 되었다. 첫째는 어떤 상황에서 새로운 반응을 보이지만 그 상태에 부적절한 '병적인 유형(pathological variety)'이고, 둘째는 상황에 적절한 반응이지만 로봇의 경우처럼 창의성이 결여된 '스테레오타입형(stereotype variety)'이고, 셋째는 참신성과 적의성이 잘 조화된 '창조적 유형(high-grade creativity variety)'이다. 모레노는 이 가운데 마지막 유형의 것이 가장 이상적인 것으로 보고 피험자들이 그 형태를 습득하도록 돕는 데 주력하였다.

그러나 개인은 그가 어떤 유형의 표현행동을 습득하였든 간에 그것을 토대로 일상생활에 대처해 나가는 것이다. 여기에는 파괴적인 것도 있고 건설적인 것도 있다. 또한 어떤 것은 무의도적인 것일 수도 있고 의도적인 것일 수도 있다. 근래에 이른바 '교섭분석(transactional analysis)'은 무의도적이고 파괴적인 대인관계의 유

27) J. L. Moreno, *Psychodrama, Vol. I*, New York: Beacon House, 1946.

형을 분석하는 일단의 개념체제를 도입하여 왔는데, 그 가운데 하나의 흥미 있는 개념이 '게임(game)'이다. 여기서 규정하는 게임은 각종 운동 경기나 오락과 관련된 의미의 것이 아니다. 그것은 가끔 자신과 타인에게 모두 파괴적인 형태의 것으로 규정된다. 운동 경기나 오락을 위한 게임에서는 이 규칙이 매우 분명하며 그 규칙에 의해서 운용된다. 그러나 생활 장면에서 전개되는 게임은 그 규칙이 분명하게 정의되지 않았을 뿐만 아니라 오락의 경우보다는 훨씬 심각한 것이다. 이런 형태의 게임이 갖는 가장 본질적인 특징은 거기에 가담하는 사람들이 그들의 숨은 목적을 달성하기 위해서 서로 간에 상대방을 조작하고 약탈하는 것이다. 에릭 번은 그의 저서 『사람들이 연출하는 게임』에서 이런 특징을 가진 35가지 형태의 게임을 기술하고 있는데, 그는 우리들의 의미 있는 사회적 교섭이 거의 대부분 게임의 형태를 취하고 있다고 주장한다.[28]

번에 따르면 우리는 다양한 이유, 예컨대 현실 직면을 회피하기 위해서나, 내면적 동기를 은폐하기 위해서나, 어떤 활동을 합리화하기 위해서 이 게임에 종사하게 된다고 한다. 여기에는 각종 올가미, 함정, 간계, 저의, 속임수 등의 일련의 부정적인 측면이 있는데도 우리는 그와 같은 게임을 반복적으로 하면서 생활을 영위하며, 사실은 그 반복되는 일단의 거래 유형이 어떤 사람에게는 심리적인 안정감을 갖게 하는 효과를 갖게 하는 수도 있다. 이 점을 번은 다음과 같이 지적하였다.[29]

"어떤 게임들은 시간을 만족스럽게 구조화하는 사회적인 기능을 넘어서서 어떤 개인에게는 건강을 유지하는 데 절박하게 필요하다. 이 사람들의 정신적 안정성은 지나치게 근거가 불확실하며 그들의 직책은 가냘프게 유지되기 때문에 이들로부터 게임을 박탈한다는 것은 그들을 돌이킬 수 없는 절망이나 더 나아가서 정신병적 증세로 몰아

28) E. Berne, *Games People Play: The Psychology of Human Relationships*, New York: Grove Press, 1964.
29) *Ibid.*, pp. 61-62.

넣을 수도 있다. 이들은 게임에 대한 거부 반응에 대해서 매우 완강한 저항을 할 것이다. 이와 같은 사실은 부부 가운데 한 사람이 정신병적 증세에서 회복되었을 때(예컨대, 파괴적인 게임을 포기하게 되었을 때), 그 게임이 평형 상태를 유지하는 데 극히 중요한 몫을 하였던 부부 중의 다른 사람에게 급진적인 악화를 야기하는 결혼생활의 상황에서 가끔 볼 수 있다."

이미 지적했듯이, 번이 일컫는 게임은 두 사람 이상의 자아 상태가 동시에 관여되는 상보적인 상호작용의 형태다. 이는 서로 간에 저의(ulterior motives)를 감추고 피상적으로 그럴듯하게 반복되는 거래의 유형이지만, 이는 개인에게 안정성을 보장하는 하나의 무의식적인 인생의 대본이고 계획이기 때문에, 거기에 포함되는 한 개인이 그 게임을 거부하거나 포기하면 다른 사람에게 사회생활의 약속체제를 어김으로써 비롯되는 심리적인 불안을 일으키게 된다. 이와 같은 측면은 사회적 구조의 연대감이 와해될 때 자살과 같은 증세가 나타난다고 했던 뒤르켕의 주장과 일맥상통하는 것이다. 교섭분석의 목적은 거의 무의식적으로 반복되는 이와 같은 파괴적인 게임에 대해 참여자들이 재인식하고 좀 더 건설적인 게임에 종사하도록 돕는 데 있다. 여기서 건설적인 게임이란 연기자들이 상대방을 해치거나 이용하지 않고 서로 이득을 취할 수 있는 형태의 것을 말한다. 그러나 번에 의하면 '가장 완벽한 형태의 인간 생활(the most perfect form of human living)'은 참여자들이 게임을 중지할 정도로 심리적인 안정감을 가질 수 있게 되어 서로 '게임에서 해방된 친밀성(game-free intimacy)'을 유지하는 것이라고 한다.

그러나 복잡하고 어지러운 세상에서 상호 간에 친밀성을 형성하고 유지하기란 쉬운 일이 아니다. 속세는 사회구성원이 그의 사적인 세계를 타인에게 공개하고 자기가 진실로 믿고 느끼는 바를 허심탄회하게 나타낼 수 있을 만큼 천진난만하지 않다. 우리는 표리부동한 것을 부덕한 것으로 규정하고 표리상응하게 처신하기를 권장하지만 생활의 사태는 그렇게 단순하지 않다. 가끔 우리는 사실 붉은 것을 보았지만 그것이 녹색인 듯이 말하여야 하고, 내부에서 분노가 치밀어 오르지만 미소를 지어야 할 경우에 봉착한다. 이 냉혹한 현실 앞에서 개인은 다소간 마키아벨리적 처세가 불가피한 것이다.

로버트 화이트(Robert W. White)는 다음 문구에서 이 마키아벨리의 철학을 매우 간결하게 소개하고 있다.[30]

"인간의 행동이 주위에 어떤 효과를 성취하도록 고안된 계획된 전략이 될 수 있다는 생각은 니콜로 마키아벨리(Niccolo Machiavelli, 1469~1527)가 저술한 『군주론 (The Prince)』에서 꾸밈없이 명료하게 표현되었다. 이탈리아가 많은 독립된 영토로 분할되었을 때 쓰인 이 책에서, 마키아벨리는 군주들에게 권력을 유지하는 비결에 대한 충고 개요를 수집하였다. 그 주제가 권력에 한정된 것이기 때문에 이 책은 교활하고 타산적이고 사악한 조작의 유물로 생각되어 왔다. (그러나) 마키아벨리는 그가 저술한 바처럼 나쁜 사람이 아니었을지도 모른다. 그는 군주가 '자비롭고, 신망 있고, 인간적이고, 종교적이고, 정직한' 것이 좋으리라는 생각까지 하였다. 그러나 그는 경험에 의해서 교활한 부정직이 권력의 강화에 가끔 성공적이고 불가결한 것임을 '당시에 일어난 상황으로부터 직시하였을 뿐이다.' 따라서 그는 군주에게 권력의 현실을 주시하면서 외견상의 덕성(the appearance of the virtues)을 유지하도록 충고하였다. 예컨대, 그 충고 가운데는 '군주는 도울 수 있는 한 선한 진로를 택하는 것을 중지해서는 안 되지만 불가피할 경우는 악을 따르는 방법을 알아야 한다.'는 것도 포함된다."

이 글에서 마키아벨리는 군주에게 이른바 선량한 대중적 이미지를 유지하는 것이 중요하다고 강조하고 있음을 우리는 엿볼 수 있으며, 또한 그의 언명은 그것이 갖는 도덕적 문제를 떠나서 어느 정도 타당하다. 우리는 마키아벨리가 그런 측면을 직관하였다는 사실로부터 그를 부도덕한 사람으로 규정할 것이 아니라 그런 측면이 우리의 사회생활을 지배하고 있다는 사실을 문제시해야 한다. 우리 사회는 행동성향보다는 겉으로 나타난 표현행동을 중시한다. 이를테면 속으로 간음할 생

---

30) R. W. White, *The Enterprise of Living: Growth and Organization in Personality*, New York: Holt, 1972, p. 7.

각을 하였지만 그것을 말로 표현하거나 실행하지 않는 한 그는 대중의 지탄을 받지 않는다. 따라서 우리가 대중 앞에서 우리가 표현하는 언동에 대해서 세심한 주의를 하고 또 그것에 의해서 상대방에게 호감을 받기 위한 전략을 세우는 일은 당연지사에 불과하다. "정직이 최선의 정책이다(Honesty is the gest policy.)."라는 말이 있다. 그러나 사실상 그것이 최선의 정책이 되는지 안 되는지는 사회적 풍토에 의해서 결정된다. 만약 표리부동한 처신 방법이 최대의 이익을 가져오고 언행일치한 처신 방법이 손해만 가져오는 사회에서는 정직성은 전략적 가치를 상실할 수밖에 없다.

행동성향을 정직하게 나타내고자 하는 사람이든 혹은 그것을 위장하고자 하는 사람이든 그는 표현행동의 의미를 학습해야만 한다. 앞서 지적했듯이 행동성향과 표현행동은 같은 실체가 아니기 때문에, 마치 내가 어떤 생각을 했을 때는 어떤 언어를 써서 표현해야 된다는 것을 후천적으로 학습하듯이, 나는 사회적인 통념에 준해서 어떤 표현행동을 하면 사람들이 어떤 내면 상태로 받아들이게 되는지를 알아야 한다. 대개 사람들은 전기쇼크를 받았을 때 얼굴을 찡그리고 몸을 뒤튼다. 그런데 만약 어떤 사람이 고통스러운 상태인데도 그런 표현행동을 하지 않는다면, 설사 그가 고통 상태를 정직하게 나타내려는 의도가 있었다고 하더라도, 주위 사람들은 그가 그런 상태에 있지 않는 것으로 오인하게 된다. 반대로 고통 상태를 위장하려는 의도를 가진 어떤 사람이 얼굴을 찡그리고 몸을 뒤튼다면, 그 의도는 성취되지 않는다. 따라서 이 두 사람은 모두 고통이란 내면 상태에 상응하는 표현행동이 무엇인지를 알고 그것을 실천할 수 있어야만 표현행동에 의해서 타인에게 영향을 줄 수 있다.

대개의 경우 사람들은 표현행동의 사회적인 의미를 그들 나름으로 다소간 알고 실천할 수 있다. 만약 이 학습이 제대로 이루어졌다면 그것을 근거로 이른바 인상관리(impression management)를 의도적으로 할 수 있는 유리한 입장에 놓이게 된다. 인상관리란 대인관계에서 행동성향과는 상관없이 상대방에게 호감을 얻을 수 있는 방식으로 처신하는 것을 말한다. 이제까지 토론된 주제가 그런 것이었지만, 한 사람에 대한 사회의 평가는 이 인상관리를 토대로 이루어진다. 사회는 어떤 표현행동에는 조건적 인정을 주는 반면 다른 표현행동에는 조건적 불인정을 주는 내규를 갖기 때문에 개인은 가급적 인정을 받을 수 있는 방식의 처신을 함으로써 사회적으로 유리한 대우를 받을 수 있다.

고프먼은 인상관리가 사회적 상승에 중요한 역할을 함을 예리하게 분석한 바 있다.[31] 이미 지적한 바와 같이 대부분의 사람들은 금력, 권력, 명예와 관련하여 사회적인 계층이 구분됨을 알고 있다. 현대사회에서 돈처럼 편리한 것도 없으며, 권력처럼 유리한 것이 없으며, 명예처럼 흐뭇한 것도 없다. 따라서 대부분의 사람은 이를 쟁취하기 위해서 끝없는 투쟁을 하게 된다. 그런데 여기서 하나의 흥미 있는 사실이 발견된다. 그것은 이런 위치에 있는 사람들에게서 발견되는 일단의 표현행동이 있으며, 개인이 그런 계층 신호를 보일 때 사람들은 그것을 액면대로 받아들이고 그에 따른 우대를 해 준다는 사실이다. 만약 어떤 사람이 팔자걸음을 하고 양반의 흉내를 내면, 그는 양반 취급을 받을 수 있다. 이로 인해서 특히 익명적이며 일시적인 사회적 관계가 만연된 대도시 생활에서 사람들은 가능한 한 상층 계급의 신분에 부합하는 인상관리를 하려는 유혹에 빠진다. 그래서 우리 주변에는 온갖 허세, 허위 및 체면 같은 것이 범람하게 된다. 묘지에서 사람들이 제사지내고 남은 음식을 구걸해 먹고 와서 부인과 첩에게 높은 사람들과 술좌석을 같이하고 왔다고 떠들어 댔다는 맹자의 고사는 바로 이 허세에 따른 보상을 잘 지적해 준다. 그는 그렇게 함으로써 집안 식구에게 우러러보일 수 있었던 것이다. 마찬가지로 현대사회에서도 주머니가 빈 사람일수록 화려한 몸치장을 하고, 실력이 없는 사람일수록 허세를 보이려는 경향이 있다.

그러나 인상관리는 본인이 스스로 과장되고, 가장되고, 허위임을 알고 있는 것만큼 그로부터 진정한 자기충실감을 느낄 수 없다. 이는 마치 연극인이 무대에서 제왕처럼 행세하고 신하의 후한 대접을 받게 되지만 스스로 제왕과 같은 감정을 가질 수 없는 경우와 비슷하다. 다시 말하면, 인상관리에 의한 우대는 개인적으로

---

31) E. Goffman, *op. cit.*, 1959.

연극적 쾌감 이상의 것이 될 수 없다. 허세의 반대편인 이른바 겸손, 겸사 및 겸양
도 이 점에서 마찬가지다. 이런 방식의 인상관리를 하는 사람은 자기를 낮추고 자
기의 학력과 교양을 감추는 것을 미덕으로 삼는다. 그는 상대적으로 타인을 높이
치켜세우고 미화한다. 이렇게 자기 억제가 지나치다 보면 흔히 자기 상실이라는
공허감을 맛보게 된다. 개인은 심각하게 이 인상관리에 종사하면서도 그와 같은
자신의 처신에 대해서 냉소적인 태도를 취할 수도 있다. 고프먼의 말을 빌리면, 우
리는 냉소와 진지성을 오고가는 자연스러운 움직임을 보면서도 우리는 "조그마한
자기 환영(self-illusion)의 강도에 의존하여 유지되는 일종의 전환점을 배제하지 말
아야 한다."[32]

  개인은 사회 속에 사는 동안 사회에서 요구하는 역할을 수행하여야만 한다. 이
때 표현행동은 연극에서 가면에 흡사한 기능을 할 수 있다. 표현행동은 행동성향
과 외부의 사회적 실천의 이질성을 완충해 준다. 다행히 사람들은 개인의 행동성
향을 직접 눈으로 관찰할 수 없기 때문에, 그는 표현행동에 의해서 그의 진실한 사
고와 감정을 위장하면서 사회가 요구하는 다양한 역할을 수행할 수 있다. 그러나
표현행동이 지나치게 행동성향의 요구 사항에 치우치거나 혹은 사회의 요구 사항
에 치우칠 때 문제가 발생한다. 우리는 전적으로 발가벗고 살 수도 없고, 그렇다고
허수아비의 역할만을 할 수도 없다. 대개 허세의 비결은 그 연속선상의 어느 중간
에서 발견된다. 여기서 개인이나 사회가 가져야 할 중요한 태도는 표현행동과 행
동성향을 혼동하지 않는 것이다. 이들은 분명히 다른 실체인데도 사람들은 외장
(外裝)과 외모에 의해서 자신과 타인을 쉽게 판단해 버리는 경향이 있다. 이렇게 되
면 개인은 진정한 의미의 자기충실감을 가지고 생활을 영위할 수 없다.

  이와 같은 일종의 소외감은 브라운관에 연출하는 탤런트들에 의해서 실감나게
체험되는 듯하다. 그들에게는 가끔 '선한 역'이나 혹은 '악역'이 주어지는데, 만약
어떤 탤런트가 일관성 있게 악역만을 연출하면 시청자들은 그 탤런트 자신이 개인

---

32) *Ibid*, p. 19.

적으로 악한 인물인 것으로 오인하기도 한다. 따라서 이런 무분별한 시청자를 상대하고 있고 또 그 자신 연기보다는 개인적인 이해를 위주로 하는 탤런트들은 극에서 악역이나 '바보 같은 역'을 맡게 될 때, 다소간의 고민에 빠지게 된다.

그 가장 전형적인 예를 우리는 유명한 미국의 영화배우였던 에드워드 로빈슨(Edward G. Robinson)의 자서전에서 발견하게 된다. 그는 영화에서 주로 '깡패 역'을 맡았는데, 다음에 인용하는 부분은 제2차 세계대전 당시 장병 위문을 자청해서 나가게 되었을 때 경험한 이야기에 해당한다.[33)]

"그들(장병들)이 원하는 것은 에드워드 G. 로빈슨이 아니라 축소판 시저(Caesar)였다. 따라서 나는 그 자리를 떠나기 전에 잭 베니(Jack Benny)의 도움을 받아 천편일률적으로 틀에 박힌 절차를 취하였다. 불가피하게 나는 서두를 '야, 멀쩡한 놈들아.'로 시작했고 '누가 사든 간에 술 한 잔 마셔야겠어!'라는 말을 넣었다. 나는 중절모를 눌러 쓰고 트렌치코트(벨트가 있는 레인코트)를 입기까지 하였다. 그 일은 내가 출연했던 『협박(The Racket)』이라는 영화의 대사를 기억할 때까지 별로 신통하지 못했다. 내가 그 연기를 보일 때—놀랍게도 나는 나의 의식에 새겨진 대사를 외우는 배우로서 행세했다—나는 굉장한 반응을 받을 수 있었다. 몹시 힘들고, 등골이 오싹하고, 휘청거리고, 심장이 고동치는 대성공, 그러나 그것은 그야말로 심한 파멸에 불과했다(A sweaty, shivering, shaking, heart-throbbing smash but a smash.).

(또한) 나는 영국 북부에 있는 공군기지에서 일장 연설을 했던 것 가운데 한 대목을 기억한다. 나는 '히틀러를 패배시킨 여러분을 대하게 되니 내 생애의 가장 영광스러운 순간이 아닐 수 없습니다.'라는 말부터 시작했다. 나는 내 생애에 이처럼 거창한 이야기를 해 본 적이 없다. 나는 청중들이 나를 비웃고 있다는 느낌을 받았다. 그래서 미치광이 같은 배우 근성(crazy actor instinct)을 발동하여 그 와글거리며 야유하는 갈채를

33) E. G. Robinson, *All My Yesterdays*, New York: Hawthorn Books, 1973, pp. 229-230.

중지시키고자 하였다. 나는 즉흥적으로 '입을 닥치지 못해, 이 멍청이들아, 떠들거 없어, 어중이떠중이들에게 들을 게 뭐가 있니?'라고 지껄여 댔다. 그랬더니 당장 웃음소리가 터지고 박수를 보냈다. 그들은 내가 웃지 않고 있다는 사실을 알지 못했다. 나는 당시 울고 있었다(What they didn't know was that I wasn't laughing; I was crying.)."

제3부

행동의 자유

　인간의 진로에 관한 문제는 특히 현대에 이르러 더욱 예리한 관심사로 등장하게 되었다. 현대인은 신이 그들을 창조하였다는 신학적 해석이나 어떤 절대자가 그들의 행로를 바로잡아 주리라는 숙명적 견해를 더는 믿지 않는다. 그들은 유토피아적 약속이나 지옥 같은 파괴의 씨앗이 바로 자신의 내부에 도사리고 있음을 안 성숙된 단계에 접어든 것이다. 인간은 서로가 통제하고 통제당하는 가운데 여러 가지 불완전성을 드러내고 있다. 대중매체는 빠른 속도로 전쟁, 파괴, 횡포, 폭동, 전제적 탄압 등을 보도하고 있다. 그 가운데 가장 안타까운 것은 인간이 스스로 비인간화에 가담하고 있다는 사실이다. 다수가 소수에 의해서 로봇화될지도 모른다는 불안이 심각하게 나돌고 있다. 그러나 우리가 그 위험성조차 우리의 통제 범위 안에 있다는 것을 각성하고 있는 한 인류의 미래는 암담한 것만은 아니다.

인간은 자연의 지배자가 될 수 있었던 것과 마찬가지로 자신에 대한 주인이 될 수도 있다. 이것이 곧 인류가 이제까지 추구해 왔던 자유의 논리다. 우리 각자는 타인에 의해서 통제당하는 피동체임과 동시에 타인을 통제하는 능동체라는 사실이 사태를 복잡하게 만든다. 이것은 투쟁을 의미하기도 하고 화해를 의미하기도 한다. 우리는 투쟁보다 현명한 타협을 원한다. 왜냐하면 투쟁은 그 자체의 형태 속에 파괴의 독소를 포함하고 있기 때문이다. 우리가 어떤 수단을 동원하든 간에 그 결과는 인간성의 고양으로 낙착되어야 할 것이다. 우리는 제3부에서 이 과제를 두 가지 측면으로 나누어 검토하고자 한다. 그 하나는 개인이 그가 진실로 되고자 하는 존재를 선택하며 실현하는 측면이고, 다른 하나는 이미 형성된 자신을 타인과 더불어 진실하게 체험하는 측면이다.

제10장 자유의 해부

생활이 우리에게 제시하는 도전의 하나는 우리의 일생에 대해서 우리 자신이 관여하는 부면을 증대시키고 자신의 존재성을 확고히 하는 것이다. 자유라는 말은 대충 이와 같은 우리의 자임(commitment)을 토대로 오랜 역사에 걸쳐 널리 쓰어 왔다. '아름답다'라거나 '선하다'라는 용어가 듣는 사람에게 호감을 주듯이 이 자유라는 말도 호의적인 의미를 주기 때문에, 그것이 실제로 어떤 기술적 의미를 갖든 간에 어떤 사람이 "모든 사람에게 자유를!" 하고 외칠 때, 우리는 그에게 박수로 응답한다. 그러나 역사가 깊은 용어가 흔히 그러하듯이 일상생활에서 쓰이는 자유라는 말의 기술적 의미는 다양하다. 이 말을 역사 서적에서, 「헌법」 조문에서, 이미 세상을 떠난 사람의 비문에서, 살아 있는 정치가들의 웅변 속에서, 그리고 시위 군중의 구호 속에서 가끔 접하지만 실상 이 말을 외치고 듣는 사람이 그것에 대해서 똑같은 의미를 가지고 있다고 보기는 어렵다. 여기에 자유를 주제로 이루어지는 허다한 논의의 애로가 도사리고 있다.

이제까지 써 왔던 자유에 대한 철학적 혹은 상식적 해석을 조사하여 통일된 의미에 도달하기는 어렵다. 논의에 하등의 진전이 없이 정의 자체만을 따지는 데 한 권의 두꺼운 책이 필요할지도 모른다. 나는 여기서 그럴 의도를 갖고 있지 않다. 그렇지만 자유에 대한 어떤 분명한 의미를 갖지 않고 그것에 대해서 왈가왈부하는 것도 무의미하다. 이런 딜레마를 해결하는 방편은 임의적으로 하나의 정의를 택하는 것이다. 이 단순한 해결방식은 이 문제를 심각하게 다루어 온 학자들에게 분노를 유발할지도 모르지만 이렇게 함으로써 적어도 필자와 독자의 의미 있는 의사소통을 할 수 있는 것이다.

나는 자유가 어떤 주체(an agent), 그 주체에게 가능한 선택 범위(available or possible alternatives), 그리고 그 주체의 자율적인 취사선택(an autonomous choice)과 관련하여 정의될 수 있다고 본다. 한마디로 자유란 주체가 그의 임의로 선택할 수 있는 갈림길을 가지고 있고 그 가운데 어느 것을 외부의 제어가 없이 스스로 택일하고 통제할 수 있는 것을 지칭한다. 여기서 선택지는 정의상 각각 주체의 통제 하에 있어야 되고, 주체는 선택지의 원인(the locus of causality)이 될 수 있어야 한다. 가령, 갑이라는 주체는 그가 통제할 수 있는 A, B, C, D라는 선택지를 가지고 있고, 을은 C, D, E, F라는 선택지를 가지고 있다면, 갑은 A, B, C, D의 자유를 가지고 있다고 말할 수 있고, 을은 C, D, E, F의 자유를 가지고 있다고 말할 수 있다. 갑과 을은 C, D의 자유를 공유하고 있으나, 갑은 E, F의 자유를 가지고 있지 않고, 을은 A, B의 자유를 가지고 있지 않다. 이 점에서 주체에게 허용되는 혹은 가능한 자유의 범위와 종류는 각각 다를 수 있다.

자유는 주체의 능동적인 참여를 전제한다. 아무리 많은 선택지가 주체에게 허용된다고 하더라도 주체가 그들을 선택하는 데 참여하지 않는다면 그 자유는 실현될 수 없다. 그러나 여러 가지 가능성을 동시에 실현할 수 있다면 그것은 이미 선택 상황이 아니다. 가령, 내가 오늘밤에 연극 구경을 갈지 연주회에 갈지를 망설인다거나 혹은 올 여름의 휴가를 바다에서 보낼지 산에서 보낼지를 망설이는 상태는, 그 선택지들을 동시에 실현시킬 수 없는 제약 속에서 일어난다. 이를 '자유의 딜레마'라고 하자. 우리는 선택에 의해서 그 딜레마를 해결한다. 따라서 자유의 실현은 항상 다소간의 긴장과 갈등을 포함한다. 특히 이 갈등은 주체가 그 선택에 따른 다양한 결과를 충분히 예견할 수 없거나 혹은 그 선택지들이 같은 정도의 매력을 가질 때 고조된다. 이 경우에 미결정(indecision)이 미래의 특수한 코스를 결정하는 일종의 선택이 될 수 있다. 주체에게 그 미결정이 허용되지 않는다면 그 주체는 미결정의 자유를 실현할 수 없다.

우리의 개념에 따르면 통제할 수 있는 선택지를 가지고 있고 또 그것을 자율적으로 선택할 수 있는 것은 무엇이든 간에 자유의 주체가 될 수 있다. 그래서 만약 어떤 돌멩이가 산으로 기어오르거나 혹은 바다로 굴러 내려갈 수 있다면 그것은 그런 유의 자유의 주체로 볼 수 있다. 그러나 그것은 상상할 수조차 없기 때문에 돌멩이를 자유의 주체로 간주하지 않는다. 자유의 주체와 관련하여 보다 실제적인 문제는 그것을 인간에게 적용하려고 할 때 생긴다. 이제까지 자유의 쟁점은 인간을 두고 일어났으나 '인간'이라는 말은 사실 모호한 점이 있다. 일상생활에서 이 말은 '같은 종으로서의 인간 전체', '대부분의 인간', '현존 인간', '평균인', '어떤 특정 집단', '개인', '어떤 특정한 사람(예컨대, 필자)'을 구별하지 않고 혼용된다. 이처럼 만약 우리가 자유의 주체를 모호하게 정의 지으면 그만큼 우리의 논의도 막연할 것은 뻔하다. 왜냐하면, 예컨대 이 글을 쓰고 있는 필자, 이 글을 읽고 있는 독자, 대한민국의 모든 개인은 분명히 서로 같을 수 없는 실체를 지칭하고 있기 때문이다.

많은 사람(철학자, 신학자, 정치가, 심리학자 따위)이 오랜 세월을 두고 자유에 관계되는 흥미 있는 질문을 던지고 격론을 벌여 왔다. 이를테면 이런 질문이 있다. 인간은 능동적인가 혹은 피동적인가? 인간에게 그 자신의 운명을 조형하는 창조적인 힘이 있는가? 어느 정도로 인간은 자신의 행위에 대한 원인이 될 수 있으며, 어느 정도로 자신의 통제 밖에 있는 세력에 피동적으로 반응하는가? 이런 질문에 대해서, 인간은 그의 운명을 스스로 결정해 나가는 주인공이라거나 혹은 인간은 우연적인 환경의 종속물에 불과하다는 극단적인 해명 방식이 있다. 혹은 어떤 사람은 그 양 극단의 입장 가운데 어느 중간을 택하기도 한다. 이들은 모두 흥미 있는 가설들이다. 그러나 우리는 이 질문이나 해명에 포함된 하나의 특수한 단어, 즉 '인간'이 무엇을 구체적으로 지칭하느냐에 대한 해명을 요구할 수 있다. 이에 대한 분명한 합의가 없다면 우리가 그 주체에 대해서 어떤 결론에 도달하더라도 그 결론은 의미 있게 소통될 수 없다.

자유의 문제를 다루면서 그 주체를 무엇으로 한정하느냐는 결코 단순한 문제가 아닌 듯하다. 이 책에서 대상으로 하는 자유의 주체는 대부분 개인에 두고 있다. 나는 개개인이 각각 다른 종류의 자유와 다른 범위의 자유를 가지고 있는 것으로 가정한다. 이 가정에는 갑의 자유가 곧 을의 자유일 수 없고 그 반대도 성립되지 않음을 함축한다. 우리 각자는 주체임과 동시에 타인에게 객체다. 따라서 서로 통제하고 통제받는 관계가 성립되는데, 어떤 때는 갑이 을을 통제할 수 있지만 을은 갑을 통제할 수 없는 경우가 있다. 이처럼 우리는 자유의 개인차를 인정해야만 한다. 그러나 나는 또한 인간이 사는 곳에 자유의 영점지대가 있을지에 대해서 커다란 의문을 가지고 있다.

대체로 나의 이 문제에 대한 접근은 다음에 인용하는 존 홀트(John Holt)의 것과 유사하다.[1]

"구조가 없는 생활이 있을 수 없듯이 제약이 없는 생활이 있을 수 없다. 우리는 모두 그리고 항상 많은 것에 의해서 제약되고 속박되고 한정된다. 적어도 우리는 영생하지는 않는다. 우리는 동물성에 의해서, 현실에 대한 우리들의 모형에 의해서, 타인과의 관계에 의해서, 우리의 소망과 공포에 의해서 한정된다. 제약이 없는 생활의 바람직함을 묻는 것은 쓸모없다. 이 질문은 너무도 불확실해서 생각하기조차 어렵다. 중요한 것은 한계가 있느냐 없느냐에 있는 것이 아니라, 그 한계 내에서 어느 정도로 선택이 이루어지느냐에 있다. 감옥살이하는 사람에게 할 수 있는 것과 할 수 없는 것이 있다. 감옥 밖에 있는 사람도 마찬가지다. 옥에 갇힌 사람은 약간의 선택을 할 수 있다. 그는 서거나 앉거나 드러누울 수 있다. 그는 이 방향으로나 저 방향으로 몇 발자국 걸을 수 있다. 그러나 어떤 두 사람이 동등하게 자유롭거나 한정되지는 않는다. 우리들이 모두 수인(囚人)이라고 말한다거나 혹은 옥에 갇힌 사람이 자유롭다고 말하는 것은 단지 말놀음이며 몹쓸 놀음이다."

1) J. Holt, *Freedom and Beyond*, Harmondsworth: Penguin Books, 1972, p. 25.

　각 개인은 어떤 순간이든 그리고 어떤 상황이든 간에 어느 정도의 자유를 가지고 있는 듯하다. 남의 이야기를 하는 것도 자칫 말놀음에 그치기 쉽다. 보다 구체적으로 필자인 나는 자유의 주체가 될 수 있는가? 나는 나의 선택이 이루어진 후에 그 선택이 어떤 사태로 진전될지에 대한 충분한 정보를 가지고 있지는 않지만 '지금-여기에서' 여러 가지 행위의 선택지가 나에게 열려 있다는 신념을 가지고 있다. 나는 지금 의자에 앉아 여러 갈래의 단어 계열을 고민하면서 이 글의 원고를 계속 메꾸어 나갈 수 있다. 나는 잠시 자리를 떠나 커피 한잔을 마시거나 혹은 담배 한 대를 피워 물고 연구실 창밖에서 봄기운을 타고 있는 관악산의 아름다움을 음미할 수 있다. 나는 또한 연구실을 떠나 직접 관악산 기슭의 맑은 공기를 마시며 산책을 하거나 산책 대신 물구나무를 서서 나의 혈액순환을 돕는 실내운동을 할 수 있다. 이들은 타인보다는 나 자신에게 어떤 영향을 줄 수 있는 선택지인 듯 생각된다. 한편, 나는 나의 행동이 타인에게 직접 간접으로 영향을 줄 수 있는 행동을 선택할 수 있다. 오랫동안 나의 코멘트를 기다리는 어떤 제자의 논문계획서에 몇 자의 붉은 글씨를 쓰거나, 보고서의 채점을 하거나, 적조했던 먼 나라 은사에게 안부의 편지를 보내거나, 옆방의 교수에게 테니스 시합을 약속하거나, 아내에게 전화를 걸어 외식을 약속하거나, 현재의 교육체제를 비판하고 대안을 제시하는 논문을 쓸 수 있다. 또한 연구실 내의 집기를 모두 파괴하거나, 전화를 들어 지금 종로의 어느 빌딩에 화재가 났다고 허위보고하거나, 실제로 방화하거나, 다른 교수의 연구실에 발가벗은 채 갑자기 나타나 그의 면상에 주먹을 날릴 수도 있다. 이 모든 것은 내가 지금-여기서 할 수 있는 무수한 선택지 가운데 일부에 불과하며 이 점에서 나는 상당한 자유를 가진다.

　그러나 나는 모든 것을 할 수 있는 것은 아니다. 나는 4층에서 뛰어내릴 수는 있지만 4층만큼 뛰어오를 수는 없다. 지금 당장 와이키키 해변에서 수영하는 것을 상상할 수 있지만 실제로 수영을 즐기는 것은 나의 선택지의 밖에 있다. 나는 다른 사람을 살해할 수 있지만 병원에서 고통받고 있는 중환자들을 치유하지 못한다. 나는 공중에 천사처럼 날며 모든 사람에게 행복을 안겨 줄 수 없으며, 세상에서 가장 명쾌하고 확실한 자유에 대한 지식을 생산하지 못하며, 숨을 쉬지 않고 10분 동안 생존하지 못하며, 바이올린을 연주할 수 없으며, 달나라에 착륙할 수 없으며, 앉아 있음과 동시에 서 있을 수도 없다. 따라서 나는 이런 것들을 나의 자유의 영역에서 제외시킨다. 나는 이 점에서 상당히 자유롭지 못한 사람이다.

여러 가지 가능한 선택지와 그것의 주체적 결정은 현재와 미래를 전제로 성립된다. 과거의 사건은 이미 일어났던 일이고, 실현되었고, 결정되어 버린 것이다. 만약 우리가 어떤 사람이 왜 지금과 같은 행동을 하였는가를 알고자 한다면 현재까지의 사건 계열에서 그 해답을 찾을 수 있을 것이다. 과거는 배경을 구성하고 현존한 개인의 성향을 결정하지만 개인은 그 성향에 의해서 어느 순간에 그의 미래를 다양성으로 맞이한다. 개인이 단순히 과거의 노예가 아니라는 주제는 우리가 행동성향을 논하는 자리에서 '기능적 자율화'와 관련하여 이전에 취급되었다. 나는 과거의 경험에 의해서 행동성향을 갖게 되었으며 그것을 토대로 앞서 제시한 바와 같은 나의 선택지를 생각할 수 있었다. 이 책을 지금 읽고 있는 독자도 그리고 모든 개인이 그 나름의 성향에 의해서 그에게 허용되는 다양한 행로를 열거할 수 있을 것이다. 그런 선택지가 개인에게 현재 열려 있는 한 그는 우리가 정의한 자유의 주체임이 틀림없다.

선택지란 주체자가 그 자신이나 그의 세계를 결정할 수 있는 범위를 뜻한다. 자유인에게 봉착하는 첫 번째의 난제는 그에게 가능한 선택지의 범위를 넓히고 그들을 타당하게 인식하는 것이다. 그는 사실상 선택지가 될 수 없는 것을 선택지로 생각할 수 있으며 선택지일 수 있는 것을 선택지가 아닌 것으로 생각할 수 있다. 그는 그 자신과 세계의 인과성에 대한 완벽한 지식을 가지고 있을 것이 요망되지만 이 세상의 누구도 완벽한 지식을 가지고 있는 사람은 없다. 그는 따라서 거의 신념을 기초로 그의 선택 가능성을 열거한다. 그러나 가능성을 시험하는 단계에서는 이론적인 지식, 즉 사건 내에 포함된 변인들의 총체적인 설명 체제를 반드시 가지고 있을 필요는 없다. 그는 낙체법칙을 이해함이 없이 물레방아를 돌릴 수 있고 골격운동을 설명할 수 없으면서 그가 걸을 수 있음을 알 수 있다.

나는 지금 내가 이 원고를 왜 쓰고 있는지에 대해서 설명할 수 없지만 나는 과거의 경험에 비추어 이 글을 쓸 수도 있음을 알고 있다. 더구나 나는 이 두 가지 가능성의 어느 하나를 선택하는 나의 행동이 각각 어떤 결과를 가지고 올지에 대해서 예측하지 못하고 이들을 내가 미래의 선택지로 간주하고 있다. 혹은 지금 내가 이들 가능성이 사실상 나의 선택지가 아닌데도 선택지로 간주하거나, 그 가운데 어느 것의 선택이 이론적으로나 실제적으로 어떤 결과를 가져올지에 대한 예측을 부정확하게 할 때, 나는 분명히 어떤 오류를 범하고 있음이 틀림없다. 이는 그렇지 않았을 경우보다 나에게 많은 불행을 초래할지도 모른다.

개인은 그 자체에 가치가 있는 다양한 목적(ends)과 그 목적들을 그로 하여금 성취하게 할 수 있는 다양한 수단(means)을 가질 수 있다. 이 두 가지 선택지의 차이는 전자가 다차원적(multidimensional)임에 비해서 후자는 일차원적(unidimensional)이라는 점이다. 대부분의 철학자는 무엇이 그것 자체로서 가치를 갖는 궁극적 목적이 될 수 있는지에 대해서 고심해 왔다. 예컨대, 개체의 계속적인 존속은 긍정적인 가치이고 그렇지 못한 부정적인 가치라거나 혹은 행복이 궁극적인 목적이라는 방식의 주장이 있다. 그러나 내가 보기에 이 목적의 선택은 궁극적으로 개인 나름의 가치판단에 의해서 규정될 수 있는 성질의 것이다. 그러나 선택된 목적을 달성하기 위한 수단은 성과라는 하나의 연속선상에서 평가될 수 있다. 이 점에서 수단에 대한 결정은 과학적인 탐구에 의해서 밝혀질 수 있다.

우리는 이제까지 현존하는 개인에게는 항상 그 앞에 목적이나 수단상의 선택지들이 놓이게 된다는 점을 추궁하였다. 이것은 일상생활에서 거의 분명한 사실인 듯하다. 각 선택지는 그 나름의 결과를 초래한다. 그런데 여기에서 자유인에게 부과되는 다른 하나의 과제가 있다. 그것은 선택(choice)이라는 것이다. 과거에서 미래로 흘러들어 가는 길목인 현재는 가끔 마치 물병의 목처럼 여러 선택지를 동시에 택할 수 없는 한계를 가진다. 예컨대, 우리는 앉아 있음과 동시에 서 있을 수 없다. 이는 앉아서 노래 부르는 상황과는 달리 우리에게 취사선택을 요구한다. 즉, 우리는 앉거나 서거나 그 둘 중의 하나를 택해야 한다. 앉거나 서는 것은 그 결과하는 바에 있어 우리에게 그렇게 중요한 것은 아니다. 그러나 어떤 선택은 거의 돌이킬 수 없을 만큼 중요한 결과를 가지고 오며, 그것에 따라 사태의 방향이 전혀 달라질 수도 있다.

"선택을 가진 자는 말썽거리를 가진다.(He who has choice, has trouble.)"라는 속 담이 있다. 여기서 그 '말썽거리'란 앞서 든 문제, 즉 여러 가지 선택지를 구상해 낸다는 데도 있지만 이미 구상해 낸 선택지들 가운데 다른 것들을 제외시키고 하 나만을 골라내야 하는 데에도 있다. 취사선택은 그 각각의 가능성이 가져오는 결 과를 검토해야 하는 과제를 요구한다. 선택 행위의 결과는 대부분 선택이 이루어 지는 시점에서 충분히 알려지는 것은 아니기 때문에 결정은 항상 다소간의 모험을 포함한다. 이는 곧 심리적인 갈등과 불안을 의미한다. 대체적으로 심리적 갈등은 선택의 중요성 및 선택의 불확실성과 함수관계를 가진다고 한다.[2] 개인은 매우 중 요한 문제를 두고 선택지가 불확실하게 많이 주어질 때 심한 갈등을 느낀다.

선택의 중요성(importance of choice)은 선택의 예상된 결과가 주체에 크게 영향 을 줄 수 있는 정도에 의해서 결정된다. 산책을 하다가 오른쪽으로 갈 것이냐 왼쪽 으로 갈 것이냐는 개인에게 그렇게 중요하지 않지만, 불타는 고층 건물에서 뛰어 내리느냐 아니면 기다리느냐는 생사의 문제다. 한편, 선택의 불확실성은 선택지의 수, 선택지의 결과에 대한 예상의 불확실성, 그리고 그 선택지들이 갖는 매력도의 등가성에 의해서 결정된다. 세계 속의 인과 계열은 극히 복잡하며 그 가능성을 사 전에 아는 것은 대부분 거의 불가능하다. 그런데도 우리는 그에 대한 우리의 예상 을 토대로 선택 행위를 해야만 하는 상황에 봉착한다. 어떤 선택지들은 그 결과를 비교적 분명하게 예상할 수 있지만 그들은 서로 거의 같은 정도의 중요성을 가질 수도 있다. 이때 둘의 선택지보다는 셋의 선택지, 그리고 셋의 선택지보다는 넷의 선택지가 개인에게 더욱 큰 불확실성을 체험하게 한다.

개인의 출생은 분명히 그 개인에 의해서 선택된 것은 아니지만 그는 탄생의 순 간부터 여러 가지 상이한 선택 상황에 당면한다. 무생물이나 하등동물의 경우는 자극으로부터 시작되는 일련의 반응이 연쇄적으로 일어날 뿐이다. 그러나 인간의 경우는 그 연쇄 과정이 그 자신의 선택 능력에 의해서 교란되고 방해된다. 인간은 이미 결정된 행위 계열을 피동적으로 따르는 것이 아니라 그가 봉착하는 상황에서

---

2) D. E. Berlyne, *Structure and Direction in Thinking*, New York: Wiley, 1965.

여러 가지 행위계열을 의식하고 주체적으로 그 어느 것을 선택함으로써 행위 과정의 중요한 결정 요인이 된다. 사망하는 순간에까지 일련의 선택지들이 놓여 있다. 하나의 선택을 하면 그 선택을 기초로 다른 선택지가 놓인다. 그 과정은 하나의 복잡한 연쇄를 가지고 있을 것으로 예상되지만 그는 현재의 결정을 내릴 때 미래의 진전 상황을 죄다 예견할 수는 없다. 이 불확실성 속에서 이른바 '운'이 작용하겠지만 개인은 그의 불완전한 인식을 토대로 그가 영향을 줄 수 있는 최선의 선택을 하면서 그가 행로를 결정하는 항해사 역할을 할 수 있다. 어떤 사람은 역할을 기피할 수 있지만 그것도 그에게 허용되는 하나의 선택이다.

모든 살아 있는 개인에게 주어지는 심각한 선택지는 햄릿(Hamlet)의 독백에 나타난 삶과 죽음이다. 물론 누구나 어느 순간에 죽음을 맞이하도록 되어 있지만, 그것을 불가피하게 맞아들일 수밖에 없는 순간에까지 개인은 일시적이나마 삶의 어느 단계에서 죽음을 그의 통제 범위에 있는 하나의 선택지로 생각한다. 사실상 많은 철학자, 종교학자 및 문학가들이 이제까지 실존(existence)과 비실존(non-existence)을 대비시켜 왔다. 예컨대, 몇 차례의 세계대전 이후 실존주의자들은 국가 간의 투쟁에서 비롯되는 무수한 파괴와 손실을 목도하고 실존의 배면(背面)에 '무(Nothingness)'가 있음을 시사하였다. 여기서 대문자로 표시되는 무는 하나의 구체적인 현실로서, 개인은 실존과 무 가운데 어떤 것을 선택해야 하는 항구적인 상황에 직면한다고 말한다. 개인은 그 자신을 의미 없고 죽음에 몰아넣은 비실존의 길을 택할 수도 있다. 혹은 그는 그의 실존 가치를 인정하고 그 자신의 생활이 의미를 갖도록 하는 하나의 다른 선택지를 택할 수도 있다.

인간을 제외한 모든 생물체는 그들의 삶을 선천적으로 '가치 있는 것으로' 받아들이는 듯하다. 그들은 그들의 존속에 요구되는 가치를 추구하는 본성을 갖도록 자동적으로 장치되어 있는 것처럼 보인다. 그러나 인간은 특이하게도 의도적으로 자살을 할 수 있는 동물이다. 통계에 의하면 매일 적어도 1,000여 명이 이 지구상에서 자살을 한다고 한다.[3] 이는 1년에 약 40만 명에 해당되는 숫자다. 이 통계는

---

3) F. L. Ruch, & P. G. Zimbardo, *Psychology and Life* (8th ed.), Glenview, Ill.: Scott, 1971, p. 599.

이보다 약 8배의 사람이 자살을 시도한다는 사실도 제공한다. 자살하는 사람은 그에게 오직 두 갈래의 길이 있다고 믿는다. 그것의 하나는 지금처럼 실존하는 것이고 다른 하나는 죽는 것이다. 지금의 실존양태가 견딜 수 없기 때문에 다른 하나의 선택지에 눈을 돌리는 것이다. 그것은 그들에게 주어진 마지막의 선택이겠지만 그 목적을 달성하는 데 다양한 수단, 예컨대 목매다는 것, 연못에 빠지는 것, 철로에 누워 있는 것, 독약을 마시는 것, 배기가스를 마시는 것 등등을 생각했을 것이다. 살아 있는 우리는 이들을 비합리적인 사람들이라고 쉽게 말할 수 있는가?

입장을 바꾸어 생각해 보자. 만약 어떤 불치의 병에 시달려 죽어 가고 있는 사람은 그 고통을 연장시킴으로써 얻을 수 있는 소득이 아무것도 없다는 결정을 내릴지도 모른다. 그래서 그는 자살에 의해서 그 자신의 절박한 상태에 대해서 항거할 수도 있다. 또는 어떤 사람이 독재자의 함정에 빠져 인간 이하의 취급을 받으며 인생에 어떤 합리적인 목적을 가질 수 없으며 벽에 부딪쳤다는 결론을 맺고 스스로 목숨을 걸고 그 독재자와의 투쟁에 가담하게 되었다고 가정하자. 그는 분명히 자유가 없는 곳은 살 가치가 없다고 판단하고 있음이 틀림없다. 이런 사람들이 만약 그들의 생활이 가치 있음을 증명하라고 요구하면 우리는 그들에게 분명한 해답을 줄 수 있는가? 여기서 지적하고자 하는 것은 자살이 불가피하다는 것이 아니라 그것이 반드시 비합리적이거나 가치의 기준으로서 인간의 생활 원리와 반드시 갈등을 갖는 것은 아니라는 데 있다. 생명의 가치는 그 생명을 가진 사람에게 수락될 수 있는 범위와 조건하에서 성립되는 것이다. 우리의 입장에서 그들에게 생명의 가치 있음을 증명하려면 그들이 그들의 생명을 가치 있게 느낄 수 있는 조건을 제공하는 것이다.

사실 생과 사의 선택지는 우리가 생명을 가지고 있기 때문에 가능하다. 이 점에서 생명은 자유의 필수요건이며 불가결한 것이다. 많은 사람이 비실존을 가정할 때 그들의 의도는 그것과 상반되는 다른 하나의 선택지인 실존의 가치를 부각시키려는 데 있다.

여기서 잠시 현대의 철학자이며 소설가인 아인 랜드(Ayn Rand)의 말을 경청해 보자.[4]

"우주에는 오직 하나의 기본적인 선택지가 있다. 그것은 실존과 비실존으로서 어떤 단일한 실체류, 즉 생명체에 해당되는 사항이다. 무생물의 실존은 무조건적이지만 생명의 실존은 그렇지 않다. 그것은 행위의 특수한 과정에 의존한다. 물체는 파괴될 수 없으며 그 형태를 변화시킴에 불과하다. 오직 생명체만 하나의 지속적인 선택, 즉 생과 사의 문제에 봉착한다. 생명은 자기보존과 자생적 행위의 과정이다. 만약 어떤 유기체가 그 행위에 실패한다면, 그것은 죽는다. 그것의 화학적 요소는 잔존하지만 그것의 생명은 실존성을 잃게 된다. 오직 생명의 개념만이 가치의 개념을 가능하게 한다. 어떤 것이 선하다거나 악할 수 있는 것은 생명체에게만 적용된다."

앞의 글에서 랜드는 가치판단이 생명을 전제로 성립될 수 있음을 주장한다. 사망한 사람에게는 선택의 공간이 있을 수 없다. 따라서 선택성을 함축하는 자유의 측면에서 볼 때 생명이라는 선택지는 매우 소중하다. 그래서 많은 사람이 생명 자체의 내재적 가치를 궁극시하는 윤리적 규범을 주장한다. 이들의 주장에 따르면 개인은 모두 실존할 가치가 있다. 이 가치는 타인의 목적에 봉사하거나 혹은 신의 목적에 봉사하기 위한 것이 아니라 단순히 그가 존재한다는 사실에서 비롯된다고 한다. 즉, 생명은 그것 자체만을 위하는 경우에조차도 가치 있다고 본다. 이런 윤리적 규범을 따르는 사람은 "나는 단순히 살아 있다는 사실에서 선하다."라는 자존심(self-esteem)이나 자긍감(personal worth)을 갖는다. 그는 타인이 그의 존재를 부인하고 부정하고 위협하는 어떤 조건에서도 자신을 수용하는 태도를 견지한다. 이기준에 의하면, 그는 사망할 때에 한해서 선을 지니는 데 실패한다. 이와 같은 윤리관은 폴 틸리히(Paul Tillich),[5] 로버트 하트먼(Robert S. Hartman)[6] 및 다른 실존주의 철학자의 글에서도 찾아볼 수 있다.

개인은 누구를 막론하고 죽음을 향해 전진한다. 그러나 그것이 숙명적으로 불가피하게 부여되기 전까지는 개체에게 무수한 행로가 전개된다. 우리 주변에는 불행

4) A. Rand, *Atlas Shrugged*, New York: Random House, 1957, pp. 1012-1013.
5) P. Tillich, *The Courage to Be*, New York: Oxford University Press, 1953.
6) R. S. Hartman, *The Individual in Management*, Chicago: Nationwide Insurance Co., 1962.

히도 흑백론(black-or-white logic)이 범람하고 있다. 우리가 일상적으로 사용하는 언어를 자세하게 보면 선-악, 정의-불의, 긍정-부정, 미-추, 진-위, 장-단, 행복-불행, 자유-부자유 등과 같은 양극적 개념이 허다하다. 이렇게 보면 우리에게는 각각 두 가지의 선택지만 있는 듯한 착각에 빠지기 쉽다. 그러나 사실은 흑백 사이에 회색이 있듯이 이 양극적 개념의 사이에는 거의 무한대한 선택점이 있다. 흔히 정치적인 경향이 뚜렷하지 않은 사람을 회색분자라고 하여 매도하는 경향이 있는데, 이 태도 자체가 자유의 다양성을 실현하는 데 역행하는 것임을 우리는 분명히 인식할 필요가 있다. 도덕적 완벽주의자(moral perfectionists)들은 이 논리에 빠져 스스로 윤리의 기본 원칙의 하나인 다양성과 선택성을 부정하기도 한다. 이 세상의 어떤 사람도 완전무결하게 선하거나 악할 수는 없다. 우리는 그 양극 가운데 어떤 점에서 '덜 악하고 더욱 선한' 선택지를 얼마든지 택할 수 있다. 예컨대, 내가 전시에 일개 소대를 지휘하는 입장에 있다면 나는 어떤 선택지를 택하든 간에 부하의 생명을 다소간 잃게 될 것이다. 이런 상황에서 내가 할 수 있는 것은 내가 아는 선택지 가운데 부하의 생명을 최소로 손실하면서 최대한의 전과를 얻을 수 있는 선택지를 택하는 것이다. 개인은 무수한 차원에서 그의 통제 범위에 있는 다소간의 선택지를 가진다고 보면 살아 있는 사람에게는 항상 자유가 있다고 말하는 데 하등의 무리가 있을 수 없다.

　실제적인 문제는 살아 있는 개인에게 자유가 있느냐 없느냐에 있지 않고, 그에게 어느 정도의 자유가 있으며 그 개인차는 어떤 조건과 함수관계를 맺고 있느냐에 있다. 자유는 현실 속에서 일어나는 사건이며, 현실은 우리가 성취할 수 있는 목적과 그것을 우리로 하여금 성취하게 하는 수단에 제약을 가하기도 하고 선택지를 허용하기도 한다. 개인이 우리가 정의한 바와 같은 자유를 행사하려면 그는 여러 가지 외적 조건과 내적 조건을 갖추고 있어야 한다. 여기서 외적 조건이란 개인 밖에서 작용하는 환경을 뜻하고, 내적 조건이란 개인 안에서 일어나는 과정이다. 예컨대, 산책의 자유는 여러 갈래의 길이 있을 때 가능하며 이는 분명히 외적 조건에 해당한다. 그러나 이것만으로 한 개인에게 자유가 있다고 할 수는 없다. 왜냐하면 그는 불행히 그 여러 갈래의 길을 식별할 수 없는 장님일 수도 있기 때문이다. 즉,

개인은 설사 외부에서 여러 가지 선택지가 주어졌다고 할지라도 그것을 자신의 선택지로 받아들일 수 있는 능력, 기술, 태도 등의 '자율적 규제 능력(self-regulating capacities)'을 가지고 있어야만 한다. 이 점에서 지금 여기서 드는 내외적 조건은 서로 상관관계를 가지고 있다고 말할 수 있다. 이제부터 우리는 그 자유의 조건이 어떤 것인지를 하나씩 검토해 보기로 하자.

우리의 외적 조건은 대체적으로 물리-화학적인 것과 사회문화적인 것으로 나뉠 수 있다. 물리-화학적 환경은 불편부당한 자연법칙 속에 운행되며 우리에게 그 법칙의 범위 내에서 가능성과 제약을 부과한다. 산소와 질소가 배합되어 물이 되지 않으며, 물 위에 바윗덩어리가 뜨지 않는다. 철물에 보통의 못을 망치로 박을 수는 없지만 나무에는 못이 박힌다. 나무에 못을 박을 때 꼭지에 정확히 맞았을 때에 한해서 못이 곧게 들어가며 그렇지 못할 때 비스듬하게 들어간다. 이때 망치는 최소한의 충격을 못 꼭지에 가할 수 있어야 한다. 사상누각은 오래 견디지 못하고 무너진다. 원시인들은 대부분 이 같은 자연법칙을 단순히 그에게 부과된 제약 조건으로 받아들이고 불안으로 대하였다. 그러나 과학자들은 이 자연의 신비를 파헤치면서 그 속에 내재된 법칙이 우리에게 넓은 통제 능력을 부여함을 증명하였다. 그들은 자연의 운행을 설명하고 예언할 수 있었으며 자연의 상당한 부분을 그들의 통제하에 재구성할 수 있다는 확신을 갖게 되었다. 오늘날 급진하고 있는 테크놀로지는 물리화학적 현실 속에 내재된 가능성에 기초를 두고 있다. 우리는 다양한 건물을 만들 수 있으며 그들을 건조한 후에는 그들의 제약을 받는다.

사회문화적 환경도 자유의 매우 중요한 조건이다. 우리는 제6장에서 '공존의 현실'이라는 주제로 이 환경이 어떤 성질을 띠고 있는지에 관해서 많은 지면을 할애하였다. 이는 '인간'에 의해서 창안된 임의적인 환경으로서 개인이 탄생하기 이전에 존속된다. 이들은 합의된 관습, 법률, 규칙 등으로 구성되어 있다. 어떤 사회문화적 환경은 일부일처만을 허용하며, 다른 사회문화적 환경은 일부다처를 허용한다. 우리는 상상의 수준에서 여러 가지의 사회문화적 환경을 구성할 수 있지만, 개인은 그가 소속한 실재의 환경에서 그의 가능성과 제약 조건을 찾는다. 이른바 '권력 구조(power structure)'는 가끔 자유의 범위와 종류에 상당히 관련되어 있다.[7] 이를테면, 군대에서 사단장은 연대장을, 연대장은 대대장을 통제 범위에 두고 있지만 공식적으로 그 역은 인정되지 않는다. 그러나 다른 사회적 체제에서는 서로 가역적 영향력을 인정하고 있다. 예컨대, 시장은 경찰관에 영향을 줄 수 있고, 경찰관은 시민에 영향을 줄 수 있고, 시민이 시장에 영향을 줄 수도 있다. 이미 자세하게 설명된 바 있지만 어떤 사회에서는 사회적인 직책과 권력 구조가 그 구성원의 사회적, 교육적, 직업적 능력에 의해서 대부분 좌우된다. 개인이 그들 자신과 타인의 활동을 통제할 수 있는 정도, 자신의 환경을 형성하고 수정할 수 있는 힘, 여러가지 요망되는 물적 자원에 접근할 수 있는 힘 등이 사회적 직책의 고하와 상관관계를 가진다. 한편 다른 사회에서는 이처럼 선택지를 결정하는 사회적 직책이 개인의 능력보다는 인습에 의해서 부과되기도 한다.

이 간단한 예를 들어 보더라도 사회문화적 현실은 개체에게 다른 범위의 선택지를 허용하고 있음이 분명해진다. 여기서 사회문화적 환경과 관련하여 분명한 몇 가지 사항이 있다. 첫째는 그것이 우리들의 생활을 전적으로 지배하지는 않는다는 사실이다. 우리의 생활 가운데는 비제도화된 측면이 많을 뿐만 아니라 어떤 공통된 목표와 수단을 결정하는 일률적인 기준이 없는 경우가 허다하다. 이른바 가치 갈등은 현대사회의 어느 곳에서나 찾아볼 수 있다. 둘째는 사회적 규범이나 제도가 반드시 구성원에게 자유의 제약을 의미하지는 않는다는 사실이다. 이는 후에 더 자세하게 논의될 예정이지만 여기서는 '자유를 허용하고 촉진하는 제도와 자유를 구속하고 억압하는 제도'가 있을 수 있다는 점을 지적하는 것으로 충분할 것이다. 셋째, 비록 우리 주변의 사회문화적 환경의 대부분이 현존한 구성원에 의해서 창안된 것은 아닐지라도 개인은 그것에 동조하거나 거부할 수 있는 역량을 다소간 가지고 있을 뿐만 아니라 그것의 질을 변조하는 데 참여할 수도 있다는 사실이다. 만약 이런 측면이 없다면 사회문화적 환경은 오랫동안 정체되었을 것이다. 그러나 우리의 역사는 그렇지 않음을 뚜렷이 증명해 왔다. 사실 자유의 역사는 기존의 사

---

7) C. B. DeSoto, Learning a social structure, *Journal of Abnormal & Social Psychology*, 1960, *60*, 417–421.

회문화적 현실을 부정하고 새로운 현실을 재구성할 수 있는 바탕 위에 발전되어
왔다.

환경은 그것이 물리화학적인 것이든 사회문화적인 것이든 간에 자유의 실현을
위한 소극적 조건에 불과하다. 자유의 실현은 원칙상 주어지는 것이 아니라 개인
의 적극적인 노력에 의해서 찾아지고 쟁취된다. 이 점에서 자유의 내적 조건은 매
우 중요하다. 자유는 오직 그것을 향유할 수 있는 개인에게 주어진다. 자유의 주체
에게는 그 자신의 행로를 스스로 설계할 수 있는 능력이 요구된다. 그가 선택할 수
있는 다양한 진로를 미리 예견하고 의식하고 계획하고 상상하는 노력이 결여된다
면 그 개인의 진로는 그가 통제할 수 없는 상황의 종속물에 불과할 것임이 불을 보
듯 명백하다. 자유로부터 도피는 개인이 그에게 열려질 다양한 가능성의 세계를
인지하지 못하고, 그에게 주어지는 여러 가지 선택지를 불안하게 받아들이고, 기
존한 세계는 자기로서 어쩔 수 없는 숙명적인 것이라는 태도에서 비롯된다. 이제
부터 우리는 자유인이 갖추어야 할 최소한의 '자기 규제 능력'을 몇 가지 검토해
보기로 한다.

자유인의 첫 번째 자질은 자신의 통제 범위에 있는 여러 가지 가능성을 객관적
으로 타당하게 인식하는 능력이다. 문제해결을 하기 위해서 지식을 동원하고 통
상적인 생존의 문제를 초월하는 인간의 능력은 단순히 그의 환경에 종속하는 노
예의 굴레를 벗어나게 하였다. 인간은 환경의 요소를 대표하는 상징을 조작하고,
이 상징을 문제해결하는 데 이용하고, 새로운 관념을 형성할 수 있는 능력을 가진
존재임을 우리는 인식의 문제를 다룰 때 비교적 자세하게 논의한 바 있다. 성숙된
성인은 세계와 자신을 객체화시켜 그들 간의 다양한 인과관계에 대한 예상을 한
다. 나는 이 순간에 무엇을 할 수 있는가? 그들을 각각 선택했을 때 그로 인해서
어떤 결과가 올 수 있는가? 이와 같은 질문을 부단하게 던지면서 가능한 해답을
얻고자 하는 노력이 없이 자유가 스스로 굴러들어 올 것이라고 예상한다면 그것
은 한낱 백일몽에 불과하다. 가끔 무지나 오해는 선택가능성의 폭을 줄이거나 왜
곡한다. 그것은 가끔 돌멩이도 우리의 소화기관이 소화시킬 수 있으리라는 위험
한 예상을 포함한다. 충분한 인지 능력이 있다고 하더라도 개인은 문제의식의 결

여나 습관에 의해서 가능한 선택지의 범위를 확대하는 일에 소홀할 수도 있다. 예컨대, 우리는 현존의 선택지들이 이미 만족스럽다고 자인하고 훌륭한 선택지를 발견하려는 추가적인 노력을 더는 하지 않는 경우가 많다. 그러나 하나의 선택지가 과거와 현재에 성공적인 결과를 가져왔다고 하더라도 그것이 새로운 사태에서 비능률적인 것일 가능성은 얼마든지 있다. 이렇게 볼 때 자유는 주체인의 인지 능력, 경험의 재구성력, 창의력, 그리고 부단한 문제의식과 매우 긴밀한 함수관계를 가진다.

둘째, 자유인에게는 자신의 운명을 결정하는 주체가 곧 자신이라는 자기효능감이 요구된다. 성공과 실패가 자신의 행동에 의해서 결정되느냐 혹은 자기 자신 밖에 있는 외부적 힘에 의해서 결정되느냐에 대한 기대에 개인차가 있을 수 있다. 예컨대, 갑과 을이라는 학생은 그의 성적이 부진하게 되는 이유를 물었을 때, 갑은 열심히 공부를 하지 않았기 때문이라고 설명하는 데 반해서, 을은 선생이 잘 가르쳐 주지 않았다거나 시험 보는 날 운이 나빴다고 주장할 수도 있다. 일찍이 로터(J. B. Rotter)는 이와 같은 일상적인 관찰을 토대로 이른바 '내통제인(internal controller)' 과 '외통제인(external controller)'이라는 두 가지 성격 구분을 한 바 있다.[8] 전자는 자신의 운명이 그 자신의 통제 범위에 있음을 분명히 각성하고 있음에 비해서, 후자는 그가 사건의 결정에 참여할 수 있는데도 그가 할 수 없다거나 방관하는 태도를 취한다. 이와 같은 자기 회의, 자포자기, 무기력, 고립무원감(sense of helplessness), 무관심(apathy), 속수무책감이 우리 자신과 공존의 세계를 새로운 차원으로 승격시키는 데 하등의 도움이 되지 못할 것은 두말할 나위가 없다. 근래에 일부 정치학자들은 민주사회에서 투표자들이 그 주변에 일어나는 중요한 사회적 문제(전쟁, 국가나 정당의 정책, 인플레, 대기업 및 노동조합의 운영 등)에 아무런 영향력을 미칠 수 없다거나 무관심한 태도를 보이는 데 대해서 우려를 표명해 왔는데, 이는 자유의 실현을 위해서 불행한 측면이 아닐 수 없다.[9]

· · · · ···

8) J. B. Rotter, Generalized expectancies for internal versus external control of reinforcement, *Psychological Monographs,* 1966, *80* (Whole No. 609).

셋째, 자유인에게는 심리적인 안정감이 요구된다. 자유는 스스로 자기 운명의 주체가 되는 것을 뜻한다. 자유인은 자신의 능력과 판단에 의해서 자신의 여로를 떠나는 외로운 나그네에 비유할 수 있다. 거꾸로 말하면 그 이외의 어떤 결정자, 예컨대, 신, 종교, 군주, 부모, 사회적 관습에 거역할 수 있어야 함을 뜻한다. 그런데 그들과 결별한 자기 결정은 반드시 성공을 보장해 주리라는 확실한 보장이 없기 때문에 다소간의 불안을 동반한다. 따라서 이는 자유인이 봉착해야만 하는 불가피한 딜레마다. 일찍이 프롬은 자유가 갖는 이 딜레마를 매우 예리하게 분석한 바 있다.[10] 그는 자유가 고유한 개인으로서 자신을 인정하는 긍정적인 측면과 그로부터 유래되는 고립감이라는 부정적인 측면 간의 갈등을 지적하고 개인이 후자를 극복할 수 없을 때 자유의 상태에서 어떻게 도피하려고 하는지를 역사적인 사건을 통해서 증명하려 하였다.

넷째, 자유인에게는 독립심이 요구된다. 그는 자기 주변의 세력이 가하는 압력, 그리고 고정관념을 초월하여 자기 내부에서 우러나오는 가치와 이해에 경청하고 그것에 충실할 수 있는 자율적인 존재 가치를 스스로 인정하여야 한다. 만약 그가 주위의 의견을 무비판적으로 수락한다거나 비판, 조롱, 배척 혹은 냉대에 굴하여 스스로 옳다고 생각하는 기준을 포기한다거나 통념에 쉽게 동조해 버린다면 그는 자유의 주체가 될 수 없다. 물론 여기서 독립성은 타인의 견해와 충고를 무조건 거절하거나 부인하는 것만을 뜻하지 않는다. 거절을 위한 거절, 부정을 위한 부정이야말로 타율적인 것이 아닐 수 없다. 이들은 타인의 행동에서 쉽게 예견할 수 있는 자동적인 반발에 불과하기 때문이다. 진정한 의미의 독립성과 자율성은 자신이 누구이며, 그가 진실로 원하는 목표가 무엇이며, 관례적 판단이 그의 이상을 실현하는 데 어떻게 부적절한 것인가를 심사숙고한 연후에 최선의 것을 택하는 태도와

9) 다음 두 책을 참고하라.
   ⓐ D. Riesman, & N. Galzer, Criteria for political apathy, In Alvin W. Gouldner (Ed.), *Studies in Leadership,* New York: Harper, 1950.
   ⓑ V. O. Key, Jr., *The Responsible Electorate,* Cambridge: Harvard University Press, 1966.
10) E. Fromm, *Escape from Freedom,* New York: Holt, 1941.

기술이다. 만약 타인의 견해도 경청하여 옳다고 스스로 판단될 때 그것을 수락하는 것은 나무랄데 없는 자율성의 행사다. 근래에 심리학자들은 개인이 복잡하고 혼동된 사태를 처리하는 인지양식(cognitive style)에 장의존성(field dependence)과 장독립성(field independence)이라는 개인차를 보이는 것을 발견하였다.[11] 장의존성이 높은 사람은 복잡한 사태를 전체로서 받아들이고 그가 그것을 처리해야 하는 독립된 관점보다는 사태가 암시하는 바에 의해서 동요된다. 한편 장독립성이 높은 사람은 사태의 다른 측면을 서로 분리해 내고 그의 목적에 무관한 사항을 무시할 수 있는 능력을 가지고 있다. 주체적 결단은 바로 이 장독립적 관점에서만 내릴 수 있다.

다섯째, 자유인에게는 만족의 연기(delay of gratification)라는 특성이 요구된다. 만족이나 쾌락이 그것 자체로서 인생의 중요한 목적임은 의심의 여지가 없다. 그러나 가끔 단기적인 만족의 추구는 장기적으로 볼 때 이롭지 못한 경우가 일상생활의 어느 곳에서나 도사리고 있다. 어떤 사람은 "오늘을 즐기자!"라는 구호하에 하룻밤을 마음껏 마시고 먹고 탕진할 수 있겠지만 이 인생관의 문제는 그가 내일 사망하지 않는다는 데 있다. 오늘날의 사회문화적 제도는 개인의 총체적인 행복을 극대화하는 데 순간의 즉흥적인 기분이나 충동의 표현보다는 장기적이고 계획적인 일련의 노력을 요구한다. 따라서 심리학자들은 근래에 이 만족연기라는 특성이 자아통제에 매우 중요한 요인임을 인식하고 이를 객관적인 척도에 의해서 측정할 수 있는 방법을 고안하여 왔다.[12] 예컨대, 어떤 사람은 즉각적이지만 작은 보상을 택하는 반면, 다른 사람은 장기적이지만 큰 보상을 택하는 개인차가 있음을 발견하였다. 이 경우 후자가 전자에 비해서 종국적으로 현명한 선택을 한 것은 계산상 분명하다. 이는 청교도적 윤리의 문제가 아니라 최대의 쾌락에 해당되는 문제인 것이다. 따라서 선택 상황에서 다면적인 요인을 총체적으로 평가할 수 있는 최소

---

11) H. A. Witkin, A cognitive-style approach, *International Journal of Psychology,* 1967, *2,* 233-250.
12) W. Mischel, & E. Ebbesen, Attention in delay of gratification, *Journal of Personality and Social Psychology,* 1970, *26,* 329-337.

한의 충동억제는 불가결하다. 근래에 많은 연구가 선택의 모든 수준에서 충동억제의 과정이 중요함을 지적하는 것은 바로 여기에 이유가 있다.[13]

가능성의 탐색 능력, 자기효능감, 심리적 안정감, 독립심, 만족의 연기는 자유인에게 요구되는 기본적인 성격요인이다. 사람들은 같은 여건하에 있다고 하더라도 그들이 가진 내적 조건에 따라 자유의 행사에 개인차를 보일 수 있다. 이 세상에는 키가 큰 사람과 작은 사람이 있듯이 자유를 실현할 수 있는 성격 유형과 자유를 실현할 수 없는 성격 유형이 대비될 수도 있다. 그렇다면 지금까지 우리가 검토해 온 긍정적인 성격 유형과 대비되는 사람들은 어떻게 규정될 수 있는가? 이 문제와 관련하여 오랫동안 심리학에서 관심의 대상이 되어 온 것이 이른바 권위주의적 성격(authoritarian personality)이다.[14] 이차대전 때 히틀러의 나치즘을 체험하고 난 뒤에 일련의 사회과학자들은 당시 독일에서 나치즘이 가능했던 심리적 과정에 관심을 갖고 그것을 측정할 수 있는 검사를 제작하였다. 그것이 'F-척도'로서 일종의 '반민주적 성격(antidemocratic personality)'을 측정하는 것으로도 알려졌다. 이 검사는 다음과 같은 9가지의 특성군을 측정하고 있다.

- 관례주의(Conventionalism): 관례적인 가치에 대한 엄격한 준수를 강조한다.
- 권위주의적 복종(Authoritarian Submission): 자기가 소속된 집단의 이상화된 도덕적 권위에 대해서 무비판적 태도를 가진다.
- 권위주의적 공격심(Authoritarian Aggression): 관례적 가치를 위반하는 사람들을 비난하고, 거부하고, 벌을 가하려는 강한 경향을 가진다.
- 내성의 거부(Anti-Intraception): 내부에서 일어나고 있는 사적 과정을 분석하고 내성(內省)하기를 꺼린다.

● ● ● ● ....

13) S. Diamond, R. S. Balvin, & F. R. Diamond, *Inhibition and Choice,* New York: Harper, 1963.
14) 다음 두 책을 참고하라.
   ⓐ T. W. Adorno, Frenkel-Brunswik, E. Levinson, D. J. Levinson, & R. N. Sanford, *The Authoritarian Personality,* New York: Harper, 1950.
   ⓑ R. Brown, *Social Psychology,* New York: The Free Press, 1965.

- 미신과 스테레오타입(Superstition and Stereotype): 개인의 운명에 대한 신비주의적 결정론을 믿고, 사고가 융통성 없이 경직화되어 있다.
- 권력지향과 강직성(Power and Toughness): 지배와 복종, 약자와 강자, 지도자와 추종자라는 차원에 강한 선입관을 가지고 있으며, 권력의 소지자와 동일시하며, 힘과 강직성에 대해서 지나치게 강조한다.
- 파괴성과 냉소성(Destruciveness and Cynicism): 인간성에 대해서 비방하고 냉소하며 일반적인 적대감을 가지고 있다.
- 투사성(Projectivity): 이 세계는 위협적이고 위험한 일들이 항상 일어나고 있다고 믿으며 무의식적인 충동을 외부로 투사한다.
- 성에 대한 과도한 관심(Excessive Sexual Concern): 성적 표현이나 자유에 대해서 과장된 비방을 한다.

  앞의 각 요인이 잘 설명하고 있듯이 권위주의적 성격의 소유자는 변화에 대해서 대단한 불안감을 가지고 있으며, 과거의 반복은 최소한 현존한 자기 자신의 존재를 보장해 준다는 데서 기존의 사회 질서에 충복하고자 한다. 그들은 자신과 세계를 다른 관점에서 심각하게 분석하고 회의하고 개혁하기를 꺼리며, 그 노력 자체를 거부한다. 그들은 내적 가치나 각성을 두려움으로 대하며 권위체에 의존해서 질서 있는 생활을 하는 것만이 불안과 적대적인 세계에서 안전하게 생활할 수 있는 길이라고 믿는다. 그리고 그들의 사고 과정은 다양성을 부정하며 불확실성에 대한 관용성이나 호기심을 느끼지 않는다. 이와 같은 제반 성격 구조는 우리가 정의한 자유, 즉 개인이 그에게 열려진 가능성을 개방성 있게 타진하고 그 결과에 대한 불확실성에도 불구하고 자신의 내부에서 우러나오는 주체적 판단에 의존해서 결단을 내리는 과제와는 상당한 이질성을 가지고 있다. 이런 유형의 사람이 범람하는 사회에서는 자유란 도전이라기보다는 위협으로 받아들이게 된다.

  우리는 이제까지 자유의 성질에 관한 하나의 실제적인 정의를 택하고 그것이 주체자의 내적 조건과 그를 둘러싼 내적 조건 간의 상호작용에 의해서 다소간 실현될 수 있는 것임을 살폈다. 이 말은 자유가 어떤 특정한 조건과 함수관계를 맺고

있음을 함축한다. 이제 우리는 이와 같은 실제적인 수준의 토론을 뛰어넘어 자유
의 문제와 관련하여 오랫동안 끈질기게 논의되어 온 하나의 특수한 주제, 즉 자유
와 결정주의의 관계에 관해서 어떤 방식의 해명에 도달해 보기로 하자. 많은 사람
이 현대사회에 접어들어 자유라는 말이 근래에 발전을 거듭하고 있는 과학의 세
계에서 아직까지 그것의 의미를 가질 수 있는지에 대한 문제를 두고 의문을 제기
해 왔다.

예컨대, 시드니 훅(Sidney Hook)은 『현대과학시대에서의 결정론과 자유』라는 소
책자를 편집하고 그 서문에서 이 주제의 중요성을 다음과 같이 세 가지로 요약하
였다.[15]

"첫째, 정치적이고 사회적인 이유에서다. 과거에 자연과학에서 결정주의적 철학의
확대는 인간의 자유를 지원하는 것으로 환영받았다. 왜냐하면 그 철학이 자연에 대한
인간의 지배력을 증진시켰기 때문이다. 그러나 오늘날 사회과학이나 사회적 업무에
서 이 결정주의에 대한 신념은 그것이 사람들의 타인에 대한 통제력을 증진하기 때문
에 많은 사람들에 의해서 두려워하게 되었다. 어떤 사람들은 오웰(Orwell)이 묘사한
과학적으로 통제된 『1984년』뿐만 아니라 스키너가 『왈덴 2』에서 묘사한 것과 같은
비교적 밝은 사회성에서조차 소름이 끼치는 공포를 갖게 되었다고 고백한다. ……우
리의 주제에 대한 흥미가 재발된 두 번째 이유는 결정주의가 최대의 승리를 자축했던
자연과학에서 일반적 결정주의의 신조나 기본 가정에 대한 신념이 소립자의 세계를
이해하려는 노력에서 굴복하게 된 듯한 느낌이 있기 때문이다. ……우리의 주제에 대
한 세 번째 이유는 모든 과학적 그리고 신화적 형식을 갖추고 있는 현대심리학, 정신
병학 및 정신분석학에 대한 흥미의 고조에서 비롯된다. 인간의 정신을 설명하면서 결
정주의를 수락함으로써 나타난 분명한 결과는 우리가 인간의 과거사를 학습하면 할수
록 그가 그의 현존 행동에 대해서 덜 책임이 있는 듯하다는 신념이다. 이 결론은 법률,

---

15) S. Hook (Ed.), *Determinism and Freedom in the Age of Modern Science,* New York:
    Mcmillan, 1958, p. 8.

교육 및 사회사업 분야에서 이론과 실천에 영향을 주게 되었으며 형벌학에 하나의 혁
명 같은 것을 가져 왔다."

이미 이 책의 제6장에서 언급한 바와 같이 과학은 결정주의적 가정하에서 진행
되는 인간의 과업에 속한다. 과학자들은 현실 속에서 일어나고 있는 어떤 것이든
간에 그 배면의 원인을 가정한다. 이는 자연과학자의 경우뿐만 아니라 사회과학
자에 의해서도 견지되고 있는 하나의 신념체제다. 결정주의는 모든 사건이 어떤
유의 원인을 가지고 있다는 것을 말할 뿐, 우리가 어떤 것이 그것의 원인이며 원
인이 아니라는 것을 실제로 알거나 알지 못할 수도 있음을 시인한다. 이 점에서
현재 과학자들이 택하고 있는 결정주의는 기본 가정이거나 방법론적인 편법에 속
한다. 혹이 윗글에서 지적했듯이 이 가정은 과학자들로 하여금 현실을 설명하고
예언하고 통제할 수 있는 일단의 체계적인 지식을 구성하는 성과를 우리에게 안
겨 주었다. 그런데 바로 지금 우리의 문제는 이 과학의 기본 전제가 자유의 개념
과 양립될 수 있느냐에 있다.

이에 관한 가장 오래된 견해 하나는 자유와 결정주의의 양립을 거부하는 것이
다. 이 주장의 논리는 대충 이러하다. 만약 어떤 것이 이전에 존재했던 어떤 선행조
건에 의해서 원인 지어지고 그 조건들은 다시 그것보다 이전의 어떤 선행조건에
의해서 원인 지어져서 이 같은 무한한 인과 계열로 소급된다면 인간도 기계처럼
하나의 피조물에 불과하다는 것이다. 따라서 인간의 행동이 이처럼 이전의 연쇄적
조건에 의해서 이미 결정되어 버렸다고 본다면, 개인에게는 여러 가지 행동을 의
도적으로 할 수 있는 선택지나 그 가운데 어떤 것을 주체적으로 결정할 수 있는 여
지, 즉 자유의 행동 능력이 없다고 이들은 주장한다. 그래서 이들은 자유의 개념이
성립되기 위해서는 비결정주의(indeterminism)가 필요하다고 본다. 비결정주의는
모든 것이 원인을 가진다는 결정주의의 가정을 부정한다. 이는 모든 것이 결정되
지 않았다는 주장이라기보다는 결정주의적 가정을 적용할 수 없는 예외적인 사건
과 사물이 있을 수 있다는 주장이다. 가끔 그 증거의 하나로 소립자의 세계를 든다.
이 사실은 양자역학의 분야에서 하이젠베르크(W. Heisenberg)의 불확정적 관계의

해석과 관련하여 물리학자들의 관심을 끈 바 있다.[16] 예컨대, 이 분야의 연구자들
은 현재 양자나 전자 등과 같은 아원자들의 행동을 정확하게 예측하는 데 어려운
문제를 안고 있기 때문에 이른바 확률적 접근방법을 택한 것이다.

　이와 마찬가지로 비결정론자들은 인간의 행위(human action)에도 인과율이 적용
될 수 없다고 주장한다. 그들의 주장에 의하면 인간은 이른바 '자유의지(free will)'
를 가지고 있기 때문에 예측성을 불허하는 존재라는 것이다. 이 주장은 토마스 아
퀴나스(Thomas Aquinas)와 그 이전에까지 소급되는 매우 긴 철학적 배경을 가지고
있다. 이들은 다른 모든 것이 선행조건에 의해서 필연적으로 결정될 수 있다고 하
더라도 이 자유의지만큼은 이 영역에서 예외로 인정되어야 한다는 입장을 택해 왔
다. 이 자유의지는 다른 것과는 달리 인과 계열에서 제외된 시발점에 해당한다. 즉,
이것은 다른 것에 의해서 결정되지 않으면서 다른 것을 움직일 수 있는 궁극적 원
인(an ultimate cause)이 될 수 있는 인간 고유의 속성인 것으로 간주된다. 가령, 과
학자들이 그들이 동원할 수 있는 모든 법칙들을 동원해서 당신이 앞으로 X라는 행
동을 할 것이라는 예측을 한다고 하더라도 당신은 그 예측과는 다른 Y라는 행동을
할 수 있는 것은 바로 이 자유의지를 당신이 가지고 있기 때문이라고 그들은 주장
한다. 이처럼 재량에 의해서 개인이 마음대로 할 수 있는 힘이 없다고 본다면 인간
생활에서 윤리적 책임이라는 문제는 애당초 제기될 소지가 있을 수 없는 것으로
그들은 단정한다.

　이 견해는 상식적인 수준에서 매우 설득력이 있어 보인다. 결정주의라는 신념은
그것의 타당성이 완전무결하게 검증된 것은 아니다. 과학자들은 그동안 많은 인과
법칙을 발견하였지만 아직도 그들이 설명할 수 있는 현상은 제한되어 있다. 그것
은 소립자의 경우에만 해당되는 것이 아니라 인간사의 대부분이 아직 불가지의 영
역으로 남아 있다. 이처럼 우리가 현상의 인과성을 충분히 구명할 수 없는 단계에
서 우리의 무지를 합리화할 수 있는 방법은 확률과 우연이다. 우리는 전혀 예상치
않은 장소에서 어떤 친구를 만났을 때 "우연히 그 친구를 만났다."라거나 동전의

━━━━━━━━━━━━━━━━━━━━━━━━━━
16) W. Heisenberg, *Physics and Philosophy*, New York: Harper, 1958.

전면과 배면이 1/2의 확률로 낙하할 때 "그들은 우연의 법칙을 따른다."는 일상어를 준비해 놓고 있다. 이런 무지 상태 속에서 개인이 자신의 행동에 대한 모든 원인이 자신에게 있다고 믿는 것은 무리가 아니다. 개인은 누가 어떤 주장을 하든 간에 주관적으로 자신이 자신의 주인이라는 주장을 할 수 있다. 이 신념은 설사 그것이 충분히 증명된 것은 아닐지라도 세계와 자신에 대한 불확실한 지식을 극복하는 생활철학의 중요한 부분이 될 수도 있다.

그러나 나는 자유라는 주제를 살리기 위해서 비결정론자들이 주장하듯이 결정주의를 부분적으로나마 부정하거나 자유의지와 같은 개념을 도입해야만 하느냐에 대해서 회의적인 태도를 가지고 있다. 자유의지의 입장은 우리의 인식론적 호기심을 도중에서 무리하게 차단하여 놓을 뿐만 아니라 자유를 증진시키거나 위축시킬 수 있는 선행조건에 관한 사항을 탐구 영역에서 제외시킴으로써 우리가 현실을 개선하는 데 적극적으로 참여할 수 있는 길을 무지에 의해서 오히려 봉쇄하는 듯하다. 자유의지론자는 우리가 예외 없이 자유를 행사할 수 있는 무조건적 능력을 가진 것으로 구두탄(口頭彈)만을 남발하고 개인은 그 능력이 있음으로써 자신의 행동에 대한 무한대한 책임이 있다는 편법을 합리화하고 있다. 그러나 누구나 개인은 자유를 행사할 수 있는 능력에 개인차가 있음을 알고 있다. 이는 자유가 어떤 특정한 상황적 조건과 개인적인 자질의 토대 위에서 성립됨을 뜻한다. 우리는 자유를 신장하기 위해서 우리 자신의 통제력을 확장하거나 제한시키는 내외적 조건에 대한 지식을 필요로 한다. 그러자면 우리는 우리 자신과 우리를 둘러싸고 있는 다양한 생태학적, 사회적, 문화적, 경제적, 정치적, 교육적 조건과 그들의 복합적 과정을 면밀하게 검토해야 한다. 이것이 곧 우리가 우리 운명의 주인공으로 등장할 수 있는 하나의 현실적인 방안임에 틀림없다.

세계와 우리 자신이 결정주의적 신조에 맞게 운행되느냐 혹은 비결정주의적 신조에 부합하느냐를 현 단계에서 일단락 지을 수 있는 최종적인 지식을 우리는 아직 가지고 있지 않다. 결정주의가 타당함을 증명하려면 과학자들은 모든 현상을 예언할 수 있을 만한 입장에 설 수 있어야 한다. 사건을 예언할 수 있으려면 모든 것이 원인을 가진다는 신념만으로는 부족하고 그것이 어떤 원인에 의해서 앞으로 어떤 결과에 이끌어질 것인지를 자세하게 명세화하여야 한다. 그러나 과학자들이 모든 자연법칙을 망라해서 구명한 것은 아니고, 이미 발견된 법칙의 범위 내에서도 사건을 결정하는 초기 조건(initial conditions)에 대한 정보를 얻기에 곤란을 느낀다. 그렇다고 해서 이것이 비결정주의의 입장을 강화하는 것은 결코 아니다. 비결정주의자가 그들의 입장을 강화하려면 비단 현재 우리가 상당한 부분의 현실을 설명하고 예측할 수 없다는 사실을 지적하는 데 그쳐서는 안 되고, 그들은 어떤 특정한 사건이 결정주의적 법칙의 세계에서 예외임을 증명할 뿐만 아니라 그 예외가 일어나는 조건을 상세하게 규정할 수 있어야 한다. 그러나 그런 유의 증명은 아직까지 이루어지지 않았다. 우리는 그와 같은 기적의 순간을 무작정 기다리면서 인과법칙의 구명에 부정적인 태도를 가지고 무감각하게 남아 있는 것이 문제해결에 도움이 될 수 없다는 것을 잘 알고 있다.

 그 결과가 어떻게 되든 간에 우리가 택한 자유에 대한 정의와 과학자들이 택한 결정주의는 서로 모순되거나 상응하지 않는 관념이 아님을 분명히 알 필요가 있다. 나는 이제부터 이 두 가지 이념이 서로 상응할 수 있는 방식을 제시하고 자유와 비결정주의를 제휴시키려는 종전의 주장이 한갓 탁상공론에 불과한 것임을 먼저 지적하고자 한다. 자유와 결정주의가 상응할 수 있는 첫 번째 부면은 인과적 과정이 개념화되는 방식에서 찾아질 수 있다. 우리의 정의에 따르면 자유란 주체자가 자신의 활동과 주변의 환경을 예측하고 통제할 수 있는 능력과 비례한다. 따라서 자유는 결정주의가 사실이라는 전제 위에서만 성립될 수 있다. 결정주의는 우리의 행위가 우리들 자신에 의해서 원인 지워진다는 일차적인 조건을 만족시켜 준다.[17] '나는 나의 행위의 원인이다(I caused my actions)'라거나 '나는 ~하기로 결정했다(I am determined to~).'는 자유의 의미를 가장 잘 함축한 말이다. 그리고 이 말은 공상이 아니라 현실 속에서 일어나고 있음을 우리는 목도한다. 우리는 한 개인이 일상생활에서 그의 행동적 능력과 환경이 허용하는 선택지의 범위 내에서 그 자신

17) R. E. Hobart, Free-will as involving determinism, and inconceivable without it, In B. Bernard (Ed.), *Free-will and Determinism,* New York: Harper, 1966.

의 생활에 상당한 정도로 통제력을 행사함을 어렵잖게 증명할 수 있다. 만약 이것을 우리가 증명하는 데 실패한다면 우리는 결코 주체자가 자유롭다는 말을 할 수 없다.

이 말은 자유의 주체가 모든 것을 결정할 수 있다는 것을 반드시 함축하지는 않는다. 사건은 주체자에 의해서 결정될 수도 있고 그와는 전혀 무관한 요인에 의해서 결정될 수도 있다. 문제는 사건이 결정되느냐 않느냐에 의해서 제기되는 것이 아니라 그것이 결정되는 것이 기정사실이라고 할 때 누구에 의해서 결정되느냐에 있다. 자유는 그 결정인자 가운데 주체자를 포함시키는 결정론인 것이다. 이 점에서 자유는 결정주의와 대립되는 것이 아니라 숙명론(fatalism)과 대립된다. 숙명주의자는 미래의 사건이 원인에 의해서 결정된다고 믿지만 그 원인 가운데 그들 자신이 포함될 수 있다는 것을 부인한다. 이들에 의하면 세계는 그들이 아닌 다른 힘에 의해서만 결정된다. 원시인들은 그들의 생활이 그들의 통제 범위를 뛰어넘는 어떤 전지전능의 불가피한 힘(예컨대, 신)에 의해서 전적으로 결정된다고 믿고 그들에게 어떤 재앙이나 행운이 오면 그 불가피한 힘에게 용서를 빌거나 감사하였다. 그들은 심지어 그들의 문화가 그들의 사고, 태도 및 신념에 의해서 결정된다는 사실조차 망각하였다. 지금도 일부 사람들은 매우 중요한 결정을 내릴 때 점쟁이나 사주관상쟁이를 찾아 그들의 운명이 어떤 것인지를 점치고 그에 맞춰 결정을 내리는 것이 그들이 택할 수 있는 최선의 선택이라고 믿고 있다. 무관심도 숙명론자들이 갖는 특징의 하나다. 이는 우리의 선택이 사건의 전개에 하등의 변화를 줄 수 없다는 태도로서 사건에 대한 소극적 반응의 세 가지 단계에서 마지막에 나타난다. 사람들은 처음에 어떤 사태에 대해서 저항하다가, 장애에 부딪쳐 우울증에 빠지며, 마지막으로 무관심하게 된다. 예컨대, 일찍이 나치정권하의 유대인 수용소에서,[18] 그리고 장기적인 실직 상태하에 있는 사람들에게서[19] 증명

---

18) B. Bettelheim, Individual and mass behavior in extreme situations, *Journal of Abnormal and Social Psychology,* 1943, *38,* 417-452.

19) P. Eisenberg, & P. F. Lazarsfeld, The psychological effect of unemployment, *Psychological Bulletin,* 1938, *35,* 358-390.

되었다. 이 숙명주의는 자유의 실현에 대한 가장 큰 위협이고 저주에 해당하는 관념이다.

통제나 예측에 대한 무지는 자유의 실현에 부적절한 조건을 형성한다. 우리는 알지 못하는 대상에 대해서 당치않은 공포심을 가지며, 새로운 경험을 의심스러운 눈초리로 바라보며, 우리에게 당장 분명한 현 상태에 매달리거나 안주하게 된다. 그러나 만약 우리가 문제 사태에 포함된 여러 가지 결정 요인을 사전에 알고 있다면 편안한 상태에서 여러 가지 가능성을 모색하고 계획을 세워 사태를 변화시킬 수도 있다. 근래에 자연과학과 사회과학은 사건 배후에 작용하는 각종 요인을 분리해 내고 그들을 우리의 인식 범위에 포함시킴으로써 우리 자신이 우리 자신의 행동과 환경을 조형시킬 수 있는 능력을 증진시켜 왔다. 수천 년에 걸쳐 많은 사람이 역사적 혹은 환경적 우연성에 그 자신을 맡기는 숙명적인 존재가 아니라 그 자신이 원하는 이상적인 목표를 세우고 그것의 실현에 작용하는 제반 조건을 설계하고 현실화하는 희망을 피력해 왔지만 아직 그 이상에 미달하는 것은 바로 통제의 개념을 단지 타율적인 강요로만 해석하고 그 방법적 기반을 구축하는 데 소홀해 왔기 때문이다. 우리는 이제 그 헤아릴 수 없는 자가당착을 극복하고 통제의 방법들을 터득해야 하며, 그들을 자율적으로 우리들 자신과 환경에 적용시킬 수 있는 가능성을 주도면밀하게 모색해야 한다.

그러나 우리는 과학의 발전이 우리들과 우리들의 환경에 대한 통제력을 확대해 왔다는 사실과 그것을 우리의 목적에 맞게 이용한다는 사실은 별개의 차원에서 고려되어야 할 사항임을 명심할 필요가 있다. 과학자들이 가끔 그들의 탐구 과정에서 일종의 숙명론적 입장을 택하고 있음을 우리는 간과해서는 안 된다. 그들은 연구를 진행할 때 그들 자신의 행동이 연구 결과에 영향 주지 않고 그들의 영향력 밖에서 '자연스럽게 일어나는' 외부적 사건 간의 관계를 구명하는 데 몰두하게 된다. 다시 말하면, 그들은 자신의 행동이 실험적 사건에 개입하는 하나의 독립변인이 되지 않도록 부심하는 것이다. 나는 이와 같은 방식의 실험적 통제가 한 사건의 객관적 결정요인에 대한 구명에 어느 면에서 불가피함을 인정하고 있다. 연구자의 임무는 그 자신과 관련하여 한 사건을 설명하려는 것이 아니고 그와 독립된 것들이 그 사건을 결정하는 과정을 설명하는 데 있기 때문이다. 가령, 연구자는 그의 능력으로 동전의 표면이 100% 위쪽에 나타나도록 할 수 있다. 동전을 그렇게 그의 손으로 놓으면 된다. 그런데도 그는 그것을 공중에 던져서 그 이외의 복잡한 요인들이 그 사건을 결정하는 측면을 관찰하는 방식을 택한다. 이때 그 연구자는 그 사건에 대한 자신의 결정력을 스스로 포기하고 스스로 숙명론적 입장을 견지하고 있는 것으로 우리는 일단 생각할 수 있다.

대부분의 과학적 지식은 이와 같은 경로에 의해서 형성되어서 과학자 이외의 사람들에 의해서 수단화된다. 따라서 과학적 지식은 그것을 생산하는 과학자보다는 그것을 수단화하는 사람들의 역량과 의도에 의해서 자유의 증진에 공헌한다. 만약 그것이 어떤 독재자의 손에 의해서만 이용되고 대부분의 사람이 그것을 이용하는 데 전혀 관여할 수 없다면 과학적인 지식은 대부분의 사람의 자유 실현에 역행하는 강력한 힘이 될 수도 있다. 이것이 과학의 시대에 사는 우리가 해결해야 할 도전의 하나이며, 혹이 지적한 바와 같이 과학의 발전에 대해서 우리가 다소간 막연한 불안감을 갖는 이유를 구성한다.

근래에 행동과학의 발전은 인간의 행동을 통제할 수 있는 능력을 증진시켰다. 여기서 자유의 증진과 관련하여 우리가 당면하는 기본적인 도덕적 문제는 그 지식이 누구에 의해서 어떤 목적을 위해 활용되느냐에 있다. 켈먼(H. C. Kelman)은 이 문제를 하나의 윤리적 딜레마로 보고 다음과 같이 그 해결 방안을 시사한다.[20]

"내가 하나의 딜레마의 형태로 나의 입장을 제시해 온 그 사실 자체가 나는 '하나의 궁극적인 해결(an ultimate 'solution')'을 찾지 못했다는 사실을 분명히 해 준다. 행동 변화의 분야에 종사하는 실천가나 연구자가 봉착하는 윤리적 갈등을 완전히 피하는 방법은 아직 발견되지 않았다. 그러나 나는 행동 변화의 분야에서 일어나는 새로운 발전이 줄 수 있는 비인간적 효과를 경감하는 방법이 있다고 본다. 나는 이 목적을 달

---

20) H. C. Kelman, Manipulation of human Behavior: An ethical dilema for the social scientist, *The Journal of Social Issues*, 1965, *21*, 31-46.

성하는 데 공헌하도록 고안된 세 가지 단계를 제안하고 싶다. 일반적인 형태로 말하면, 그들은, 첫째, 그들의 일이 조작적 측면을 지닌다는 것을 차츰 자신과 타인에게 적극적으로 각성시키는 것이고, 둘째, 우리가 이용하거나 연구하는 과정 속에 조작에 대한 보호와 그것에 대한 저항을 의도적으로 설정하는 것이며, 셋째, 우리의 실천과 연구의 중심적인 목표를 선택의 자유를 고양하는 데 두는 것이다."

결정주의는 우선 그것이 우리가 현실을 주체적으로 결정할 능력을 가지고 있음을 시인하는 것만큼 자유의 개념과 일치한다. 그러나 문제는 여기서 그치지 않는다. 자유의 문제와 관련하여 결정론자와 비결정론자 간에 이루어지는 보다 심각한 쟁점은 그 자율적 규제 능력이 결정된 것이냐 아니냐에 의해서 가끔 일어난다. 이미 앞서 지적했듯이 비결정론자들은 우리의 자율 능력이 어떤 다른 요인에 의해서 결정되는 것으로 본다면 그것은 진정한 의미에서 자유가 될 수 없다고 주장한다. 이들은 만약 A가 B의 원인이고 B가 C의 원인이라면 C는 B에 전적으로 예속되고 B는 다시 A에 종속되는 것이라는 기계적인 자동주의(automatism)를 택하고 있는 듯하다. 그래서 그들은 원인 지워지지 않은 동인으로서 자유의지를 상정하는 편법을 택하였다.

그러나 이와 같은 논리는 부적절할 뿐만 아니라 자유의 객관적인 연구나 실천에 장애요인이 될 수도 있다. 한 사건이 다른 사건의 원인이라는 사실은 반드시 전자가 후자를 종속한다거나 예속한다는 것을 함축하지 않는다. 우리는 어떤 것이 결정되지만 그것 자체가 그것을 결정했던 것과는 독립해서 그 나름의 속성에 의해서 다른 것을 결정하는 과정을 얼마든지 상상할 수 있다. 가령, 부모가 자식을 탄생시킨 원인이라고 해서 자식이 부모에 예속되는 것이라는 논법은 성립되지 않는다. 또한 어떤 사람이 어떤 물리적인 강요에 의해서 나를 운동장의 한복판에 위치시켰다고 가정하자. 그러나 그 다음 순간의 나의 행동을 그 물리적 힘이 반드시 결정하는 것은 아니다. 나는 그 위치로부터 나 나름의 속성에 의해서 행동한다. 나는 이 점을 앞서 올포트가 지적한 기능적 자율성(functional autonomy)의 개념을 들어 부각시키려고 했음을 독자는 기억할 것이다. 개인은 분명히 유전과 환경의 소산이지만 그는 그 나름의 속성에 의해서 환경의 일부를 변화시키는 요인이 될 수도 있다. 이와 같은 상호 간의 인과성을 두고 개인은 환경의 예속물임과 동시에 환경은 개인의 예속물이라는 말을 할 수 있는가?

기능적으로 자율화된 개인의 행동성향 속에는 앞서 내가 지적한 자율적 규제 능력, 즉 가능성의 탐색력, 자기효능감, 심리적 안정감, 독립심, 만족의 연기 등이 포함될 수도 있다. 반대로 어떤 개인은 권위주의적 성격이라는 기능적으로 자율화된 성향을 가질 수도 있다. 심리학과 기타 사회과학 분야는 이 같은 개인의 속성들이 어떤 과거 경험과 특수한 함수관계에 있다고 가정하고 그 가정을 부분적으로 검증해 왔다. 이를테면 어떤 환경에서는 자율적 규제 능력이 형성될 수도 있고, 다른 환경에서는 권위주의적 성격이 형성될 수도 있는 것이다. 그리고 이 행동성향은 그 나름의 속성에 의해서 환경에 영향 주는 중요한 기능을 한다. 이처럼 개인은 환경으로부터 그의 자유를 증진하는 방식으로 영향받을 수도 있고 자유를 위축시키는 방식으로 영향받을 수도 있다. 여기서 문제의 핵심은 인간의 행동이 외부의 요인에 의해서 결정되느냐 않느냐에 있지 않고 어떤 방식으로 결정되느냐에 있다.

자유와 결정주의는 서로 개념적으로 다른 차원에 속하는 것으로서 결정주의의 인과적 과정을 어떻게 개념화하느냐에 따라 그것이 자유와 상응하거나 상응하지 못할 수 있다. 자유라는 주제와 관련하여 심각하게 고려되어야 할 문제는 개인을 인과율에서 제외하는 방안을 강구하는 데 있지 않고 개인이 어떻게 결정되며 그 결정된 개인이 어떻게 그 자신과 사회에 대해서 독립변인으로서 작용하느냐를 강구하는 것이다. 개인은 어떤 방식으로든 간에 인과적 계열 속에 있다. 그런데 어떤 인과 계열은 한 개인의 자유가 전혀 허용되지 않는 방향으로 진행되기도 하고, 다른 인과 계열은 한 개인의 자유를 최대한으로 신장하는 방향으로 진행되기도 한다. 자유의 능력이 비결정되는 것으로 규정하는 것은 사실과 어긋날 뿐만 아니라 자유를 증진하는 실제적인 문제해결에 무력한 듯하다. 이 입장은 비결정을 전제로 받아들임으로써 자유의 능력이 다른 것을 결정하는 부분만 강조할 뿐 어떻게 그것이 제약받거나 신장될 수 있느냐에 대한 가능한 지식을 확대하는 부면을 등한하게 하였다.

　만약 자유의 문제를 다룰 때 비결정론자들의 불가지론적 신비주의에 안주하지 않고 자유가 신장될 수 있는 선행조건에 대한 탐구를 계속한다면, 우리는 우리가 가진 지금의 능력으로써 그 조건을 통제하는 적극적인 활동에 가담할 수 있는 유리한 입장에 놓인다. 개인과 환경 혹은 개인과 사회는 상호 인과적 관계를 가진다. 개인은 사회문화적 환경을 결정할 수 있고 환경은 또한 그 구성원을 결정할 수 있다. 그들은 결정론적 입장에서 볼 때 그들 나름의 기능적 자율성을 가지고 상대를 결정하는 요인이 될 수 있다. 한편으로 개인은 그의 자유를 확보해 주는 노선으로 사회에 변화를 주고, 다른 한편에서 사회는 그런 성질로서 개인에게 영향을 줄 수 있다. 이런 체제를 우리는 자유를 위한 개방체제라고 불러도 좋다. 반대로, 우리는 사회가 개인에게 자유를 제한하는 방식으로 작용하고 개인은 다시 그런 사회 체제를 보장하는 폐쇄체제를 상상할 수 있다. 우리는 이제부터 개인과 사회 간의 이 같은 상호 인과적 관계를 검토해 보기로 하자.

　나는 이 책의 제2부에서 실존과 공존의 주제를 다룰 때 주로 한 개인의 행동이 결정되는 측면을 부각하려고 했다. 우리는 개인의 행동이 유전과 환경의 상호작용에 의해서 다양한 방식과 양태로 발전될 수 있으며, 그 양대 요인이 한 개인의 발달에서 특정하게 조합되어 개인은 이른바 행동성향을 갖게 되며, 그것이 다시 상황적 조건과 상호작용하면서 표현행동을 결정한다는 주제를 다루었다. 이와 같이 개인의 행동을 인과 계열의 종속변인으로 취급할 때 개인은 그의 발달과정에 그 자신이 스스로 참여할 여지를 갖지 않는다거나 혹은 그럼으로써 개인은 불가피하게 피동적인 존재일 수밖에 없다는 식의 그릇된 결론에 도달하기 쉽다. 만약 독자 가운데 누군가가 이런 방식의 해석을 했다면 적어도 두 가지 점을 유념하길 바란다. 그 첫째는 이미 지적한 바와 같이 어떤 행동이 결정된다는 것은 그 행동이 비자율적인 것을 반드시 의미하지 않는다는 증거를 제시하는 것이고, 둘째는 결정된 행동은 현실 속에서 매우 중요한 독립변인의 역할을 한다는 것을 부가해서 지적하는 것이다.

　현실 속에 존재하는 모든 개인은 생활하는 가운데 종속변인임과 동시에 독립변인으로 작용한다. 어떤 사회적 관계이든 간에 그 관계를 이루는 한 사람은 다른 사람의 행동에 영향을 주게 마련이다. 가장 간단한 사회적 체제는 두 사람 간의 대인관계다. 가령, 갑과 을이 공동생활을 한다고 가정하자. 이때 갑은 을의 환경을 구성한다고 볼 수 있다. 이들은 이처럼 서로 간에 사회적 환경을 구성하고 있기 때문에 상대방을 결정함과 동시에 상대방에 의해서 결정되기도 한다. 이 인과 계열에서 갑이 '결정하는 부면'을 관찰하면 그는 독립변인이 되며, '결정되는 부면'을 관찰하면 그는 종속변인이 된다. 문제는 그 인과관계를 우리가 어떤 시각으로 보느냐에 있다. 이 책의 제2부에서 개인의 행동이 다분히 종속변인으로 취급되었지만 이는 그가 독립변인이 될 수 없음을 반드시 함축하는 것은 아니다. 이제 우리는 시각을 전환해 개인이 독립변인으로서 그가 접하는 사회적 환경을 조형하는 부면을 부각하고 그가 자유의 주체가 될 수 있다는 주제에 좀 더 충실해 보기로 하자.

사회과학, 즉 인류학, 사회학, 심리학 및 교육학에서 가장 중점을 두는 개념의 하나는 이른바 '사회화(socialization)'와 '문화화(enculturation)'다. 이는 말뜻 그대로 사회나 문화가 구성원의 행동을 결정하는 과정이다. 이는 분명히 매우 흥미 있는 인간생활의 측면으로서 나무랄 수 없는 탐구 영역이 되어 왔다. 이런 유형의 연구에서는 말할 필요도 없이 사회나 문화가 독립변인으로, 그리고 개인은 종속변인으로 취급된다. 그러나 이 부면을 지나치게 강조함으로써 사회과학자들은 부지불식간에 개인은 사회나 문화의 수인이라거나 혹은 개인은 사회를 결정할 능동적인 능력이 없는 것 같은 착각을 하게 되었다. 예컨대, 로저 브라운(Roger Brown)은 그의 저서에서 이 생각이 그릇된 것임을 지적하고 그의 관점이 사회과학에서 예외에 속한다는 부가적인 해명을 하고 있다.[21] 이는 이 허무맹랑하고 위험스러운 생각이 얼마나 사회과학자들에게 팽배된 것인가를 간접적으로 시사해 준다.

> "사회화 과정은 사회과학, 일반심리학 및 성격심리학이 서로 만나는 장소다. 그것
> 은 사회심리학의 중심적 주제라고 말하는 데 무리가 없다. 문화를 지니고 있는 사회는
> 신생아를 대기한다. 신생아는 하나의 질서화된 생활방식의 복판에 정착하며, 그는 그

● ● ● ● ....

21) R. Brown, *Social Psychology*, New York: The Free Press, 1965, p. 193.

런 생활방식이 그에게 영향 줄 수 있게 하는 어떤 정보처리의 가능성과 욕구의 발전 가능성을 지니고 있다. 이 영향이 가져오는 주요한 결과는 이른바 성격이라고 칭하는 하나의 조직된 체제를 구성하는 일단의 지속적인 능력, 판단 기준, 태도 및 동기다. 이 체제는 그 나름으로 이제 그것을 창조할 문화를 변형시키는 어떤 역량을 가지고 있다 (This system has, in its turn, some power to transform the culture that created it.). 다음의 4개 장에서 선택한 주제(브라운은 '아동의 사회화'라는 제목 하에 지능의 발달, 언어 획득, 도덕성의 획득에 관한 주제를 선택하였다.)는 사회 심리학에서 어느 정도로 상궤를 벗어난 것이다. 왜냐하면 이들이 전개하는 사회화의 개념은 전통적인 개념에서 이탈하고 있기 때문이다. 사회화는 단순히 더러는 충동의 통제로, 더러는 가치의 획득으로, 더러는 어떤 표준들에 대한 일치로, 그리고 더러는 부모의 초자아를 내면화시키는 것으로 이해된다. 이 모든 개념화는 사회화의 지적인 측면과 아동의 적극적이고 창의적인 역할을 충분하게 설명하지 못한다."

브라운의 입장은 그의 말대로 '상궤를 벗어난' 것이지만 지금까지 우리가 이 장에서 추구해 온 입장과 매우 유사하다. 개인은 어떤 과거지사에 의해서 형성되었든 간에 그 나름의 속성을 가지고 새로운 환경에 반응하며 그가 접하는 환경을 능동적으로 조형하고 구성해 나가는 데 일익을 담당한다. 개인은 집단생활의 압력과 관련하여 오직 수동적인 것은 아니다. 그는 그가 생활하는 세계에 의해서 그에게 부과되는 여러 가지 집단 압력을 수용하거나, 거부하거나, 타협하거나, 통합할 능력을 가지고 있다. 나는 이 너무도 분명한 사실을 지적하기 위해서 인간의 가장 원초적 사회 체제인 가정에서 부모와 유아 간에 주고받는 영향을 예로 들어 보겠다. 가끔 유아는 어머니와의 관계에서 완전히 피동적인 위치에 있는 것인 양 인식되고 있는 듯하다. 그러나 사실상 그들은 상호 간에 상대방을 통제하고 통제받는 관계를 갖는 것으로 밝혀지고 있다.[22]

---

22) 나는 이와 관련하여 다음에 소개하는 두 편의 '이례적인' 논문을 독자들이 읽기를 권장한다.
　ⓐ H. Blauvelt, & J. McKenna; Mother-neonate interaction: Capacity of the human newborn

유전에 의해서 그리고 태내 환경에 의해서 형성된 유아의 행동성향은 그로 하여금 그의 태외 환경에 작용하는 강력한 주체의 역할을 하게 한다. 그는 출생 직후 어머니와 접촉하면서 여러 가지 기호체제에 의해서 어머니로부터 그의 생존을 보장받는 반응을 유도해 낸다. 가령, 그는 그의 생리적인 욕구가 충족되지 않을 때 울음을 터뜨릴 것이다. 이는 하나의 강력한 독립변인이 되어 어머니로 하여금 그의 욕구를 만족시키게 하는 행동을 유발한다. 이는 "우는 놈에게 떡 준다."는 상식과 일치한다. 만약 그랬을 경우에 그는 그 어머니의 행동에 대해서 울음을 그치거나 방긋 웃는 표정을 지어 준다. 이 행동은 다시 어머니의 모성행동을 보강하는 하나의 독립변인이 된다. 즉, 유아는 어머니라는 중요한 사회적 환경을 그의 생존을 보장해 주는 방식으로 조작하고 조건화하는 데 참여한다고 볼 수 있다. 많은 어린이를 기른 부모는 각각의 자녀를 양육한 방식이 일률적인 것이 아님을 기억하게 되는데, 이는 부모가 자녀의 개별적인 반응 형태와 요구에 개별적인 적응 양식을 취하기 때문이다. 다시 말하면 유아가 가진 초기의 적극성과 반응성은 다음에 전개되는 일련의 모자간의 관계에 매우 중요한 결정요인이 된다.

부모와의 관계에서 유아가 어느 정도의 강력한 결정력을 가진다고 수긍한다 하더라도 우리는 가끔 그들의 선택이 자신의 생존에 긍정적인 방향으로 결과할 것인가에 관해서 회의를 표시한다. 이미 지적한 바와 같이 선택은 그 결과가 긍정적인 것일지 아닐지를 예측하거나 보장할 수 없는 매우 복잡한 과정을 포함한다. 그래서 부모는 그들이 옳다고 생각하는 가치판단에 따라 일방적으로 유아를 취급하거나 그들의 가치를 아동에게 내면화하려는 노력을 하게 된다. 그러나 칼 로저스(Carl R. Rogers) 같은 심리학자는 유아의 자발적인 가치 판단이 부모의 것보다 현명한 것일 수 있음을 예증을 들어 주장한다. 그는 우선 개체의 직관과 감정에 토대를 둔 '작동적 혹은 유기체적 가치(operative or organismic values)'와 문화적 가치에 토

for orientation, In B. M. Foss (Ed.), *Determinants of Infant Behavior, Vol. 1*, New York: Wiley, 1961.

ⓑ H. L. Rheingold, The social and socializing infant, In D. A. Goslin (Ed.), *Handbook of Socialization: Theory and Research*, Chicago: Rand McNally, 1969.

대를 둔 '상징적 혹은 내면화된 가치(symbolic or introjected values)'를 대비시킨다. 그의 관찰에 의하면, 전자가 후자에 비해서 좀 더 순간순간의 유기체적 성장에 융통성 있게 공헌하며, 유아는 다분히 이를 기초로 선택 행위를 하는 듯하다. 예컨대, 유아들은 이른바 '신체의 지혜(the wisdom of the body)'를 이용하여 그의 유기체를 유지하고, 고양하고, 실현하는 경험을 선택하고 이 목적에 공헌하지 않는 경험을 거부한다. 그들은 배고픔이 부정적 가치임을 알고 울며, 그들이 충분히 포만 상태에 있을 때 젖꼭지를 거절하는 동작을 취한다. 그들은 안전을 가치 있게 느껴 부모가 필요에 따라 껴안아 줄 것을 요구한다. 그리고 그들은 새로운 경험을 가치 있게 받아들여 새로운 동작과 끊임없는 호기심을 추구하는 데 만족감을 가진다고 한다. 이어 로저스는 이렇게 말한다.[23)]

"이 모든 것은 어디서나 볼 수 있지만 이제 우리는 그들이 유아의 가치 접근에 관해서 우리에게 알려 주는 점과 관련하여 이 사실들을 자세하게 관찰하기로 하자. 그것은 우선 하나의 고착된 체제가 아니라 융통성 있고 유동적인 가치 과정임에 틀림없다. 그는 음식을 좋아하며 똑같은 음식을 싫어하기도 한다. 그는 안전과 휴식을 가치 있게 느끼며 또한 새로운 경험을 위해서 그것을 거절한다. 여기서 일어나는 일은 유기체적 가치 과정이라고 기술되는 것이 가장 적절할 듯하다. 이 과정에서는 그가 경험하는 각각의 요소와 순간이 그 순간에 그것이 유기체를 실현시키거나 실현시키지 못하는 사실에 준해서 어떤 방식으로 저울질되어 선택되거나 거부된다. 경험의 이와 같은 복잡한 비중의 검토는 의식적이거나 상징적인 기능이 아니라 분명히 유기체적인 것이다. 이들은 개념화된 것이 아니라 작동적인 것이다. 그러나 이 과정이 그럼에도 불구하고 복잡한 가치 문제를 해결할 수 있다. ……유아의 가치 접근이 갖는 다른 하나의 국면은 그 가치 과정의 원천이나 소재가 분명히 자신 속에 내재되어 있다는 점이다. 많은 성인과는 달리 그는 그가 무엇을 좋아하고 싫어하는지를 알며, 그 가치 선택의 중심은 엄격히 자신의 내부에 있다. 그는 가치 과정의 중심이며, 그의 선택에 대한 증거는 그

23) C. R. Rogers, *Freedom to Learn,* Ohio: Charles E. Merrill, 1969, pp. 242-243.

의 감각에 의해서 제공된다. 이때 그는 그의 부모가 그가 좋아해야 한다고 생각하는 것에 의해서나, 교회가 이르는 것에 의해서나, 그 분야의 최근 '전문가'의 의견에 의해서나, 광고 회사의 설득적인 재능에 의해서 영향받지 않는다. 그것은 그의 유기체가 비언어적인 용어로 '이것이 나에게 좋다.'라거나 '이것이 나에게 나쁘다.'라거나, '나는 그것을 지극히 싫어한다.'라고 이르는 그 자신의 경험 속으로부터 유래된다. 가치에 대한 우리들의 관심을 그가 이해할 수 있다면 그는 그것을 비웃을 것이다. 그가 무엇을 좋아하고 싫어하는지 그리고 무엇이 그에게 좋은 것이고 나쁜 것인지를 알지 못하는 사람이 어떻게 있을 수 있는가?"

로저스의 이 말에는 약간의 과장이 포함되어 있다. 유아는 감기약이 그의 고통을 경감시켜 줄 수 있는데도 단지 그것의 맛이 쓰다는 이유로 거부하는 반응을 가끔 보인다. 그만큼 유아의 거부 행동은 그의 생존에 부정적인 결과를 초래할 수 있다. 그렇지만 길게 인용된 이 글 속에는 우리가 흔히 간과해 온 중요한 대목이 포함되어 있다. 그것은 유아가 그 자신의 생활을 조형하려는 능동적인 성향을 가지며, 또한 가끔은 그의 선택이 부모의 선택보다 창조적일 수 있다는 사실이다. 따라서 유아는 부모와의 관계에서 전혀 피동적인 위치에 있다거나 혹은 그들에게는 자신과 상황에 대한 창조적인 해석 능력이 없다는 식의 통념은 수정되어야 한다.

인간은 다른 동물에 비해서 생후 오랫동안 스스로 생존해 나갈 수 있는 능력이 결여되어 있기 때문에 불가피하게 부모의 통제하에 생활하게 된다. 그러나 그 장기적인 접촉과 의존생활이 아동에게 피동성을 조성하리라는 결론은 여기서 허용되지 않는다. 가정은 가장 원초적인 사회화 기관(socializing agent)임에 틀림없다. 가정은 유아와 부모 간에 최초의 사회적 관계를 맺는 어린 시절에 다른 사회적 제도의 영향을 중계하는 기능을 담당한다. 여기에는 가정의 크기, 성별과 권력의 배정, 사회경제적 배경 등의 요인이 포함되지만 아동의 행동성향 형성에 작용하는 가장 중요한 변인은 어머니의 자녀 양육방식이다. 그러나 이 말은 상대적으로 아동의 자율 능력의 축소를 반드시 의미하지는 않는다. 사회과학자들은 문화와 사회에 따라 아동의 양육방식에 놀라울 정도의 다양한 형태가 있음을 발견하였다. 나는 그 양육방식이 아동의 자율 능력을 촉진하는 방식으로 작용할 수도 있고 그것을 저해하는 방식으로 작용할 수도 있음을 지적하고자 한다. 이는 개인이 사회문화적 환경에 의해서 결정된다고 해서 그것의 자율성을 한계지우는 것으로 반드시 해석되어서는 안 된다는 점을 시사하는 하나의 강력한 예증이 될 수 있다.

　이제까지 자녀 양육방식을 분류하는 개념화가 다양하게 이루어져 왔지만 그들은 상당한 정도로 유사한 차원으로 압축되는 듯하다. 일찍이 셰퍼(E. S. Shaefer)는 그 유사성을 [그림 10-1]에서 보이는 '원형 모형(circumplex model)'으로 요약한 바 있다.[24] 이 모형은 그가 자녀 양육의 연구에 포함되었던 각종 변인들 간의 상관관계를 검토하고 그 가운데 가장 관련 있는 것들이 원둘레에 서로 가깝게 나타나도록 서열화함으로써 얻은 것이다. [그림 10-1]에서는 어머니의 자녀 양육 행동에 애

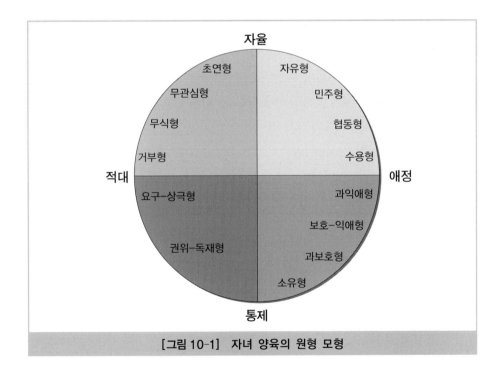

[그림 10-1] 자녀 양육의 원형 모형

24) E. S. Shaefer, A circumplex model for maternal behavior, *Journal of Abnormal and Social Psychology*, 1959, *50*, 226-235.

정(love)과 적대(hostility), 그리고 자율(autonomy)과 통제(control)라는 두 개의 차원으로 나뉜 원둘레의 공간에 정치되었다. 이처럼 경험적으로 얻어진 두 차원은 아동과 어머니 간의 애정적인 측면과 권력적인 측면을 각각 지칭하고 있는 듯하다. 이 모델이 우리가 지금 다루고 있는 주제에 주는 시사는, 이미 지적한 바와 같이, 어떤 부모는 자녀의 자율 능력을 촉진하는 방식으로 영향을 주며, 다른 부모는 그렇지 못한 방식으로 영향을 줄 수 있다는 사실이다. 그림에서 우상의 부분과 좌하의 부분은 각각 민주적 자녀 양육형과 권위에 의한 독재적 자녀 양육형으로서 서로 대조된다. 전자는 자녀의 자율성을 최대한으로 허용하면서 그들에게 깊은 애정을 보이는 반면, 후자는 자녀를 엄격한 통제와 거부적 태도로 대하는 것이다. 또한 좌상의 부분과 우하의 부분은 각각 자녀에게 자율성을 인정하면서 그들에게 적대적인 태도를 갖는 무관심한 자녀 양육형과 자녀를 엄격히 통제하면서 그들에게 애정을 갖는 익애적 자녀 양육형을 대조시키고 있다.

이와 같은 어머니의 자녀에 대한 태도가 자녀의 다양한 행동성향에 줄 수 있는 영향에 대해서 어떤 일반적인 진술을 하기는 어렵다. 그러나 지금까지의 연구 결과는 민주적 자녀 양육형이 자녀의 자율적인 통제 능력을 고양하는 요인이 된다는 가설을 강력히 지지하고 있다. 가끔 애정과 자녀의 독립심은 서로 상응할 수 없는 것으로 오인되어 왔다. 예컨대, 쉐퍼(H. R. Schaffer) 같은 학자는 아동이 그가 애정을 갖는 사람으로부터 독립해서 자기 나름의 방향으로 지향하려는 용의성을 '초연성(detachment)'이라는 용어로 지칭하였다.[25] 만약 이 말을 믿는다면, 어떤 부모는 발전하는 자녀의 자율적 행동을 그들 간의 애정적인 관계에 대한 위협으로 여기고 자녀의 독립성을 제어하려고 하거나 혹은 자녀의 자율 능력을 높이기 위해서 그들의 자녀에 대한 애정을 철회하는 우를 범할 가능성조차 있다. 그러나 아동의 독립성과 주위로부터 주어지는 애정은 매우 긴밀한 관계를 가진다. 한마디로 애정은 독립적 행동의 충분조건은 되지 않지만 하나의 필요조건은 된다. 연구에 의하면 아동은 그를 애정으로 대하는 주위 인물을 근거로 삼아 새로운 환경을 독립적으로

---

25) H. R. Schaffer, *The Growth of Sociability,* Harmondsworth: Penguin, 1971.

탐색하는 것으로 밝혀지고 있다.[26] 아동이 친숙하지 않은 영역을 스스로 탐색하려는 용의성은 그를 돌보는 사람에 대해서 갖는 그의 애착심(attachment)과 설사 그 사람이 실제로 부재한다고 하더라도 그가 계속 남아 그의 안전을 돌봐 주리라는 신념과 비례한다. 즉, 아동은 독립심을 가지면서도 부모에게 애착을 가질 수도 있고, 사실상 그 독립심을 유지하는 데 부모의 애정을 필요로 한다. 그러나 만약 부모가 그들의 애정과 자녀의 독립성이 양립될 수 없다는 생각을 가지고 그들의 애정을 자녀의 통제 수단으로 이용한다면, 자녀는 독립심을 상실하고 부모에 매달리게 되는 결과를 가져온다. 그렇게 되면 자녀는 그들의 부모와는 다른 방식으로 그들의 생활을 조형하는 경험을 할 수 없다.

여기서 주목해야 할 사실은 환경으로서 부모의 자녀에 대한 영향력과 자녀의 자율적 행동은 서로 상응할 수 있다는 점이다. 이를 좀 더 일반화하면 개인의 자율성과 사회적 구조 사이에는 상응할 소지가 얼마든지 열려 있다고 말할 수 있다. 문제는 사회적인 구조가 구성원에게 어떤 형태의 영향을 주느냐에 있다. 도로시 리(Dorothy Lee)는 개인과 사회 간의 기계적 관계를 상정하는 일부의 주장을 불식시키기 위해서 나바호(Navaho) 문화권의 어머니가 자녀를 대하는 특정한 방식을 다음 글에서 지적하고 있다.[27]

"나바호의 어머니에게는 개인의 자율성이란 그녀의 자녀가 그 자신의 과실을 저지르고, 희로애락을 체험하고, 경험을 통해서 학습하는 자유를 갖는 것을 의미한다. 그리고 어머니가 그에게 그런 신념을 갖기 때문에 아동은 개인적인 자유를 누린다. 이는 그녀가 그에게 높은 기대감을 갖는 것을 의미하는 것이 아니라 그녀가 그를 신뢰한다는 것을 의미한다. 그녀는 아동이 선과 악의 혼합체임을 알고 있다. 그녀는 인생은 예측할 수 없으며 과실은 재앙을 가져올 수 있다는 것을 알고 있다. 그러나 그녀는 자녀가 탐색하고 인생행로를 걸어 나갈 때 그를 방해하지 않으려는 용의성을 갖고 있다.

26) J. Bowlby, *Attachment and Loss,* London: Hogarth Press, 1969.
27) D. Lee, Individual autonomy and social structure, In B. H. Stoodley (Ed.), *Society and Self,* New York: The Free Press, 1962, pp. 230–231.

아이가 걸음마를 시작할 때 엄마는 그 아이가 난로가 미칠 수 없는 곳에 있다거나 면도날이 말끔히 치워졌다고 보지 않는다. 아동은 약간 불에 데며, 어머니는 아동이 이 경험에 의해서 그가 불을 조심해야 함을 학습하도록 돕는다. 아동은 작은 상처를 입게 되며, 어머니는 그가 그 특수한 위험을 이해하고 처리하도록 돕는다. 어머니는 아동에게 제시되는 이런 기회를 이용하여 경고를 주고 그를 위험에서 도피하게 하는 대신 그가 그 위험을 직면하고 처리할 용의성을 갖도록 가르쳐 준다. 이 신뢰감은 그 아동이 움직이고 행위하고 책임을 지는 자유를 갖는 것을 의미한다."

개인은 유전적 가능성과 그가 접하는 환경의 상호작용에 의해서 그들 나름의 기능적 자율성을 지닌 개체로서 발전해 나간다. 어떤 사회문화적 환경은 자족성(self-sufficiency)을 발달과업으로 규정하고 개인이 그의 생활을 선택해서 그 결과에 대한 책임을 지도록 강조하는 한편, 다른 사회문화적 환경은 개인이 엄격한 외부적 통제에 양순하게 일치하는 것을 미덕으로 규정하고 그런 방식의 행동성향을 갖도록 유도한다. 그러나 어느 발달 단계에서든 간에 개인에게는 그가 소속한 사회적 단위를 재구성하는 역량을 다소간 갖게 되기 때문에 일방적인 영향만을 받지는 않는다. 이와 같은 관계는 이미 지적한 바와 같이 심지어 유아와 어머니 간에도 성립되며, 차츰 성숙과 자율성을 허용하는 환경에 비례하여 좀 더 두드러지게 나타난다. 그의 지적 능력은 점증되어 여러 가지 가능성에 대한 사고를 하게 되며,[28] 관례보다는 스스로 자율적인 도덕적 판단을 내릴 수 있게 된다.[29] 특히 청년기에 이르면 그는 부모나 타인으로부터 간섭받지 않고 자족적으로 문제해결을 하는 능력을 갖기 때문에, 예컨대 사회적, 종교적, 정치적 이슈에 대해서 그 나름의 신념과 가치를 표명할 수 있다. 그는 유아기에 택했던 울음이라는 비교적 식별하기 곤란한 기호체제보다는 언어를 이용해서 그의 신념과 가치가 무엇인가를 분명하게 소통

---

28) J. Piaget, *The Child's Conception of the World*, New York: Humanities Press, 1951.

29) L. Kohlberg, The development of modes of moral thinking and choice in the years ten to sixteen, Unpublished doctoral dissertation, University of Chicago, 1958.

할 수 있다. 직업 선택, 이성 선택, 용모에 대한 선택 등에서 이미 부모의 영향력에서 벗어나며, 부모가 그의 의사에 맞지 않은 압력을 가할 때 그것을 설득시키는 좀 더 세련된 전략을 취한다. 그는 물론 가정 이외의 사회적 단위에 소속하는데 이 경우에도 그와 그 사회 구조 간에는 일방적이기보다는 쌍방관계가 성립된다. 다시 말하면, 사회문화적 환경은 구성원에게 일단의 행동성향을 조장하며 그 성향은 역으로 사회문화적 환경을 변형시키는 역량을 가진다. 그러나 사회와 그 구성원은 항상 다소간의 긴장과 갈등을 경험한다.

　지금까지 우리의 논의는 대략 개체발생적 측면에서 전개되어 왔다. 즉, 한 개인이 세상에 태어나서 그가 접하는 직접적인 환경과 상호 인과적 관계를 맺으면서 자유를 확대할 수 있는 소지에 주목하였다. 이 미시적 접근방법의 선택은 의도적인 것이다. 나는 자유에 대한 종전의 논의가 지나치게 광범위하고 추상적인 차원에서 진행되었으며, 그로 인해서 그것이 마치 원거리에서나 진행되는 사건인 듯한 인상을 우리에게 주어 왔다고 믿고 있다. 자유의 문제는 가깝고 직접적이고 구체적인 사태에서 제기될 수 있으며, 개인은 그의 주변을 검토하여 그것에 대해서 무엇인가를 해결해 나갈 수 있는 입장에 있다고 나는 생각한다. 그러나 우리의 논의가 균형을 맞추려면 자유에 관한 거시적 측면을 전혀 도외시할 수 없다. 여기서 내가 말하는 거시적 측면이란 하나의 특이한 종으로서의 인간과 그것의 환경 간에 진행되어 왔던 대규모의 역사적 관계 같은 것이다. 물론 이 주제가 적은 지면에 충분히 토론될 수 없다는 것은 분명하지만 간략하게나마 그것에 대한 일반적인 견해를 덧붙이겠다.

　결론적으로 나의 거시적 안목은 미시적인 것과 본질상 유사하다. '인간'을 이 지구 상에 한때나마 존재하였던 모든 개인의 내포적 개념으로 본다면, 인간이 사회문화적 환경을 구성하는 데 참여해 왔다는 것은 의심의 여지가 없는 사실인 듯하다. 인류 문화는 인간이 그에게 주어진 환경을 수동적으로 받아들이지 않고 그것을 정복하고 새롭게 재구성하면서 얻어진 산물이다. 그런데도 그것이 하나의 산물인 이상 그것은 사실로서 그것을 창안한 사람을 포함한 다른 사람에게 영향을 주게 된다. 인간이 그들 자신의 세계를 구성하고 차후에 그것을 그들이 만든 것과는 다른 의미의 객관적 현실로서 받아들여야 하는 패러독스는 건축가에게 늘 체험되는 것이다. 그는 건물을 스스로 짓는 데 가담했지만 그 건물이 지어진 이후에는 그 건물이 가진 형태와 구조에 의해서 영향받게 된다. 그러나 불편한 건물은 파괴되거나 개축될 수 있듯이 사회문화적 현실도 그것이 인간 생활에 어떤 불완전한 관계를 갖게 될 때, 인간은 그것을 변혁시키는 데 참여할 수 있다. 자유의 실현과 관련하여 가장 경계해야 할 이념은 현존한 사회 체제가 요지부동한 실체인 것으로 오해하는 데 있다.

이 문제는 일부 사회학자들에 의해서 유사실체화(reification)라는 주제로 가끔 취급되었다. 잠시 버거와 토마스 루크만의 설명을 경청해 보자.[30]

"유사실체화란 인간적인 현상을 마치 그들이 사물인 양, 즉 비인간적이거나 초인간적인 용어로 이해하는 것이다. 환언하면, 유사실체화는 인간적 활동의 산물이 인간적 산물 이외의 어떤 것, 예컨대 자연의 사실이나 우주법칙의 결과나 혹은 신성불가침한 의지의 발현과 같은 것인 것처럼 인식하는 것이다. 유사실체화는 인간이 인간 세계를 자신이 창조했음을 망각할 수 있음을 함축하고, 더 나아가서 생산자인 인간과 그의 산물 간의 변증법적 관계가 의식에서 망실됨을 함축한다. 유사실체화된 세계는 정의상 비인간화된 세계다. 그것은 인간에 의해서 그 자신의 생산활동의 작품(an opus proprium)으로 보다는 그가 통제할 수 없는 이방적 사실(an opus alienum)로서 경험된다."

인간의 사회문화적 환경이 신성불가침의 주어진 실체인 양 극단적인 형태로 객체화되며 오직 그것의 종속물에 불과하다는 인식이 허위임을 증명하기 위해서 우리는 역사의 시발점으로 소급해 나가야 할 것이다. 그러나 우리는 그에 대한 충분한 자료를 가지고 있지 못하다. 다만 성경 속의 신화는 아담과 이브가 금단의 열매

---

30) P. L. Berger, & T. Luckmann, *The Social Construction of Reality*, New York: Doubleday, 1967, p. 89.

를 따먹고 에덴동산에서 추방되는 장면에서부터 인류의 역사를 기술한다. 이 한 쌍의 남녀는 그들 사이에, 그리고 그 주변 환경과 완전한 조화를 이루면서 낙원동 산에서 생활할 수 있었지만, 다만 신의 명령에 순종함으로써 선택의 여지는 없었 으며, 선악과를 따먹지 말라는 것도 그 명령의 하나였다. 그러나 그들은 신의 명령 에 불복하여 자연의 조화를 파괴하였다. 이 주체적 행위의 결과로 남자와 여자, 그 리고 인간과 자연 간의 투쟁이 시작된 것으로 신화는 기술하고 있다. 물론 이 이야 기의 취지는 신에 대한 불복이 원죄임을 시사하려는 데 있었다. 그러나 인간의 편 에서 볼 때 이 신화는 그들이 스스로 자신과 환경의 주관자로 등장하게 된 배경을 매우 적절하게 묘사하고 있다.

인간의 기원에 관한 최초의 과학적 이론은 다윈에 의해서 제안되었다. 그는 '자 연도태'와 '적자생존'의 개념을 도입하여 자연계에서 그 생활 조건에 적응하는 생 물은 생존하고 반대로 그렇지 못한 생물은 저절로 사라져 간다고 하고, 인류는 생 활환경에 잘 적응하는 종으로서 지구상에 출현하게 되었다고 설명하였다. 이는 인 간의 생물학적 진화에 관한 한 수긍될 수 있는 하나의 가설이다. 원시시대에는 자 연적 조건에 대한 순응이 종의 존속 방식이었을지 모른다. 그러나 인간의 역사는 생물학적 존속 이상의 것을 포함하게 되었다. 인간은 자연의 일부임에는 틀림없었 지만 단지 자연에 피동적으로 순응하는 역할에서 자연을 적극적으로 변화시키는 주체의 역할을 담당하였다. 인류는 자연을 정복하고, 도구를 생산하고, 이른바 그 들 나름의 사회문화적 환경을 구성하기 시작한 것이다. 따라서 다윈의 이론은 이 부면에 관한 설명에 미치지 못하고 있다.

인류학의 기능주의 학파를 창시한 영국의 인류학자인 브로니슬로 말리노프스 키(Bronislaw Malinowski)는 종의 존속과 관계되는 주된 생물적 필요(primary biological needs for survival)를 상정하고, 각 사회에서 문화적인 제도는 이 필요들 을 만족시키는 형태로 발전한다는 학설을 제시하였다. 이는 문화의 인간에 대한 순응이라는 측면을 다소나마 부각시켜 주는 데 공헌하였다.[31] 그러나 우리는 인류

---

31) B. Malinowski, *Dynamics of Culture Change*, New Haven: Yale University Press, 1958.

의 모든 문화적 요소가 가치 있다거나 혹은 순응적이라는 기능주의적 가정을 쉽게 수락할 수 없는 부면이 있음을 또한 간과해서는 안 된다. 문화는 단순히 생물학적 존속을 초월하는 요소를 포함하며, 가끔 수단에 속하는 요소를 목적으로 점차 변형시키면서 발전되어 왔다. 수단이 목적화될 때 가끔 인간은 그것을 찬탄하거나 묵과하기도 하였다. 어떤 사회문화적 제도는 그 나름의 기능적 자율성을 가지고 어떤 특정 집단의 권력, 부, 위세를 보강하는 방향으로 보수화되기도 하였다. 이로부터 인간의 대사회적 저항과 집단과 집단 간의 긴장과 갈등의 문제가 제기되어 왔다.

자유는 인류 역사를 통해서 가장 심각하게 문제시되어 온 이념 중의 하나다. 우리의 과거는 자유를 위한 투쟁사로 점철되어 있다. 이는 자유가 만인에 의해서 가치 있는 것으로 수락되어 왔다는 사실을 방증한다. 여러 차례의 정치적, 사회적, 경제적, 법률적 혁명 들이 자유의 기치하에 시도되었으며, 그 취지는 물론 사회구성원의 총체적인 자유의 확대에 있었지만, 그것의 발단은 대부분 자유의 불공평한 배분에서 비롯되었다. 사회에서 어떤 소수의 독재자, 계층, 정당 등이 자유로운 상태를 향유할 때 억압받는 나머지의 구성원이 하나의 세력을 형성해서 그에 대한 투쟁전선을 펴 왔다. 이는 인간과 사회가 서로 가능성으로 존재하며 그들 간에는 부단한 긴장과 재형성의 관계를 맺고 있다는 이론을 합리화한다. 인간의 비판정신은 그들이 단순히 기존의 질서에 예속되지 않도록 예방하였다. 사람들은 비판하고, 저항하고, 사고하고, 새로운 개념과 이념을 발전시켜 왔다. 독립성, 결정의 자유, 권력의 자유로운 행사를 위한 투쟁은 서구의 계몽주의와 현재에 이르는 현대사에서 정점에 도달한 듯한 감을 준다.

그 전취물의 하나가 이른바 민주주의(democracy)다. 인간은 사회문화적 환경을 떠나서 존재할 수 없지만 그것을 결정하고 선택할 자유를 다소간 가진다. 민주주의란 말은 그것 자체가 이미 설득적 의미를 포함하기 때문에 가끔 어떤 형태의 것이든 마음에 드는 것이면 무조건 이 명분으로 그것을 지칭하는 폐습이 생겨났다. 그래서 이 지구상에는 현재 각 사회가 좋아하는 만큼의 다양한 형태의 민주주의가 있다. 그러나 그 다양한 형태 가운데 만약 인간이 자유롭게 그들이 원하는 사회문화적 환경을 구성하는 주체의 권한이 있음을 긍정하는 요소가 배제된다면 그것은 이미 역사적 의미를 상실한 것이다. 프롬이 지적했듯이 "민주주의란 개인을 최대한으로 발전시킬 수 있는 경제적, 정치적, 문화적 조건을 창출하는 하나의 체제인 것이다."[32] 말하자면, 이는 내규상으로 사회문화적 환경이 그 구성원의 힘에 종속되도록 한정하는 특이한 형태의 이념이다. 민주주의의 신봉자는 사회가 어떤 동기에서 어떤 형태를 취하든 간에 개인의 발달을 저해하고, 흥미와 능력을 협소화시키고, 자존심을 손상하고, 책임감을 둔화시키는 차원적인 권위체로 등장하는 것을 거부한다. 이를테면 그들은 정치 분야에서 비밀 투표, 정당 정치, 헌법에 의한 개인권의 보장, 국민의 대표자에 의한 통치 등을 요구한다. 그리고 그들은 인류 역사의 흐름에는 항상 가능성이 동반되며 토론과 합의에 의해서 최선의 선택이 이루어질 수 있다고 확신한다.

그러나 이상과 현실 간에는 항상 어느 정도의 간격이 있기 마련이다. 많은 학자는 현존한 어떤 민주사회에서도 개인의 발달을 저해하는 많은 부정적인 요소가 도사리고 있음을 지적하고 있다. 대부분의 사회적 집단은 사실상 그 규모가 너무 크기 때문에 개인은 그가 소속한 집단의 정치적, 경제적 생활에 직접 가담한다기보다는 대표자의 선출에 의해서 참여할 뿐이다. 금세기에 능률성과 상호 조정에 사회 조직의 원칙을 강조하는 이른바 관료체제(bureaucracy)가 등장하기 시작했다.[33] 이는 사회의 많은 국면이 좀 더 큰 대규모의 조직에 의해서 지배되고 다수의 사람이 그 조직의 고용인이 되는 것을 의미한다. 이와 병행해서 중앙집권화(centralization)가 현대생활, 특히 정치경제적 생활에 가장 두드러진 현상으로 나타나고 있다. 이것 역시 결정의 주체가 작은 규모의 사회적 단위에서 대규모의 사회적 단위로 이관됨을 뜻한다. 이처럼 그 대규모의 통치 권력은 이른바 엘리트라고 칭하는 소수의 전문인에게 집중되고 있기 때문에 대중사회에서 한 개인이 사회적 변화

---

32) E. Fromm, *op. cit.*, 1941, p. 274.
33) R. Bendix, Bureaucracy: The problem and its setting, *American Sociological Review*, 1947, *12*, 493-507.

에 참여할 능력은 상대적으로 감소된다는 경고가 있다.

더욱 심각한 문제는 이런 사회적 체제 속에서 일반대중이 갖는 행동성향의 변화다. 몇몇의 '현명한' 엘리트들이 굳게 닫힌 담장 안에서 대중에게 좋은 것이 무엇인지를 결정하는 동안, 대중은 그들이 사건 및 제도에 줄 수 있는 영향력을 점차 잃고 있다는 무력감을 갖게 된다. 이른바 '사회적 소외(social alienation)'라고 지칭되는 이 현상은 대중이 정치적 체제나 경제적 체제 혹은 전체 사회적 체제를 그들과는 거리가 있고, 의미 없고, 기만적이며, 어쩔 수 없는 현실로 보는 심리 상태를 뜻한다.[34] 혹은 어떤 사람은 이 대규모의 조직에 의존하여 그의 개인적인 자유를 위탁하는 '조직 인간(The Organization Man)'[35]의 양태를 띠게 된다. 이는 일찍이 나치즘의 득세와 관련하여 프롬이 분석한 자유로부터 도피라는 패러독스와 유사한 심리 상태의 변화다.[36] 이미 지적한 바와 같이 개인이 신, 부족적 관례, 외부적 규칙과 명령으로부터 해방하려면 그들이 부과하는 관념을 무조건 수락하지 않고 그것을 회의하여 스스로의 결단을 내려야만 한다. 그러나 이 결단은 타인으로부터의 고립감, 개인적인 능력의 한계, 그리고 분명하게 구조화된 외적 통제에 비해서 그 결과가 불확실하다는 의구심을 동반하기 때문에, 개인은 그 자신의 계획, 결정 및 행위에 따른 불안감과 고립감을 경감시키기 위해서 그의 자유를 포기한다는 것이 프롬의 가설이었다. 이 포기 행위의 이면에는 하나의 묵계된 흥정이 있다. 그는 그 자신을 강력한 외적 권위체에 위탁하는 대가로 새로운 소속감과 위세감을 갖는다. 이런 심리적인 상황을 이용하여 나치주의자들은 모든 권력을 국가에 귀속시키는 경직된 이데올로기에 충실하도록 대중을 조작할 수 있었다. 사태의 심각성은 이와 같은 심리적인 변화가 잘 발전된 민주적 체제를 지탱하고 있는 사회에서도 재발될 수 있다는 점에서 더욱 고조된다. 더구나 현대인은 다른 어느 시대의 사람들보다 '타인지향적 성격'[37]을 지니고 있다는 데이비드 리스먼의 가설은 현대

34) M. B. Levin, *The Alienated Voter*, New York: Holt, 1960.
35) W. H. Whyte, Jr., *The Organization Man*, New York: Simon and Schuster, 1956.
36) E. Fromm, *op. cit.*, 1941.
37) D. Riesman, *The Lonely Crowd*, New Haven: Yale University Press, 1950.

사회에서 개인이 얼마나 취약한 심리 상태에 있는가를 일단 재검토할 필요성을 절감하게 한다.

개인이 그가 구성하고 있는 사회가 어느 방향으로 가고 있는지에 대해서 관심이 없으며, 사실상 그의 영향력이 감소되고 있다는 사실은, 자유와 이념에 비추어 볼 때, 심각한 위험신호다. 민주사회에서 사는 개인은 변화를 수락할 뿐만 아니라 그 변화가 그들 자신의 활동에서 오는 직접적인 결과라는 것을 배워야 한다. 사람들이 서로 모여서 그들의 이해를 중심으로 사고하고 그들에게 공감이 가는 공동 목표와 행위 방식을 선택할 수 있을 때, 비로소 사회는 그것 자체의 존속을 유지함과 아울러 더 나아가서는 그 존속의 이유가 인간다운 생활을 위한 수단이라는 명분이 설 수 있다. 여기에 이해 상충의 적나라한 노출과 그것의 합리적 절충에 의한 합의가 존중되어야 한다. 이렇게 볼 때, 이른바 소외의 증상, 즉 개인이 그 자신을 세계에 관련시키지 않고 무력하고 외롭고 불안한 감정을 가지며, 일치행동만이 그 견디기 어려운 불안을 피하는 단 하나의 방식인 듯한 착각에 빠지는 심리 상태는 염려스럽기 짝이 없다. 프롬은 이 같은 인간의 피동성은 병적인 특징이라고 경고하고, "이 위험성은 결정 과정에 시민이 좀 더 적극적으로 참여함으로써만이, 그리고 정부의 계획이 그 계획이 실행될 사람들에 의해서 통제되는 방법과 방도를 발견함으로써만이 경감될 수 있다."[38]라고 설파한다. 이 처방 속에는 일반 시민의 태도 변화와 제도의 개선이라는 상호보완적인 두 측면이 있다는 것을 우리는 주시해야 한다.

사회문화적 실체는 긴 역사의 안목으로 볼 때 결코 고착되거나 정지 상태에 있지 않음이 분명하다. 왜냐하면 인간과 그들이 살고 있는 사회적 환경은 서로 영향을 주면서 대대로 변화해 왔음을 볼 수 있기 때문이다. 우리는 그 상호작용이 인간성의 실현을 고양하는 방식으로 진행되기를 희구하고 있는 듯하며, 그것은 현존한 사람들의 선택에 의해서 성취될 수도 있고 성취되지 않을 수도 있다. 따라서 그 변

---

38) E. Fromm, *The Revolution of Hope toward a Humanized Technology*, New York: Bantam Books, 1968, p. 102.

화에 대한 재적응의 필요성은 오늘을 사는 사람들에게 그 어느 때보다 절박하고 중요한 듯하다. 낙원에서 추방당한 인류의 후예들이 취할 수 있는 길은 무엇인가? 이 질문은 시대와 장소를 막론하고 해명되어야 할 항구적인 문제다.

이 문제를 해명함에 있어 다음에 인용하는 줄스 칼린스(Jules Karlins)의 글은 하나의 지표가 될 수 있을지 모르겠다.[39]

"역사에서 일어난 그 어느 것도 완전한 이득이나 혹은 완전한 손실이란 있어 본 적이 없다. 전진하는 각각의 중요한 단계는 약간의 손실, 예컨대 옛날의 안전감의 희생과 새로운 긴장과 불안의 창조 등을 수반하는 방식으로 인간의 운명이 진행되어 왔다. 과거를 동경하는 것은 무익하다. 우리에게는 돌아갈 길목이 차단되어 있다. 우리가 통과해야 할 위기는 소급될 수 없는 것이다. 우리는 그 위기를 통과할 수 있는 우리의 길을 찾아야 한다. 역사의 현 단계는 인간에게 자아실현의 목표에 향하는 행로에 더욱 많은 것을 제공해 준다. 우리에게 필요한 것은 새로운 인간상, 즉 자연과 자신을 정복하는 인간이다. 현재의 사태는 하나의 위협임에 틀림없으나 그것은 또한 인간에게만 가치를 가질 수 있는 하나의 거대한 도전이다."

그 시발점이 어디에 있었든 간에 인류는 그들 자신과 환경을 변형시키면서 오늘에 이르렀다. 오늘의 세계는 다윈식의 생물학적 발전보다는 인류의 공존적 노력에 의한 사회문화적 발전에 근거를 두고 있다. 현대에 태어난 어린이는 이 사회문화적 유산을 이어받으면서 그들이 가진 가능성을 최대한으로 실현해 나가야 할 과제를 가진다. 한 개체와 공존의 현실, 즉 인류나 혹은 그 일부에 의해서 형성된 사회문화적 현실은 동일한 것이 아니다. 공존의 세계는 한 개인의 환경을 구성하면서 그의 행동을 결정하며 그 개인은 또한 그 나름의 능력과 행동성향에 의해서 환경의 재구성에 참여한다.[40] 자유의 증폭은 이 상호 인과의 틀 속에서 찾을 수 있다.

---

39) J. Karlins, *Man's Behavior: An Introduction to Social Sciences,* London: Macmillan, 1969, p. 602.

역사학자와 인류학자는 문화와 문명의 정체와 발전이 구성원이 그것에 참여하는 형태와 질에 의해서 결정됨을 지적하였다. 문화의 쇠퇴는 창조력과 자기결정력의 상실, 그리고 소수인이 그것을 그들의 위치를 보존하려는 목적으로 경직화시킬 때 일어난다. 여기에 인류를 주체로 하는 거시적 선택의 문제가 제기된다. 선택의 문제는 역사의 어떤 시점에서 생활해야 하는 특정한 개인에게도 제기된다. 역사의 흐름 속에 그에게 단 일회의 삶이 주어지며, 그 짧은 생애 속에는 무수한 선택의 갈림길이 있다. 우리는 지금까지 개체에게나 그 개체가 모인 인류에게 선택의 여지가 있으며, 그 선택의 폭과 질은 다양한 요인에 의해서 결정되는 것임을 살폈다. 자유의 주체에게 부과되는 과제는 그가 진실로 원하는 환경의 구성에 적극적으로 가담하고 그 구성된 환경의 지원하에 인간다운 생활을 영위하는 것이다.

이제 나는 자유의 문제와 관련하여 흔히 제기되어 온 윤리적인 측면을 간략하게 언급하고 이 장을 끝맺으려 한다. 윤리의 문제는 아무도 거주하지 않는 어느 고도나 혹은 오직 한 사람만 거주하는 로빈슨 크루소(Robinson Crusoe)의 상황에서는 일어나지 않는다. 이는 여러 사람이 상호작용하면서 상대방에게 직접적으로나 간접적으로 영향을 주고받는 하나의 공동체로서 서로의 이해를 절충하려는 계기에서 비롯된다.

러시아의 문호 레오 톨스토이(Leo Tolstoy, 1828~1910)의 일기 초록에 나타난 다음의 글에서 우리는 분명히 도덕적 사유의 정당성을 발견한다.[41]

"나의 생활이 나쁘기 때문에 나는 나쁘게 생활한다. 인생은 사람들, 즉 우리가 나쁘게 생활하기 때문에 나쁜 것이다. 만약 우리, 즉 사람들이 잘 산다면, 인생은 선할 것이며, 나는 나쁘게 생활하여야 할 이유가 없을 것이다. 나는 사람들 속에 포함된다. 그

40) 자유의 주제와 직접적인 관련을 짓기는 곤란하지만 일찍이 D. C. McClelland (*The Achieving Society*, New Jersey: Van Nostrand, 1961)는 사회와 그 구성원의 상호 인과적 관계를 실증하는 매우 방대한 자료를 제공한 바 있다.

41) L. Tolstoy, *Last Diaries* (translated by Lydia Weston-Kesich), New York: G. P. Putnam, 1960, p. 55.

리고 만약 내가 모든 사람이 잘 살도록 할 수 없다면 나는 적어도 나 자신에게 그렇게 할 수 있을 것이며, 그렇게 함으로써 그것이 아무리 미력하다고 할지라도 다른 사람과 나의 생활을 개선할 수 있다. 이와 같은 사유에 확신을 가질 수 있는 것은 만약 개개인이 그것을 채택한다면—그리고 이 사유는 논박의 여지가 없이 타당하다—인생은 모든 개인에게 선할 것이기 때문이다."

내가 보기에는 톨스토이의 이 글 속에는 윤리적인 목적이 개인의 합리적인 이익 추구의 성취에 있다는 시사가 담겨 있는 듯하다. 사회구성원의 개개인이 행복하다면 곧 그것은 모든 사람의 행복을 의미한다. 사회적 관계에서 개인은 개인의 환경을 구성하고 타인은 그 개인의 환경을 구성하면서 서로가 영향을 주게 마련이다. 개인은 그 자신을 타인에게 희생의 재물로 바쳐서도 안 되고 타인을 자신에게 희생의 재물로 삼아서도 안 될 것이다. 타인의 행복을 최대한으로 증진하는 공약을 찾고 그 준칙을 자발적으로 지키는 태도를 견지하는 것이 도덕적 생활의 커다란 과제가 될 수 있다.[42] 그러나 이해를 달리하는 하나의 공동체에서 그 공약을 찾는 것은 결코 쉬운 일이 아니다. 여기서 서로의 가치관이 적나라하게 표명되고 설득되고 교환되어 자발적인 동의를 얻는 과정이 필요하게 된다.

우리가 이제까지 논의했던 자유는 대개의 경우 사회적 맥락에서 행사된다. 이는 곧 그것이 어떤 윤리적인 제약을 받아야만 될 성질의 것임을 의미한다. 개인이 그가 할 수 있는 것을 생각하고 그 가운데 어느 것을 주체적으로 선택하는 것은 자유다. 그러나 그것이 방종에 그치지 않으려면 우리는 적어도 그 자유를 보장하는 최소한의 준칙을 필요로 한다. 물론 그 준칙 자체도 누구의 강요에 의해서 주어지거나 결정되지 않고 우리의 자유로운 토론과 참여에 의해서 합의될 수 있다. 가령, 우리가 "개인은 어떤 상황하에서든 자유로워야 한다."라는 행위 준칙을 택했다고 가정하자. 이 준칙에는 논리적으로 남을 자의로 속박하고 살인할 수 있는 선택지가

---

42) 준칙에 대한 자발적인 참여의 예로 감옥에서 형벌을 기다릴 때의 소크라테스(Socrates)가 가끔 인용된다. 친구들이 탈출할 길을 마련해 놓고 그에게 탈출을 권유했을 때 그는 아테네의 법률에 탄원하겠다면서 그 권유를 거절했다고 알려지고 있다.

포함되어 있다. 이는 곧 개인이 가질 수 있는 자유 안에 인명 재산을 침해하는 횡포나 독재자나 살인이 창궐할 수 있는 소지를 열어 놓고 있다. 그러나 이 준칙은 자유 자체만을 위해서도 우리가 항시 경계해야 할 윤리적인 선택지에 해당하는 것임은 말할 나위가 없다.

　자유와 결부하여 어떤 준칙을 택해야만 최선의 결과를 얻을 수 있느냐 하는 문제에 대한 해답은 아직 완결되지 않은 듯하다. 다만 지금까지 가장 두드러지게 자유의 개념과 관련지어진 것이 이른바, 평등(equality)과 책임(responsibility)의 개념이다. 전자는 다분히 자유의 공평한 배분에 관한 주제를 다루었으며, 후자는 자유의 행사에 수반되는 사회적인 결과에 관한 주제를 다루었다. 우리는 이제부터 이들 개념이 갖는 의미가 무엇인지를 잠시 검토해 보기로 하자. 이 주제를 초대하는 나의 의도는, 이 개념들이 애매모호성을 다소간 포함하고 있으며, 그들이 마치 그렇지 않은 방식으로 자명하게 수락될 때 위험한 결과를 가져올 수 있음을 지적하려는 데 있다.

　평등이라는 이념은 자유의 이념과 마찬가지로 인류 역사에서 수차례의 정치사회적 운동을 통해서 추구되어 왔다. 미국의 독립선언(The Declaration of Independence)에 명기된 "모든 인간은 평등하게 창조되었다.(All men are created equal.)"라는 말이 이 이념을 가장 잘 대표하고 있다. 그러나 이 말은 해석되는 방식에 따라 자유와 상응할 수도 있고 상응하지 않을 수도 있음을 간과해서는 안 된다. 자유와 상응하지 않는 평등의 이념 가운데 하나는 이 말을 하나의 경험적 일반화로 받아들이는 것이다. 다시 말하면, 모든 인간이 똑같은 유전인자나 속성을 가지고 태어났다거나 혹은 개인은 모두 자기와 같은 감정, 지능, 충동, 사고 및 인생의 목표를 가지고 있다는 생각이 있을 수 있다. 그러나 이 말이 사실과 다름은 이 책의 여러 곳에서 누차 지적되었다. 개인이 타고난 유전인자는 고유하며, 또한 그가 세상에 태어나서 접하는 환경은 다양하기 때문에, 그는 개성을 갖기 마련이다. 자유란 종국적으로 그 개성이 존중될 수 있는 여건에서 성립된다.

　오늘날에도 "모든 인간은 평등하게 창조되었다."라는 말을 경험적 사실에 대한 진술로 오해하는 사람은 매우 드물 것이다. 여기서 다른 하나의 해석은 물론 그것을 윤리적인 공약으로 파악하는 것이다. 그 공약의 하나는 "모든 인간은 평등하게 취급되어야 한다."라는 형식을 취할 수도 있다. 이와 같은 이념의 추구자는 인간을 구성하는 개개인이 각각 다른 정도의 자유를 향유하고 있다는 사실이 사회적인 불의에 속한다는 전제를 받아들이고 있는 것이다. 그래서 그는 모든 사람이 같은 정도의 자유를 가질 수 있도록 하는 정책을 지지하거나 사회적 운동에 가담할지도 모른다. 가령, 그는 갑과 을이 각각 100%와 50%의 자유를 향유하고 있다면 그들의 자유를 75%로 절충해서 공분해야 된다는 생각을 가질지도 모른다. 그러나 일견 수긍할 수 있는 이 관념의 배후에는 매우 부적절한 논리가 도사리고 있음을 우리는 주시해야 한다. 그것은 자유란 한정되어 있기 때문에 한 사람의 자유는 다른 사람의 자유를 반드시 침해한다는 융통성 없고 빈곤한 가설이다. 우리는 앞서 자유의 폭이 개인과 사회구성원의 역량과 깊은 함수관계를 가짐을 검토하였다. 개인이나 한 사회의 구성원은 그들의 역량에 따라 다른 개인이나 다른 사회구성원의 자유를 위축시킴이 없이 그들이 갖는 자유의 폭을 증대시킬 수 있으며, 또한 그것이 반드시 질시나 규탄의 대상이 될 필요는 없다. 보다 적극적인 방책의 하나는 풍성하게 자유를 향유하고 있는 사람의 위치를 격하시키는 것이 아니라 빈곤한 자유를 가지고 있는 사람들의 위치를 격상시키는 것이다.

역사적으로 자유의 증가는 사실상 이 격상의 원칙에 의해서 가능하였다. 19세기 경만 하더라도 서구에서 자유는 모든 사람의 권리라기보다는 일부 한정된 사람의 특권으로 간주되었다. 좀 더 역사적으로 소급하면 민주주의의 발상지로 보는 고대 그리스의 사회에서도 노예나 심지어 여자가 자유인과 동등한 행복추구의 권리가 있다는 생각은 어리석게 여겼다. 중세기에 농노가 영주와 같은 정도의 자유를 가져야 한다는 것은 거의 생각할 수 없었다. 18세기에 이르러서도 하류 계급이 상류 계급의 자유권을 가진다는 생각이 혁명적인 것으로 들렸다. 그러다가 독립선언 이래에 점차 오늘날과 같이 모든 사람이 그의 가능성을 발전시키고 지식 획득을 위한 교육을 받고 그가 옳다고 생각하는 견해와 가치를 표명할 수 있는 동등한 권리를 보장받게 되었다. 다시 말하면, 자유는 특정인의 자유를 박탈한다기보다는 자유를 덜 향유하는 사람들이 봉착하는 장애를 가능한 범위 내에서 제거하고 그들을 새로운 지평으로 안내함으로써 증대될 수 있었던 것이다.

내가 보기에는 똑같은 양의 자유를 모든 사람에 배분한다는 관념은 실현될 수 없으려니와 또한 바람직한 것 같지도 않다. 쉽게 지켜질 수 있는 하나의 윤리 준칙은 가능한 범위 내에서 개인은 타인의 자유를 신장시키는 방향으로 처신하는 것이다. 이와 같은 의미의 불편부당한 준칙은 이를테면 기독교에서 강조되어 온 '황금률(The Golden Rule)'이나 임마누엘 칸트(Immanuel Kant)가 제안한 '지상 명령(The Categorical Imperative)'의 개념에서 발견된다.[43] 이들은 "만약 당신이 다른 사람이 당신에게 해 주기를 원하는 것이 있다면 그것을 그 다른 사람에게 행하라(Do unto others as you would have them do unto you.)."라거나, "당신은 당신의 행위준칙이 하나의 일반적인 행위율이 되기를 바라는 방식으로 행하라(So act that you could wish the maxim of your action to become a universal law of human conduct.)."라로 진술된다. 이 말은 만약 당신이 당신에게 자유가 가치 있다고 여기면 타인에게도 그것을 허용해야 한다는 의미가 포함되어 있다.

그러나 개인이 자신의 자유를 향유함과 동시에 타인이 그들의 자유를 향유하도록 돕는 일은 결코 쉬운 것이 아니다. 이미 지적했듯이 개인은 각각 그들의 개성을 갖고 있기 때문에 그들이 지향하는 이상과 목표는 다를 수 있다. 이 말은 내가 원하는 것을 반드시 상대방이 원치 않을 수 있음을 뜻한다. 더욱 사태를 복잡하게 하는 것은 동일한 환경 여건이라도 그것이 주는 개인에 대한 영향력은 질적으로 다를 수 있다는 사실이다. 이는 바로 개인이 각각 개성을 가지고 있다는 사실에서 나오는 것이다. 가령, 서로 행동성향이 다른 두 사람이 같은 목표를 달성하려고 한다고 하더라도 그것을 성취하는 데 취해야 할 가장 효과적인 환경은 그 성향의 이질성에 따라 다르다. 이 사실은 자유의 극대화에 공헌하려는 당신의 노력이 도움을 받은 사람의 개성을 인정할 때에 한해서 명실상부할 수 있음을 시사한다. 만약 이 개성이 무시된 일방적인 도움은 마치 코끼리가 닭의 알을 품어 주겠다고 '친절(?)'을 베푸는 것처럼 위험한 결과를 가져올 수 있다. 이것은 결과적으로 도움이 아니라

---

43) B. H. Son, *Science and Person*, Assen: Van Gorcum, 1972.

간섭에 해당한다.

　자유와 관련하여 평등의 개념에 못지않게 문제시되어 온 것은 책임의 개념이다. 우리가 이제까지 검토해 온 바와 같이 자유는 주체자가 한순간에 이렇게도 할 수 있고 저렇게도 할 수 있는 선택의 여유를 가짐으로써 성립되며, 그 가운데 어느 것을 선택하느냐에 따라 전혀 다른 결과를 가져올 수 있다. 그런데 그 결과는 그것으로 그치는 것이 아니라 다른 것의 원인이 되어 끝없는 인과적 연쇄의 한 요인을 구성한다. 이른바 인과응보의 통로가 있을 수 있다. 불교신자는 사람이 짓는 선악의 인업에 응하여 과보가 있음을 믿는데, 이는 자유인의 선택 결과가 다시 그에게 돌아오는 과정을 설명해 주는 듯하다. 이를테면 문을 열어 놓고 취침을 하였기 때문에 감기의 고통을 받았다거나, 열심히 공부한 결과 원하는 훌륭한 인물이 될 수 있었다거나, 늙은 부모를 구덩이 속에 버리고 돌아와서 지게를 버리려고 하니까 자식이 "아빠를 짊어지고 갈 지게를 버리면 어떡해!" 하는 항의를 하게 되었다는 고려장의 얘기는 자업자득의 경험적 사실을 시사해 준다.

　그러나 자업자득의 사례는 세상에서 실제로 일어날 수 있는 현실이지만 그것은 어디까지나 부분적인 것이고 전체적인 사실은 아니다. 경험적 세계 속에는 선택의 결과가 본인뿐만 아니라 타인에게 그리고 타인에게만 돌아가는 인과 계열을 포함하고 있다. 자녀에게 처벌을 가하는 부모는 자녀가 공격적인 행동성향을 갖도록 함과 동시에 그 공격적인 자녀의 영향을 받게 될 수 있는데, 이는 선택의 결과가 상호 인과적인 방식으로 진행되는 하나의 예다. 또한 어떤 선택은 타인에게만 영향 주고 본인은 하등의 영향을 받지 않는 경우도 있다. 살인과 같은 범죄 행위를 하고도 아직까지 체포되지 않은 사람은 이 경험적 통로의 혜택을 받고 있는 셈이다. 여기서 우리는 자유에 대한 책임이 윤리나 사회적 제도의 수준에서 검토되어야 할 분명한 이유를 발견하게 된다. 제도에서 규정하는 책임이란 어떤 사건이나 결과를 놓고 그것의 원인이 된 사람에게 칭찬하거나 훈장을 주거나 책망하거나 처벌을 가하는 것에 관계된다. 그러나 원인에 의한 그 시비의 판단은 그렇게 용이한 것이 아니다. 나는 이제부터 그것이 왜 어려운지를 설명하고 대신 자유인에게 요망되는 특수한 윤리적 책임의식을 강조하고자 한다.

우선 나는 결정주의를 택하면 사회적이거나 도덕적 책임의 개념이 전적으로 공허하게 된다는 종전의 도덕이론에 찬동할 수 없다. 독자는 앞서 인용된 혹의 말을 기억할 것이다. 그는 "인간의 정신을 설명하면서 나타난 분명한 결과는 우리가 과거사를 학습하면 할수록 그가 그의 현존 행동에 대해서 덜 책임이 있는 듯하다는 신념이다. 이 결론은 법률, 교육 및 사회사업 분야에서 이론과 실천에 영향을 주게 되었으며 형벌학에 하나의 혁명 같은 것을 가져 왔다."라고 하였다. 그는 이어 이렇게 말한다. "흔히 결정주의의 지지자들은 우리가 히틀러나 스탈린에 대해서 그들이 고의적으로(voluntarily) 범한 범죄를 비난할 때 히틀러와 스탈린이 한때 어린이였으며(이는 상상하기 어렵지만), 그들은 그들로 하여금 불가피하게 그렇게 하게 한 콤플렉스와 강박적 충동을 유전받았거나 획득해야만 했다는 근거를 들어 우리들 자신의 비난을 일관성 없이 비난했다. 이 비일관성을 잘 다듬어 제거한다고 하더라도 이 논의는 도덕적 책임의 개념이 전적으로 공허하다는 주장을 함으로써 도덕 이론에 일대 혁명을 일으키도록 위협한다." 어떤 사람은 혹의 이 말에 대해서 쉽게 공감할지 모르나 적어도 나에게는 하등의 설득적인 의미가 없다.

우리는 이제까지 우리가 행사할 수 있는 자유의 능력이 어떤 선행조건과 함수관계에 있다는 입장을 택함으로써 결정주의와 자유가 반드시 상응할 수 없는 개념이 아님을 검토하였다. 각 개인은 그의 능력과 한계 내에서 다양한 선택지를 가질 수 있으며 또한 그 범위 내에서 도덕적 책임을 추궁하는 도덕 이론이 구성될 수 있다. 이른바 '고의적인 행동'과 '고의적이 아닌 행동'을 구분하고 오직 전자의 경우에 한해서 도덕적 책임을 귀속하는 도덕률은 바로 이에 해당한다. 혹은 필요에 따라 이런 결정요인에 대한 깊은 배려가 없이 한 개인에게 사회적 책임을 부과하는 제도도 우리는 채택할 수 있다. 이 경우는 우리가 사건의 복잡한 인과 계열을 깊이 생각할 필요조차 없게 된다. 그러나 이 극단적인 제도를 수긍하는 사람은 오늘날 그렇게 많지 않은 듯하다. 만약 우리가 고의적인 행동에 한해서 도덕적 책임을 부과하는 입장을 택한다면, 우리에게 중요한 것은 우리들의 행동 가운데 고의적인 것이 무엇인지를 분명하게 식별하는 기준을 찾는 것이며, 여기서 한 개인의 과거사나 생활사는 크게 문제시되지 않는다.

　혹은 우리가 히틀러나 스탈린이 고의적으로 범한 범죄를 비난할 때 심리학자들은 그것이 고의적인 것이 아니라고 주장함으로써 그들이 도덕적 책임으로부터 해방하도록 조력한다는 식의 논리를 전개하고 있다. 이는 분명히 상반된 견해로서 이에 대한 시비는 경험적인 입증에 의해서 판결될 수 있을 것이다. 나는 어느 편을 들 증거를 가지고 있지 못하다. 그러나 나는 어떤 특정한 역사적 사건이 어떤 특정인의 고의성에 의해서만 전적으로 결정되었으리라는 가설에 쉽게 찬동할 수 없다. 사실상 이와 같은 단순한 인과적 계열은 현실 속에서 찾아보기 힘들다. 행위나 사건의 결정요인은 대부분 다면적이며 그들은 서로 상호작용하면서 복잡한 인과 계열을 형성한다. 그런데도 우리는 어떤 사건이나 행위에 대한 책임 규명을 할 때 그 인과 계열을 지나치게 단순화하는 오류를 가끔 범한다. 그 하나는 개인의 행위가 전적으로 그 자신의 결정에 의한 것으로 보는 자유의지론자들의 입장이다. 그들은 자유의지가 모든 행동의 결정인자라고 봄으로써 단일 요인에 의해서 행동 현상을 설명하려는 일종의 극단적이고 단순하고 과장된 결정론을 택하였다. 한편, 극단적인 행동주의자(radical behaviorists)들은 인간의 행동을 결정하는 요인을 전적으로 환경 쪽에서 찾으려고 하였기 때문에, 그들의 이론을 따르면 행위나 그로 인한 사건의 책임은 개인에게 있는 것이 아니라 환경에 있다는 인상을 짙게 받는다. 예컨대, 스키너의 다음과 같은 말은 그 대표적인 것이다.[44]

　　"개인의 자유, 기선성 및 책임과 같은 개념의 사용은 이제까지 널리 보강되어 왔다. 그러나 우리가 과학이 이룩한 것에 눈을 돌릴 때 우리는 그 전통적인 서구의 견해에 대한 매우 흡족한 지원을 발견하지 못한다. 인간이 자유롭지 못하다는 가설은 인간의 행동연구에 과학적 방법을 적용하는 데 필수적인 것이다. 밖으로 나타난 생물학적 유기체의 행동에 대해서 책임을 지는 자유로운 내면적 인간이란 개념은 과학적 분석의 과정에서 발견된 원인에 대한 전(前) 과학적 치환에 불과하다. 이 모든 다른 원인들은 개인 밖에 있다. 생물학적 기반 자체는 유전적 과정 내의 이전 사건에 의해서 결정되

---

44) B. F. Skinner, *Science and Behavior*, New York: The Free Press, 1953, pp. 447–148.

었다. 다른 중요한 사건은 비사회적 환경과 넓은 의미에서 개인의 문화 속에서 발견된다. 이들이 개인으로 하여금 그가 지금 행동하는 것처럼 행동하게 하는 것들이다. 이들에 대해서 개인은 책임이 없으며, 그들이 그에 대해서 칭찬하거나 비난하는 것은 쓸모없는 일이다. 개인이 그 자신의 행동과 함수관계를 갖는 변인을 스스로 통제하는 책무를 택하거나 혹은 넓은 의미에서 그 자신이 소속한 문화의 설계에 가담하는 것은 별개의 문제다. 이는 그가 자아통제나 혹은 행동의 한 형태로서 문화를 설계하는 것을 허용하는 문화의 소산이기 때문에 오직 가능한 것이다. 개인이 환경을 변화시키는 경우에조차도 환경은 개인을 결정한다."

스키너의 이 말이 얼마나 자가당착에 빠져 있으며 과학자들이 택하고 있는 결정주의를 얼마나 왜곡하고 있는가를 지금쯤 독자는 충분히 발견할 수 있으리라 본다. 이와 같은 논조가 일반인으로 하여금 과학적인 발전과 전통적으로 우리가 추구해 온 자유를 상호 간에 역관계에 있는 것처럼 인식하게 하는 도식이다. 다시 반복하면 우리는 개인의 행동성향이 유전과 환경의 상호작용에 의한 소산이라는 모형을 택하였다. 이 점에서 결정주의적 가정을 우리가 택한 것은 분명하다. 그러나 개인의 행동성향이 결정되었다는 말은 개인에게 자유가 없다거나 자유를 행사할 능력이 없다는 것을 결코 의미하지 않는다. 왜냐하면 그 행동성향 가운데는 가능성의 탐색 능력, 지능, 창의력, 자기효능감, 심리적인 안전감, 독립심, 만족의 연기 등과 같은 자율적 규제 능력이 포함되기 때문이다. 개인은 이 능력들을 다소간 가질 수 있기 때문에 자유를 행사할 수 있으며 그가 영향받았던 환경을 그들의 선택에 의해서 재건할 수 있다. 물론 개인의 행동성향 가운데에는 프로이트가 일컫는 무의식적 동기나 자아방어기제뿐만 아니라 각종 생물학적 과정이나 습관 같은 것 등이 포함된다. 개인은 어떤 순간에 타인과 다른 행동성향을 가지고 있으며 이 행동성향은 다시 그가 당면하는 상황적 환경과 상호작용하면서 그 나름의 표현행동(이것이 스키너가 일컫는 외형적 행동과 유사하다)을 보인다. 따라서 환경에 의해서 인간의 행동이 조형되는 측면을 연구하는 것만이 과학이나 좁게는 행동과학의 임무가 될 수 없으며, 더구나 그런 측면이 구명되어 왔다는 사실이 자유를 부정해야 할 하등의 근거가 될 수 없다.

우리의 모형에 의하면 모든 행위가 '자유의지'의 소산이라거나 혹은 환경의 소산이라는 배타적 주장은 수긍하기 어렵다. 이 주장은 맹인들과 코끼리의 우화에서 잘 비유되었듯이 '부분적으로 옳다고 하더라도 모두 틀린 경우'에 해당한다. 이 말은 우리의 행위는 개인의 행동성향에 의해서 결정될 수도 있고, 환경에 의해서 결정될 수도 있고, 더 나아가서는(보다 정확하게는) 그들의 상호작용의 결과일 수도 있다. 이 복잡한 인과모형은 우리가 이제까지 누려 왔던 단순한 모형보다는 책임 귀속의 절차를 어렵게 만든다. 만약 우리가 개인이 행한 행동 가운데 '고의적인 것'과 그것의 결과에 대해서만 책임을 추궁하는 제도적인 준칙에 합의한다면 그것은 대충 우리가 일컫는 개인의 '자율적 규제 능력'에 의해서 비롯된 행동과 그것의 결과를 문제시해야 함을 의미한다. 그러나 엄격한 의미에서 그것을 구분해 내는 과제는 불가능한 것은 아니라고 하더라도 어려운 것임에 틀림없다. 그렇다고 해서 우리는 이미 일어나고 있는 복잡한 사건 계열을 무시하고 사태를 사실과 다르게 단정짓는다면 그것은 어느 모로 보나 합리적인 절차라고 볼 수 없다.

오늘날의 사회 체제나 문화 내용은 우리의 역사에 한때 있었거나 혹은 현존한 어떤 인물이나 집단에 의해서 형성되고 유지되어 온 것이다. 고등동물로서 인간의 행동은 주어진 환경에 단순히 순응하는 데 그치지 않고 그것을 조작하고 수정하는 방향으로 지향하여 왔다. 우리는 이런 활동의 결과로 천재지변, 질병, 기아 등의 자연이 제공하는 횡포로부터 어느 정도 해방될 수 있었으며, 원시인들이 누리지 못했던 사회문화적 생활을 영위하고 있다. 그러나 이와 같은 발견의 이면에는 또한 우리의 생활을 불편하게 하는 어두운 그림자가 드리우고 있음을 우리는 역시 알고 있다. 예컨대, 발전된 대규모의 무기체제는 과거의 질병이나 기아 상태보다 더욱 효과적으로 인류를 파괴할 수 있다는 것을 현대전은 입증하였다. 근래에는 자연자원의 고갈과 공해에 의한 환경오염의 문제가 심심찮은 경지를 넘어 심각하게 대두되었다. 그 외에 인구 과잉, 범죄와 폭력의 격증, 집단 간의 갈등과 적대감의 고조 등등의 상황적 조건들이 공포와 불안의 대상이 되었다.

만약 우리가 여기서 이 사태에 대한 책임 문제를 제기한다면 우리는 그런 사태에 이르게 한 인물을 추적해 나가는 도리밖에 없다. 상식은 우리로 하여금 현존한 사회문화적 환경을 창조했던 인물들을 쉽게 식별할 수 있으리라는 기대를 갖게 하고, 역사가들은 가끔 간편한 도식을 우리에게 제공하지만, 사실상 그 과제는 용이한 것이 아니다. 한 사건은 다원적인 요인이 복합적으로 상호작용하여 결정되며, 그 인과 계열의 대부분은 우리의 인식 범위 밖에 있음을 현대의 과학자들은 시인하였다. 역사의 창조자들은 그 소재를 추적하기가 어려울 정도로 이미 익명화되어 우리와 단절되었다. 그리고 설사 역사의 독립변인이 된 일단의 인물을 분리해 낼 수 있다고 하더라도 우리들이 그들에게 책임 추궁할 수단은 겨우 그들의 묘소에 화환을 놓는다거나 시체를 파내는 정도다. 물론 이는 현 사태를 교정하는 것과 직접적인 관련이 없는 행위다. 보다 예방적인 효과는 끝없는 원인의 퇴행적 추적보다는 현존한 인물에서 책임 소재를 찾음으로써 얻어질 수 있다. 그러나 고도로 확대되는 사회 체제 속에서 결정 과정의 책임자를 색출하기는 쉽지 않다는 애로가 있다. 비교적 높은 위치에서 사회적 사건을 좌지우지할 수 있는 인물들은 매우 세련된 일단의 전문가를 고용하여 책임 귀속이 그들에게 쉽게 미치지 못하도록 대비책을 강구하거나, 설사 문제시되었다고 하더라도 그것이 사후까지 하나의 쟁점이 되도록 사태를 지연시킬 수도 있다. 어차피 책임 귀속의 인과 계열은 복잡한 것이기 때문이다.

나는 우리가 대부분 영향을 받게 되는 사건의 진행에 가담하는 주체자를 색출해 내는 어떤 비결을 불행히도 모르고 있다. 이 문제는 모든 사람이 해결해야 할 과제인 듯하다. 그러나 나는 여기서 자유를 행사하는 모든 사람에게 미래지향적인 도덕적 책임 의식을 강조하고 싶다. 이는 개인이 그에게 가능한 선택지의 어느 것을 택하는 행위 이전에 그의 선택이 타인에게 어떤 영향을 주게 될 것인가를 심사숙고하는, 심리적인 태세로 정의 지을 수 있다. 이 책임 의식은 개인이 인류 전체의 복지 증진에 가담할 수 있다는 효능감과, 세계와 타인 그리고 자기 자신에 대한 정확한 지식을 전제로 성립된다.

우리는 이미 지나간 사건을 놓고 가끔 매우 편리한 책임 귀속의 게임에 종사하는 성향을 다소간 가지고 있는 듯하다.[45] 보상을 받을 수 있는 사건에 대해서는 자신의 힘에 의해서 통제된 것 같이 앞장서고 벌이나 불인정을 받을 수 있는 사건에 대해서는 운수나 우연을 포함한 외부적인 힘에 의해서 통제된 것으로 합리화시키는 것이다. 수많은 유대인을 학살한 장본인으로 출두한 아이히만(K. A. Eichmann)은 유명한 뉘른베르크(Nuremburg) 재판정에서 "나는 단지 명령에 복종했을 뿐입니다."라고 증언하였다고 한다. 여기서 우리가 전율을 느끼는 것은 그런 인물이 어떻게 그처럼 막중한 사회적 위치에 있을 수 있었으며, 사실상 그는 명령에 복종할 수밖에 없었느냐는 자신의 회의에서 비롯된다. 우리는 정도는 다를망정 아이히만의 말과 비슷한 일상생활의 변명을 주위에서 듣고 우리 스스로 즐겨 사용한다. 가령, "왜 너는 밖에 나가 놀기만 하니?"라는 엄마의 추궁에 대해서 "엄마가 나더러 그렇게 하랬잖아!"라는 변명이나 혹은 "왜 엄마는 항상 우중충한 옷만 입지?"라는 자녀의 질문에 "뭐 다른 것이 있어야지!"라고 대답하는 어머니의 변명이 바로 그런 것이다. 이와 같은 방식으로 우리는 정치가 잘못되면 그것은 오직 정치인의 탓이고, 버스 사고가 나면 운전사의 책임이고, 환경이 오염되면 공해업체 때문이고, 인구가 계속 증가하면 남아선호의 전통을 무시할 수 없기 때문이고, 살인 사건이 일어나면 이른바 '인명 경시 풍조' 때문이라고 말한다. 이 말 속에는 사건의 중요한 부면에 대한 말하는 사람의 적극적인 개입 가능성이 배제되어 있다.

역사적으로 현대가 갖는 획기적인 특징 하나는 매우 제한된 사람에 의해서 내려진 결정이 대다수의 사람에게 막대한 영향을 줄 수 있게 되었다는 사실이다. 이차대전에 일본의 작은 지역에서 이것이 엄연한 사실로 실증되었고, 그 후 발전된 핵에너지의 지식은 희망과 함께 인류 전멸의 가능성을 충분히 시사해 준다. 테크놀로지의 발전은 마치 가능한 것은 모두 실험해 본다는 방향으로 치닫는 인상을 준다. 이는 우리가 좌시할 수 없는 현실임이 틀림없다. 그 결과는 정책결정자에게만 돌아가는 것이 아니라 인류 전체에게 돌아온다. 이런 상황에서 우리가 취할 수 있는 가장 쉽고 직접적인 길은 책임 면제의 구실을 찾는 데 있지 않고 자신을 일차적인 책임자로 승격시키는 것이다. 나는 이제까지 자유의 영점지대란 있을 수 없다

---

45) J. B. Rotter, *op. cit.*, 1965.

는 입장을 택하였다. 개인은 그만큼 자신과 타인에 대한 책임이 있다고 볼 수 있다. 그러자면 그는 그것에 합당한 자질과 능력을 우선적으로 갖추도록 노력해야 한다.

우리 주변에는 미래에 대한 지나친 낙관론자나 비관론자들이 있다. 낙관론자는 미래가 밝을 것이라는 예상을 하며 그것은 이미 보장되어 있는 듯한 인상을 준다. 한편, 비관론자는 과거와 현재의 추세를 들어 인류의 종말을 예고한다. 그러나 이 모든 추측은 하나의 사실을 잊고 있다. 그것은 현존한 우리가 미래의 행로를 스스로 결정할 수 있다는 사실이다. 미래의 행로는 우리가 지금-여기서 무엇을 선택하며 어떻게 행동하느냐에 의해서 거의 전적으로 좌우될 수 있다. 인간의 자유는 상황적 조건으로부터 도피하는 자유가 아니라 그가 여하한 조건에 봉착하더라도 하나의 입장을 택하는 자유인 것이다. 문제해결의 열쇠는 우리에게 불편한 조건이 우리와 관계없이 진행되도록 방조하는 것이 아니라 그것이 우리의 영향력과 대결해서 패배하도록 우리를 스스로 기선을 잡는 데 있다. 과거와 현재의 사건은 우리에게 지나간 날들을 평가하고, 미래를 예측하고, 계획을 세우고, 실천하는 힘을 주었다. 이 분명한 경험을 토대로 우리는 미래의 가능성에 신중한 발걸음을 내딛어 나가야 한다.

제11장 자아형성의 자유

　우리는 일상생활을 하면서 살인, 방화, 강탈, 대량학살, 위선, 납치, 증오 등을 접할 때 인간성에 대한 회의와 실망에 젖는다. 성경에 의하면 타락은 아담의 자만과 불복종에서 비롯되었다고도 하고, 그의 타락한 성향은 이브의 사회적인 유혹 때문이었다고도 한다. 이 논법 속에는 인간이 원래 어떤 이상적인 상태에 있었음이 전제되어 있다. 이 신화는 장 자크 루소 등의 자연주의와 연결되어 하나의 사상적 조류를 이루기도 하였다. 그들은 타락한 인간성이 사회적 접촉에 연유되며, 그 고유성과 본질적인 선을 보존하는 길은 기존의 사악한 사회문화적인 환경을 떠나서 자연으로 되돌아가는 데 있다고 주장한다. 이 견해는 가끔 토머스 홉스(Thomas Hobbes, 1588~1679)와 같은 사상가의 입장과 대조해서 논의된다. 홉스는 인간이 원래 다른 짐승과 같이 이기적인 충동과 욕구를 가지고 태어나며, 그 원시성에서 해방되는 길은 어떤 양호한 사회문화적 환경의 영향을 받는 데 있다고 보았다. 이런 유의 논쟁은 이보다 훨씬 이전에 동양에서 맹자(B.C. 379?~305?)와 순자(B.C. 298?~235?)에 의해서도 제기된 바 있다. 맹자는 인간의 본성이 착한 것이지만 나쁜 환경이나 물욕이 그 본성을 가리기 때문에 악한 일을 저지르게 된다고 보는 한편, 순자는 인간은 선천적으로 한없는 욕망을 가지고 있으므로 그대로 방임하면 싸움만 일어나 마침내 파멸하고 말 것이기 때문에 후천적 교양으로써 이것을 바로잡아야 한다고 주장하였다.

현대 과학에 비추어 볼 때 이 쟁점은 풍자적인 의미 이상의 것이 될 수 없다. 흔히 주변에 나돌며 우리의 신념체제를 구성하는 이 성선설과 성악설은 모두 인간성의 변화를 전제하고 있다는 점에서 우리가 이제까지 이 책에서 검토해 온 논지와 모순되지 않는다. 그러나 인간성이 출발에서 선하지만 종말에서 악하게 된다거나 혹은 그 반대라는 생각이 타당한 인식이 되려면 여러 가지 복잡한 검증 절차를 밟아야만 한다. 우리는 태어날 때 동일한 성향을 가지고 있는가? 그 성향은 구체적으로 무엇인가? 왜 그 성향은 선하다거나 악하다고 할 수 있는가? 마찬가지의 질문을 사회문화적 환경과 관련하여 제기할 수 있다. 모든 사회문화적 환경이 일률적인가? 만약 그렇다면 우리는 어떤 근거에 의해서 그들이 선하다거나 악하다고 단언할 수 있는가? 이 질문 가운데 어떤 것은 경험적인 것이며, 다른 것은 가치적인 것이다. 경험적인 문제는 사실에 의해서 검증될 성질의 것이며, 가치의 문제는 인간성이나 사회문화적 현실 자체보다는 그것을 접하는 사람의 선호의 감정에서 구명되어야 될 성질의 것이다.

이 문제에 대한 우리의 입장은 이미 여러 곳에서 밝혀 왔다. 우리는 개인이나 집단이 가진 어떤 성향이든 간에 그것은 유전과 환경의 상호작용 속에서 형성된다는 견해를 택하였다. 개인은 어느 누구와도 다른 고유한 유전자를 가지고 태어난다. 유전자가 마련해 주는 것은 발달가능성의 범위다. 그런데 이것은 어떤 환경과 만나느냐에 따라 전혀 다른 실현형(phenotype)으로 발전한다. 예컨대, 지능의 경우에 유전은 반응 범위(reaction range)를 마련하며, 유리한 환경에서는 그것이 허용하는 최대한의 지적 능력으로 발전되고, 불리한 환경에서는 그것이 허용하는 최소한의 지적 능력으로 나타난다.[1] 마찬가지의 과정이 다른 생리적인 특성이나 심리적인 특성에도 작용하게 된다. 이 말은 우리가 인간의 성향 가운데 어느 것을 선하다거

---

1) M. Deutch, I. Katz, & A. R. Jensen (Eds.), *Social Class, Race and Psychological Development,* New York: Holt, 1968, Chap. 1.

나 악하다고 규정하든 간에 개인은 그것을 모두 실현할 수 있는 가능성을 함께 가지고 있음을 의미한다. 이 같은 인간의 양면성(ambivalence of man)을 근거로 우리는 인간의 도덕적 책임을 추궁할 수 있게 된다.

우리는 아직 유전과 환경이 어떻게 상호작용하여 특정한 행동성향으로 발전되는지에 대한 완벽한 지식을 가지고 있지 못하다. 과학적 연구는 객관적 지식의 탐구에 목적을 두지만 그것을 수행하는 주체는 인간이기 때문에 같은 자료를 가지고 각각 다른 해석을 내릴 수 있다. 혹은 어떤 사람은 이런 측면을 보는 반면 다른 사람은 저런 측면을 볼 수도 있다. 과학자들 자신도 유전과 환경의 상대적인 역할의 비중에 관해서 이견을 가지고 있으며, 그 견해차가 다분히 그들 자신의 심미적, 감정적 혹은 이념적 이유에서 연유된다는 것을 시인하고 있다.[2] 이를테면, 기존 체제에 만족하고 현상 유지(the status quo)를 바라는 보수주의자들은 유전에 큰 비중을 두는 반면, 사회적 개혁을 바라는 진보주의자들은 환경에 더 큰 비중을 두려고 한다. 심리학에서 다윈의 영향을 받는 프랜시스 골턴(Francis Galton)과 그의 제자인 칼 피어슨(Karl Pearson)이 유전론자에 속하며, 존 로크(John Locke)의 백지(tabula rasa)의 관념을 받아들인 왓슨(Galton B. Watson)과 극단적 행동주의자들이 환경론자에 속한다.

한편, 심리학자들은 환경이 개인의 성향의 결정에 중요한 역할을 한다는 사실을 시인하면서도 그 시기와 관련해 다소간의 쟁점을 남기고 있다. 프로이트는 초기 경험의 중요성을 강조한 최초의 학자 가운데 한 사람이다.[3] 그는 인간의 성격발달이 5세 이전에서 거의 종료된다고 믿었다. 이 초기 결정주의적 견해는 근래에 동물 실

---

2) 관심 있는 독자는 다음을 참고하라.

ⓐ N. Pastore, *The Nature-nurture Controversy*, New York: Kings Crown Press, Columbia University, 1949.

ⓑ J. J. Sherwood, & M. Nataupsky, Predicting the conclusions of negro-white intelligence research from biographical characteristics of the investigator, *Journal of Personality and Social Psychology*, 1968, 8, 53-58.

3) S. Freud, The psychopathology of everyday life, In A. A. Brill(trans. and Ed.), *The Basic Writing of Sigmund Freud*, New York: Modern Library, 1938.

험을 통해서 밝혀진 각인현상(imprinting)과 관련하여 '결정적 시기(critical period)'라는 개념을 낳게 하였다.[4] 이 개념 속에는 일정 기간 내에 한번 경험한 내용은 그 시기 이후에 변화될 가능성이 희박하다는 의미가 포함되어 있다. 그래서 이들은 행동성향의 원인을 유년기의 자녀 양육방식에서 찾으려고 한다. 그러나 근래의 신프로이트학파는 그것이 지나치게 과장된 것임을 지적하여 프로이트 이론에 수정을 가했다. 이들은 유년기 경험의 중요성을 부인하지는 않지만, 우리가 청년기나 성인 생활에서 경험한 것이 우리들의 성향에 미치는 지대한 영향의 가능성을 무시하는 것은 커다란 과실이라고 본다. 예컨대, 융[5]은 성격이 개인의 인생에 걸쳐 계속해서 발전된다고 보며 35~50세 사이의 결정적인 전환을 강조하였고, 에릭 에릭슨(Eric Erikson)[6]은 개인이 일생에 걸쳐 단계마다 중요한 심리적인 위기(psychological crises)를 경험하게 된다고 주장하였다.

내가 보기에는 개인의 생활에서 가장 큰 변화가 오는 시기는 개인마다 그 나름의 다른 경험에 달린 문제인 듯하다. 일생의 어느 단계든 간에 그 시기에 가장 중요한 도전과 특이한 환경적 조건이 있다. 친구 집단의 선정, 오래 지속되는 학교 경험과 결혼생활, 사업의 성공과 실패, 직장으로부터 은퇴, 가까운 사람과의 사별 등은 개인적인 경험과 변화에 막중한 영향을 줄 수 있는 많은 요인 중의 일부다. 이와 같은 생애에 걸친 다양한 경험을 고려하지 않고 모든 개인에게 가장 중요한 변화의 시기를 찾으려는 어떤 시도도 무리다. 우리는 일상생활 주변에서 그것을 직접 목격하며 스스로 체험하고 있다. 만약 성년의 경험이 우리의 행동성향에 큰 영향을 주지 않는 것이 사실이라면 이제까지 이루어진 사회과학자들의 연구가 보다 간결해졌을 것이다. 그러나 이 방면의 어느 연구에서도 우리는 개인의 성향이 고착되거나 그것이 환경과 어떤 방식의 함수관계도 갖지 않는 시기를 찾아볼 수 없다.

모든 개인은 그가 살아 있는 동안 끊임없는 변화의 과정에 있다. 변화는 실존과 공존의 생활에 불가피한 개념이다. 자아인 나도 변하고 비아(非我)인 주위 환

---

4) E. H. Hess, Imprinting, *Science*, 1959, *130*, 133-141.
5) C. G. Jung, *The Development of Personality,* New York: Pantheon, 1954.
6) E. Erikson, *Childhood and Society,* Harmondsworth: Pelican, 1950.

경도 변한다. 그리고 이 양방의 변화는 현존한 나 자신을 변화시킨다. 이 말은 우리에게 다가오는 미래가 무한한 가능성을 지니고 있음을 뜻한다. 나는 이 책의 제6장에서 이 사실을 부각시키려고 노력하였다. 그리고 나는 제7장에서 지금-여기에 있는 존재는 그 가능성 가운데 하나의 실례에 불과한 것임을 지적하려 하였다. 우리는 이제 그 논의에서 제외되었던 매우 중요한 주제를 다루려고 한다. 그것은 개인을 그 자신의 행동성향을 조형하고 창조하는 주체로 등장시키는 과제다. 행동성향을 유전과 환경 간의 상호작용의 결과로 볼 때 개인은 마치 수동적이고 우발적인 존재로 잘못 인식되기 쉽다. 그러나 이와 같은 설명은 사실의 전모를 포착하고 있는 것은 아니다. 개인은 그 자체 내에 다소 자율적 규제 능력을 지니고 있기 때문에 다가오는 다양한 현실을 스스로 선택하고 창조하고 수정하는 데 참여할 수 있다. 말하자면 개인은 자체의 속성으로 인해서 그 자신의 행동성향을 조형하면서 과거나 현재와는 다른 실존양태를 선택하고 실현해 나갈 수 있다. 이와 같은 자율적 규제 능력에 의한 자아의 쇄신을 우리는 자아형성의 자유라는 말로 지칭하기로 하자.

　두에인 슐츠(Duane Schultz)는 심리학에서 근래에 일어나고 있는 이 새로운 관점을 다음과 같이 요약하였다.[7]

　"행동주의(behaviorism)나 정신분석학(psychoanalysis)은 우리의 성장가능성, 즉 현존한 우리 자신보다 더 훌륭하고 뛰어나려는 우리의 소망을 취급하지 않았다. 기실 이 견해들은 인간 본성의 비관적인 측면을 묘사하여 왔다. 행동주의자들은 우리를 외부적 자극에 대한 피동체로 보았으며, 정신분석학자들은 우리를 생리적인 힘과 아동기의 갈등에 의한 희생물로 보았다. 성장심리학자(growth psychologists)들은 인간이 그것 이상인 것으로 본다. 대부분의 성장심리학자는 외부적 자극, 본능 및 아동기의 갈등이 성격 형성에 영향을 준다는 사실을 부인하지는 않지만, 그들은 인간 존재

7) D. Schultz, *Growth Psychology: Models of the Healthy Personality,* New York: Van Nostrand, 1977, p. 2.

가 이와 같은 힘들의 불변하는 희생물이라고 믿지 않는다. 우리는 우리의 과거와 우리의 환경이 갖는 특징을 뛰어넘을 수 있고 뛰어넘어야 한다. 우리는 이 가능한 제약적인 세력을 초월하여 발달하고 성장해야 한다. 성장심리학자가 갖는 인간 본성에 대한 이미지는 낙관적이고 희망적이다. 그들은 우리 자신을 확장하고, 풍요화하고, 발전시키고, 실현시킬 수 있는 우리의 능력을 믿으며, 우리가 될 수 있는 모든 것이 될 수 있는 우리의 능력에 깊은 신념을 가지고 있다."

나는 제3장에서 우리의 인지 활동이 매우 능동적이고 선택적인 성질을 지니고 있음을 지적하였다. 편협한 관점은 반드시 틀렸다고는 볼 수 없다. 우리의 인식이 갖는 문제점의 하나는 현상에 대한 분석적인 이해를 전체의 이해로 확대시키는 데 있는 듯하다. 슐츠가 윗글에서 분명히 밝혔듯이, 성장심리학은 종전에 심리학자들이 탐구해 왔던 것과는 다른 측면에서 인간 존재를 포착하려는 하나의 시도로서, 행동주의와 정신분석학에서 이루어 놓은 지식 자체를 송두리째 부인하는 것은 아니다. 만약 이 새로운 관점이 지금까지 이미 타당화된 우리 자신에 대한 지식을 부인한다면 그것은 그것이 지적하는 일면의 과실을 다시 한 번 반복하는 셈이 된다.

우리는 우리 자신에 대한 밝은 면과 어두운 면을 동시에 보는 안목을 필요로 한다. 이른바 성장심리학은 적어도 세 가지의 새로운 지평으로 우리의 안목을 확대시키는 듯하다. 첫째, 성장심리학은 한 개인의 과거사보다는 지금 당면하고 있는 현재와 다가오는 미래에 우리의 관심을 확장하기를 권장한다. 이 점은 특히 전통적인 프로이트식 관심과 대비된다. 예컨대, 앞서 여러 번 인용된 올포트의 '기능적 자율화(functional autonomy)'라는 개념은 이와 관련하여 중요한 의미를 가지고 있다.[8] 그에 의하면, 성인의 동기는 아동기에 가진 동기의 확장이나 세분화로 이해될 수 있는 것이 아니고, 그것의 형성 과정과는 독립적인 기능을 가진 실체다. 성인은 그 동기를 토대로 자신의 현존 상황과 미래에 대한 설계를 계속한다. 둘째, 성장심리학은 개인이 환경을 재구성해 나갈 수 있는 결정요인임을 부각시킨다. 이 점은

8) G. Allport, *Pattern and Growth in Personality,* New York: Hot, 1961.

전통적인 왓슨식 관심과 대비된다. 행동주의자들이 수행해 온 대부분의 연구는 환경을 독립변인으로 삼고 개인의 행동을 종속변인으로 취급하여 왔기 때문에, 그들이 얻은 지식은 인간성의 피동적 측면만을 조명해 준다. 이에 비해서 성장심리학자들은 우리들이 가진 의도와 의식적인 설계에 의해서 사회를 변혁시킬 수 있는 가능성, 즉 개인과 사회 간의 상호 인과성에 대한 인식을 고양시키고자 한다. 우리는 이 문제를 앞 장에서 비교적 자세하게 다루었다. 셋째, 성장심리학자들은 '진실한 삶(authentic life)'을 가치 있게 여기며 그 실존양식의 일차적인 책임을 개인 자신에게 돌린다. 여기서 진실한 삶이란, 개인이 그가 되고자 하는 사람이 되며, 그가 될 수 없거나 그가 지향하지 않은 사람이 되지 않음으로써 보장되는 삶의 형태다. 이를테면, 펄스는 장미꽃은 장미꽃으로서 충실한 삶을 누리고 캥거루로서 충실할 수 없음을 비유하여, 인간은 그의 고유한 가능성의 실현에 충실할 것을 강조한 바 있다.[9] 이처럼 충실한 삶을 영위하기 위해서 개인은 그 자신을 이해해야 하며, 그가 실현하지 못한 가능성을 선택해서 실현하는 노력을 해야 한다. 성장심리학자들은 그 책임 소재를 개인 자신에게서 찾으려고 한다.

성장심리학자들이 강조하는 이 마지막 주제, 즉 개인이 자신의 실존양태를 선택하고 실현해 나가는 과제가 바로 이 장의 주된 관심사다. 인간성이 과거에 저러했고 현재에 이러하다고 해서 미래에 어떠하리라는 생각은 잘못이다. 과거의 인간성과 현재의 인간성이 다르듯이 현재의 인간성은 미래에 똑같이 반복되지 않는다. 기실은 미래의 인간성은 다소간 우리의 선택에 달린 문제다. 인간성은 우리가 몸담고 있는 환경의 영향을 받지만 우리는 그 환경을 선택, 수정, 재구성 혹은 변혁시켜 그 인간성을 쇄신할 수 있는 능력을 가지고 있다. 또한 개인은 그 나름의 목표와 가능성을 지니고 있다. 갑과 을의 행동가능성이 다르듯이 그들의 충실한 삶의 양태도 다를 것이다. 만약 어떤 개인이 그를 둘러싼 어떤 사람의 행동성향을 복사하려고만 한다면 그는 그 자신의 충실한 삶을 누린다고 볼 수 없다. 펄스는 많은 사람이 그들이 가진 그들 나름의 재능과 가능성을 실현하지 않고 타아(예컨대, 부모나

9) F. Perls, *Gestalt Therapy Verbatim,* Lafayette, Cal.: Real People Press, 1969.

다른 권위체)에 의해서 미리 획정된 이미지에 일치하려고 한다고 주장하면서, 다음과 같은 짧고 의미심장한 시를 쓴 바 있다.[10]

> 일 천의 플라스틱제 꽃들이
> 사막을 만발하게 하지 못하고
> 일 천의 텅 빈 얼굴들이
> 하나의 텅 빈 방을 채우지 못하나니

우리의 생활은 어떤 특수한 역사적 순간에, 어떤 일단의 상황 속에서, 그리고 어떤 특수하고 광범위한 가능성의 범위 내에서 전개된다. 개인은 그가 타고난 넓고 깊은 행동가능성을 모두 실현할 수 있을 만큼 긴 일생을 갖지 못한다. 하나의 행동성향을 습득하는 데도 많은 시간과 노력과 경비가 소모된다. 하나의 미적분의 문제를 풀고, 한 곡의 음악을 연주하고, 한 폭의 그림을 그리고, 빙상에서 넘어지지 않고 스케이트를 탈 수 있으려면 얼마나 긴 시간이 필요한가! 그래서 개인은 그가 진실로 바라는 이상적인 행동성향과 그것을 실현할 수 있는 풍토를 스스로 선택하여야만 한다. 그 선택이 이루어지는 시점과 장소는 과거에 있지도 않고 미래에 있지도 않다. 지금-여기가 오직 우리가 가지고 있는 현실이며, 우리는 그 순간순간에 우리의 이상적인 목표가 무엇이며, 가장 유리한 경험이 무엇인지를 결정해야 할 책임이 있다. 이상적인 성격이 어떤 것인지에 대한 논의는 너무도 많지만 개개인에게 맞는 목표가 무엇인지는 그렇게 분명한 것이 아니다. 어떤 사회문화적 풍토는 그 이상적인 목표를 최대한으로 실현하도록 돕는 방식으로 작용하고, 다른 풍토는 그렇지 못한 방식으로 작용한다. 그러나 개인은 자신의 행동성향을 주체적으로 선택하고 조형할 수 있는 어느 정도의 자유가 있다. 이 가운데 가장 불행한 선택은 개인이 그가 가진 가능성을 외면하거나 무시하고 그의 정체성을 우발적인 환경이나 타아(他我)의 의도에 맡겨 버리는 자포자기 행위다. 이는 필연적으로 자아 상

---

10) *Ibid.*, p. 2.

실과 연결된다.

우리는 이제부터 이 문제를 두 가지로 접근해 보고자 한다. 그 하나는 개개인이 몸담고 있는 사회문화적 환경을 분석하는 것이다. 인간의 행동성향을 변화시킬 수 있는 법칙들이 다양하게 해명됨에 따라 근래에 사회의 어떤 주체(agencies)가 다른 객체를 어떤 방식으로 결정하느냐에 대한 심각한 논의가 전개되고 있다. 우리는 불가피하게 공존 생활을 영위할 수밖에 없다. 이는 우리가 서로 어떤 방식의 영향을 주고받는 관계에 있음을 의미한다. 다시 말하면, 나는 나에게는 자아이지만 타인에게는 비아(非我)다. 비아로서 나는 타인의 자아형성을 돕고 있는가? 혹은 자아로서 나는 타인으로부터 나의 자아형성과 관련하여 도움을 받고 있는가? 이런 질문에 대한 해답은 사회적 환경을 구성하는 개개인에게 매우 중요한 의미를 주며, 집단적 노력과 책임을 요구한다. 다른 하나의 접근방법은 개인에게 자기 자신에 대한 직접적인 노력과 책임을 요구하는 것이다. 개인은 타인의 자아형성에 대한 사회적인 책임뿐만 아니라 자신의 자아형성을 조장해야 할 개인적인 책임이 있다. 논어에 '수신제가 치국평천하(修身齊家治國平天下)'라는 말이 있다. 자신의 마음과 행실을 바르게 닦아 수양할 수 없는 사람이 타인의 자아형성에 도움을 준다는 것은 어불성설이다. 개인은 그를 둘러싼 여러 가지 여건이 어렵더라도 그 자신을 그가 진정으로 되고자 원하는 방향으로 성장시킬 일차적인 책임이 있다. 이 자아통제(self-control)의 과제를 수행하는 데는 자신과 타인에 대한 객관적인 지식과 아울러 독립된 가치비판 능력이 필요하다.

그러면 우리는 먼저 우리가 몸담고 있는 대단위의 실체인 문화(culture)에 눈을 돌려 그것이 자아형성에 어떤 의미가 있는지를 검토해 보기로 하자. 문화는 인류의 시작에서부터 탐색되고 누적되어 온 다양한 경험의 집합체다. 한마디로 문화의 역사는 인간의 가능성에 대한 장기간의 실험으로 볼 수 있다. 대부분의 인류학자들은 문화가 주어진 사회구성원에 의해서 공유되고 학습된 행동유형이라는 사실을 강조한다.[11] 각 문화는 그 나름의 특징 있는 사고, 행위, 감정 및 표현의 형태를

---

11) 이런 유형의 정의는 일찍이 E. B. Tyler(*Primitive Culture*, London: John Murray, 1871)에 의해

가지고 있다. 그들은 제 나름의 사회적 관계와 제도, 종교, 예술, 지식과 기술, 가치의 요소를 포함한다. 이렇게 인류 문화를 총괄하여 볼 때 21세기의 신생아는 '거인의 어깨 위에 서 있는 난쟁이(dwarfs standing on the shoulders of giants)'라는 말이 실감난다. 과거의 거인들은 우리에게 인생을 좀 더 넓고 깊게 경험할 수 있는 자원을 제공해 주며, 우리는 그 다양한 경험체를 선택하여 우리들 자신의 가능성을 최대한으로 실현할 수 있다. 클라이드 클럭혼(Clyde Kluckhohn)은 "모든 문화는 인간의 생리 및 인간 상황의 일반성에 의해서 제기된 본질적으로 동일한 문제에 대한 많은 상이한 해답으로 구성되어 있다."[12]라고 말한다. 이 언명에서 상이한 해답이란 곧 우리에게 선택의 폭을 의미한다.

   그러나 이 다양한 선택지는 문화의 시대적 특수성과 공간의 한계에 의해서 가끔 축소된다. 사회과학자들은 한 단일한 사회보다는 크거나 작은 집단에게 문화라는 용어를 일반적으로 적용하여 왔는데, 근래에는 소문화(subculture)라는 용어를 사용하기 시작하였다. 소문화란 한 사회의 일부를 구성하는 일군의 특징 있는 문화를 뜻한다. 하나의 집단은 그것보다 큰 집단과 어떤 점에서 공통점이 있지만 또한 그 나름의 차이가 있다. 신생아는 어떤 특수한 소문화를 가진 어떤 특수한 사회의 구성원으로서 탄생한다. 따라서 그에게 허용되는 행동가능성의 폭은 다소간 한정된다. 우선 각 소문화는 행동의 '정상성(normality)과 비정상성(abnormality)'에 대한 신념과 가치에 차이를 보인다. 예컨대, 미국에서 정상적인 것으로 볼 수 있는 행동이 한국에서는 비정상으로 취급되거나 혹은 그 반대가 성립된다. 그리고 고구려 시대에 정상적인 행동이 현대에 비정상적인 것으로 받아들이게 된다. 이 때문에 각 시대와 장소에 따라 협소한 유형의 행동가능성만 개발되는 사례들이 나온다. 이는 자아형성의 자유와 관련하여 부정적인 측면에 해당한다.

   특히, 이른바 자민족중심주의(ethnocentralism)는 이 위험성을 더욱 가중시킨다. 자민족중심주의자들은 그들이 소속한 문화의 양식이 가장 자연스럽고 좋은 것으

● ● ● ● ···

   서 제안되어 오늘에 이르고 있다.

12) C. Kluckhohn, Universial categores of culture, In Sol Tax (Ed.), *Anthropology Today: Selections,* Chicago: University of Chicago Press, 1962, p. 317.

로 생각하며, 외래의 것은 그것이 단순히 눈에 익지 않다는 사실로 인해서 의혹과 적대심을 가지고 대한다. 물론, 이런 관념은 내집단의 전통에 자부심을 높이고 내집단의 응결력과 통일성을 강화하는 효과가 있을 수도 있다. 그러나 극단적인 형태의 자민족중심주의는 타문화의 풍부성을 불필요하게 외면하고 거부하는 불리한 상태로 치닫기 쉽다. 역사적으로 인간은 문화 간의 교류를 통해서 환경에 대처해 나가는 능력을 개선해 왔으며, 더욱 행복한 삶의 양식을 추구할 수 있었다. 자민족중심주의는 그 문화적 성숙에 따른 이득 자체까지를 거부함으로써 자민족의 문화를 발전시키는 것조차 스스로 불리한 입장에 놓이게 한다.

우리가 자민족중심주의의 위험성을 지적하는 것은 외래문화를 무비판적으로 수용하라는 식의 권유가 아니다. 내집단의 문화를 무조건 비하하고, 타문화를 무조건 우러러보는 풍조도 자민족중심주의와 마찬가지의 과실을 범하는 것이다. 여기서 주장하려는 바는 한 문화 내용을 평가함에 있어 그 문화의 창조 집단이나 유지 집단이 어떤 것이냐가 중요한 기준이 될 수 없다는 것이다. 각각의 문화는 그 나름의 시간과 공간 속에서 의미를 갖기 때문에, 우리는 그들이 구체적으로 어떤 것인지를 상당한 관용성을 가지고 면밀하게 검토해야 한다. 지구상에 존재했던 어떤 문화는 인간의 가능성을 최대한으로 실현시킬 수 있을 만한 요소를 내포할 수 있으며, 다른 문화는 인간성의 파괴를 영속화하는 독소를 지닐 수도 있다. 우리는 이 기준을 토대로 그들을 선별하는 노력에 가담해야 할 뿐만 아니라 새로운 문화를 창조해야 할 입장에 놓여 있다. 우리가 모두 경계해야 할 대상은 문화 내용의 다양성을 백안시하고 기존하는 어떤 특정 문화를 모든 개인에게 무조건 내면화시키려는 기도다.

이러한 우리의 견해는 다음에 인용하는 어빈 라즐로(Ervin Laszlo)의 글에 매우 적절하게 표명되어 있는 듯하다.[13]

"인간 진화 역사는 개인이 하나의 문화적 창조물이 되도록 결정하였다. 그러나 다

---

13) E. Laszlo, *The Systems View of the World*, New York: George Braziller, 1972, p. 99.

른 한편으로, 그것은 개인이 어떤 종류의 문화를 가지리라는 사실을 결정하지는 않았다. 따라서 오늘날 우리의 문제는 하나의 문화를 가져야 할 것이냐 아니냐에 있는 것이 아니고 어떤 종류의 문화를 갖느냐에 있다. 그리고 이는 어떤 심각한 사고를 요구한다. 우리가 우리의 아버지와 할아버지로부터 물려받은 문화의 형태는 이 지구상에 우리가 생존할 수 있는 우리의 능력에 위협을 주고 있다. 만약 우리가 속수무책인 채 그것을 맹목적으로 수락하기만 한다면, 우리는 그들이 할 수 있었던 것, 다시 말하면 우리의 자녀와 손자에게 그것을 물려주는 일을 할 수 없게 될지도 모른다. 왜냐하면 우리는 그것을 물려줄 손자를 갖지 못할 가능성도 있기 때문이다."

인류의 경험 내용으로서의 문화는 그 구성원이 그것을 내면화함으로써 유지되고 전달된다. 각 사회는 그 집단의 전통을 유지하기 위해서 구성원의 태도, 습관, 신념, 세계관, 가치, 지식 및 기술 등을 전담하는 이른바 '사회화(socialization)'와 '문화화(enculturation)'의 기제를 가지고 있다. 원시사회에서 아동은 직접적인 참여를 통해서 문화 내용을 전수하였다. 그러나 사회가 복잡하게 분화됨에 따라 그 역할을 전달하는 특수한 권위체들이 등장하게 된다. 여러 가지 행동가능성을 특정한 사회적 기준에 맞춰 조형해 나가는 사회화 과정에 대해서 사회과학자들은 대충 두 가지 점에서 그 필요성을 강조하였다. 그 하나의 관점은 사회구성원이 사회에서 규정하는 행동의 표준형에 일치하는 것은 사회의 존속과 구성원의 심리적 안정감의 유지에 불가결하다는 것이다. 이와 관련하여 독자는 뒤르켕이 강조한 사회적 연대의 개념과 아노미 현상에 대한 우려를 쉽게 연상할 수 있을 것이다. 그는 표준이 없는 사회는 와해될 뿐만 아니라 구성원에게 심리적인 불안감을 조성하게 된다고 주장하였다. 다른 하나의 관점은 아동은 사회화를 통해서 '충동적이고 이기적인 작은 동물'로부터 '문명화된 인간(a civilized human being)'으로 전환될 수 있다는 것이다. 이 가정은 앞서 든 홉스나 순자의 주장과 일맥상통한다. 사회는 본질상 구성원이 그들 자신의 충동과 욕구를 좀 더 대단위의 집단생활을 위해서 억제하도록 요구한다. 사회적인 표준 속에 집단에서 요구하는 바람직한 인간상이 포함되어 있으며, 사회화에 가담하는 기관은 개인의 가능성 가운데 어떤 것은 개발하고 다른 어떤 것의 발달은 저지하려고 한다. 그 결과로 형성된 개인의 행동성향은 그 집단의 표준에 비추어 볼 때 '문명화된 인간'일 것은 당연하다.

한편, 이 광범위한 일반화 속에는 쉽게 간과되어서는 안 될 위험한 요소가 포함되어 있음을 우리는 각성해야 한다. 개인이 사회나 문화를 떠나서 생존하기 어렵다는 점에서 우리는 사회의 존속을 위해 최소한의 성향을 개발해 나가야 할 필요성을 부인하기 어렵다. 그러나 이 말은 어떤 특정한 기존 사회 체제를 영속화하기 위해서 그 사회 특유의 사회적 성격을 강화해야 한다는 주장과는 구분되어야 한다. 사회문화적 체제는 어디까지나 그 구성원의 생존과 행복을 보장하기 위한 수단일 뿐 목적이 될 수는 없다. 인류 역사를 통해서 어떤 사회 체제는 인간성 자체를 위협하는 독소를 자체 내에 지니고 있음을 우리는 봐 왔다. 만약 우리가 그들을 단순히 예로부터 전해 온 전통이라는 이유 때문에 무비판적으로 수락하고 추종한다면 앞서 인용된 라즐로의 글에 나타난 심각한 우려를 초래할 것이다. 우리는 우리가 몸담고 있는 기존의 사회문화적 내용과 체제에 날카로운 시선을 던지고, 그것이 인간성의 유지와 고양에 공헌할 수 있는 것인가를 부단히 검토해야만 한다.

우리들이 가진 행동성향은 우리 주변의 환경과 함수관계를 가진다는 주제를 우리는 이제까지 추궁해 왔다. 근래에 출범한 행동과학(behavioral science)은 이 함수관계의 이해에 점차 빠른 속도의 진전을 계속하고 있고, 그 결과 거의 같은 속도로 인간의 행동을 예언하고 통제하는 방식과 양식을 터득하고 있다. 우리가 일상적으로 섭취하는 음식, 주위의 생태학적 환경 및 건물의 구조 등이 우리의 행동성향을 조형할 것이다. 그 외에도 우리는 하루도 빠짐없이 우리들의 행동성향을 의도적으로든 무의도적으로든 변화시키는 사회문화적 세력에 노출되어 있다. 대부분의 사람은 그들의 행동성향이 이들에 의해서 어떤 모양으로 조형되는지를 알거나 의식하지 못한다. 그러나 다른 사람들은 그들의 행동을 통제할 수 있는 지식과 기법을 이미 터득하고 있는 것이다. 이 두 부류의 사람들 가운데 어떤 쪽이 더 유리한 입장에 놓일 수 있는가? 이에 대한 해답은 두말할 필요 없이 후자다. 행동과학적 지식을 가지고 있는 사람들은 그들에게 유리한 방식으로 타인과 자신을 조형할 수 있을 뿐만 아니라 그들에게 작용하는 환경에 저항하고 그것을 선별하는 고지를 점령

하고 있다고 말할 수 있다. 여기서 우리는 우리 자신에 대한 지식의 배분과 행동 통제의 윤리성이라는 문제에 봉착한다.

인간의 행동 통제와 관련하여 얼마 전에 스키너와 로저스 간에 벌였던 논쟁은 우리에게 매우 귀중한 시사를 제공해 준다.[14]

우선 스키너는 이렇게 주장한다.

"집단 내에서 공생하는 사람들은 '윤리적(ethical)'이라고 부적절하게 지칭되지 않는 기법을 가지고 서로를 통제한다. 한 개인이 집단의 인정을 받는 방식으로 처신할 때, 그는 찬사와 인정과 애정을 받게 되며, 이들은 그가 그런 방식으로 계속해서 처신할 가능성을 증대시킨다. 그의 행동이 수락될 수 없는 것이면, 그는 비평받거나, 검열받거나, 비난받거나 혹은 벌을 받는다. 첫 번째의 경우, 집단은 그를 '좋은(good)'이라는 형용사로 지칭하고, 두 번째의 경우는 '나쁜(bad)'이라는 형용사로 지칭한다. 이와 같은 실천은 우리의 문화 속에 너무도 완벽하게 배어들어 있기 때문에 우리는 가끔 그것이 통제의 기법임을 알아보지 못한다. 그러나 비록 강화와 벌이 가끔 이해하기 어려운 것일지라도 우리는 거의 항상 그런 통제에 가담되어 있다. ……만약 하나의 강력한 행동의 과학(a powerful science of behavior)이 출현해서 문젯거리를 일으키고 있다면, 그것은 과학 자체가 인간의 복지에 해로워서가 아니라 낡은 관념이 쉽게 굴복하거나 우아하게 대치되지 않았기 때문이다."

이에 대해 로저스는 이렇게 대꾸한다.

"나는 행동의 예언과 통제를 허용하는 과학의 엄청난 힘이 오용될 수 있으며, 그런 오용의 가능성이 심각한 위협을 구성한다는 점에 우리가 동조하고 있다고 믿는다. ……이런 몇 가지 기본적이고 중요한 합의와 더불어 어떤 차이가 있을 만한 쟁점이 없

14) C. R. Rogers, & B. F. Skinner, Some issues concerning the control of human behavior: A Symposium, In P. Zimbardo & C. Maslach (Eds.), *Psychology for Our Times: Readings*, Glenview, Ill.: Scott, 1973, pp. 6-18.

는가? 나는 있다고 믿는다. 간략히 말하면 이런 질문들이다. 누가 통제될 것인가? 누가 통제를 행사할 것인가? 어떤 종류의 통제가 행사될 것인가? 그리고 무엇보다도 중요한 것은 그 통제가 어떤 목표나 목적이나 가치 추구를 위해서 행사될 것인가? 이런 유형의 질문에 대해서 애매성과 오해와 깊은 견해차가 있다. 이 견해차는 심리학자 사이에도 있고, 일반 대중의 구성원 사이에도 있고, 다양한 세계문화 사이에도 있다. ······나는 스키너가 지금 제시한 것과 그가 이전에 저술한 것 속에 권력의 문제(the problem of power)를 심각하게 저평가하였다고 믿는다. 행동과학에서 이용될 수 있는 힘이 과학자나 혹은 어떤 자비로운 집단에 의해서 행사되리라고 희망하는 것은 나에게는 멀고 가까운 인류 역사에 의해서 별로 지지되지 않은 희망처럼 보인다. 만약 행동과학자들이 그들의 지금과 같은 태도를 견지한다면 그들은 독일에서 유도미사일에 전문성을 가지고 유도탄을 제작하는 데 참여했던 과학자들의 입장과 매우 유사한 입장에 놓여 있는 듯하다. 우선 그들은 미국과 소련을 파괴하려는 히틀러를 위해서 열심히 작업하였다. 이제 그들은 누가 그들을 사로잡고 있느냐에 따라 미국을 파괴하려는 소련을 위해서 열심히 일하거나 혹은 소련을 파괴하려는 미국을 위해서 열중하고 있다. 만약 행동과학자들이 오직 그들의 과학을 발전시키는 데만 관심을 가진다면, 그들은 어떤 개인이나 집단이 권력을 잡고 있든 간에 그 권력체의 목적에 봉사할 가능성이 높은 듯하다."

나는 스키너와 로저스의 논쟁 속에 각각 일면의 진리가 포함되어 있다고 본다. 행동 통제는 행동과학자들[15]이 이미 그것을 탐구하기 이전에 인간 생활에 편재되어 있던 현상이다. 그들이 했던 것은 단지 그것에 관해서 개념화하고 그 개념들의 타당성을 경험에 의해서 검증했을 뿐이다. 그러나 그들의 이론이 체계화됨에 따라 그 지식은 우리에게 인간행동을 통제하는 매우 효과적인 도구로 등장하게 되었다. 여기서 우리는 로저스가 제기한 바와 같은 윤리적인 결정의 문제를 안고 있다. 나

---

15) 여기서 지칭하는 '행동과학자들'이란 스키너와 같이 '행동주의(behaviorism)'를 표방하는 일군의 심리학자들만을 의미하지 않는다. 간혹 행동과학(behavioral sciences)과 행동주의를 혼동하는 사람들이 있는데 이는 무지의 소치다. 후자는 전자에 포함되는 하나의 특수한 학파에 불과하다.

는 우리가 우리 자신을 알아 가는 과학적인 탐구는 계속되어야 한다고 본다. 그리고 그것이 어떻게 인간 복지를 위해서 이용될 것이냐는 모든 사람의 관심사가 되어야 한다. 과학적 지식은 스키너가 그의 저서[16]에서 암시했듯이 소수의 사람들에 의해서 전체 사회를 통제하는 수단만 되어서도 안 되고, 또한 로저스가 윗글에서 암시했듯이 과학자는 반드시 그 목적에 봉사하기 위해서 연구를 하고 있는 것은 아니다. 지식은 그것대로 만인에게 공개되어야 하고, 만인(과학자들을 포함하여)은 그것의 운용 방법에 대해서 심각한 논쟁과 선택을 해 나가야 할 것이다.[17]

바로 지금 우리에게 요청하는 관심은 우리들의 환경을 구성하는 크고 작은 사회문화적 체제가 우리들의 성향을 어떤 수단에 의해서 통제하고 있는지를 직시하고 그것에 대한 우리들 자신의 대비책을 강구하는 데 있다. 앞서 로저스는 소수의 특정한 개인이나 집단이 과학자의 지원을 받아 다수의 사람을 조형시킬 가능성을 우려했는데, 사실은 그런 최신 지식이 없던 때에도 가끔 사람들은 타인의 행동성향을 그들의 신념과 이상에 동조하도록 전환시키려는 야심들을 가지고 그들 나름의 실천을 해 왔다. 정말 이상스러울 정도로, 그들의 이와 같은 강제는 가끔 에릭 번이 지적한 "나는 오직 너를 도와주려고 할 뿐이다.(I am Only Trying to Help You.)"[18]라는 명분으로 자행되어 왔다. 그들은 자신이 어떤 궁극적인 진리를 터득했다고 믿고 그것을 타인에게 전달하는 것이 그들의 지상과제라는 구세주적 소명감을 가진다. 그러나 대부분의 경우, 그것은 그 표면적인 명분에도 불구하고 자신의 죄의식에서 해방되려는 그들 나름의 저의(ulterior motives)에 뿌리박고 있다. 물론 그들이 오늘날의 전문지식을 가지고 있지 않을 때 그들의 의도는 달성되지 않는다. 그러나 그들은 어떤 방식이든 간에 타인의 행동성향을 조형하는 데 부정적이거나 혹은

● ● ● ○ ···

16) 스키너의 이와 같은 인상은 다음의 두 책에서 두드러지게 나타난다.
   ⓐ *Walden Two*, New York: Macmillan, 1948.
   ⓑ *Beyond Freedom and Dignity*, New York: Bantam Book, 1971.

17) 과학과 가치의 문제를 나는 다른 책(행동과학의 연구논리, 서울: 교육출판사, 1977, 제4장)에서 비교적 자세하게 다루었다.

18) E. Berne, *Games People Play: The Psychology of Human Relationships*, New York: Grove Press, 1964, pp. 143 147.

긍정적인 영향을 주게 된다. 이제부터 나는 그 몇 가지 예를 들어 보고자 한다.

우선 다음에 드는 아돌프 히틀러(1889~1945)의 말에 잠시 귀를 기울여 보자.[19]

"대중들의 수용 능력은 매우 제한되어 있다. 그들의 이해력은 낮다. 다른 한편으로, 그들은 대단한 망각의 힘을 가지고 있다. 사실이 이러한즉, 모든 효과적인 선전 (propaganda)은 극소수의 핵심적인 내용만을 나타내는 슬로건의 형식으로 제시하고, 한 사람도 빠짐없이 슬로건이 의미하는 바를 이해하도록 해야 한다. 만약 이 원칙을 희생시켜 다면적인 욕구를 충족시키려 한다면, 그것은 그 선전의 효과적인 작용을 사라지게 할 것이다. 왜냐하면, 사람들은 그들에게 제시되는 자료를 소화하거나 보존할 능력이 없을 것이기 때문이다. 그것은 더욱 약화되어 결국 그것 자체의 효과를 제거하게 될 것이다."

히틀러는 적어도 이와 같은 그의 신념으로 당시 독일 국민을 그가 원하는 행동성향으로 개조하려 했고, 또한 그의 노력은 부분적으로 성공한 것으로 알려졌다. 퀄터(T. H. Qualter)는 히틀러가 전 국민의 태도와 가치관을 효과적으로 변화시키려고 체계적인 프로그램을 고안했던 사실을 다음 글에서 더욱 상세하게 기술해 준다.[20]

"유니폼, 악단, 깃발, 심벌이 독일에서 쓰인 선전체제의 전부다. 이들은 히틀러와 괴벨스(Goebbles)에 의해서 강력한 말의 효과를 강력한 행동의 증거에 의해서 증진시키려는 의도에서 고안된 것이다. 회합은 사람들이 단순히 연설하는 곳이 아니었다. 회합의 무대, 조명, 배경, 음악, 연단에 등장하고 퇴장하는 시간 등은, 한 시간 이상의 노래와 슬로건의 외침으로 절정에 이른 관중의 감정적인 열광을 극대화하도록 주도면밀하게 계획된 연극적 산물이었다."

●　●　●　●　………………………………………………………………………………………………

19) A. Hitler, *Mein Kampf* (translated by E. T. S. Dugdale), Cambridge, Massachusetts: Riverside Press, 1933, p. 77.
20) T. H. Qualter, *Propaganda and Psychological Warfare,* New York: Random House, 1962, p. 112.

　선전의 목적은 상대편으로 하여금 그들의 이익에 부합하는 방식의 편파적인 사고와 감정을 갖도록 하는 데 있다. 여기서 신념의 타당성이나 상대편의 독립된 판단은 문제시되지 않으며 오직 그 효과만 문제시된다. 나치 당국은 한편으로 이와 같은 정치적 선전활동에 의해서 대중을 선동하면서 다른 한편으로 집단수용소(concentration camps)와 같은 인간성 개조의 공장을 창안하기도 하였다. 브루노 베텔하임(Bruno Bettelheim)에 의하면, 이 수용소는 수인들의 개성을 파괴하는 데 매우 효과적인 환경이었다고 한다.[21] 최악의 생활 조건과 계속적인 생명에 대한 위협은 차치하고라도, 수인들은 계속적으로 감시인들의 완벽하고 자의적인 훈련을 받도록 강요되었다. 화장실에 가는 것과 같은 매우 사소한 행동조차도 통제되었다. 이런 상태는 수인들을 어린애의 상태로 퇴화시키는 효과를 가져왔고, 극단의 경우에 수인들은 그들의 성격을 상실하고 감시인의 성격을 모방하는 증세까지 보였다고 한다. 이와 같은 결과는 나치 당국자들에게는 대단한 성공으로 보였을지도 모른다.

　우리는 이와 같은 대규모의 '인간성 개조'의 실례를 지리적으로나 역사적으로 우리에게 가까운 중공에서 찾아볼 수도 있다. 중공은 자본주의의 낡은 사고방식을 청산하고 공산주의체제에 맞는 인간상을 형성해 나간다는 명분을 가지고 이른바 '세뇌(brainwashing)', 혹은 더 나은 말로 '사상 개조(thought reform)'를 대규모로 기도하였다. 그러나 그 내막은 당시 중국에서 그것을 경험한 외국인 선교사나 포로에 의해서 폭로되었다. 세뇌의 영향하에서 많은 포로들은 그들이 범할 수밖에 없었던 간첩 행위를 자백하였고, 결국 홍콩으로 추방되었는데, 그 가운데 일부는 다음과 같은 언명을 할 정도로 이미 '사상 개조'가 이루어진 상태였다고 한다.[22]

　　"중국에서는 오늘날 범죄를 범하지 않은 사람은 결코 체포되거나 고발당하지 않는다. 나는 체포되기 전에 내가 스파이의 죄를 범하였다는 것을 마음속 깊이 알고 있었

21) B. Bettelheim, *The Informed Heart*, London: Thomas and Hudson, 1960.
22) E. H. Shein, *Coercive Persuasion*, New York: Norton, 1961, p. 15에서 재인용.

다. 인민정부는 우리를 너무도 잘 돌보아 주었다. 우리는 아무 압력도 받지 않았다. 자
존심을 회복하기 위해서 사람들은 자백을 해야만 하였다. 우리는 그와 같은 경미한 판
결에 대해서 고맙게 생각한다."

이와 같이 분명한 사상 전향의 경우를 놓고 많은 학자는 그 방법이 어떤 것인지
에 대해서 관심을 갖기 시작하였다. 그 결과 그것이 무자비한 방법의 적용에서 비
롯된 것임이 차츰 드러났다.[23] 그 가운데 가장 특징적인 것은 외부 세계와의 완전
한 단절이다. 이런 상태에서 포로는 체포자가 암시하는 바에 따라 그가 과거에 어
떤 생활을 하였는지를 반성하고 그의 유죄를 고백하고 죄의식을 갖도록 강요된다.
그는 밤과 낮을 가리지 않고 이미 사상 전향한 사람들에게 둘러싸여 그들의 구세
적 교양을 받는다. 그리고 다음과 같은 목적을 위해서 체벌이 가해진다. 첫째, 저항
을 감소시키기 위해서, 둘째, 개성을 공격하고 포로를 어린애와 같은 혼돈과 의존
적 상태에 넣기 위해서, 셋째, 포로가 요구 조건으로부터 이탈할 때마다 벌을 주기
위해서 신체적인 고통을 가한다. 그리고 포로의 과거 지위(예컨대, 선교사나 의사)는
스파이의 임무를 위장하기 위한 술책으로만 취급되었다. 당시 그것을 체험했던 사
람들은 이렇게 말한다.[24]

"포로의 편에서 그의 성숙된 인간적 정체성을 재확인하려고 하는 어떤 시도('나는
스파이가 아니다. 나는 의사다.' 혹은 '무언지 잘못된 것이 틀림없다. 나는 불교신
자다. 나는 진실을 말하고 있다.')조차도 저항이나 '부정직(insincerity)'의 표현으
로 간주되어 새로운 공격을 받게 되는 이유가 되었다."

이런 상태에서, 포로들은 베텔하임이 유대인 집단수용소에서 관찰한 바와 유사한
자기 상실과 외부적 압력에 의한 성격의 개조를 강요받게 된 것으로 알려졌다. 그들

23) R. J. Lifton, *Thought Reform and the Psychology of Totalism*, New York: Norton, 1961.
24) *Ibid.*, p. 67.

은 그들에 대한 감시인의 태도를 내면화하고, 그들 자신을 감시자가 규정하는 거울을 통해서 재검토하기 시작하였다고 한다. 이 무자비한 세뇌 방법은 한국전쟁 시에 체포된 미국 포로병에게도 적용된 것으로 알려지고 있다. 세뇌의 방법이 성공해서 포로자들이 '자백'을 하면, 당국자들은 이른바 집중적인 '재교육(reeducation)'을 강요하는 방법을 택하였다. 매일 10시간에서 16시간에 걸쳐 계속되는 이 집단연구 프로그램은 마르크스주의의 이론과 실천에 대한 학구적인 토론보다는 당국의 조건에 전적으로 동조하는 신념과 감정을 재확인하려는 자아비판과 분석으로 시종 일관된다. 그들은 이처럼 자백과 자기 비난을 계속 수정해 나가면서 그들이 원하는 '공산주의적 인간'을 조형해 낸다.

우리는 이 멀고 가까운 역사적 실례에서 무엇을 배울 수 있는가? 그것은 사회적 압력에 의해서 인간성이 전적으로 통제될 수 있다는 사실이다. 여기서 조지 오웰(George Orwell)의 『1984년』이나 올더스 헉슬리(Aldous Huxley)의 『신세계(Brave New World)』나 스키너의 『왈덴 2(Walden Two)』 등은 웃어넘길 수 있는 단순한 공상소설이 아님을 깨닫게 된다. 우리는 다시 이런 질문을 던질 수 있다. 이와 같은 가능한 현실이 우리가 원하는 것인가? 나는 대부분의 사람들이 이에 부정적인 대답을 하리라고 본다. 왜냐하면 이 계획 속에는 개인의 자율적인 성장을 가로막고 인간성을 어떤 기존의 자의적인 사회문화체제에 부응하도록 획일화하여 예속시키려는 무서운 음모가 포함되어 있기 때문이다. 이 계획은 엄청난 권력 및 행동조형 능력을 가진 세력과 그것에 도저히 저항할 수 없는 나약한 개인을 상정하고 있다. 여기서 전자는 후자를 위한다는 구세적인 소명감으로 이 계획을 실천할 수도 있지만, 사실은 그들에게 사회에 대한 노예근성을 주입시켜 하나의 왕조를 구축하는 형태로 발전될 가능성이 많다. 사회질서의 유지를 담당한 집권 세력의 입장에서 보면, 기존의 체제에 대한 도전은 결국 그들 자신에 대한 도전을 의미하기 때문에, 그 도전을 허용하지 않는 방식으로 인간성을 개조시켜 개인을 무력화할 것이다. 그러나 장기적인 눈으로 볼 때 이 계획은 사회의 존속이라는 목적 달성조차도 이루지 못할 공산이 크다. 사회를 활성화하는 힘은 결국 구성원의 창의력 및 비판 능력과 같은 자기 규제 능력에서 우러나온다. 역사는 구성원의 이 능력을 억압하는 사회가 오랫동안 존속할 수 없다는 많은 선례를 보여 준다. 이런 사회는 상당 기간 인간성을 파괴하다가 정체와 쇠퇴라는 예정된 코스를 밟는다. 이렇게 볼 때 이 계획은 결국 승자 없는 패배의 군상만을 남기게 될 것이다.

많은 학자가 이제까지 사회문화적 환경을 인간성 회복의 방향으로 재건하는 과제를 지적하여 왔다. 우리에게 부과된 매우 급한 과제는 우리들 자신에 대한 전통적인 가정과 사고 습관을 검토하고, 인간의 가능성에 대한 새로운 이미지를 설정하고, 그것과 관련하여 우리의 문화와 사회적인 질서를 재구성하는 것이다. 내가 아는 한 에리히 프롬은 이 과제를 환기시키는 데 전 생애를 바친 대표적인 인물인 듯하다. 그는 이제까지 인간발달에 영향을 주어 왔던 역사적인 세력을 분석하고 우리가 지향해야 할 인간상과 사회문화적 체제가 무엇일지에 대한 해답을 찾고자 하였다. 그는 바람직한 행동성향이 특정한 사회문화적 상황에 따라 달랐으며 구성원의 성격은 이에 따라 변천되어 왔음을 지적한다. 예컨대, 역사의 어떤 시기에서는 수용적이고(receptive), 착취적이고(exploiting), 매점적이고(hoading), 시장적인(marketing) 인물들이 정상시되었다.[25] 그래서 노동 자체는 노동시장에 팔려진 상품과 같이 취급되었고, 인간은 그들 스스로를 상품화하였다. 그들의 가치는 사랑, 이성 및 예술적 능력과 같은 인간적인 덕성에 있는 것이 아니라 판매성(his saleability)에 의해서 판정된다. 만약 개인이 그 자신을 적절하게 투자할 수 있으면 그는 성공적인 사람이고, 그렇지 못하면 실패한 사람이다. 이것이 곧 '사회적 적응(social adjustment)'과 '정상성(normality)'에 기초를 둔 이상적인 인간상의 한 실례다.

그러나 프롬은 이 행동성향이 부모나 국가나 기타 집단의 권위체에 종속되어 규정된다는 점에 주목하였다. 이는 곧 자기 상실을 의미한다. 그래서 그는 이상적인 행동성향은 개인이 사회에 얼마나 잘 적응하느냐와 관련되어서 정의될 것이 아니라, 반대로 사회가 모든 개인의 기본적인 욕구에 얼마나 적응할 수 있느냐에 따라

25) E. Fromm, *Man for Himself: An inquiry into the Psychology of Ethics,* New York: Holt, 1947.

찾아져야 한다고 믿게 되었다. 그가 찾을 수 있는 바람직한 행동성향은 '생산적 지향(productive orientation)'이란 용어로 표방되었다. 여기서 '생산적'이라는 말을 물품이나 예술품이나 관념과 같은 것들을 생산하는 것과 관련하여 해석하면 오해다. 이것은 한마디로 인간이 가진 가능성의 극대화, 사랑, 개방성, 그리고 자신과 세계에 대한 풍부하고 깊은 경험과 유사한 개념이다. 그는 이 기준에 비추어 사회문화적 체제의 건전성(sanity)을 평가한다.[26] 왜냐하면 우리의 사회나 문화는 구성원의 목적에 봉사할 수 있는 범위 내에서 그 존속의 이유를 갖기 때문이다. 그에 의하면, 병든 사회(sick society)는 그 구성원 속에 적대감, 의혹, 불신을 조장하고 개인이 가진 자아의 충분한 성장을 저해한다. 한편, 건전한 사회(sane society)는 그 구성원으로 하여금 서로를 사랑하고, 생산적이고, 창의적이고, 그들의 이성과 객관성을 다듬도록 허용하며, 최대한의 기능적인 자아들이 출현하도록 촉진한다.

근래에 '인간주의 심리학(humanistic psychology)', '실존주의 심리학(existential psychology)' 혹은 '성장심리학(growth psychology)'을 표방하는 학자들은 앞에서 언급한 프롬의 개념화에 모두 동조하고 있다. 그들은 우리가 이제까지 아무 검토 없이 받아들인 '정상적인 성격(normal personality)'이나 '잘 적응된 성격(well-adjusted personality)'의 신화를 거부한다. 전자는 평균과 표준편차에 의해서 규정되는 통계적인 개념이며, 후자는 그 평가기준을 사회라는 외재적 현실에 둔 개념이다. 병든 사회는 그 사회에 잘 적응하는 무수한 평균인들을 확보하고 있지만 그들의 행동성향이 반드시 바람직한 것만은 아니라는 것이 그들의 주장이다. 그래서 그들은 그 해답을 인간의 본연성에서 찾으려고 한다. 이제까지 많은 심리학자가 그들 나름으로 그 본연성에 대한 처방을 내려왔으나 우리는 아직 이에 대한 어떤 일률적인 해답을 가지고 있지 않다. 이 결과는 어떻게 보면 그들의 논지에 비추어 당연한 것이다. 왜냐하면 그 본연성 속에는 어떤 일률적인 기준에 대한 저항이 포함되어 있기 때문이다.

슐츠는 올포트, 로저스, 프롬, 매슬로(Maslow), 융, 그리고 펄스가 제안한 각각의

26) E. Fromm, *The Sane Society*, New York: Holt, 1955.

처방을 검토하고 다음과 같은 결론을 맺는다.[27)]

"아마도 대표적으로 건전한 성격(the healthy personality), 다시 말하면 모든 사람에게 똑같은 방식으로 쓸모 있는 심리적 건강에 대한 어떤 일반적인 처방 같은 것은 없는지도 모른다. 우리는 우리의 노이로제나 혹은 더 좋은 정상 행동에서 서로 복제된 것이 아니다. 심리적 건강의 형태에 대해서 우리가 모두 유사하게 생각해야 할 이유는 무엇이란 말인가? 만약 대부분의 심리학자가 동의하는 인간 본성에 대한 하나의 일치점이 있다면 그것은 그것이 각양각색이라는 사실이다. 우리 각자는 고유하다. ……그러나 우리는 어떻게 각 성장 단계에서 옳은 길을 찾을 것인가? 내가 생각하기에는 우리는 우리가 모든 생활 국면에서 우리에게 적절한 것이 무엇인가를 배우는 방식과 똑같이 그것을 찾을 수 있을 성싶다. 우리는 다양한 생활양식, 신념 태세 및 사회적 역할을 시험하고, 그들이 우리에게 어떻게 적합한 것인가를 알게 된다. (마찬가지로) 다양한 처방을 자유롭게 시험해 보고, 그 가운데 어느 것이 그들의 일상생활의 실험장에서 타당화될 수 있느냐를 보는 사람이 심리적 건강을 성취할 가장 큰 기회를 갖게 될 것이다. 타인은 따라야 할 코스를 시사할 수 있겠지만, 그것이 어떻게 잘 될 수 있느냐를 말할 수 있는 사람은 당신뿐이다."

이 글에서 우리는 자아형성의 자유를 행사할 주체에게 부과되는 책임감을 똑똑히 읽을 수 있다. 심리학자나 혹은 다른 어떤 권위체에 의해서 처방된 이상적인 성격 모형들은 주체의 입장에서 볼 때 그가 선택할 수 있는 다양한 선택지에 불과하다. 이를테면, 슐츠가 검토한 학자들 가운데 어떤 이론가는 우리와 우리 주변의 세계에 관해서 객관적인 지각을 권장하는 한편, 다른 이론가는 자기 자신의 주관적인 현실관을 행위의 기초로 삼는 사람이 건강한 것이라고 규정한다. 또한 그들은 자신과 타인에 대한 책임의 비중에 차이를 두어 강조한다. 한편, 그들은 여러 가지 점에서 일치된 견해를 가지고 있다. 그들의 대부분은 자신의 생활을 의식적으로

27) D. Schultz, *op. cit.*, 1977, pp.144-146.

통제하는 사람, 자신의 약점과 장점을 타당하게 인식하고 상황에서 요구하는 자신과 그들의 진실한 자아를 서로 혼동하지 않는 사람, 그리고 과거에 살지 않고 미래에 관심을 갖되 현재의 생활에 충실한 사람 등을 심리적으로 건강한 사람으로 규정한다. 자아형성의 자유를 행사하는 주체로서의 개인은 이런 제안들을 그의 선택지에 포함시키고 그 나름의 모형을 구상하여 그것을 실현하는 데 가담해야 한다. 그리고 이것이 곧 그가 그의 행동가능성에 실험을 가하는 자유인 것이다. 여기서 자아형성의 자유와 관련하여 참으로 경계해야 할 것은 우발적인 외부의 세력이 자신을 자의적으로 형성하도록 방기해 버리는 주체와 그 주체의 자아형성을 방해하는 외부 세력이다. 그러나 우리는 당분간 이 양면의 책임 가운데 전자의 논의는 후에 미루고 후자의 논의로 다시 돌아가 보자.

우리는 우리의 행동성향을 조형하는 많은 사회적 체제와 사람들에 둘러싸여 생활하고 있다. 원시사회에서는 문화 내용이 직접적인 참여에 의해서 전달되었으나 점차 그 경험들이 다양화되고 추상화됨에 따라 개인을 이른바 '사회화'나 '문화화'시키기 위한 전문적인 기관이 등장하게 되었다. 여기에는 교회, 가정, 학교, 동료 집단이나 직장, 대중매체, 직업훈련소, 교도소, 정신병원 등 일반적이거나 특수한 기관들이 포함된다. 다시 이 기관들은 부모, 선생, 친구나 상급자, 프로그램의 제작자, 목사, 사회사업가, 교도관, 심리학자 등의 직종을 가진 사람들에 의해서 운용된다. 이들은 그들 나름의 사회적인 힘, 즉 전문적이거나, 모범적이거나, 합법적이거나, 보상적이거나 혹은 강제적인 힘을 이용하여 그들이 상대하는 인물들의 행동성향을 보강하고, 수정하고, 재구성하고, 제한하고, 고무하고, 통제하게 된다.[28] 그 영향 가운데 어떤 것은 의도적이며, 다른 것은 무의도적이다. 어떤 것은 통제를 받는 편의 이익을 대표하며, 다른 것은 통제를 가하는 편의 이익을 대표한다. 그들의 어떤 것은 매우 강력하고 과학적인 방법에 의해서 추진되며, 다른 것은 우연적이며 시행착오적인 방법에 의해서 추진된다. 어떤 것은 우리에 의해서 초대

---

28) J. R. P. Prench, & B. Raven, The bases of social power, In D. Cartwright (Ed.), *Studies in Social Power*, Ann Arbor, Mich.: Institute for Social Research, 1959.

된 것이고, 다른 것은 초대되지 않은 것이다. 지금 우리가 관심을 갖고자 하는 것은 이와 같은 사회 환경이 개인의 자아형성에 어떤 영향을 줄 수 있는가를 검토하는 것이다.

사회비평론자들은 이 크고 작은 사회적 체제 속에는 우리가 일상적으로 의식하지는 않지만 우리 자신을 사회에 예속시키고, 비인간화시키며, 개성을 말살하는 위험한 그늘과 곰팡이들이 도사리고 있음을 지적했다. 물론 이 사실을 폭로하는 그들의 의도는 이 기관이나 그에 종사하는 사람들이 우리에게 주는 긍정적인 측면을 부인하려는 데 있는 것이 아니라 부정적인 측면을 부각시켜 사태의 개선을 꾀하려는 데 있다. 오토는 다음 글에서 이들의 일반적인 취지를 매우 잘 대변하고 있는 듯하다.[29]

"우리의 제도를 효과적으로 재구성하기 위해서 우리는 불가피하게 그들의 목적을 세밀하게 검토하는 데서 출발해야 한다. 제도들은 오직 하나의 기능을 가진다. 그들은 인간의 가능성을 해방시키는 하나의 틀로서 존재한다. 제도와 그것의 공헌도는 이런 질문에 의해서 평가될 수 있다. 그 제도는 어느 정도로 인간의 가능성의 실현을 돕도록 작용하는가? 제도의 개선은 이 질문과 분리될 수 없다. 개인이 그의 사회적인 책임을 거부하면 할수록, 그리고 그가 사회 내에 질병이 있다는 인식을 억압하면 할수록, 더욱 많은 양의 정서적인 에너지와 활력을 그 인정을 거부하는 데 소모하게 된다. 이 과정은 인간의 고립감을 심화시킬 뿐만 아니라 자아실현의 과제에 필요한 에너지를 고갈시킨다. 따라서 사회적 책임의 회피는 자아실현과 자아가능성의 이용으로부터 도피하는 것이라고 말할 수 있다. 우리의 분석에서 최종적으로 얻는 결론은 사회의 질병과 개인의 질병은 필연적으로 밀접하게 관계되어 있다는 사실이다. 이 악순환을 제거하는 하나의 방법은 특수한 사회 제도들이 당신의 가능성 실현을 제한하고 노이로제나 혹은 정신병적 과정을 조장하기까지 하는 방식들을 깊이 반성하는 것이다."

29) H. A. Otto, *A Guide to Developing Your Potential*, Hollywood, Calif.: Wilshire Book Co., 1974, p. 41.

나는 오토의 이 언명에 동조하면서 우리 주변에 작용하는 각종의 사회제도, 즉 가정, 학교, 친구 및 직장, 대중매체 및 정신병원에 잠복된 부정적인 측면을 간략하게 지적하고자 한다. 우선 개인이 출생과 동시에 최초에 접하는 사회적 체제인 가정에 눈을 돌려보자. 거의 자족할 수 없는 단계에서 유아는 부모의 보호하에 그 생존을 유지하게 된다. 이때 특히 어머니와 유아 간의 2인 관계(the mother-infant dyad)는 유아의 기본적 성격 형성에 지대한 영향을 주는 것으로 널리 알려져 왔다. 이런 막중한 영향력에도 불구하고 대부분의 어머니는 그들의 자녀가 가진 행동가능성의 실현을 도울 수 있는 기법과 지식에 놀라울 정도로 무지하다. 그들은 그들의 육아방식이 자녀에게 어떤 영향을 줄 것인지에 대한 하등의 예상도 없이 유아에게 자의적인 실험을 한다.[30] 어떤 어머니는 유아의 주체적인 능력, 가능성 및 성향 따위를 전혀 무시하고 유아를 그녀가 어쩔 수 없이 다루어야 할 무력한 물건인 것으로 인식한다. 그들은 그들이 생애에 걸쳐 좌절했던 이상을 이 분신을 통해서 실현하려는 독단적인 야심을 갖기도 한다. 이때 자녀의 개성은 문제시되지도 않는다. 어떤 부모는 그들의 생활에 유리한 방식으로 자녀를 노예화시키는 일을 서슴지 않으며, 그 누구도 그것을 저지할 권리를 가지고 있지 않다. 여기서 우리는 프롬이 지적한 공생적 관계(symbiotic relatedness)에서 오는 개성의 파괴를 실감할 수 있다. 이는 타인을 무력화하여 종속시키는 가학적(masochistic)이거나 혹은 피가학적(sadistic) 관계인 것이다.[31]

많은 학자와 더불어 레잉은 가정이 심리적인 질병의 근원이라고 주장한다. 그는 부모가 가끔 위장된 자비와 친절(a false benevolence and fake kindness)을 베풀어 자녀를 '미치게(mad)' 하는 측면을 다음과 같이 고발한다.[32]

"출생의 순간부터 석기시대의 유아가 20세기의 어머니를 대할 때, 그 유아는

● ● ● ....

30) W. C. Becker, & J. W. Becker, *Successful Parenthood*, Chicago: Follett Publishing Co., 1974.
31) E. Fromm, *op. cit.*, 1947.
32) R. D. Laing, *The Politics of Experience*, London: Penguin Books, 1967, p. 58.

그의 부모, 그리고 그 부모의 부모, 그리고 그 증조의 부모가 그러했듯이 이른바 애정이라는 폭력에 예속된다. 이 세력들은 유아의 가능성의 대부분을 파괴하는 데 주된 관심을 가지며, 이 계획은 전반적으로 성공한다. 그 새로운 인간이 15세 정도에 이르렀을 때, 우리는 우리 자신처럼 미친 사람에 다소 적응한 반쯤 미친 사람(a half-crazed creature)을 만나게 된다. 이것이 현재 우리 시대에 있는 정상성(normality)이다."

아동이 성장하면 그는 학교라는 공식적인 기관에 입문하여 상당히 긴 생활을 하게 된다. 우리는 이 학교 교육에 막대한 투자를 할 때, 적어도 이 기관에서나마 아동이 그가 가진 행동가능성을 좀 더 넓고 깊게 탐색하는 기회를 갖으리라는 기대를 한다. 역사적으로 학교 교육은 특정한 사회 계층에게만 제공되어 왔으며 아직도 미묘한 장벽이 작용하고 있지만, 그 불평등의 문제는 최소한 문호는 누구에게나 개방한다는 방식으로 공적인 해결을 보고 있다. 그러나 근래에 많은 학자는 이 공적 기관에서 일어나고 있는 활동이 원래의 취지와는 다른 방향으로 진행되고 있음을 주목하게 되었다. 우선 우리는 학교 기관이 단지 사회적 지위를 확보하기 위한 수단으로 전락하고 있음을 목격하고 있다. 이런 사회적 풍조에서는 무엇을 얼마나 배우느냐가 중요한 기준이 아니라 이곳을 거쳐 얼마나 출세할 수 있느냐가 주된 관심사로 등장한다. 사태가 그러한즉 학부모나 학생의 목표는 그곳에서 얻는 경험보다는 입학과 졸업에 있다. 한편으로 그 경험 내용에 시선을 돌릴 때 학교가 인간성의 고양에 역작용을 하고 있다는 비판이 나온다. 근래에 이른바 '인간주의 교육(humanistic education)'을 표방하는 사람들은 학교가 학생들의 자발적인 학습 능력, 창의력, 비판 능력 등과 같은 인간적인 행동성향을 질식시키는 방법으로 체제화되어 있다고 주장한다.[33] 학교 내에서 학생들은 좌절, 갈등, 회의, 적대감, 노

---

33) 다음에 그 대표적인 인물과 그들의 저서를 소개해 본다.
ⓐ P. Goodman, *Compulsory Mis-Education and the Community of Scholars*, New York: Vintage Books, 1964.

이로제, 긴장, 자기 비하 등의 무수한 부정적 감정 등을 발전시키게 되지만 이른바 '지식교육'이라는 명분으로 거의 전적으로 포장되기도 한다.[34] 그러나 그 지식교육조차도 제대로 일어나고 있지 않은 것이 우리를 더욱 우울하게 한다. 교육학자들은 교수(teaching)와 교조화(indoctrination)를 개념적으로 구분하고 있지만[35] 사실상 학교 교육은 충분한 증거와 논리적인 사고가 없이 학생에게 일방적으로 정보를 주입시킴으로써 맹목적인 편견을 조장하기도 한다. 우리는 이 모든 심리적인 횡포가 학교라는 선발된 공교육 기관의 울타리 내에서 은밀하게 진행되고 있다는 사실이 반드시 숙명적인 것은 아니라는 것을 애써 자각할 필요가 있다. 어떤 사람들은 '구두에 발을 맞추라'는 식의 명령에 저항감을 갖지만, 기존 교육체제에 학생이 순응해야 한다는 설에 같은 정도의 저항감을 갖지 않는다. 이는 이미 그들이 교조화의 희생자임을 뜻한다.

개인은 또한 가정과 학교라는 범위를 벗어난 좀 더 광범위한 사회적 관계 속에서 어떤 형태의 성향을 발전시키게 된다. 이는 두서너 명의 친구 집단에서부터 클럽 멤버, 혹은 운동장 내에서의 가까운 관객 등에 이르기까지 잡다한 접촉을 포함하지만, 그 가운데 생계유지를 위해서 소속한 직장 내의 영향은 다른 어떤 것보다 불가항력적인 위력이 있다. 개인은 신입사원으로 입사하여 은퇴하는 동안, 상사, 동료 및 고객과의 대인관계를 통해서 그가 그 집단에 소속하지 않았을 경우와는 전혀 다른 형태의 행동성향을 내면화한다. 그리고 대개의 경우 그 특수한 성향이 그 조직 내에서 승진하는 하나의 전제조건으로 되어 있다. 한마디로 직장에서의

ⓑ J. Holt, *How Children Fail*, New York: New American Library, 1967.

ⓒ J. Kozol, *Death at an Early Age*, Boston: Houghton Mifflin, 1967.

ⓓ C. E. Silberman, *Crisis in the Classroom*, New York: Random House, 1970.

34) 다음을 참고하라.

ⓐ R. M. Jones, *Fantasy and Feeling in Education*, New York: Harper & Row, 1968.

ⓑ G. Brown, *Human Teaching for Human Learning*, New York: Viking Press, 1971.

35) 다음을 참고하라.

ⓐ R. S. Peters (Ed.), *The Concept of Education*, London: Routledge, 1967.

ⓑ T. F. Green, *The Activities of Teaching*, Tokyo: McGraw-Hill KogaKusha, 1971.

성향은 이른바 '인간자원(human resources)'의 측면에서 두드러지게 평가받는다.[36] 여기서 개인은 그 나름의 심리적 성장과 한 조직체의 도구라는 양립하기 어려운 모순성을 체험한다. 자기 성장은 폭넓은 경험과 행동방식의 탐색을 요구하지만, 일부 사람들은 그것이 기관의 발전과 반드시 일치하지는 않는다고 보기 때문이다.[37] 기관은 그것의 목적에 부합한 '조직 인간'을 요구한다.[38] 이는 자신의 자율성을 포기하는 대가로 조직에서 마련해 주는 혜택에 기생하여 사는 무수한 현대인에게 부여된 대명사다.

프롬은 이 비인간화의 양상을 다음과 같이 경고한다.[39]

"능률성이란 미명하의 비인간화는 어느 곳에서나 일어나고 있다. 예컨대, 교환수와 고객 간의 접촉을 기록하고 작업자의 업무 수행과 태도 등을 고객에게 평가하도록 요구하는 신세계(Brave New World)의 기법을 이용하는 거대한 통신체제는 '적절한(proper)' 고용인의 태도, 표준화된 봉사 및 증진된 능률성을 고취시키는 데 모든 목표를 두고 있다. 사회의 단기적인 목적이라는 좁은 소견으로 볼 때, 이 방법은 양순하고 다루기 쉬운 일군을 양성하고, 그로 인해서 회사의 능률을 증진할 수도 있다. (그러나) 인간인 피고용인의 편에서 볼 때, 그 영향은 부적절감, 공포 및 좌절감을 형성시켜 무관심이나 적대감으로 발전될 수도 있다. 이처럼 넓게 보면 이 방법은 능률성 자체만을 위해서도 쓸모없는 것이다. 왜냐하면 회사나 대규모의 사회는 이와 같은 실천에 대한 값비싼 대가를 지불해야 할 것이 분명하기 때문이다."

이제 우리는 현대생활에 깊숙이 침투해서 위력을 발휘하고 있는 이른바 '대중매

36) G. L. Lippitt, L. E. This, & R. G. Bidwell (Eds.), *Optimizing Human Resources: Readings in Individual and Organization Development,* Menlo Park, Calif.: Addison-Wesley, 1971.

37) B. M. Bass, The anarchist movement and T group: Some possible lessons for organizational Development, *The Journal of Applied Behavioral Science,* 1967, *2,* 211-226.

38) W. H. Whyte, Jr., *The Organization Man,* New York: Simon and Schuster, 1956.

39) E. Fromm, *The Revolution of Hope: Toward a Humanized Technology,* New York: Bantam Book, 1968, pp. 35-36.

체(mass media)'에 잠시 눈을 돌려 보자. 오늘날 개인은 하루 중 상당한 시간을 TV, 라디오, 신문 및 광고를 시청하거나 읽는 데 보내고 있다. 특히, TV는 노크도 없이 안방에 침투해 와서 우리에게 동시적이고 일방적인 정보를 제공하는 강력한 매체로 부각되고 있다. 여기에는 폭력이 보도되고, 외국의 풍물이 소개되며, 정치가와 사회 저명인사의 의견이 발표되며, 최신 유행하는 상품이 광고되며, 각종 오락 프로그램이 담겨 있다. 이들에게 노출되어 있는 동안 대중은 특수한 형태의 신념, 기호, 야심, 소비 성향 및 생활방식을 부지불식간에 습득한다.[40] 이처럼 대중매체가 대중의 행동성향을 대규모로 변화시키는 힘은 악용되거나 선용될 수 있는 양면성을 동시에 지니고 있다는 점에서 이에 대한 우리의 주의 깊은 배려를 요구한다. 매체의 프로그램을 담당하는 당사자들은 자체의 영리적인 목적을 달성하기 위해서 기사를 선정적이거나 과장된 형태로 구성함으로써 이미 대중을 오도하는 데 가담한다. 그러나 더욱 큰 위험성은 몇몇의 이해 집단이 매체를 독점하고 그들에게 유리한 방식으로 대중의 행동성향을 조작할 때 생긴다. 광고업자들은 특정한 회사의 제품을 소비자들이 맹목적으로 소비하는 행동성향을 갖게 하는 데 그들의 목적을 둔다. 이미 지적했듯이 선전의 목적은 사실을 정확하게 인식시킨다는 것보다는 어떤 방법으로든 간에 상대편이 자신들에게 유리한 편견을 갖도록 하는 데 있다. 마찬가지로 집권 세력은 그들의 권력을 유지하기 위해서 대중매체를 이용할 유혹을 갖게 된다. 이는 집권층과 언론기관 간의 결탁이나 혹은 언론통제의 방법에 의해서 가능해진다. 일반적으로 지적 수준이 낮은 계층은 불안감 같은 정서 상태를 조성하는 질문이나 반박할 여지가 없이 일방적으로 메시지를 전달할 때 쉽게 설득되는 것으로 알려졌다.[41] 그들은 상대편이 가진 조작의 의도를 짐작하거나 혹은 상대편에 신뢰감을 갖지 않을 때 소문(rumor)과 같은 미확인된 정보에 의해서 심리적으로 쉽게 동요된다.[42] 그래서 그들은 어떤 통로를 거치든 간에 하위 의식의 노예

----

40) C. I. Hovland, I. L. Janis, & H. H. Kelley, *Communication and Persuasion,* New Haven: Yale University Press, 1953.

41) P. Zimbardo & E. B. Ebbesen, *Influencing Attitudes and Changing Behavior,* Menlo Park, Calif.: Addison-Wesley, 1970.

나 희생물이 될 취약성을 갖고 있다.

우리는 마지막으로 가장 전문적인 지식을 가지고 우리의 심리적인 문제를 해결해 주리라고 기대되는 정신병원에 시선을 돌려 이 기관이 어느 정도로 개인의 자아실현을 돕고 있는지를 검토해 보자. 대개의 경우 여기에 수용된 환자들은 앞서 지적한 여러 가지 사회적 제도나 기관이 갖는 비인간적 측면의 피해자들이다. 따라서 적어도 이 기관에는 개인이 갖는 그 나름의 가능성을 시험하고 자아형성을 할 수 있는 조력이 마련되어 있으리라는 기대를 하는 것은 당연하다. 그렇지만 이 기대가 허망한 것임은 근래에 많은 심리학자들에 의해서 지적되었다. 정신병학자, 심리학자 및 사회사업가는 각종의 심리적인 문제와 상태를 가장 정확하게 진단할 수 있는 기법을 터득하고 있다. 또한 그들은 각각 다른 이론적 배경을 가지고 있기는 하지만 인간의 행동을 변화시킬 수 있는 전문적인 지식과 기법으로 무장되어 있다.[43] 이를테면, 그들은 뇌엽(腦葉) 절제의 외과적 절차를 취하면 왜곡된 사고 과정에서 비롯되는 지나친 적대감, 공격성, 정신분열증, 우울증, 공포심을 경감할 수 있다는 것을 알고 있다. 한편으로 그들은 이 치료법은 환자가 미래를 계획하고 창의적인 사고를 하는 능력을 상당한 정도로 퇴화시킨다는 부작용도 알고 있다. 화학치료법(chemotherapy)은 약물에 의해서 정신병적 증상을 감소시키거나 자아효능감을 증진시키는 데 쓰일 수 있다. 이 외에도 그들은 전통적인 정신분석 방법이나 근래에 빠른 속도로 유행하고 있는 행동수정 기법 등을 환자에게 적용할 수 있다.

그러나 더욱 심각한 문제는 그 다양한 기법이 환자의 행동을 변화시킬 수 있느냐에 있는 것이 아니라 그 기법을 어떤 목적을 위해서 사용하느냐에 있다. 예컨대, 사스(T. S. Szasz)는 『정신병의 신화』라는 그의 저서에서 이런 질문을 제기한다.[44]

42) T. Shibutani, *Improvised News: A Sociological Study of Rumor*, Indianapolis: Bobbs-Merrill, 1966.

43) F. J. Bruno, *Human Adjustment and Personal Growth: Seven Pathways*, New York: Wiley, 1977.

44) T. S. Szasz, *The Myth of Mental Illness*, New York: Harper, 1974.

정신병학자나 심리학자나 정신건강학자들은 누구의 편인가? 그들은 단순히 기존의 사회적 체제에 부합하지 않는다는 이유 때문에 정신병자의 명칭을 부여받고 거의 강제로 입원된 환자로 하여금 자기소외에서 해방될 수 있도록 돕는 사람들인가? 아니면, 그들은 친척, 학교, 군대, 기업체 혹은 법원의 편인가? 사스는 대부분의 경우 치료자는 이 사회제도의 편에 든다고 고발한다. 그는 전통적으로 심리학자들이 택해 왔던 '정신병(mental illness)'에 대한 기본 가정에 도전한다. 이는 내부의 어떤 생리적 과정에 이상이 있어서 부여된 명칭이 아니라 기존 질서에 동조하지 않는 사람에게 마치 그런 것인 양 인상 지우기 위한 명칭이라는 것이다. 대신, 그는 환자의 문제를 'dis-ease'라는 말로 지칭한다. 말하자면 그것은 기존 사회와 자신으로부터 소외된 개인이 갖는 불편감이라는 의미를 포함한다. 따라서 치료자는 환자에게 그 나름의 성장을 허용하여 이 소외에서 해방되고, 심리적인 통합성을 갖도록 돕는 데 있다고 그는 주장한다. 이와 같은 주장은 레잉(R. D. Laing)의 것과 매우 유사하다.[45] 그는 환자의 고민을 'mad'나 'crazy'라는 말로 표현하는데, 이는 우리말로 '미치겠네!'에 해당한다. 그에 의하면, 우리 사회에서 '적응된(adjusted)' 사람들은 자신의 내면적 진자아(real inner self)를 억압하고 거짓된 외면적 자아(false outer self)를 나타내야 되는데, 그렇지 못할 때 이런 증세가 나온다고 한다. 이 주제는 다음 장에서 좀 더 자세하게 논의할 것이다.

우리는 이제까지 우리 주변에서 이른바 '사회화'에 가담하고 있는 대표적인 기관에 가해지는 냉혹할 정도로 거센 비판을 검토하였다. 이 부분을 읽는 동안 어떤 부모, 선생, 사업가, 저널리스트나 심리학자는 "내가 언제 인간성을 파괴하는 데 가담했다는 말이냐?" 하는 항변을 수차례 반복하였을지도 모른다. 그러나 이 비판들을 소개하는 나의 취지는 그처럼 독자의 귀를 거슬리게 하려는 데 있지 않다. 우리는 여러 가지 기관에 소속하여 타인의 자아형성에 도움을 주려고 노력하고 있다. 다만, 우리가 알아야 할 것은 그 결과가 전혀 우리의 선의만으로 좌우되지 않으며, 그 과정에는 예상치 않은 부정적인 요소가 개재될 수 있다는 사실이다. 현존한

45) R. D. Laing, *The Divided Self,* London: Penguin Books, 1965.

사회 체제를 지나치게 한쪽 끝으로 몰아 평가하는 입장은 다소간의 오류를 포함한다. 왜냐하면 우리의 현실은 항상 지옥이나 천당의 어느 중간에 있기 때문이다. 우리가 해야 할 과제는 우리의 현 위치가 무엇인가를 분명하게 직시하고 천당으로 향하는 발자국을 한발씩 내딛고 나가는 것이다. 타성과 관습, 그리고 현존 체제의 미화는 가끔 우리의 전진을 중지시키고 누구에게도 이롭지 않은 어떤 우상을 위해서 우리 자신을 잃어버리게 하는 위험을 내포하고 있다. 비판이론은 이와 같은 체념적인 적응에서 벗어나게 하는 해독제나 각성제로 이해되어야 한다.

타인의 자아형성을 돕는 환경을 우리 스스로가 구성하는 일은 그렇게 쉽지 않다. 우리는 우선 타인의 가능성이 무엇이며 그들이 진실로 지향하려는 목표가 무엇인지를 아는 데 많은 시간과 노력을 투자해야 한다. 여기서 교조적 독단은 금물이다. 우리는 타인에게 진실로 유리하리라고 생각되는 어떤 목표나 수단을 가지고 있을 수 있지만 그것을 강요한다면 이미 그것은 진정한 의미의 도움(help)이 아니다. 그 이전에 우리는 그들의 자율적 규제 능력과 학습 능력을 길러 주어야 하며, 우리의 도움이 그들이 선택할 수 있는 많은 선택지의 하나라는 방식으로 인식되도록 하여야 한다. 이와 같은 태도는 상대방으로 하여금 "마음 내키는 대로 하라!"는 자유방임적인 태도와 구분된다. 자아형성을 위한 도움으로 권위중심적인 것도 아니고 자유방임적인 것도 아니다. 그것은 오직 인간주의적이고 개인중심적인 것이다. 권위주의적이거나 자유방임적인 도움 속에는 도움을 주거나 받는 사람의 독단이 포함되는 데 비해서, 자아형성을 위한 조력은 쌍방 간에 하나의 대안적 모형(alternative model)으로 작용한다. 자아형성의 자유를 주창하는 학자들은 거의 모두 부모, 선생 및 심리치료자들이 이 선택적 모형을 택하도록 권장해 왔다.[46]

---

46) 관심 있는 독자는 다음을 참고하라.
   ⓐ 부모의 경우,
      (i) H. G. Ginott, *Between Parent and Child*, New York: Avon Books, 1965.
      (ii) T. Gordon, *Parent Effectiveness Training*, New York: Peter H. Wyden, 1970.
   ⓑ 선생의 경우,
      (i) A. S. Neill, *Summerhill: A Radical Approach to Child Rearing*, New York: Hart Publishing Co., 1960.

다음의 대화에 잠시 주목해 보자.

갑: 입 안이 껄껄한 걸.

을: 왜?

갑: 종일 담배 두 갑을 피웠어.

을: 담배는 왜 피우나?

갑: 안 피워야 할 이유라도 있나?

을: 담배는 백해무익이라더군, 자네 방금 입속이 좋지 않다고 투덜대는 것도 그런 거 아니야?

갑: 사실, 나도 걱정을 하고 있어, 내가 담배의 노예가 될 줄은 몰랐지……. 어디 좋은 방법이 없을까? 자네가 전문이라는 소문이야.

을: 방법이야 많지, 그 '골초'란 놈 있잖나, 그 애도 내 방법에 의해서 담배를 끊게 되었어……. 고생은 좀 했지만.

갑: 그 비결 좀 말해 주게.

을: 공짜로? 술을 사야지.

갑: 어디, 다음에 만나서 좀 자세하게 들어 보세, 당장 손을 좀 써야겠어!

이 짧은 갑과 을의 대화 속에는 한 사람이 다른 사람의 바람직한 행동성향의 형성을 돕는 몇 가지 중요한 요소가 포함되어 있다. 우선 을의 말 속에는 갑의 안녕(well-being)에 대한 관심, 존경 및 책임감을 함축하고 있으며, 갑은 을의 선의를 하나의 선택지로 받아들이고 있다. 이 인간관계는 상대방을 자기에게 예속시킨다기보다는 서로 독립성을 유지하면서 상대의 자아가 좀 더 바람직한 방향으로 성

(ii) C. Rogers, *Freedom to Learn*, Columbus Ohio: Charles E. Merrill, 1969.
ⓒ 심리치료자의 경우,
(i) C. R. Rogers, *Client-Centered Therapy*, Boston: Houghton Mifflin, 1951.
(ii) H. C. Kelman, Manipultation of human behavior: An ethical dilema for the socials cientist, *Journal of Social Issues*, 1965, *11*, 31–46.

장하도록 구조화되어 있다. 이는 흡사 프롬이 강조한 '생산적 사랑(productive love)'과 유사하다.[47] 그러나 그 사랑은 사랑에서 그치는 것이 아니라 객관성과 전문적인 지식에 의해서 지원되고 있다. 을은 갑을 맹목적으로 도우려는 것이 아니라 그의 도움이 어떤 결과를 가져올지에 대한 그 나름의 지식을 가지고 있고, 갑은 자기에게 결여된 그 지식을 자기 쇄신을 하는 데 이용할 독립적인 판단을 내리고 있다. 여기서 우리는 '권위주의적인 사람(authoritarian person)'과 '권위 있는 사람(authority person)'을 구분할 필요가 있다. 전자는 자신의 독단에 의해서 상대방을 흡수하려고 하는 한편, 후자는 그의 객관적인 전문성에 의해서 상대방에게 영향 주려고 한다. 자아형성은 바로 이와 같은 자격 있는 권위체의 도움을 필요로 한다.[48] 조력자는 상대편의 행동성향이 형성되는 맥락, 그들을 변화시키는 데 필요한 기법의 다양성, 그리고 무엇보다도 그가 가진 지식의 한계를 숙지할 필요가 있다. 만약 그렇지 못할 때 우리는 돌팔이 의사가 범하는 파경의 위험성에 직면하게 된다.

앞의 대화에서는 쉽게 짐작할 수는 없지만, 훌륭한 조력자는 그의 권위를 상대방의 자율적 규제 능력과 학습 능력을 고양시키는 데 사용한다. 나는 앞 장에서 자율능력이 자유의 행사에 차지하는 비중이 얼마나 큰 것인가를 충분히 강조하였다. 또한 이 능력은 마술사가 허공에서 꾸며 내는 장미꽃 같은 것이 아니라 부단한 경험의 맥락 속에서 형성되는 것임을 아울러 지적하였다. 외부의 조력자나 교육기관들이 이제까지 가지고 있었던 가장 큰 맹점의 하나는 학습자가 스스로 그의 행동성향을 조형하고 유지할 수 있는 주체적 능력의 계발을 소홀히 하였다는 사실이다. 가끔 우리는 엄격한 통제와 간섭에 의해서 개인의 자율능력을 억압하거나 감소시키고 자신의 통제는 상대의 자율능력이 결여되어 있기 때문에 불가피하다는 방식의 악순환적인 합리화에 접한다. 이것이 이를테면 "저 애는 내가 간섭하지 않으면 공부하지 않는다."라는 불평스러운 말의 배경을 이룬다. 이때 만약 이 말을

47) E. Fromm, *The Art of Loving*, New York: Holt, 1955.
48) G. H. Bantock, *Freedom and Authority in Education*, London: Faber, 1952.

하는 사람이 아동의 안녕에 진심으로 관심을 가지고 있다면, 그의 전략은 자기패배적인 것이다. 만약 그가 아동으로 하여금 그 자신의 문제를 발견하고 스스로 그 문제를 해결해 나가는 능력을 평소에 창출해 내는 데 성공했다면 그의 끊임없는 간섭은 불필요하다. 그것의 능률성은 마치 '발동기가 없는 수레를 계속 끌어 주는 일'과 '수레에 발동기를 장치하는 일'에 비유하여 평가될 수 있다. 이 때문에 타인의 자아형성을 돕는 훌륭한 조력자는 그의 최종 목표를 자율적인 학습 능력에 두어 그의 도움을 극대화한다.

이른바 '발달적 생활지도(developmental guidance)'를 제창하는 셜처(B. Shertzer)의 다음 글은 이 능률성의 원리가 무엇인지를 잘 요약하고 있다.[49]

"한 개인의 자유는 그가 지적이고 긍정적인 방법으로 외부적 제약으로부터 그의 자유를 행사할 수 있을 때에 한해서 성취된다. 발달적 생활지도의 목적은 학생으로 하여금 성장을 저지하는 제약으로부터 그 자신을 해방시키고 그 자신의 내면에 있는 자원을 발전시켜서 하나의 만족스러운 독립된 존재를 형성할 수 있도록 돕는 데 있다. 이는 학생이 한 개인이나 한 기관의 형태를 취하는 어떤 권위체와 동일시하여 그의 자유를 흡수당하게 하는 위기지향적 생활지도(crisis-oriented guidance)와 대비된다."

우리는 이제까지 우리들 자신이 사회적 환경의 일부로서 개인의 자아형성에 줄 수 있는 영향에 논의의 초점을 맞추어 왔다. 인간이 심각하게 고려해야 할 영구적인 문제의 하나는 서로의 관계에서 최대한의 이득을 취할 수 있는 방식의 환경을 상호 간에 어떻게 구성할 것인가를 궁리하는 것이다. 이 과제는 공존의 세계 속에 사는 우리 각자가 수행해야 할 사회적인 책임에 해당한다. 개인은 모두 제 나름의 엄청난 행동가능성을 지니고 있기 때문에 우리는 그 가능성이 고양되도록 돕는 환경의 구성에 가담해야 할 것이다.

---

49) B. Shertzer, & H. J. Peters, *Guidance: Techniques for Individual Appraisal and Development,* New York: Macmillan, 1965, p. 65.

그러나 나는 이제부터 자아실현의 자유와 관련하여 더욱 직접적이고 중요한 사실에 우리의 논의를 전환시켜 보고자 한다. 그것은 바로 우리 각자가 자신에게 내재된 행동가능성을 자신이 실현하여야 할 책임이다. 나는 앞 장에서 이를 자유인이 취해야 할 일차적 책임이라고 지칭하였다. 우리 각자는 거의 무한대의 행동가능성을 지닌 존재로서 선택을 통해서 우리들 자신을 쇄신하고 고양시킬 힘을 다소간 가지고 있다. 이 말은 우리의 실존양태가 우리 자신과 상당한 정도로 함수관계를 가지고 있음을 의미한다. 그 과제는 개인이 자신이 지향하고자 하는 정체성을 선택하고 그것을 실현할 수 있는 적절한 경험을 취사선택함으로써만 달성될 수 있다.

개인은 가끔 타인이 가진 어떤 바람직한 행동성향에 애처로운 선망의 눈초리를 보내면서 자신의 숙명성을 한탄한다. 이는 사람들이 그 자신에 대해서 이야기할 수 있는 가장 비극적인 밀어의 하나일지도 모른다. 그러나 생활의 충일감(充溢感)을 잃고 무의미의 궤도에서 맴도는 이 비극이 자기 자신에서 비롯되는 것임을 자각하는 사람은 그렇게 많지 않은 듯하다. 나는 개인이 스스로 자신을 비극의 주인공으로 등장시키는 세 가지 그릇된 사고 유형을 우선 지적하고 싶다. 그것의 하나는 과거결정론이라고 부를 수 있다. 어떤 사람은 그의 행동성향이 과거 경험에 깊은 뿌리를 두고 있기 때문에 그것을 어떻게 다른 방법으로 변화시킬 수 없다고 생각한다. 이 사고는 일부 심리학자들의 무분별한 교조화에서 비롯되기도 한다. 물론 행동성향은 역사적 경험의 산물임에 틀림없다. 그러나 현재는 바로 미래의 과거이기 때문에 개인은 현재 그가 어떤 경험을 선택하느냐에 따라 미래에 전혀 다른 과거를 가질 수 있음을 잊어서는 안 된다. 과거의 나쁜 경험은 참조 사항이 될 수 있겠지만 우리는 현존의 경험을 재구성함으로써 그 유해한 과거의 경험과 결별할 수 있다. 두 번째 그릇된 사고 유형은 일방적인 환경결정론이다. 자기에게 불만스러운 행동성향이 내재되어 있는 것은 사악하거나 무관심한 사회적 압력이나 영향 때문이라는 비관이나 언젠가는 자비로운 타인이 출현하여 그의 행동성향을 개선해 주리라는 낙관이 이 사고 유형의 대체적인 논리다. 가끔 사회비판론자들의 논의는 일부 사람들에게 이런 방식의 합리화를 할 수 있는 통로를 마련해 주기도 한다. 그러나 이들은 한 가지 중요한 사실을 간과하는 오류를 범하고 있다. 그것은 그들 속에 주위 환경을 회피하거나 선택하거나 재구성할 수 있는 힘이 다소간 내재되어 있다는 다른 측면을 도외시하는 것이다. 세 번째 그릇된 사고 유형은 인격 완성론이다. 어떤 사람들은 모든 부면에서 완벽한 성향을 자신의 이상으로 삼는다. 이는 흑백논리를 따르는 일부 윤리학자들이 일반인에게 범한 과실의 하나다. 이 세상에는 완벽한 예술가, 야구 선수, 학자 혹은 사업가가 존재하지 않는다. 그들은 끝없는 사다리에서 좀 더 나은 위치를 차지하고 있을 뿐이다. 따라서 우리가 도달하려는 현실적인 목표는 종착점에 있는 것이 아니라 우리가 미칠 수 있는 한 계단 위에 있다. 따라서 인생의 보람은 완성의 과정에서 보이는 꾸준한 성실성 이상의 것이 될 수 없으며, 그 기준은 오직 각자에게 있다.

자아실현은 여러 가지 어려운 역경에도 불구하고 개인이 그 나름의 현실적인 목표를 세워 현존성을 점차 초월해 나가는 자긍심을 바탕으로 진전되는 작업이다. 우리는 물려받은 재산이 없는 사람이 자기의 힘으로 한 살림을 꾸려 나갈 수 있게 되었을 때 '자수성가'라는 말을 쓴다. 이와 비슷하게 우리는 '자수성가'라는 말을 쓸 수 있을 것이다. 이는 남의 가르침을 직접 받지 아니하고 제 힘으로 자신 안의 잠재된 가능성을 닦아 나간다는 뜻이 되겠다. 그 사람은 과거에 고착되어 있지 않고 현재와 미래에 지향되어 있다. 그는 자신들의 내면에서 일어나고 있는 행동성향을 늘 새롭고 생동력 있게 인식하며 실존양태의 어떤 것이 개선될 가능성과 필요성을 느낀다. 그는 부모나 사회에서 규정하는 바람직한 행동성향이 그가 택할 수 있는 하나의 선택지에 불과하다고 본다. 다시 말하면 그는 개인에 의해서 규정된 표준에 구애됨이 없이 자기가 되고자 하는 바람직한 인간상을 꿈꾼다. 그리고 그는 매 순간의 경험을 그 상이 형성될 수 있는 방식으로 선택하고 구성한다. 그는 그를 둘러싼 환경이 현존성을 보강하는 방식을 객관적으로 인식하고 그것을 개선하는 데 능동적으로 참여한다. 그는 환경 가운데 그의 가능성 실현에 부적이거나 정적인 요소들을 깨어난 마음으로 직시하고 그들을 자기 규제 능력의 종속 변인으로 취급한다. 크고 작은 사회문화적 체제는 그 나름의 역사성을 배경으로 그에게 관행을 요구하지만, 그럼에도 그는 그 속에서 다양성을 인식하고 그의 선택력을 행사한다. 그리고 그는 무엇보다도 현존한 사회문화적 체제가 자신의 행동성향과 마찬가지로 무한한 가능성의 어떤 특수한 사례에 불과함을 믿는다.

만약 한 개인에게 자아 성장을 꾀하려는 강한 동기가 있고, 그가 또한 그의 행동 성향을 변화시킬 수 있는 기본적인 학습의 원리를 터득하고 있다면 자수성가는 누구에게나 가능하다. 그런데 근자에 인간주의적 심리학자들은 그들의 임상적 관찰을 토대로 각 개인에게는 그가 가진 고유한 가능성을 극대화하려는 선천적인 동기가 내재되어 있다는 결론을 얻고 있다. 우리는 이와 같은 견해를 올포트,[50] 프롬,[51] 골드스타인(Goldstein),[52] 융,[53] 매슬로,[54] 로저스[55] 등의 글에서 반복해서 읽게 된다. 이 가운데 매슬로는 이제까지 이 부면에 대한 가장 많은 관심을 표명해 왔다. 그에 의하면 인간의 동기는 그 우선순위가 다른 위계로 배열되어 있다고 한다. 그 사다리는 대충 생리적인 욕구(the physiological needs), 안전욕(the safety needs), 소속과 애정욕(the belonging and love needs), 자존욕(the esteem needs), 그리고 우리가 지금 관심을 가지고 있는 자아실현욕(the self-actualization needs)의 순서로 상승하도록 되어 있다. 이렇게 보면 자아실현욕은 다른 욕구(이를 매슬로는 결핍 동기 Deficiency Motivation라고도 부른다.)가 만족되고 난 후에야 등장하는 고급의 동기에 속한다. 이 동기에 대한 좌절은 하급 동기의 좌절과 다른 증세로 나타난다. 예컨대, 기아나 애정이라는 결핍 동기가 만족되지 않으면 우리는 배고픔이나 고독에 의해서 그것을 즉각적으로 의식하게 된다. 그러나 자아실현이라는 본능적인 욕구가 좌절되면 우리는 고독, 무원감, 무의미성 우울증 혹은 절망감 등 무언가 잘못되고 있다는 것을 막연하게 느낄 뿐 무엇이 결여되어 있다고 그것을 특수하게 지적할 수 없기 때문에 그 상태를 처리하기가 매우 어렵게 된다고 한다.[56] 매슬로

50) G. Allport, *op. cit.*, 1961.

51) E. Fromm, *op. cit.*, 1647.

52) K. Goldstein, *The Organism: A Holistic Approach to Biology Derived from Pathological Data in Man*, New York: American Book, 1939.

53) C. G. Jung, *Two Essays on Analytic Psychology*, New York: Pantheon, 1953.

54) A. H. Maslow, *Motivation and Personality* (2nd ed.), New York: Harper, 1970.

55) C. R. Rogers, *op. cit.*, 1951.

56) 빅터 프랭클(V. Frankl, *Psychotherapy and Existentialism*, New York: Washington Square

는 우리 사회에서 약 1%의 인구만이 이 욕구를 충족하고 있다고 추측하고 있으나 그는 또한 나머지 인구가 이와 같은 인간적인 상태에 도달할 가능성에 대해서 낙관하고 있다.

나는 대부분의 사람이 자수성가를 하지 못하거나 덜 하게 되는 가장 큰 원인으로서 그들 자신과 환경에 대한 지식, 그리고 그것을 이용하려는 자임감(自任感)의 결여를 들고 싶다. 각자에게 그의 고유한 가능성을 최대한으로 실현하려는 지향성이 있다는 것은 의심할 여지가 없는 듯하다. 우리는 넘어지고 쓰러지고 상처를 입으면서도 걸음마를 배우려는 어린이에게서 가능성 실현의 지향성이 얼마나 강한 것인가를 목격한다. 보다 큰 문제는 그 동기를 지원해 줄 수 있는 지식과 기법이다. 자수성가하려는 사람에게는 다음과 같은 질문에 대한 해답을 갖는 것이 결코 사치스러운 문제가 아니다. 나의 주변 세계는 어떤 것인가? 나는 그 가운데 어떤 것을 어떻게 변화시킬 수 있는가? 지금의 나를 결정하는 조건들은 무엇이며, 나는 나 자신을 변화시키기 위해서 그들을 어떻게 변화시킬 수 있는가? 이에 대한 어느 정도의 타당한 해답이 없는 개인에게는 자수성가가 성립되기 어렵다. 무지에 기반을 둔 철부지한 노력은 다른 모든 것에서 그러하듯이 목적과 상반되는 결과를 가져올 수도 있다. 따라서 매슬로의 낙관은 이 무지에서의 해방을 전제로 하였을 때만 가능하다.

근래에 심리학자들 가운데는 그들이 발견한 지식을 개인에게 돌려 주어야 한다는 주장이 대두되고 있다. 예컨대, 철두철미한 실험심리학자였던 조지 밀러(G. A. Miller)는 심리학회 회장의 취임 연설에서 심리학은 단지 사람들에 대한 학문에 그쳐서는 안 되고 사람들을 위한 학문이어야 한다는 주장을 하여 동료들을 놀라게 하였다.[57] 그는 심리학에서 발견된 행동통제의 지식이 일부의 권세 있는 엘리트들

● ● ● ● ‥‥

Press, 1967)은 매슬로의 동기위계론에 동조하면서도 자아실현 위에 '의미에 대한 의지(the will to meaning)'를 첨가시켜야 한다고 제안한다. 그에 의하면 이것의 좌절은 '존재적 죄의식(the existential guilt)'과 '존재적 진공(the existential vacuum)'을 동반한다고 한다.

57) G. A. Miller, Psychology as a means of promoting human welfare, *American Psychologist*, 1969, *24*, 1063-1075.

에게 독점되어 사람들을 그들의 자의로 통제하는 수단으로 타락한다고 경고하였다. 따라서 그는 이 강력하고 유용하게 쓰일 수 있는 지식은 그것이 모든 보통사람(average person)에게 배분될 수 있는 활로를 갖는 범위 내에서만 탐구되어야 할 가치를 지닌다고 말한다. 그의 이 언명은 다음에 인용하는 시드니 쥬라드(Sidney M. Jourard)의 글과 매우 적절하게 어울린다.[58]

"연구자들은 기관의 지도자들에게 자신도 모르는 사이에 노예(servants)가 되어 버리는 것보다는 그들이 연구한 피험자의 자유와 자아실현을 증진하겠다고 사심 없이 맹세할 때, 비로소 그들은 인간과 가능성의 비밀을 얻는 수납자의 구실을 할 것이고 또 그 수납자로서 간주될 것이다. 나는 심리학자들이 인간가능성과 경험의 가장 친밀한 비밀을 수호하고 인간이 이전부터 그랬듯이 어떻게 그의 운명을 창조할 수 있는가에 대한 지식을 갖는 사람들로 될 시대를 전망한다. 만약 우리가 이 비밀들을 광고업자, 정치가, 매체교육자 및 군 조직에 팔아넘긴다면 그 수임(受任)을 저버리게 될 것이다. 우리는 그 이전에 우리들의 피험자들에게 그 정보를 제공하고, 그들의 관심을 불러일으키는 노력을 하고, 그들이 오도되거나 조작될 가능성을 보는 각성된 안목을 확장시킬 수 있기를 희망한다. 요약하면, 나는 우리가 개인의 자유, 성장 및 실현의 충복이 되고 인간의 가능성에 대해서 독점된 안목(a privileged peep at human grist)을 얻으려고 우리에게 봉급과 연구비를 지불하는 기관을 위한 첩자가 되지 않기를 바란다. 실로, 우리는 우리의 동료 및 기관에게 우리의 피험자들에 대한 보고서를 제출함과 아울러 우리의 피험자들에게 기관들이 기관의 목적을 위해서 그들의 행동을 통제하고 예측하는 방식에 대한 보고서를 되돌려 주는 대간첩자나 이중간첩자(counterspies or double spies)의 기능을 당분간 해야 할지도 모른다."

이와 같은 심리학자들의 윤리적 자임을 구체화한 것이 이른바 '자아통제(self-

58) S. M. Jourard, *Disclosing Man to Himself,* New York: Van Nostrand, 1968, p. 8.

control)'라는 주제다.[59] 이는 한마디로 우리 각자가 스스로 자수성가할 수 있는 지식과 기법들을 개념화하고 보급하는 과제에 해당된다. 그들은 우선 '의지(will power)'에 의한 종전의 전통적인 개념화가 부적절함을 지적한다. 그 개념 자체는 이미 어느 곳에서 지적했듯이 순환적인 애매성을 가지고 있을 뿐만 아니라 인간의 한 특성이 다른 특성을 직접적으로 통제하는 일은 불가능하다고 할 수는 없지만 매우 어려운 것임에 틀림없기 때문이다. 대신 그들은 B = f(E)와 E = f(B)라는 두 가지 공식 속에서 자아통제의 가능성을 찾는다. 여기서 B와 E는 각각 행동과 환경을 지칭한다. 우리의 행동성향은 분명히 환경의 변화와 함수관계를 갖고 변화한다. 그러나 그 환경은 우리의 행동에 의해서 역시 변화될 수 있음으로써 행동과 환경은 상호 인과적인 관계를 맺고 있다. 이 사실을 인정한다면 우리는 B′→E→B″라는 인과 계열을 구상할 수 있다. B′에 의해서 E를 조작하고 그 조작된 E에 의해서 B″ 변화를 유도해 낸다. 이렇게 볼 때 이 개념화는 '통제하는 행동(controlling behavior)'과 '통제받는 행동(controlled behavior)'을 포함한다. 여기서 전자는 내가 앞 장에서 강조한 자율적 규제 능력과 상응하며, 이들도 그 이전에 어떤 환경적 맥락 속에서 형성된다.

아침에 일어나서 잠자리에 들어갈 때까지 우리는 대부분 거의 상투적인 일상적 활동의 궤도를 밟게 된다. 세수하고, 밥 먹고, 직장에 나가 일하고…… TV를 보고, 잠을 청하는 일과를 거치면서 어떤 사람은 피곤, 권태, 진부감, 우울증, 무의미성, 공허감 등의 무어라고 형언하기 어려운 부적 감정에 사로잡힌다. 이와 같은 경험은 사회적인 지위나 경제적인 안정과 직접적인 관련이 없는 듯하다. 이른바 남 보기에 '출세한 사람'도 자신이 자신을 위한 것이 아니라 타인을 위한 로봇이라는 생각을 가질 수 있다. 이는 자아실현의 좌절에서 비롯되는 무서운 증상으로서 소홀히 간과되어서는 안 된다. 우리의 사회적 환경은 이미 지적한 바와 같이 우리가 제

● ● ● ●　⋯⋯⋯⋯⋯⋯⋯⋯⋯⋯⋯⋯⋯⋯⋯⋯⋯⋯⋯⋯⋯⋯⋯⋯⋯⋯⋯⋯⋯⋯⋯⋯⋯⋯⋯⋯⋯⋯

59) 이론에 관심 있는 독자는 다음을 참고하라.

ⓐ M. G. Goldfried, & M. Merbaum (Eds.), *Behavior Change through Self-Control*, New York: Hot, 1973.

ⓑ C. E. Thoresen, & M. J. Mahoney, *Behavioral Self-Control*, New York: Holt, 1974.

나름으로 가진 풍부한 행동가능성의 실현을 저지하고 억압하는 병적인 요소를 포함하고 있다. 가정, 학교, 직장, 선전업자들은 그들이 규정하는 바람직한 행동성향을 조형했다고 자축하는 동안, 당사자인 개인은 마치 이물질이 체내에 들어왔을 때 갖는 불편감과 마찬가지로 자신에게서 소외된 그의 실존양태에 대해서 불편감을 갖게 될 수도 있다. 이와 같은 순환적 질병은 각자가 그것을 숙명으로 받아들이는 한 마지막 파멸의 순간까지 진행될 것이다.

만약 개인이 이 악순환에서 자신을 해방시키려면 그는 그의 지식과 기술, 각성, 자주성, 용기, 그리고 자신에 대한 솔직성과 책임감을 토대로 주어진 현실을 초월하는 몇 단계의 노력을 하지 않으면 안 된다. 이것이 곧 자아통제의 개념화에 포함된 '통제하는 행동'에 해당한다. 우선 그는 자신의 현존성을 검토하고 그것이 그의 사회적 환경과 어떤 공변적인 관계를 갖는가를 분석해야 할 것이다. 물론 이는 모든 사회과학도들이 씨름해 왔던 과제로서 손쉬운 해답이 마련된 것은 아니지만 거기에는 어떤 필연적인 인과관계가 있는 것으로 가정된다.

다음에 그는 미실현된 그의 가능성으로 시야를 넓히고 그가 진실로 지향하고자하는 정체성을 발견하고 선택해야 한다. 여기에는 그의 죽은 생활을 풍부하게 되살릴 수 있는 온갖 지적, 창조적, 정적, 예술적, 심미적, 신체적 능력과 취미 등이 포함되어 있다. 이때 이 지향적 정체성에 대한 해답은 사회에서 규정한 정당성과는 다른 차원에서 탐색되어야 할 것이다. 통제되어야 할 행동이 나름의 자성적 통찰에 의해서 발견되었으면 자아실현자는 마지막으로 그가 실현될 수 있는 환경을 선택하고 구성해야 한다. 그의 부정적인 성향을 보강해 왔던 환경을 회피하고 그것에 저항하는 것이 중요한 과제의 하나일 수 있다. 그러나 그는 보다 적극적으로 그의 새로운 정체성이 개발되고 학습될 수 있는 환경을 탐색하고 구성해 나가야 할 것이다. 기성의 사회화와 문화화의 굴레를 벗어나는 데는 대단한 용기와 상상력이 필요하지만 결코 불가능한 것은 아니다.

이 과제를 수행하면서 개인은 이 방면의 전문적인 권위자에게서 도움을 구할 필요도 있다. 그 권위자란 쥬라드가 밝힌 바와 같이 그에게 이제까지 밝혀진 심리학적 지식을 강제성이 없이 공여할 수 있는 사람을 뜻한다. 도움을 구하는 것은 우리가 마치 필요할 때 백과사전을 펴는 것처럼 개인의 자유에 반하는 행동이 될 수 없다. 문제는 그 찾는 행동에 있지 않고 권위자가 제공하는 신념이나 처방을 아무 의심 없이 맹신한다거나 혹은 다른 방법의 가능성이 배제된 유일의 것으로 수락하는 데 있다. 근래에 개인으로 하여금 새로운 정체성을 탐색하는 데 도움이 될 만한 우수한 기법들이 개발되고 있고, 소규모의 사회적 혁신을 가미해서 새로운 실존양태의 보강을 돕는 다양한 자조집단(self-help group)들이 형성되어 왔다.[60] 이들은 자신을 새로운 차원에서 관찰하고 현존성을 초월하려는 무수한 개인들에게 매우 중요한 참고서나 참조집단이 될 수 있을 것이다. 요컨대, 행동 형성의 자유란 끊임없는 변화의 와중에 있는 자기 자신을 응시하고 그 변화의 방향을 자신이 선택한 쪽으로 지향시키는 적극적인 노력을 하는 사람에게만 주어지는 특권이다.

---

60) 예컨대, 나의 책상 앞에는 다음과 같은 실제적인 책들이 꽂혀 있다.
    ⓐ P. L. Bandt, N. M. Meara, & L. D. Schimidt, *A Time to Learn: A Guide to Academic and Personal Effectiveness,* New York: Holt, 1974.
    ⓑ A. Ellis, & A. Robert, *A Guide to Rational Living,* Hollywood, Cal.: Wilshire, 1968.
    ⓒ D. L. Goodwin, & T. J. Coates, *Helping Students Help Themselves,* New Jersey: Prentice-Hall, 1976.
    ⓓ M. Maltz, *Psycho-Cybernetics,* New Jersey: Prentice-Hall, 1960.
    ⓔ A. F. Osborne, *How to Become More Creative,* New York: Charles Scribner's, 1964.
    ⓕ A. Otto, *op. cit.,* 1967.
    ⓖ M. Powers, *A Practical Guide to Self-Hypnosis,* Hollywood, Cal.: Wilshire, 1961.
    ⓗ M. Rosenbum, & A. Snadowsky, *The Intensive Group Experience: A Guide to Therapy, Sensitivity, Encounter, Self-Awareness Groups, Human Relations Training, and Communess,* New York: The Free Press, 1976.
    ⓘ L. Saulnier, & T. Simard, *Personal Growth and Interpersonal Relations,* New Jersey: Prentice-Hall, 1973.

제12장 자아표현의 자유

　자신에게 가능한 행동성향을 자신의 선택에 의해서 형성하는 일은 우리에게 부과된 중요한 도전의 하나다. 그러나 인간을 인간답게 하려는 우리의 임무는 거기에서 그치지 않는다. 여기서 내가 다시 문제시하려는 주제는 개인이 가진 행동성향을 왜곡시킴이 없이 자발적으로 드러내는 것과 관련된다. 개인의 내부에는 여러 가지 신체적 과정과 더불어 특유한 사고, 신념, 견해, 희비애락의 감정, 충동, 흥미, 목표, 필요, 희망 등이 매 순간에 흐르고 있다. 이 오감에 의해서 쉽게 식별되지 않는 내면적인 과정이 드러날 수 있는 통로는 표현행동이다. 언어는 전형적인 소통 매체의 하나다. 위대한 시인이나 이론가들은 이 수단에 의해서 만인에게 공감을 주는 그들의 감정이나 신념을 나타내는 데 성공한 사람들이다. 지금 이 글도 나의 신념과 지식을 활자를 통해서 독자에게 전달하고 있다. 조각, 그림, 음악, 무용 등은 예술가들이 즐겨 쓰는 소통의 매체다. 이 외에도 우리는 행동성향을 짐작할 수 있는 무수한 표현행동을 가지고 있다. 눈과 눈의 접촉, 손과 발의 움직임, 두 사람 간에 유지되는 물리적인 거리, 얼굴 표정과 제스처, 목소리의 강도와 높이 등은 깊숙하게 갇힌 개성을 들여다보는 창구들이다.[1] 심리학자들은 개인의 표현행동에 의해서 그 내밀한 과정을 짐작하기 어려울 때 GSR과 같은 반응을 관찰한다. 땀을 통해서 흐르는 전류의 강도는 가끔 공포라는 '말없는 고함'을 짐작게 하는 솔직한 단서가 되기 때문이다. 어떤 모양의 표현행동을 우리가 여기서 열거하더라도 그것을 통해서 행동성향을 짐작할 때는 암호문을 해독하는 것과 유사한 기술이 우리에게 요망된다. 예를 들어, 어떤 노처녀가 맞선 보는 장면에서 방귀를 크게 뀌고 싱긋 웃는다는 것은 무엇을 의미하는가? 이는 매우 흥미 있는 질문이지만 우리가 지금 탐구하려는 과제는 아니다. 우리가 관심을 가지려는 것은 내면적 성향이 얼마나 정직하게 그리고 왜곡됨이 없이 표현되고 소통되느냐에 있다.

공존의 세계 속에 살면서 우리는 한 연속선상에 정치시킬 수 있는 두 가지 양극적인 실존양태 가운데 어느 수준을 취하느냐 하는 문제에 봉착한다. 그 하나는 개방된 실존양태이고 다른 하나는 폐쇄된 실존양태다. 개방된 실존양태는 내적 성향과 표현행동 간에 간극이 없이 일치성(congruence)을 유지하고 있는 상태를 뜻한다. 이 양태를 택한 사람은 자신의 성향을 진실하게 체험할 뿐만 아니라 그것이 타인에게 적나라하게 비치도록 처신한다. 그는 상대편이 자신을 신비화(mystification)하거나 곡해할 수 있는 장벽을 제거하는 방식의 표현행동을 취한다. 그는 상대편이 그 드러난 행동성향을 저평가하거나 고평가하는 일에 별로 개의치 않는다. 이는 자신의 개성에 만족한다거나 그것을 자긍(自矜)하는 것과는 구별되는 동기에서 우러나온다. 그에게 중요한 것은 자신의 일부로 엄존하는 실체를 직면하는 것이다. 한편 폐쇄된 실존양태는 표현행동에 의해서 실재하는 성향이 불투명하게 밀폐되어 있는 상태를 말한다. 이 양태를 택한 사람은 자신이 가진 성향의 일부를 외면한다. 여기에는 사회적인 대가성이 없는 신념, 결점, 실수, 욕망 따위가 포함된다. 그는 의식적으로나 무의식적으로 자신의 행동성향을 감추거나 곡해하는 방식의 표현행동을 구사한다. 그는 상황의 요구에 따라 그의 본연성과는 전혀 상응하지 않은 표현행동을 택하기 때문에 그 어느 누구도 그가 진실로 어떤 사람인지를 파악하기 어렵다. 그에게 있어 표현행동이 갖는 가치는 그의 진실한 성향을 남이 모르게 하고 상대방을 자기에게 유리한 쪽으로 조작하는 데 있다.

* * *

1) A. Mebrabian, *Nonverbal Communication,* Chicago: Aldine, 1972.

적절하게 표현행동을 학습하였다면 우리는 일상생활을 하면서 때와 장소에 따라 이 두 가지 양극적인 실존양태의 어느 수준을 선택할 자유를 얻을 수 있다. 그 각각의 선택은 응분의 결과를 수반한다. 이를테면, 어떤 개인이 그의 생존을 결정할 수 있는 위협적인 인물에게 그의 신념과 감정을 솔직하게 노출했다고 할 때 어떤 결과가 오리라는 것은 불을 보듯 명백하다. 그러나 다른 한편으로 설사 그가 허위적인 인상 조작에 의해서 그 위협적인 사태에서 해방될 수 있었다고 하더라도 그는 그가 쉽게 식별하지 못하는 자아소외라는 질병을 앓게 된다. 다시 말하면, 그는 표면상으로 생명을 존속시키고 있는 양태를 보이지만 실질상으로는 생기 없는 로봇에 불과하다. 이처럼 양자의 실존양태는 득실을 각각 가지고 있기 때문에 우리가 여기서 어떤 실존양태가 일률적으로 바람직하다는 판정을 내리기는 곤란하다. 그러나 한 가지 사실은 분명한 듯하다. 그것은 개방적 실존양태를 허용하는 사태에서만이 진정한 의미의 표현양태의 자유가 보장된다는 사실이다. 나는 폐쇄적 실존양태가 주체자의 행동성향을 타인에게 은폐하거나 왜곡시키는 상태라는 정의를 택하였다. 이는 곧 내면적인 자아의 자발적인 나타남을 억제한다는 것을 의미한다. 따라서 우리가 개인이 자신을 속박하는 자유를 인정하지 않는 한 폐쇄적 실존양태는 자유의 범주에 들어갈 수 없다.

개인은 자신의 내밀한 행동성향을 스스로 발견하고 그것을 자연스럽게 표현할 수 있는 상황이 주어질 때 충실한 생동감을 맛본다. 이를 매슬로는 '절정의 경험(peak experience)'이라는 말로 표현하였다.[2] 이 경험을 하는 순간 개인은 이를테면 공포나 회의에서 벗어난 순수한 희열, 자신이 자신의 것이라는 자율감, 그리고 자신 내의 각 요소뿐만 아니라 자신과 외부 세계가 혼연일체가 되는 충만감 등을 갖게 된다고 한다. 이 경험이 어떤 것인지를 우리는 두 가지 실례를 들어 이해해 보기로 하자. 나는 제6장에서 '야생 소년'이 숲 속에서 발견된 사례를 소개하였다. 그는 오랫동안 야생생활을 하면서 전혀 인간으로 간주될 수 없는 야성을 갖게 되었다.

---

2) A. H. Maslow, Peak experiences as acute identity experiences, *The American Journal of Psychoanalysis*, 1961, *21*, 254-260.

당시 그 소년을 관찰한 사람은 그 고유한 개성이 '문명사회'에서 억압될 때 어떤 행동을 보였는지를 보고하였다. 그러나 그가 어느 눈보라치는 겨울날 자기가 갇힌 방에서 탈출하여 정원에 이르렀을 때 그의 우울한 행동은 갑자기 바뀌었다. 그는 눈 속을 뒹굴면서 거의 믿기 어려울 정도의 희열에 찬 거동을 보였다고 목격자는 증언하였다. 이와 같은 야성의 표현을 현대 문명은 허용하지 않는다. 문명사회는 심지어 그 안에서 형성된 행동성향조차 자유롭게 표명하지 못하게 하는 제어장치를 마련해 놓고 있다. 그 통절한 사례를 우리는 안네 프랑크(Anne Frank)의 일기에서 읽을 수 있다.[3] 당시 13세 소녀였던 그녀는 일기의 앞부분에서 "내 가슴 깊이 숨겨져 있는 온갖 것들을 드러내기 위해서" 일기를 쓴다고 말하고, 다른 부분에서 "어느 것보다 밝은 측면은 내가 나의 사고와 감정을 글로 쓸 수 있다는 사실이며, 이것조차 할 수 없다면 나는 틀림없이 질식할 것이다."라고 밝히고 있다. 우리가 알고 있듯이 프랑크는 단순히 그녀가 유대인이라는 사실 때문에 외진 다락방에 숨어 살면서 일기 속의 가공인물인 키티를 벗 삼아 자신의 비밀을 기록할 수밖에 없었다. 결국 그녀는 1944년 나치경찰에 의해서 발각되어 포로수용소에서 죽게 되었지만 다행히 그의 일기는 우연하게 발견되어 여러 나라의 말로 공개되었다. 그러나 당시 그녀는 이 사실을 예견할 수 없었다.

심리학자들은 그들의 오래된 임상 경험을 토대로 모든 개인이 일상적인 표현행동의 이면에 도사리고 있는 그 나름의 정체성을 발견하려는 강한 욕구를 가지고 있다는 사실을 발견하였다. 칼 로저스는 이렇게 토로한다.[4]

"우리가 많은 환자를 위해 마련하고자 했던 치료적 관계에서 그들의 경험을 추적해온 바에 의하면 그들은 각각 동일한 질문을 제기하는 듯하다. 개인들이 불평하는 제반 문제들, 이를테면 공부나 아내나 피고용인들과의 문제, 자신을 통제하지 못하거나 이상행동에 따른 문제, 혹은 그들의 두려운 감정과 관련된 문제들의 저변에는 오직 하나

3) A. Frank, *The Diary of a Young Girl,* New York: Doubleday, 1953.
4) C. Rogers, *On Becoming a Person,* Boston: Houghton Mifflin, 1961, p. 108.

의 중핵적인 탐색이 도사리고 있다. 나는 각각의 사람들이 이런 질문을 저변에서 제기하고 있다는 생각을 갖게 되었다. '나는 진실로 어떤 사람인가?' '나는 나의 이 모든 피상적인 행동(all my surface behavior)의 밑바닥에 있는 진실한 자아와 어떻게 접촉할 수 있는가?' '어떻게 나 자신이 될 수 있는가?'"

로저스는 심리적인 문제를 가진 환자들이 체면, 허위의 가면, 역할 등의 껍질을 벗고 자신의 깊은 본연성을 발견할 때 건강을 회복하는 사례들을 그의 저서에서 많이 예증하고 있다. 이와 같은 그의 입장은 정신치료나 정신건강에 관심을 갖는 심리학자들의 대부분이 견지해 온 것으로서 결코 이례적인 것이 아니다. 일찍이 프로이트는 개인이 그의 문화나 개인과의 관계에서 그의 원본능을 억압해야만 하는 기제를 문제시하였다.[5] 그는 억압이 문명을 낳고 문명은 억압을 낳는 상승적인 과정에서 인간이 불만족하고 불행한 역사적 동물이 되어 버린다고 지적하였다. 융은 선조에게서 물려받은 '동물적 본능(shadow)'이 일상적인 '가면(persona)'에 의해서 표출되지 못하는 양상을 위험시하였다.[6] 해리 설리번[7]이나 카렌 호나이[8]는 정신병과 신경쇠약이 '진자아(true self)'와 '자아체제(self-system)' 간의 괴리에서 비롯된다는 이론을 제시하였다. 이런 정신분석의 전통을 이어받은 에릭슨은 '정체성(self-identity)'과 '친밀성(intimacy)'의 중요성을 강조하였다.[9] 여기서 정체성은 자신의 실체를 분명하게 이해하는 과제에 해당하고 친밀성은 그것을 거리낌 없이 타인에게 공개하는 과제에 해당하는 것으로서 지금 우리가 다루고 있는 주제와 상당히 어울린다.

대충 이런 맥락에서 근래에 실존주의 심리학자들은 자아표현의 억제가 현대인이 봉착한 공통된 실존적 문제(existential problem)인 것으로 경고한다. 이들의 주장

5) S. Freud, *Civilization and Its Discontents*, London: Hogart, 1930.
6) C. G. Jung, *Memories, Dreams, Reflections*, New York: Vintage, 1961.
7) H. S. Sullivan, *Conceptions of Modern Psychiatry*, New York: Norton, 1953.
8) K. Horney, *Neurosis and Human Growth*, New York: Norton, 1950.
9) E. H. Erikson, *Childhood and Society*, New York: Norton, 1963.

은 이전의 학구적인 이론보다 훨씬 강력하고 예리하다. 예컨대, 프리츠 펄스는 현대인이 대인관계에서 타인을 마치 물건처럼 자기 자신들의 이해에 맞도록 조작하는 생활양태를 택하며, 그처럼 서로가 상대를 기만하는 입장은 생활 속의 생명감을 탈취해 버린다고 고발한다.[10]

> "현대인은 죽어 있다. 즉, 그는 하나의 꼭두각시다. 이 시체와 다를 바 없는 행동은 모든 현대인의 일부를 구성하고 있다. 그는 신중하지만 감정이 없다. 그는 신뢰할 만하지만 생기 있는 의도, 소망, 욕구 및 욕망을 갖고 있지 않다. 그는 타인을 통제하고 조작하지만 그 자신이 만든 거미줄에 포획되어 있다."

이 언명은 레잉의 견해와 일치한다.[11] 레잉은 '거짓된 외연적 자아(a false outer self)'만을 표현하고 '진실한 내면적 자아(a real inner self)'를 억제하는 사람들을 '잘 적응된 사람(well-adjusted person)'으로 규정하는 현대사회를 고발한다. 이들은 사회의 관점에서 볼 때 나무랄 데 없는 사람이지만 개인의 입장에서 볼 때 결코 적응하는 사람이 아니라고 그는 주장한다. 왜냐하면, 그들은 개인적으로 그들의 실존양태에 대해서 불편감(dis-ease)을 느끼기 때문이다. '적응된 사람들'은 거짓된 표현행동을 조작해 낸 대가로 남부러운 가정, 재산 및 표면적 부귀영화를 누리고 있는 듯하지만 마음속에는 무어라고 표현하기 어려운 공허감, 무의미성, 권태감으로 가득 차 있다는 것이다. 그들은 가끔 '사랑하는 사람'을 토막 내어 죽이는 환상에 사로잡혀 있다가 "내가 이런 생각을 하다니 미친놈이군!" 하는 혼잣말을 지껄이게 되는데, 이는 자신을 이방인화한 현대인이 감내해야 하는 '미친 증세(crazy symptoms)'의 하나라고 한다.

우리의 내면에는 우리 자신의 성향으로 선뜻 수락하기 어려운 온갖 어두운 측면이 도사리고 있다. 우리를 억압하는 그 어두운 측면은 인간을 인간답게 하는 자율

---

10) E. L. Shostrom, *Man, the Manipulator*, New York: Bantom, 1968의 서문, p.vii.
11) R. D. Laing, *The Divided Self*, London: Tavistock, 1960.

성, 창조성, 통찰 및 깊은 감정 등이 우러나오는 원천일 수도 있다. 융은 이른바 '동물적 본능(shadow)' 속에 매우 가치 있는 지혜가 담긴 것으로 보았다. 그럼에도 우리는 가끔 그들을 우리 자신이 가진 속성이 아닌 것처럼 행세하면서 자신으로부터 소외되어 방황한다. 행동성향의 일부를 깊이 숨기고 그것을 가면으로 위장하는 일은 상당한 시간과 노력과 에너지를 요구한다. 이는 곧 좀 더 건설적인 활동에 쓰일 수 있는 심리적 에너지의 낭비를 의미한다. 이렇게 볼 때, 이 진실한 자아에 대한 우리의 외면은 일견 그럴 듯하게 보이지만 실속 없는 것에 불과하다. 이를 거꾸로 말하면, 우리는 주위의 조롱, 거부, 그리고 온갖 사회적인 제재에도 불구하고 자신의 모든 것을 수락하고 표현할 수 있는 사람이 최후의 승자가 될 수 있다는 결론을 얻을 수 있다.

현대에 만연하는 소외의 증세에서 해방될 수 있는 길은 무엇인가? 이에 대한 실존주의 심리학자들의 처방은 한마디로 '자아개방(self-disclosure)'이다.[12] 이른바 '투명한 자아(transparent self)'라는 말을 주조해 낸 쥬라드는 이렇게 말한다.[13]

"한 사람이 그가 누구이며, 무엇을 하며, 어떤 양태에 있는지를 스스로 인정하지 않을 경우에, 그는 현실과 단절되어 병적인 증세를 갖게 된다. 사실을 직면하지 않고 그를 도울 수 있는 사람은 아무도 없다. 그리고 이것은 다른 하나의 사실을 함축하는 듯하다. 그것은 어떤 사람도 그 자신을 타인에게 개방하지 않고 그 자신을 알 수 없다는 사실이다. 이것이 우리가 정신치료의 분야에서 배운 교훈이다. 개인이 그 자신을 남

12) 자아개방을 측정하는 척도나 그런 특성이 높은 사람들의 사회적 적응 방식에 관심 있는 독자는 다음을 참고하라.
　ⓐ D. M. Pederson, & K. L. Hisbee, Personality correlates of self-disclosure, *Journal of Social Psychology,* 1968, *68,* 291-298.
　ⓑ J. Hurley, & S. Hurley, Toward authenticity in measuring self-disclosure, *Journal of Counseling Psychology,* 1969, *16,* 271-274.
　ⓒ C. F. Haverson, & R. E. Shore, Self-disclosure and interpersonal functioning, *Journal of Counseling and Clinical Psychology,* 1969, *33,* 213-217.
　ⓓ P. C. Cozby, Self-disclosure: A literature review, *Psychological Bulletin,* 1973, *79,* 73-91.
13) S. M. Jourard, *The Transparent Self,* New York: Van Nostrand, 1964, p. 5.

김없이 타인에게 개방할 수 있다면, 그는 그의 진실한 자아와의 접촉을 증가시키는 방법을 터득하고, 그 지식을 토대로 좀 더 유능하게 그의 운명에 방향을 잡을 수 있게 될 것이다."

쥬라드는 이제까지 대인관계에서 투명한 자아 간의 상봉을 강조해 왔고 스스로 실천해 온 심리학자로 널리 알려지고 있다. 그가 어느 주립대학교의 임상심리학자들과 나눈 다음과 같은 한 대목의 대화는 자아개방의 본질을 이해하는 데 매우 중요한 시사를 준다.[14)]

"질문: 당신은 어떤 사람이 진실하게 되면 될수록 그는 더욱 생활에 만족하고 행복하게 된다고 생각합니까?

대답: 나는 행복에 관해서 어떤 것도 언급한 바 없습니다. 나는 진정성(authen-ticity)이 반드시 당신을 행복하게 한다고 생각하지 않습니다. 왜냐하면, 당신이 진실하다고 가정하면, 당신은 또한 개방되어 있기 때문입니다. 당신이 스스로를 드러내면 낼수록 그에 대한 더욱 많은 결과를 수락하게 되는 셈인데, 그 가운데 어떤 것은 퍽 고통스러울 수도 있습니다. 또한 개방된 실존양태 안에서 당신은 사물을 좀 더 통절하게 느끼며 세계 안의 불운과 고통을 체험합니다. 나는 이때 그 속에 어떤 가치성을 부여하든 간에 당신이 좀 더 풍부하게 경험한 것으로 가정합니다. 만약 거기에 당신을 행복하게 하는 것이 정말 있었다면 당신은 그 행복을 더욱 선명하게 느낀 셈이 되겠지요. 또한 당신은 그 고통을 더욱 예리하게 느끼게 될 것입니다. 이것은 선택의 문제입니다. 기쁨과 고통의 어느 것도 깊이 있게 느끼지 못하는 멍청이와 위대한 기쁨과 위대한 고뇌를 느끼는 시인을 가정할 때, 어느 편이 더 좋다고 말할 수 있을까요?"

14) S. M. Jourard, *Disclosing Man to Himself,* New York: Van Nostrand, 1968, pp. 82-83.

여기서 우리는 자아개방을 취하는 사람이 반드시 '행복한 사람(happy person)'
이 아닌 것임을 분명하게 읽게 된다. 그는 다만 행복과 불행을 자신의 일부로서 절
실하고 참되게 느낄 수 있는 사람에 불과하다. 그는 자신의 일부를 외면하지 않고
자신의 것으로 '진실화(real-ize)'하려는 사람이기 때문에 그에게 불행은 행복과 마
찬가지로 중요한 의미를 갖는다. 우리 주위에는 악(惡) · 추(醜) · 비(悲) · 애(哀) ·
고(苦) · 사(死) 등은 없어야 할 것이 있는 것이라거나 혹은 없으면 좋을 것이 있는
것이라는 방식으로 인생을 기리는 사람들이 많다. 그들은 어떻게 즐기고 행복해야
하는지는 잘 알고 있지만 어떻게 슬퍼하고 어려움을 감당하느냐에 대해서는 무지
하다. 이처럼 현실의 일부를 직면하지 않고 환각적 인생을 기리는 사람들이 범람
하는 사회에서는 쥬라드가 묘사한 자아개방인은 '정상인(normal person)'이 될 수
없다. 또한 그는 레잉이 지적한 바와 같은 '적응된 사람'도 아니다. 굳이 그들에게
어떤 사회적 표찰을 부여한다면 '괴인'이라거나 '광인'이라는 말이 적절할지도 모
른다.

다른 생물체들과 더불어 인간은 개방적 실존양태를 추구한다. 야생동물은 그들
의 야성을 드러낼 수 있는 환경을 원하며 곡마단의 흥행장을 저주한다. 마찬가지
로 인간은 그의 본연성을 자연스럽게 표현할 수 있는 안식처를 찾고자 한다. 그런
데도 우리가 일상생활을 하면서 폐쇄적 실존양태를 취하고 자기소외의 함정에 쉽
게 빠지는 원인은 무엇인가? 이제까지 우리는 어떤 사건이든 간에 거기에는 어떤
원인이 있으리라는 입장을 견지해 왔다. 여기에는 어떤 분명한 이유가 있을 것이
다. 나는 이제부터 우리가 폐쇄적 실존양태를 취하는 내외적 조건을 검토하고 그
것으로부터 우리가 탈출할 수 있는 방안을 제시해 보고자 한다. 내적 조건과 외적
조건은 어떻게 구분되든 간에 마치 동전의 양면처럼 불가분의 관계를 갖는다. 왜
냐하면 그들은 상호 인과적 요인들이기 때문이다. 그러나 나는 편의상 먼저 내적
조건을 들고 다음에 외적 조건에 눈을 돌려 보는 순서를 택하고자 한다.

내가 보기에 개인은 자신을 타인에게 쉽게 공개하지 못하는 세 가지 주된 장애
를 가지고 있는 듯하다. 그 첫 번째 장애는 우리가 우리의 내면을 투명하게 관찰할
수 없다는 사실에서 찾아볼 수 있다. 우리가 만약 맑은 물속을 들여다보듯이 우리

의 행동성향을 있는 그대로 파악할 수 있다면 애초부터 자아개방의 문제는 발생하지 않는다. 심리학파의 하나인 현상주의(phenomenalism)에 의하면, 모든 행동은 개인의 지각에 의해서 결정된다고 한다. 이 분야의 학자들은 똑같은 객관적 현실이 개인에 따라 다르게 지각되며, 개인은 그 객관적 현실에 대해서 반응하는 것이 아니라 '객관적 현실에 대한 그의 지각'에 대해서 반응한다고 주장한다. 이 주장은 일면 과장된 감도 있지만 우리의 행동결정요인에 대한 중요한 측면을 부각시키고 있음이 분명하다. 이 이론을 따른다면 우리가 자아개방의 양태를 취하려면 그 이전에 다소간 우리가 가진 행동성향의 전모를 정확하게 인식하는 문제를 해결해야만 한다. 그렇지만 그것이 결코 쉽지 않다는 것을 우리는 앞서 제6장과 제8장에서 자세하게 다루었다.

우리는 사실상 우리의 내부에서 꿈틀거리는 행동성향에 관해서 잘 모른다. 나는 우리 스스로가 현실을 구성하고 있다는 사실이 우리 자신을 아는 데 인식론적으로 유리한 입장을 제공한다는 생각을 의심하였다. 따라서 우리는 어쩔 수 없이 우리 자신을 객체화하는 과제를 수행해야만 한다. 그런데 우리는 부단하게 변천하는 우리들 자신의 전모를 파악할 만한 능력을 구비하고 있지 못하다. 우리의 인식은 항상 측면적이다. 그 측면적인 추상화는 현실이 부단하게 변하면서 재구성을 요구함에도 쉽게 정지해 버리는 경향이 있다. 뿐만 아니라 코지브스키가 매우 적절하게 지적했듯이 우리 대부분은 자신의 어떤 측면을 추상화하고 그 인식을 대상과 동일시하는 오류를 범한다.[15] 그 언어는 흑-백, 선-악 등과 같은 단순한 범주체제를 가지고 있고, 이들은 시공성을 생략하는 방식으로 통용된다. 예컨대, 만약 어떤 사람이 자신을 '충동적이고, 명랑하고, 낙천적이다'라는 자아개념을 가지고 있다면 그 성향이 때와 장소에 관계없이 적용될 수 있는 것으로 착각한다. 더 나아가서 그는 그 측면적인 자아개념이 자아의 총체를 대변한다는 식으로 처신하기도 한다. 이처럼 언어가 갖는 마력에 의해서 우리가 자신과 타인을 오식하는 과정을 체이스(S.

---

15) A. K. Korzybski, *Science and Sanity*, Lakeville, Connecticut: Non-Aristotelian Publishing Co.,
　　1933.

Chase)는 '단어의 횡포'라는 용어를 써서 지적하였다.[16] 한편, 엘리스[17]나 페인(B. Payne)[18]은 이 일반의미론(general semantics)을 토대로 개인이 언어의 추상화에서 구체적인 자신으로 돌아오게 하는 과정을 심리치료의 한 기법으로 발전시키는 아이러니를 우리에게 보여 주고 있다.

다음에 더 자세하게 지적하겠지만, 개인은 자신을 이른바 '상징적 상호주의자(symbolic interactionist)'들이 지적하는 바와 같이 통속적 개념에 의해서 파악하게 된다. 그러나 그 엄청난 오류를 청산할 만한 새로운 인식 방법은 아직 충분히 개발되지 않은 상태다. 자연과학자들은 자연의 특성을 관찰하는 도구를 발전시키는 데 놀라울 정도의 창의력을 발휘하였다. X광선, 망원경, 현미경, 그리고 각종 전환기와 기록기 등은 그들이 탐구하는 대상의 내적 과정에 대한 그들의 의문을 푸는 데 퍽 유용한 기능을 하고 있다. 한편 심리학자들도 행동성향을 구명할 수 있는 상당한 도구와 지식을 누적시켜 왔다. 그러나 그들이 쥬라드가 일컫는 '투명한 자아'를 볼 수 있는 거리에 이르기에는 아직 요원한 상태에 있다. 일찍이 올포트는 개인의 고유성과 인간의 공통성이라는 문제와 관련하여 심리학에서 '개성기술적 접근방법(idiographic approach)'과 '법칙정립적 접근방법(nomothetic approach)'을 대비시킨 바 있다.[19] 후자는 모든 인간에게 공통적으로 적용될 수 있는 일반 법칙과 추리의 원리를 찾고 그것을 개체에 적용할 수 있는 가능성을 모색하는 데 비해서, 전자는 개인이 가진 특수한 성격의 내용과 구조를 이해하는 데 관심을 갖는다고 볼 수 있는데, 심리학적 탐구는 이제까지 개별성보다는 공통성의 쪽에 편중되어 왔다. 이 모든 사정에 비추어 볼 때 우리가 자신의 개별성을 투시하는 단계에 도달하려면 상당한 기간을 기다려야 한다.

16) S. Chase, *The Tyranny of Words*, New York: Harcourt, 1966.

17) A. Ellis, *Humanistic Psychotherapy: The Rational-Emotive Approach*, New York: Julian Press, 1973.

18) B. Payne, Uncovering destructive self-criticism: A teaching technique based upon general semantics, *Educational Opportunity Forum*, 1969, *1*, 85-94.

19) G. Allport, The general and the unique in psychological science, *Journal of Personality*, 1962, *30*, 405-422.

자아개방을 방해하는 두 번째 내적 장애는 우리의 인식 능력과 언어의 횡포와는 다른 수준에 뿌리박고 있다. 그것은 우리가 자신의 부정적인 측면을 무의식화하는 이른바 '자아방어기제(ego defense mechanism)'다. 이것은 정신분석학자들이 발견해 낸 특이한 심리적 과정이다. 개인은 타인으로부터 비난받을 만한 욕구, 환상, 기억 및 감정을 가지고 있을 때 불안감을 갖게 된다. 이런 경우에 그의 자아(ego)는 억압기제(repression)에 의해서 그들의 존재를 의식하지 못하도록 함으로써 불안으로부터 해방되게 하는 자기 기만의 책략을 쓴다. 나는 이 책의 어느 곳에서 그 무의식화된 내용이 빙산의 물에 잠긴 부분만큼 심리 과정의 대부분을 구성하고 있다는 프로이트의 주장을 소개한 바 있다. 한편 그 억압된 부분은 영원히 사장되지 않고 여러 가지 위장된 형태로 나타난다. 이를테면, 부모나 문화에 의해서 억압된 공격성은 위궤양이나 안면신경통의 형태로 표출될 수 있다. 누가 이것을 공격성의 단서로 판단할 수 있겠는가! 그러나 여기서 우리의 관심은 그 교묘한 형태의 표출 방법에 있다기보다는 우리가 가진 행동성향의 일부를 잊어버리고 그들로부터 소외된 상태에 있을 수 있다는 데 있다. 이 자아방어기제에 대한 설명은 심리학개론서에 빠짐없이 소개되고 있기 때문에 여기서는 이 이상의 설명을 생략하기로 한다.

이제 우리는 자아개방을 방해하는 마지막의 내적 조건을 살펴보기로 하자. 그것은 제9장에서 비교적 자세하게 소개된 '의도적인 인상관리'다. 우리가 자신에 관해서 전지전능하지 못하다거나 혹은 자신도 모르게 진행되는 방어기제를 동원하여 자신으로부터 소외되는 것은 어느 면에서 불가피하다고 볼 수 있다. 그러나 우리는 분명히 의식하고 있는 행동성향조차도 솔직하게 표현하지 않고 타인에게 표리부동한 양태를 보이게 된다. 가령, 어떤 사람은 그 인식의 신뢰성이나 타당성에 상관없이 어떤 특수한 시공적 상황에서 자신에 대해서 이런 것들을 의식할 수 있다. "나의 지능지수는 낮다—이웃집 기혼 여성에게 매력을 느낀다—임금님 귀는 당나귀 귀다—공산주의는 시도해볼 만한 사회제도다—나는 어른이지만 자주 우는 편이다—강아지만 봐도 가슴이 울렁거린다—남들에 비해서 왜소한 성기를 가지고 있다—나는 부모를 증오한다." 이런 신념이나 감정이 분명하게 그의 내면에서 흐르고 있다고 의식하면서도 그 개인은 그들을 영원하게 자신만의 비밀로 간직하려고 한다. 어떤 다른 사람은 그들이 은폐될 만큼 중요한 비밀사항이 아니라고 생각할지도 모르지만 적어도 그는 이들이 공개된 후에 올 결과를 두려워하고 있는 것이다. 다행히 그는 그들을 감추거나 왜곡시킬 수 있는 표현행동의 레퍼토리를 가질 수 있으며, 그를 둘러싼 타인들은 그런 내면 상태를 추측하지 못하거나 혹은 문제시하지 않고 그의 표현행동에만 책임을 부과하는 피상적인 환경만을 구성하고 있을 수도 있다.

그러나 좀 더 깊이 따지면 이와 같은 외장활동(外裝活動)은 그 개인에게 결코 다행한 일이 아닐 수도 있다. 그가 판단하는 이 부정적인 성향은 불행히도 그대로 숨겨져 있지 않고 그가 통제할 수 없는 통로를 통해서 그의 행동에 간접적으로 영향을 주기 때문이다. 머리가 어지럽고, 안절부절못하며, 긴장하는 것 등은 그가 숨기고자 하는 성향의 다른 표현방법이 될 수도 있다. 장기간에 걸쳐 그 비밀들을 숨기는 동안 그는 이른바 '벙어리 냉가슴'을 앓게 된다. 그는 기진맥진하거나 혼동되거나 비관하거나 막연한 불안감에 사로잡혀 심하면 어느 순간에 자살을 생각해 볼 수도 있다. 임상심리학자들은 이런 상태에서 구원을 청하는 무수한 환자를 대한다. 예컨대, 근래에 심리학자인 모우어(O. H. Mowrer)는 현대의 질병이라는 신경쇠약의 주된 원인을 이와 같은 의식적인 표리부동에서 찾는다.[20] 그에 의하면 신경쇠약은 타인에게 인정받지 못할 행위를 하고 그것을 솔직하게 고백하지 못하는 죄의식에서 비롯된다고 한다. 말하자면 신경쇠약 환자는 의식 안에 있는 자신의 표리부동을 스스로 질책하는 사람이다. 따라서 모우어는 개인이 주위 사람에게 그의 진면목을 토로함으로써 그 증세에서 해방될 수 있다는 처방을 내리고 있다. 그런 고백은 물론 상대방을 격분시키거나 응분의 대가를 자초하는 결과를 가져올 수도 있지만 그 편이 오히려 자신에게 이롭다고 그는 주장한다. 이는 분명히 전통적인 정신분석적 접근과는 다른 입장이다.

● ● ● ● ···

20) O. H. Mowrer, Loss and recovery of community: A guide to the theory and practice of integrity therapy, In G. Gazda (Ed.), *Innovation to Group Psychotherapy*, Springfield, Ill.: Charles C. Thomas, 1968, pp. 130–189.

이상에서 간략하게 든 개인적인 조건들은 개인이 위치한 외부적 조건과 밀접한 관계를 가지면서 자아개방을 방해한다. 개인이 자신에 대한 인식 능력에 한계를 느끼고 있고, 우리 내부에 방어기제가 장치되어 있으며, 언어는 그 추상성에 의해서 우리 자신에 대한 인식을 단순화하거나 왜곡한다는 이 복합적인 조건들은 그가 타인에 의해서 쉽게 '신비화(mystification)' 될 수 있는 소지를 충분히 마련해 준다. 이 신비화라는 말은 원래 레잉에 의해서 창안된 용어로서, 한 개인이 그 내부의 참신한 과정에 대해서 어떤 확고한 인식에 도달하지 못하고 있을 때, 주변에 있는 타인이 그것을 아무렇게나 편리하게 해석해 줌으로써 그 참신한 과정을 왜곡하거나 혼동에 빠지는 경우를 말한다.[21] 예컨대, 크리스마스 날 선물을 받고 어린이가 눈을 반짝이며 웃음을 띠는 것을 보고 어른이 "너는 행복하지?"라고 묻는다. 이때 아동이 실제로 경험하고 있는 것은 행복감이 아니라 호기심일지도 모르지만 그는 그 호기심을 '행복'이라는 말로 표현하는 것으로 오해하고 "네, 행복해요."라는 대답을 할지도 모르고 또 그런 심리 상태에 있을 때마다 "나는 행복하다."는 말을 계속해서 쓸 수도 있다. 그러나 이런 사례는 자아소외와 관련하여 비교적 경미한 영향을 주는 것에 불과하다. 더 심한 신비화는 개인으로 하여금 그의 안에서 진행되고 있는 것에 대해서 어둡게 할 뿐만 아니라 그가 어두운 상태에 있다는 사실을 어둡게 할 때 일어난다. "너 지금 네 정신이 아니구나, 정신이 들었을 때 이야기하자."는 식의 해석이 바로 이에 해당한다. 이 신비화에 가담하는 사람들, 예컨대 부모, 선생 그리고 심리학자들에게 그 이유를 물으면 그들은 대개 '상대방을 위해서'라는 그럴듯한 대답으로 대꾸한다. 그러나 그들은 부지불식간에 어떤 이데올로기나 어떤 사회 체제의 노예로서 봉사하는 경우가 흔하다. 이때 신비화되는 사람이 체험하는 것은 '존재적 불안감(a sense of ontological insecurity)'이다.

쥬라드는 이렇게 말한다.[22]

---

21) R. D. Laing, *op. cit.*, 1960.
22) S. M. Jourard, *op. cit.*, 1968, pp. 121-122.

"타인(the Other)이 나와의 관계에서 '나쁜 생각(bad faith)'을 하고 있다고 할
때, 그는 나를 혼동시킨다. 나는 그가 나에게 어떤 의도를 가지고 있는지를 알지 못한
다. 왜냐하면 그의 말은 진의와 다르고 그의 언행은 일치하지 않기 때문이다. 만약 그
타인이 부모나 선생의 자격으로 나에게 영향력을 행사할 수 있는 위치에 있다면, 그는
내가 표명하는 흥미, 감정 및 의도를 불확신(disconfirmation)시킬 수 있다. '너는
정말 그렇게 하고 싶은 것이 아니지? 안 그래!?'라거나 '나는 네가 여기에 있는 것을
틀림없이 좋아하고 있는 것으로 알고 있다.'는 따위의 말이 그것이다. 만약 어린이가
그 자신의 경험과 그것의 의미에 대한 확신이 없다면, 그는 그를 위해서 그렇게 규정
해 준 그의 존재를 수락할지도 모른다. 그래서 그는 결국 그가 어떤 사람이며 그의 진
실한 흥미가 무엇인지에 관해서 신비화될 것이다. 이들은 타인의 흥미와 자유에 봉사
하면서 그의 것을 봉사하지 않는 일단의 흥미, 습관 및 경험인 가짜 자아(a pseudo-
self)로 대치된다."

개인의 자신에 대한 인식은 대부분 내적 단서에 의한 것이 아니라 '타인의 거
울'을 통해서 형성된다. 이 과정은 미드[23]와 쿨리[24]를 비롯한 이른바 '상징적 상호
주의자'들에 의해서 잘 설명되어 왔다. 개인은 사회화의 임무를 띤 '의미 있는 타
인(significant others)'과 상봉하는 객관적인 사회 구조 속에서 탄생한다. 아동은 그
들과 일상생활을 하면서 그들의 태도 및 역할을 자신의 것으로 내면화해 이른바
'사회적 자아(social self)'를 형성한다. 그래서 그는 결국 사회 체제에 자신을 맞추
고 그 규칙에 부화뇌동한다. 이와 같은 과정은 사회의 존속이라는 측면에서 볼 때
당연한 것인지도 모른다. 그러나 문제는 그 속에 허상화라는 무서운 독소가 도사
리고 있다는 데 있다. 개인은 사회에서 규정하는 자신에 대한 표찰을 가끔 맹신하
며, 그 맹신이 자신을 지배하는 아이러니를 체험한다. 사회는 그 사회적 지위와 외
관에 의해서 개인의 행동성향을 추리하는 간편한 통념과 스테레오타입을 마련해

23) G. H. Mead, *Mind, Self and Society*, Chicago: University of Chicago Press, 1934.
24) C. H. Cooley, *Human Nature and the Social Order*, New York: Scribner's, 1922.

놓고 있다. 여자는 양순하며, 학자는 유식하며, 장교는 용감하며, 중국인은 더러우며, 특정 지역의 출신은 표리부동하다는 인식이 바로 그런 것이다. 이런 일반화는 그들이 사실과 부합한 것일 때 문제시되어야 할 이유가 없지만 그렇지 못할 때 위험한 결과를 초래한다. 이들은 이른바 '사회적 타당화'라고 부를 수 있는 배경을 지니고 있기 때문에 설사 개인이 그 일반적 범위와 해명 방식을 거부하려 한다고 하더라도 사람들은 거의 거부 행동 자체를 이상하게 본다. 그러나 이것에서 비롯될 수 있는 개인적인 곤혹감은 다른 하나의 사회적 인식인 이른바 '낙인(stigma)'에 비하면 덜 억울한 편이다. 낙인은 개인을 사회 속에서 매장하는 방법의 하나로서 일단 이 범주에 든 개인은 평생 이 엄청난 오식의 희생물이 되어야만 한다.[25]

데이비드 로젠한(David L. Rosenhan)이 수행한 근래의 연구는 사회적 인식이 얼마나 개인의 성향을 왜곡하며, 그 왜곡된 인식이 얼마나 개인을 비개성화하는지를 극적으로 보여 준다.[26] 로젠한과 그의 동료 7명은 '정상적인 사람'이 정신병원이라는 사회적 체제 속에 생활할 때 어떤 사태가 일어나는가를 관찰하기 위해서 각각 여러 곳의 병원에 입원하였다. 그들은 이름과 직업을 허위보고하고 현대인이 누구나 다소간 경험하고 있는 '실존적 문제(existential problem)', 예컨대 "생활이 공허하고 무의미하게 느껴집니다."라는 식의 위장을 하였다. 그들의 생활사와 환경은 사실대로 보고되었다. 입원한 후에 그들은 매사에 정상적인 행동을 하면서 그들이 언제쯤 발각되리라는 기대를 하였다. 그러나 예외 없이 그들의 기대는 어긋났다. 오히려 병원 당국은 그들을 환자라는 범주에 집어넣고 물체와 다를 바 없는 '비인격화 과정(depersonalizing process)'을 경험하도록 하였다. 동시에 그들은 다른 환자로부터 가끔 '비정상'이라는 충고와 눈초리를 받아야만 하였다. 그들은 여기서 관찰한 사회적 오식의 역류화를 이렇게 보고하였다.[27]

25) E. Goffman, *Stigma: Notes on the Management of Spoiled Identity,* Harmondsworth: A Pelican Book, 1974.
26) D. L. Rosenhan, On being sane in insane places, In P. Zimbardo, & C. Maslash (Eds.), *Psychology for Our Times: Readings,* Glenview, Ill.: Scott, 1973, pp. 256-268.
27) *Ibid.,* p. 262.

"하나의 정신병학적 표찰(a psychiatric label)은 생명을 가지고 그것 자체의 영
향력을 발휘한다. 환자가 정신분열증을 앓고 있다는 인상이 일단 형성되면 그는 계속
해서 정신분열증을 보이리라는 기대를 하였다. 환자가 아무 이상행동을 보이지 않고
충분한 시간이 경과해야 그는 풀려나올 것으로 고려된다. 그러나 그 표찰은 그가 다시
분열증 환자처럼 행동하리라는 확증되지 않은 기대와 더불어 퇴원을 초월하는 지속력
을 가진다. 정신건강을 연구한 전문가들에 의해서 부여된 이 표찰들은 그 환자의 친척
이나 친구들에게 주는 영향만큼 환자에게도 영향을 미친다. 그 진단이 모든 사람에게
자성 예언(a self-fulfilling prophecy)의 효과를 발휘한다는 것은 우리에게 놀라운
사실이 아니다. 결국 그 환자는 온갖 잉여적 의미와 기대를 가진 그 진단을 스스로 수
락하고 그것에 맞춰 처신한다."

개인은 기실 무엇이라고 쉽게 단정하기 어려울 정도로 고유한 개성을 가지고 총
체적으로 생성하는 존재이지만 구조화된 사회는 그를 협소한 유형 속에 가두고 그
에 맞춰 행동하게 하는 기제를 가지고 있다. 이 현상은 특히 현대사회의 두드러진
특징 가운데 하나다. 나는 이제부터 현대사회가 갖는 대인관계의 폭과 깊이 및 대
인 지각의 피상성을 분석하고 실존주의 심리학자들이 소외를 현대인의 공통된 문
제라고 규정하게 된 연유를 추적해 보겠다. 현대인은 역사상 유래 없이 많은 사람
과 접촉을 유지하면서 생활한다. 거리에서, 버스 속에서, 시장터에서, 그리고 직장
에서 하루에 수천 명의 다른 사람을 상대할 수 있다. 교통과 통신 수단의 혁명은 이
접촉의 범위를 한층 더 넓혀 준다. 우리는 비교적 자유롭게 이동할 수 있으며, 대중
매체는 우리에게 무수한 표현행동을 전시해 준다. 그럼에도 군중은 서로 간에 고
독하고 자신과 괴리된 로봇 같은 공허감에서 해방될 수 없다. 이 풍요 속의 빈곤이
란 왜 그토록 만연되고 있는가? 이에 대한 해답은 결국 사회적 변천에서 얻을 수밖
에 없다.

역사적으로 인간은 다양한 사회 형태를 경험하였다. 그 가운데 일찍이 페르디난
트 퇴니에스(Ferdinand Tönnies)는 이른바 공동사회(gemeinschaft)와 이익사회
(gesellschaft)를 대비시킨 바 있다.[28] 공동사회에서 사람들은 서로 동류의식을 가지

며 개인이나 집단에 대해서 전인적인 성향의 교류를 할 수 있다. 한편, 이익사회에
서는 사회적인 관계가 선택적이며 자기이익의 합리적인 추구에 바탕을 둔다. 특정
한 시점에 있는 어떤 특정한 사회를 이 두 가지 범주의 어느 하나로 분류하기는 어
렵다. 그러나 퇴니에스는 대체적으로 역사의 흐름이 전자에서 후자로 바뀌고 있다
고 믿었다. 이와 같은 사회 변화는 바로 지금 우리가 여기서 다루는 자아개방과 관
련하여 매우 중요한 의미를 지니고 있다. 이익사회는 매우 특이한 이중성을 가지
고 있다. 그것은 공동사회가 갖는 공동체적 유대가 와해된 형태를 취하기 때문에
개인이 비교적 고유한 개성을 가질 수 있는 통로를 마련해 주고 있다. 그러나 다른
한편으로 이 사회에서는 계약과 이해관계를 중심으로 한 단면적인 인간관계가 성
립되기 때문에 개인은 그가 가진 개성을 총체적으로 교류할 수 있는 기회를 별로
갖지 못한다.

현대사회는 역할 체제 속에서 대인관계가 이루어지도록 구성되어 있다. 사회의
관점에서 볼 때 개인은 대치될 수 있는 역할 연기자에 불과하다. 역할은 계약상 익
명적이며 임의적이며 편면적이다. 여기서 편면적이라 함은 그것이 기능상으로 분
할되어 있음을 뜻한다. 사회는 이 편면적인 역할을 먼저 마련해 놓고 역할 담당자
에게 약정된 범위의 표현행동만을 요구한다. 만약 그가 약정된 것 이상의 어떤 연
기를 보인다면 그는 이른바 '공연적 책임'을 문책받는다.[29] 예컨대, 어떤 상품 판
매자가 거래와 아무 관계가 없는 사적인 성향을 고객에게 보인다면 그것은 대본에
도 없는 연기를 연극인이 하는 것처럼 어색한 장면으로 판정된다. 더구나 그가 "이
것은 가짜 상품인데 이렇게 비싸게 파는 것입니다."라는 식의 자아개방을 한다면
그는 이미 상업 활동의 부적격자로서 당장 해고될 것이다. 따라서 그는 그가 어떤
신념이나 감정을 가지고 있든 간에 그것을 표명하지 않고 유형화된 역할수행을 하
려고 한다.

28) F. Tönnies, *Gemeinschaft and Gesellschaft* (translated by C. P. Loomies as *Community and Society*), New York: Harper, 1963.
29) E. Goffman, *The Presentation of Self in Everyday Life*, New York: Doubleday, 1959.

　사회적 체제의 존속의 입장에서 보면 개인은 사회에서 요구하는 역할만 충실히 수행하면 된다. 이 부면은 이른바 구조적 기능주의(the structural-functionalist school)를 표방해 온 일련의 사회학자들에 의해서 오래전부터 강조되었다. 악기는 요구되는 음을 내면 되고, 땔감은 필요한 만큼의 열량을 내면 그만이다. 마찬가지로 개인이 갖는 사회적 가치는 그가 사회에서 수행하는 기능에 있으며, 그 이면에 존중되어야 할 개성이 있다는 각성에 있지 않다. 이 논리에 따른다면 공장 직공은 물건을 많이 생산하면 되고, 상인은 그것에 많은 이윤을 붙여 다량으로 판매하는 실적을 보이면 된다. 이처럼 겉으로 나타난 표현행동과 업적만을 토대로 개인의 존재 가치가 규정되고 그에 따라 보상과 벌이 공여되는 사회에서 개인이 적응할 수 있는 하나의 처신 방식은 그때그때 적절한 가면을 쓰는 것이다. 개인은 사회 내에서 다양하고 이질적인 다수의 역할을 가지고 있다. 그는 그가 가진 총체적인 성향과는 관계없는 다양한 가면을 사전에 준비하고 있다가 역할 상대(a role partner)가 그에게 기대하는 유형화된 처신 방법을 예견하고 그 가운데 어떤 것을 선별해서 쓰면 된다. 예견이 정확하고 적절한 가면만 쓸 수 있다면 그는 또 다른 사회적 인정을 배급받을 수 있다.

　사회적 보상과 인정은 개인이 점유한 역할의 종류에 따라 불평등하게 배분된다는 사실은 역사의 어느 시기에서나 찾아볼 수 있다. 내가 보기에는 지금까지 그것을 제거하려는 어떤 개혁가의 노력도 실패한 듯하다. 따라서 가능한 범위 내에서 개인이 유리한 직책의 가면을 쓰려고 할 것은 당연하다. 과거에는 사회적 지위가 세습이나 전통에 의해서 결정되었지만 현대사회는 다소간 그것이 경쟁 입찰에 맡겨진다. 그래서 각자는 사회적 척도의 서열에 나타난 하나의 사다리에서 높고 낮은 위치를 차지하게 하는 가면의 형태가 어떤 것인가를 궁리하고 가면 활동의 경연에 참가한다. 여기서 에릭 번[30]이 일컫는 온갖 '게임'과 어빙 고프먼[31]이 잘 묘

30) E. Berne, *Games People Play: The Psychology of Human Relationships*, New York: Grove Press, 1964.
31) E. Goffman, *op. cit.*, 1959.

사한 각종 '인상관리'가 난무한다. 대본상 이 경연의 승자에게는 부귀영화가 약속되어 있고 패자에게는 낮은 곳에서 윗사람을 받들어야 하는 의무감만 수여된다. 뿐만 아니라 그들의 언어, 복장, 거주지, 대인관계의 습관은 마치 왕자와 거지의 그것처럼 대조된다. 사람들은 또한 그들의 행동성향을 직접 투시할 능력이 없기 때문에 그 외관상의 특징에 의해서 그들의 행동성향을 추측하고 평가하는 맹목적 태도를 보인다. 이 과정은 개인이 의도적으로 얻고자 했던 허상의 성취를 의미함으로 우리가 앞서 지적한 신비화와 같은 어리둥절한 감정을 포함하지는 않는다. 다만, 그는 이미 사회적으로 타당화된 그 잘못된 인식에 배반하지 않으려는 그의 노력을 자조하면서 자기 연민과 존재적 공허감을 가끔 체험할 뿐이다.

그러나 아무리 높은 위치에서 왕자로 군림하게 되었다고 하더라도 만약 그의 표현행동이 내부의 총체적인 자아와 괴리되어 있는 한 우리는 앞서 논의한 소외의 질병에서 해방되기 어렵다. 자아개방의 관점에서 볼 때 윗사람이 오히려 아랫사람보다 불리한 위치에 놓인다는 사실은 근래에 여러 연구에서 밝혀지고 있다. 고프먼의 관찰에 의하면 낮은 위치에 있는 사람(예컨대, 엘리베이터 걸)이 높은 위치에 있는 사람(예컨대, 회사의 사장)에게 자아개방하는 것이 그 반대보다 훨씬 적절하다고 한다.[32] 이 흥미 있는 가설은 다른 연구에 의해서 이후에 경험적인 타당성을 인정받게 되었다.[33] 또한 일찍이 번은 인생에서 최후의 승자는 게임에서 해방되어 타인과 친밀감을 나눌 수 있는 사람이라고 하였다.[34] 따라서 지각 있는 사람들은 이처럼 분열된 역할수행, 왜곡된 자아상, 그리고 연극적 쾌감이라는 환영에서 탈출하기 위해서 옛 선조들이 누렸던 공동사회의 낙원을 기리게 된다. 다시 말하면, 그들은 자신의 성향이 '하나의 고유한 전체(a unique totality)'로서 개방될 수 있는

32) E. Goffman, *Interaction Ritual,* New York: Doubleday, 1967.
33) 다음을 참고하라.
   ⓐ D. Slobin, S. Miller, & L. Portor, Forms of address and social relations in a business organization, *Journal of Personality and Social Psychology,* 1968, 8, 289-293.
   ⓑ A. L. Chaikin, & V. J. Derlega, Variables affecting the appropriateness of self-disclosure, *Journal of Consulting and Clinical Psychology,* 1974, 42, 588-593.
34) E. Berne, *op. cit.,* 1964.

인간관계를 찾는다. 예컨대, 그들은 주위의 어떤 사람에게 그가 숨기고 있는 내밀한 신념과 감정을 죄다 토로하는 방식을 택할 수도 있다. 그러나 자아 공개에는 자신의 약점과 비밀사항이 포함되기 때문에 우리는 상대편이 그 내용을 역이용할지 모른다는 불안에 사로잡힌다.

이와 같은 상황을 '심리적 저당(psychological hostage)'이라는 말로 지칭한 바 있는 머레이 데이비스(Murray S. Davis)는 이렇게 말한다.[35]

"개인이 타인으로부터 그의 비밀이 안전하게 지켜질 수 있다는 확신을 얻을 때까지 그 비밀을 그의 뒤뜰에 매장하려고 하는 이유는 그가 배신의 공포심(fear of betrayal)을 갖고 있기 때문이다. 적은 의도적으로 배신할 것이며, 친구는 무의도적으로 배신할 것이다. 그의 내밀한 약점들을 공개하는 사람은 두 가지 종류의 배신에 노출된다. 첫째, 배신자는 그의 취약성을 공표하여 타인이 그를 공격하도록 고무할 수 있다. 둘째, 그 배신자는 그 자신이 그 약점을 이용하여 공개자를 공격할 수 있다."

불신 풍조는 사회마다 약간씩 다르다. 일찍이 문화인류학자인 루스 베네딕트(Ruth Benedict)는 뉴기니(New Guinea)의 도부(Dobu) 사회를 기술하면서 불신의 극단적인 형태가 어떤 것인지를 우리에게 보여 주었다.[36] 이 특수한 사회에서는 타인의 희망이나 공포를 아는 것이 그를 공격할 수 있는 가장 좋은 자료인 것으로 간주되기 때문에 어느 누구도 다른 사람을 믿지 않는다. "남이 너를 위태롭게 하기 전에 네가 먼저 공격하라."라는 불문율을 가진 이 종족의 생활양태는 극단의 편집병으로 특징져진 것으로 보고되었다. 나는 이 불신 풍조가 오늘날의 이익사회와 어떤 관련이 있는지를 밝힌 자료를 불행히도 가지고 있지 못하다. 그러나 경쟁 속에서 이익을 추구하는 사회에서 살아야 하는 현대인은 타인을 불신하고 어떤 대가

35) M. S. Davis, *Intimate Relations,* New York: The Free Press, 1973, p. 125.
36) R. Benedict, *Patterns of Culture,* Boston: Houghton Mifflin, 1934.

를 지불하더라도 자신의 약점을 감추려는 성향을 다소간 가지고 있다는 것을 부인
하기는 어렵다.

불신 풍조가 눈덩이처럼 부풀어 가는 가장 전형적인 예는 『누가 버지니아 울프
를 두려워하는가』라는 극본을 쓴 올비(E. Albee)에 의해서 잘 기술되었다.[37] 이 연
극에서 조지(George)와 마르타(Martha)는 닉(Nick)과 호나이(Horney)를 자기 집에
초대하게 된다. G는 그들의 아내가 잠시 자리를 비운 시간에 지난날의 비밀사항을
N에게 약간 털어놓는다. 이에 맞장구를 치면서 N은 그가 H와 결혼하게 된 것은 그
녀가 혼전임신을 빙자로 강요했기 때문이라고 G에게 말한다. 적어도 이 장면까지
는 G와 N은 매우 친밀한 관계를 유지할 수 있었다고 말할 수 있다. 그러나 몇 시간
이 지난 후 N이 자신을 멸시했다고 느낀 G는 좌중에서 N의 고백 내용을 공개하여
복수를 시도한다. 이 말을 듣고 H가 기겁하여 자리를 뜨자 G를 제외한 모든 사람
들이 당황하고 언짢아할 때 불신 풍조는 점차 고조된다. 이 연극 장면은 N이 언젠
가는 G가 그의 행동을 후회할 것이라고 맹세하는 부분에서 끝난다. 그래서 불신
풍조는 사회구성원이 그들의 내밀한 행동성향을 표현하여 구조될 수 있는 마지막
오아시스조차 봉쇄해 버리는 것이다. 우리가 이 연극에서 크게 공감을 느끼는 것
은 이런 부정적인 측면이 현대생활의 구석구석에 편재되어 있음을 간접적으로 시
사한다.

여기서 잠시 이제까지의 논의를 요약해 보자. 개인은 어느 순간에 각각 고유한
개성을 지니고 있지만 그것에 대한 서로 간의 인식은 표현행동을 통해서 이루어진
다. 이렇게 보면 우리는 적어도 두 가지 극단적인 실존양태를 상정할 수 있다. 하나
는 내면적인 자아가 표현행동을 통해서 자발적으로 표명되는 실존양태고, 다른 하
나는 내면적 자아가 표현행동에 의해서 밀폐되거나 왜곡되는 실존양태다. 심리학
자들은 전자가 후자에 비해서 건전한 것임을 오랫동안의 임상 관찰을 통해서 입증
했다. 그런데도 개인은 여러 가지 내외적 조건 때문에 자신을 자신으로부터 소외
시키는 길을 걷게 된다. 개인의 행동성향이 투명하게 드러날 수 없다는 사실은 무

---

37) E. Albee, *Who's Afraid of Virginia Woolf?*, New York: Atheneum, 1966.

엇보다도 불행한 일이다. 이 사실로 인해서 개인은 자신의 일부를 곡해하거나 억압하거나 혹은 의도적으로 위장할 수 있게 된다. 한편, 이 불행한 사태는 사회가 갖는 다른 조건에 의해서 가중된다. 사회는 구성원의 편면적인 기능성을 위주로 그들을 규정하며 그들의 대가성을 평가한다. 사회는 표현행동을 토대로 내면성을 규정하는 각종의 범주를 사전에 마련해 놓고 오류를 타당화한다. 개인은 따라서 유형화된 인식, 그리고 사회적인 척도에 일치할 수 있는 방식의 가면 활동에 종사하면서 사회적 사태에 적응하는 편법을 택한다. 그리고 만약 사회적으로 타당화된 기준에 어긋나는 내면성을 가졌다고 판단될 때 구성원은 상호 간에 비방하고 역이용할 수 있는 방식을 택함으로써 '벙어리 냉가슴'을 앓거나 자신의 본연성에서 이탈하는 함정에 빠진다. 이래서 우리는 군중 속에서 고독한 이방인이 된다. 그러나 어느 누구도 이 실존양태를 원하고 있는 것 같지는 않다.

　그렇다면 우리는 자신의 이와 같은 몰골을 숙명적인 것으로 좌시하면서 대세의 흐름에 따라갈 것인가? 여기에 현대인이 택할 두 가지 갈림길이 있다. 그것의 하나는 사회의 대세에 부화뇌동하는 길이고, 다른 하나는 그런 악조건에도 불구하고 자신의 본연성을 체험할 수 있는 조건을 스스로 찾는 길이다. 이 후자의 입장이야말로 자유인의 자임에서 우러나오는 태도다. 자유인은 자신과 사회가 많은 가능성 있는 현실의 특수한 사례에 불과하다고 믿으며 그 자신이 세계를 선택하고 재구성하고 조형할 수 있는 힘을 가지고 있는 실존적 존재라는 것을 믿는다. 우리는 앞 장에서 우리의 자아를 임의적으로 조형하려는 무수한 제약에도 불구하고 그것을 우리 스스로가 극복하면서 자아형성의 자유를 누릴 수 있음을 발견하였다. 마찬가지로 우리는 이미 형성된 우리의 자아를 여러 가지 여건 속에서 자유롭게 표현할 수 있는 방식을 모색할 책임을 가지고 있다. 우리 각자는 타인의 환경을 구성하고 있기 때문에 타인의 자아표현을 도울 수 있다. 또한 우리 각자는 환경을 선택하고 구성할 힘을 가지고 있기 때문에 자신의 행동성향을 표현하는 데 일차적인 책임을 지고 있다. 너와 나의 노력이 없이 표현의 자유를 보장해 줄 어떤 세력도 이 지구상에는 존재하지 않는다. 현 사태의 문제를 해결하는 방법은 다양할 수 있다. 급진적인 방안이 있을 수 있고 점진적인 전략도 있을 수 있다. 나는 이 장의 나머지 부분에서 그 방안의 몇 가지를 시사하고자 한다. 이 방안은 다분히 우리가 살고 있는 이익사회를 전제로 추진될 수 있는 것이라고 나는 믿는다.

그 첫째의 해결 방법은 사회적 체제와 개인 체제를 조화롭게 배합시키는 데서 구할 수 있다. 사회는 그 나름의 존속과 기능성을 보장하는 각종의 이질적인 역할 체제를 가지고 있다. 우리는 체제를 무시하는 어떤 사회도 상상할 수 없다. 한편, 구성원은 그 나름의 경험 배경을 가진 고유한 성격 체제를 가지고 있다. 그런데 이 두 부류의 체제는 설사 그 특성은 다를지언정 그들이 어떻게 조합되느냐에 따라 양자의 기능이 최대한으로 고양될 수도 있고 그렇지 않을 수도 있다.[38] 이 말은 어떤 임의의 사회적인 역할은 어떤 임의의 성격에 부합하거나 부합하지 않을 수도 있다는 가능성에 기초를 둔다. 부합한 경우에 개인의 표현행동은 그렇지 않은 경우보다 자연스러울 것이다. 예를 들어 보자. 가령, 각각 A와 B라는 역할수행을 요구하는 사회적인 직책이 있고 갑과 을이라는 이질적인 행동성향을 가진 두 개인이 있다고 가정해 보자. 여기서 만약 갑과 을이 각각 A와 B의 역할수행에 적합한 행동성향을 가지고 있다면 그런 방식의 조합 형태를 택하는 것이 다른 방식의 조합보다 유리하리라는 것은 쉽게 상상할 수 있다. 적절한 역할 선택은 사회 체제에게 적재적소의 능률을 제공하며 개인에게는 자율적인 자아표현의 기회를 증대시킨다.

그러나 이 방법은 적어도 세 가지 전제가 만족될 때 실제적인 효과가 있다. 첫째, 각 개인이 다소나마 자유롭게 역할을 선택할 수 있는 사회적 제도가 마련되어야 한다. 이 문제는 사회학에서 이른바 귀속적 지위와 성취적 지위, 그리고 사회적 이동이라는 주제로 이제까지 논의되었다. 둘째, 우리는 서로 특성이 다른 사회 체제와 개인 체제 간의 적합성을 구명한 일단의 지식을 확보해야 한다. 이 문제는 근래에 측정심리학자들에 의해서 방법론적인 해결 방안이 제시되었으나 그 계획을 실천하려는 용의성과 자금지원이 커다란 장벽으로 남아 있다. 셋째, 개인은 역할을 선택할 때 자신과 직업 세계에 대한 충분한 정보를 참고할 수 있어야 한다. 이와

38) L. A. Pervin, Performance and satisfaction as a function of individual-environment fit, *Psychological Bulletin*, 1968, 69, 56-68.

관련하여 사회 통념과 무지가 큰 장벽이다. 이제부터 우리는 각각의 조건을 간략하게 검토하는 순서를 택해 보기로 하자.

다수의 인간이 생활하는 사회에는 다양한 형태의 공연을 요구하는 무대가 마련되어 있으며, 그 무대의 출연에 가담할 사람들의 충원은 다양한 방법에 의해서 이루어졌다. 인류학자인 랄프 린튼(Ralph Linton)은 이와 관련하여 각 사회가 하나의 딜레마를 갖는 것으로 보고하였다.[39] 개인은 하나의 특정한 지위에 맞도록 일찍 훈련되면 될수록 좀 더 성공적인 역할행동을 할 수 있다. 개인과 사회 체제는 유동적으로 변하는 실체일 뿐만 아니라 너무 조급하게 어떤 직종에 부합한 훈련이 이루어지면 개인의 선천적인 소질이 무시될 위험성이 있다. 린튼은 이 딜레마를 해결하는 방법으로 귀속적 지위와 성취적 지위의 병용을 제안하였다. 전자는 가정, 혈연, 사회계층, 성별, 종족에 의해서 미리 예정된 역할에 해당한다. 한편, 특별한 능력과 훈련을 요구하는 역할은 개인적인 자질과 선택에 의해서 충원되는 방식을 택한다. 그러나 때와 장소에 따라 역할이 자유롭게 선택되는 범위는 변천된다. 예컨대, 인도에서 볼 수 있었던 계급제(a caste system)는 한 개인이 일생 그가 태어난 계층에서 이탈할 수 없는 폐쇄적인 형태를 취하였다. 한편 현대 민주사회는 개인이 그의 개인적인 자질이나 업적에 의해서 계층이동을 할 수 있는 범위를 확장하고 있다. 이는 비단 사회적 대가성의 위계가 있는 수직적 이동(vertical mobility)뿐만 아니라 동일한 위계상에 있는 다양한 직종 간의 수평적 이동(horizontal mobility)을 포함한다. 이와 같은 추세의 변화는 표현의 자유와 관련하여 일단 좋은 조짐으로 평가될 수 있다. 왜냐하면 이는 개인이 생활의 대본(scripts)을 자기 자신의 선택에 의해서 결정할 수 있음을 의미하기 때문이다.

직업 세계와 개인 체제 간의 최적 함수를 구하는 과제는 그렇게 만족스러운 단계에 이르지는 못했다고 하더라도 매우 고무적인 미래를 약속하고 있는 듯하다. 역할 체제와 성격은 설사 독립된 실체이지만 그들 간에는 어떤 기준에 비추어서 조화를 유지할 수 있는 경험적 관계를 가질 것으로 가정된다. 그 기준은 이를테면

---

39) R. Linton, *The Study of Man,* New York: Appleton, 1930, pp. 113-132.

사회의 기능적 능률성이 될 수도 있고 개인의 표현적 자율성이 될 수도 있다. 한 개인이 그가 소속한 사회 체제의 원활한 작용에 요구되는 최소한의 능력과 자질을 구비하지 못하고 역할을 담당하였을 때 많은 좌절과 소외감을 체험할 것이다. 이는 또한 사회적 기능의 퇴보와 어떤 간접적인 관계를 가질 수도 있다. 이를테면, 토끼는 육상에서 잘 달리고 거북이는 바다에서 잘 헤엄친다. 마찬가지로 개인에게 적합한 환경은 개인이 가진 행동성향이 어떤 것이냐에 따라 상대적으로 평가되어야 한다. 그러나 우리는 이와 같은 막연한 추측의 수준을 넘어서서 확증된 지식을 구축해 나가야 한다. 이제까지 이 방면의 연구는 주로 사회 체제에 부합된 인재의 물색이라는 목표에 치중되었다. 또한 개인의 총체적인 성향의 평가보다는 능력이라는 단일 차원의 평가가 주류를 이루었다. 이런 노선의 연구는 연구자가 사회의 충노(忠奴) 역할을 알게 모르게 해 왔다는 인상을 지울 수 없다. 대신 우리는 동기와 같은 정의적 측면에 같은 정도의 관심을 가질 필요가 있다. 예컨대, 몇 편의 연구는 개인이 그의 동기체제에 부합한 상황에서 더욱 많은 만족을 느낄 뿐만 아니라 업무수행의 수준도 높다는 사실을 밝혀 준다.[40] 이 외에도 우리는 개인의 성향을 다면적으로 고려해서 분류된 직업 세계와 관련을 맺어 보는 작업을 계속해야 할 것이다. 근래에 발전되고 있는 이른바 적성×처치 상호작용(aptitude×treatment interaction)에 관한 연구는 이 방면에 대한 지식의 누적에 크게 공헌할 소지를 마련해 주었다.[41]

---

40) 다음을 참고하라.

ⓐ E. G. French, Effects of interaction of motivation and feedback on task performance, In J. W. Atkinson (Ed.), *Motives in Fantasy, Action, and Society*, New York: Van Nostrand, 1958, pp. 400-408.

ⓑ W. J. McKeachie, Motivation, teaching methods, and college learning, In M. R. Jones (Ed.), *Nebraska Symposium on Motivation,* Lincoln: University of Nebraska Press, 1961, pp. 111-142.

ⓒ W. J. McKeachie, Y-G, Lin, J. E. Milholland, & R. C. Isaacson, Student affiliation motives, teacher warmth, and academic achievement, *Journal of Personality & Social Psychology,* 1966, *4*, 457-461.

41) L. J. Cronbach, & R. E. Snow, *Aptitudes and Instructional Methods: A Handbook for Research on Interactions,* New York: Irvington Publishers, 1977.

그러나 아무리 사회적 체제가 역할 선택의 범위를 확대해 주고 심리학자들이 개인과 환경 간의 최적 함수를 구명한다고 하더라도, 당사자인 개인이 그 기회와 정보를 이용할 지식과 용의성을 갖지 않는다면, 우리가 지금 논의하고 있는 역할 선택에 의한 자아표현의 자유는 성취될 수 없다. 개인은 그의 성향이 어떤 것이며 그것이 어떤 사회적 상황에서 최대한으로 표현될 수 있는지를 심사숙고해야 할 일차적인 책임이 있다. "나는 어떤 사람인가?"라는 질문은 그가 가진 행동성향과 한계를 탐색하는 과제에 해당한다. 여기서 심리검사의 기법이 자신에 대한 이해를 높일 수도 있다. 이를테면, 능력 검사에 나타난 자신의 낮은 점수는 높은 점수와 마찬가지로 역할 선택에 중요한 정보를 제공해 줄 것이다. 이 외에 그는 자신의 동기, 흥미, 창의력, 취미, 가치관, 예술적 능력, 습관 등을 탐색해야 한다. 물론 심리검사는 자신의 전모를 밝혀 줄 수 있을 만큼 다양하거나 타당하지 못할 경우도 있을 것이다. 그 경우는 그의 자서전적 정보, 과거의 경험, 그리고 타인의 선별적인 평가 등이 중요할지도 모른다.

다음에 그는 그가 택할 수 있는 가능한 역할 세계에 대한 지식을 가지고 있어야 한다. 그 직업은 무엇을 요구하는가? 어떻게 시간을 보내며 어떠한 인간관계가 성립되는가? 어떻게 승진할 수 있는가? 그리고 무엇보다도 그런 것들이 자신의 성향과 친화할 수 있는가? 이런 질문에 대한 해답은 물론 자신의 노력과 전문인의 조력에 의해서 얻어질 수밖에 없다.

우리들이 택하는 역할 가운데 가장 핵심적인 것은 장기간에 걸쳐 생계와 관련해서 종사해야 할 직업(occupation)이다. 현대사회는 그 기능의 필요상 복잡하게 분업화되어 있으며 개인이 그 가운데 어느 것에 정치되면 그 기능에 맞는 역할을 장기간에 걸쳐 수행하도록 요구된다. 학교, 군대, 정부기관, 산업기관 등과 같은 큰 범주의 직업 세계 속에는 다시 무수하게 다양성 있는 직종들이 있다. 우리 사회에서 이 직업 선택은 청년기에 이루어진다. 에릭슨은 이 시기에 극복해야 할 가장 중요한 심리적인 위기로서 '정체성 혼미(identity-confusion)'를 지적하였다.[42] 청년기

---

42) E. H. Erikson, *Identity: Youth and Crisis,* New York: Norton, 1968.

의 개인은 대부분 "나는 어린이인가, 성인인가?", "나는 독립적인 개체인가?", "어떤 직업을 택할 것인가?", "나는 성공할 것인가, 아니면 실패할 것인가?" 등과 같은 질문으로 고민한다. 여기서 정체성 혼미란 이에 대한 확실한 해답에 이르지 못하고 방황하는 것을 말한다. 이 고뇌의 근원은 현대 문명이 갖는 발달의 불연속, 그리고 부분적으로 그의 앞에 놓인 직업들에 대한 불확실성에 있다. 많은 직종 가운데서 배타적으로 하나를 선택하는 결단은 결코 용이하지 않다.

우리의 개념에 의하면 좋은 직업 선택은 개인의, 행동성향과 직업에서 요구하는 표현행동 간에 적절한 친화를 유지할 때 이루어진다고 볼 수 있다. 그러나 이 중요한 직업 선택이 자신과 직업 세계에 대한 지식이 부적절한 시기에 이루어지기 때문에 개인에게는 불행을 자초하고 사회적인 기능이 둔화되는 손실을 보게 된다. 어떤 청년은 별 생각도 하지 않고 닥치는 대로 그에게 주어진 직업을 감수하는 경우도 있다. 혹은 다른 청년은 막연한 자기 환상과 이상, 사회적인 통념, 혹은 동료나 부모의 압력에 의해서 자기가 일생 종사할지도 모르는 특정한 직업을 택하는 어리석음을 보인다. 여기서 특히 자아표현과 관련하여 지적되어야 할 위험한 선택은 직업의 가치를 자신이 가진 행동성향에 비추어 평가하지 않고 단지 사회적인 지위의 위계에 맞추는 것이다. 사회마다 그 위계의 척도가 다르지만 우리네 사회에서의 권력, 재력 및 명예가 '왕자와 개구리(Princes and Frogs)'[43]를 구분하는 기준이 되는 성싶다. 그래서 어떤 청년은 거의 맹목적으로 상류 계층에 속할 수 있는 직업을 선망하여 수단과 방법을 가리지 않고 그것을 쟁취하는 일에 몰두한다. 대중매체, 사회적 통념, 특히 부모는 이 맹목적 추구를 고취하는 데 일익을 담당한다. 위계의 아래에 있던 부모는 자녀가 적어도 그들 자신보다는 높은 위치의 사다리를 잡기를 희구하고, 사다리의 높은 곳에 위치한 부모는 적어도 그들의 자녀가 자기들보다 낮은 위치에 떨어지지 않도록 압력을 가한다. 그러나 다행히 자라나는 세대들은 이와 같은 기성 세대의 고정관념에 저항하는 추세를 보인다는 보고도 있다.[44]

● ● ● ● ………………………………………………………………………………………………

43) E. Berne, *What Do You Say after You Say Hello?*, New York: Grove Press, 1972.
44) 다음을 참고하라.

물론 외부의 압력에 의한 직업 선택이 반드시 부적절하다는 독단은 여기서 성립되지 않는다. 그러나 만약 부모의 권유나 강압이 당사자인 개인이 가진 행동성향에 대한 하등의 고려도 하지 않고 받아들여진다면 자녀는 설사 사회적으로 높이 평가되는 직업을 갖게 되었다고 할지라도 그로부터 진정한 만족을 얻기는 힘들 것이다. 높은 지위나 직책은 그것이 갖는 표면적인 특혜 및 사회적인 인정과 더불어 많은 요구사항과 제한을 동시에 지니고 있다. 의사는 항상 병든 환자들을 상대로 하며 그가 가진 기술을 어떻게 쓰느냐에 따라 환자의 생사가 좌우되는 압력 속에 생활한다. 변호사는 분노에 차거나, 버림받거나, 억울하거나, 다투기 좋아하는 사람들을 다루어야 한다. 사업가는 물질적 이득을 위한 경쟁 속에서 긴장된 나날을 보낸다. 정치인은 책략과 인기 작전에 부심하며 처신해야만 한다. 이들은 공적인 주목의 대상이 되기 때문에 그 직업에 부합한 표현행동에 더욱 충실하여야 하며, 그만큼 내면성의 자유로운 표현에 제약을 받게 된다. 그 이유는 분명하지 않지만, 연구 결과는 상층 계급이 하층 계급보다 신경쇠약의 증세가 많이 나타나며,[45] 자살률도 높은 것으로 보고되었다.[46] 이는 상류 생활에도 어떤 어두운 측면이 도사리고 있음을 간접적으로 시사하는 것이다.

심리학자들은 사회적 인정에 기초를 둔 맹목적인 지위의 획득이 건전한 생활을 방해하는 사례들을 자주 본다. 이를테면, 야노프(A. Janov)는 그가 대하는 상류층의 신경쇠약이 대부분 부모의 강압에 의해서 자아가 형성되었거나 혹은 이미 형성된 행동성향을 억압하는 직종의 선택에서 비롯된다는 진단을 내렸다.[47] 이를테면, 강박적으로 지위를 추구하는 사업가의 내부에는 "정말 나를 좀 살려다오."라고 하는 원천적인 필요의 절규가 도사리고 있다고 한다. 그들은 성장할 때 부모의 요구에

ⓐ H. E. Salisbury, *The Shook-up Generation,* New York: Harper, 1959.

ⓑ T. Roszak, *The Making of a Couter Culture: Reflections on the Technocratic Society and Its Youthful Opposition,* New York: Anchor, 1968.

45) A. B. Hollingshood, & F. C. Redlich, *Social Class and Mental Illness,* New York: Wiley, 1958.

46) E. Durkheim, *Suicide* (translated by J. A. Spaulding, & G. Simpson), New York: The Free Press, 1958.

47) A. Janov, *The Anatomy of Mental Illness,* New York: G. P. Putnam's Sons, 1971.

응하면서 조건적인 인정을 받은 경력을 가지고 있기 때문에 지위를 추구해서 "나는 중요한 인물이 되었소, 나를 좀 인정해 주시오."라는 식의 호소를 하고 있지만, 이로부터 얻을 수 있는 만족감은 자신으로부터 이탈한 상징적인 것에 불과하다. 이처럼 자신의 순수한 감정을 느끼지 못하고 사회적 인정에 집착할 때 필연적으로 신경쇠약 증세가 동반된다. 말하자면 그는 사회에서 인정을 받고 있지만 바로 그 인정의 희생물인 셈이다. 사람들은 대부분 그들에게 높은 지위가 주어질 때 그 기회를 쉽게 거절하지 못한다. 오히려 그들은 이제까지 지적되어 왔듯이 지위를 맹목적으로 추구한다. 그러나 그 사회적인 척도나 매력과 그것을 수락한 개인이 갖는 만족도는 반드시 병행하는 것은 아니다.

다음에 인용하는 화이트(R. W. White)의 글은 이 점을 잘 드러내고 있다.[48]

"진급(promotion)은 때때로 사회적으로나 개인적으로 불행한 결과를 가져온다. 어린이를 가르치는 데 천재적인 재질을 타고난 어떤 선생이 교장이라는 '더 나은' 직책을 받아들여, 선생을 선발하고, 교육과정을 지시하고, 재정적인 정책을 발전시키고, 직원들을 행복하게 하면서 교장실의 의자에 앉아 많은 시간을 소비하지만, 그는 학습하려는 어린 꼬마를 결코 직접 대면할 수 없게 된다. 설계의 문제에 기쁨을 느끼고 싶은 자기 몰입 속에서 그의 걸작을 발견하는 어떤 창의적인 건축가에게 부사장이라는 직책이 주어질 수도 있다. 그는 그 직책을 받아 계약을 따내거나, 회사의 재정을 다루거나, 인사 문제들에 대한 책임을 지지만 그가 그의 잃어버린 설계사무실을 그리며 한탄할 때 그 책임들은 그에게 끝없이 사소하고 지루한 것으로 충격을 준다. 대학 총장이라는 직책이 그것에 대해서 도저히 참을 수 없는 것을 알게 된 사람들에게 주어진다고 가정하자. 그들은 그들이 더는 시간을 낼 수 없는 강의, 세미나, 그리고 연구에 향수를 느끼며 고통받는다."

● ● ● ● ···

48) R. W. White, *The Enterprise of Living: Growth and Organization in Personality*, New York: Holt, 1972, p. 443.

현대사회에서 역할수행을 하지 않고 생활할 수 있는 사람은 아무도 없다. 다만, 우리는 규정된 역할과 그 역할을 담당할 개인의 행동성향 사이에 친화할 수 있는 현명한 선택에 의해서 그 역할수행에 포함될 수 있는 부자연성을 다소간 경감할 수 있을 뿐이다. 그러나 역할과 성향 사이에 완전한 화해란 있을 수 없다. 여기서 우리는 그들의 불협화를 완충할 수 있는 다른 방법을 강구할 필요가 있다. 그 방책의 하나는 개인이 자신의 정체성과 역할수행을 개념적으로 분리시키는 것이다. 우리는 가끔 우리 자신을 '아빠', '교수', '남편', '예비군' 등과 같이 사회에서 규정한 역할과 관련하여 기술하는 습관이 있다. 상징적 상호주의자들은 이를 '사회적 자아(social self)'라 칭하였다. 그러나 엄격하게 따지면 개인의 정체성은 이처럼 단편적이고 분열된 사회적 역할을 모두 하나로 뭉쳐 놓은 이상의 것이다. 그는 그 나름의 인지체제, 동기체제, 그리고 정서적인 성향을 가진 고유한 존재인 것이다. 따라서 우리에게 필요한 것은, 가령 "나는 고유한 개성을 가지고 다른 모든 것 가운데 가끔 아빠나 교수의 역할을 수행하는 전체로서의 개인이다."라는 식의 분별이다. 만약 이런 인식의 지원이 없이 우리가 자신과 우리의 역할을 동일시한다면 거기에 필연적으로 에릭슨[49]이 지적한 정체성 위기(identity crisis)나 레잉[50]이 지적한 정신분열 증세가 동반될 것이다.

공과 사가 구분된 인식을 토대로 이루어지는 두 사람 간의 교섭은 자신들의 잘못된 인식에서 비롯될 수 있는 자아 망실을 미연에 방지할 뿐만 아니라 인간적 교제와 공식적 교제 간에 생기는 갈등을 해소해 주는 효과가 있다. 가령, 갑과 을은 각각 교수와 학생이라는 직분을 가진 개인이라고 가정해 보자. 갑은 교수인 이상 을이 제출한 과제물을 평가할 입장에 놓인다. 따라서 갑은 을의 경력에 결정적인 영향을 줄지도 모르는 냉혹한 점수를 공정하게 주어야만 한다. 이제 갑과 을의 관계를 군대에서 직속상관과 하급자로 바꾸어 보기로 하자. 그들 간의 명령체제는 가끔 인간적이고 친밀한 관계를 회피함으로써만이 가능하게 된다. 이런 사회적 거

----

49) E. H. Erikson, *op. cit.*, 1968.
50) R. D. Laing, *op. cit.*, 1960.

리가 없다면 사회 체제의 정상적인 작동은 불가능하다.[51] 그러나 이는 우리가 이제까지 문제시해 온 자아개방이라는 정신건강의 입장에서 볼 때 만족스러운 해결이 아니다. 그들은 서로의 존재를 총체적으로 수락하는 인간관계를 쌍방 간에 필요로 한다. 이때 만약 그 두 사람이 공사가 구분된 인식, 다시 말하면 "나는 지금 교수로서 학생인 너에게 이런 평점을 내린다."라거나 "그는 지금 교수로서 학생인 나에게 이런 평점을 주었다."라는 식의 인식을 가지고 있다면, 그들은 편면적인 역할수행을 초월한 인간관계를 맺을 수 있다. 이와 같은 친교는 상호 간에 자아개방을 가능하게 한다.

인간적인 친교는 당사자들이 모두 공사의 구분을 할 수 있을 때만 가능하다. 이 사실은 연극적인 상황을 가정하면 쉽게 이해될 수 있다. 이를테면, 갑과 을이 어떤 연극적인 장면에서 각각 왕과 신하의 역할을 하게 되었다고 하자. 그런데 갑은 그의 역할이 자아개념의 일부가 될 수 있을 정도로 그 연극에 열중하였고, 을은 역할과 자기 자신을 구분하면서 그 연극에 임했다고 가정하면, 그들의 역할이 다른 연극적인 장면에서 바꾸어졌다고 할 때 그들 간의 관계는 당장 어색하게 된다. 이제 을은 그 자신의 심리적인 안정성과 정체감을 유지하면서 갑에게 왕의 행세를 할 것이다. 그러나 갑은 신하의 역할을 수행하면서 자신의 정체성에 대한 혼돈과 자존심의 상실을 체험할 것이다. 그래서 그들은 피상적인 관계 이상을 성취할 수 없게 된다. 여기서 독자는 제9장에서 소개한 에드워드 로빈슨의 자서전을 상기해 보는 것이 좋을 듯하다. 로빈슨은 당시 분명하게 개인으로서 자신과 연극에서의 자신을 구분하면서 장병 위문이라는 행사에 참가하였다. 그렇지만 관객들은 그를 공사의 구분 없이 대함으로써 그는 그의 공연행동에 자신이 매몰되는 통절한 감정을 체험할 수밖에 없었다. 만약 이때 그가 공과 사를 구분하는 각성된 관객을 대할 수 있었다면 그는 한편으로 사회적 기대에 부응하면서 다른 한편으로 자신의 통합성을 유지하는 편안한 감정을 가질 수 있었을 것이다.

51) P. L. Berger, *Invitation to Sociology: A Humanistic Perspective*, New York: Doubleday, 1963, pp. 135-136.

사회적 체제 속에서 역할을 부여받는 개인은 또한 다른 방식에 의해서 자아표현의 공간을 넓힐 수도 있다. 그가 맡은 역할 속에 인간적인 요소를 가능한 범위 내에서 가미시키는 것이다. 사회적 역할은 영속적으로 불변하게 하나부터 열까지 규정되어 있는 실체가 결코 아니다. 그것의 실체성은 어디까지나 그것을 담당한 구성원의 인식이나 행위 속에서 보장된다. 사람들은 어떤 일반적인 사회적 기대를 인식하고 있지만 또한 그 속에서 그들의 개성을 살릴 수 있는 여유를 가지면서 역할수행에 종사한다. 이 사실은 우리가 접하고 있는 어떤 살아 있는 교사, 의사, 법률가, 정치인 혹은 수위를 상상해 보아도 분명해진다. 이 직책들은 통상 생각하듯이 완벽하게 규정되어 있지 않기 때문에 그 담당자들은 그들 나름의 행동성향에 부합하는 방식으로 그 역할을 소화한 것이다. 똑같은 대본을 개성이 다른 두 연기자에게 주었다고 할 때 그들의 공연행동은 달라진다. 우리는 이것을 '개성 있는 연기'라고 칭한다. 마찬가지로 우리는 사회 체제 속에 종사하면서 그것을 인간미 있는 것으로 변형시키는 데 공헌할 수도 있다. 가령, 이미 엄청나게 유사실체화된 관료기관에 입사한 어떤 청년의 예를 들어 보자. 그는 그 조직체 속에서 그가 모든 사람들의 기대에 순응해야 하는 외로운 존재라는 것을 직감하게 될 것이다. 그러나 그는 점차 그에게 허용되는 역할수행의 공간 속에 그의 창의력과 자발성을 발휘하여 자기 직책에 대한 타인들의 인식을 바꾸는 일에 종사할 수 있다. 만약 이와 같은 그의 노력이 성공한다면 그 직책을 이어받은 다른 신입사원은 대단하게 개선된 역할을 수행할 수 있게 될 것이다.

기존의 사회 체제 속에는 그것의 존속이나 기능에 하등의 가치조차 없으면서 인간성을 파괴하는 요소들이 잠복되어 있을 수 있다. 우리는 가끔 자신을 유리한 입장에 놓고 타인을 착취하는 일상적 게임의 함정에 빠진다. 서로가 상대방에게 저의를 가지고 대하기 때문에 불신 풍조가 고조된다. 그러나 저의에 의한 상대편의 조작은 궁극적으로 자기파괴적이고 자기패배적인 결과를 가져온다. 근래에 관심이 고조되고 있는 교섭분석(transactional analysis)은 이와 같은 불행한 사태를 적나라하게 고발하였다.[52] 교섭분석은 이에 대한 대비책으로 성숙된 인간관계(그들의 말을 빌리면 성인자아와 성인자아와의 관계)를 추천한다. 가령, 당신은 타인이 파괴적

인 게임을 요구할 때, "그는 나를 희생당하는 역할에 집어넣고 있지만 나는 그의
이 같은 게임에 말려들지 않을 것이다."라고 스스로 다짐할 수도 있다.

존 홀트(John Holt)는 다음의 글에서 파괴적인 게임에서 해방될 수 있었던 시원
스럽고 성인다운 체험을 기술하고 있다.[53]

"나는 겨울에 몇 명의 친구들을 방문하였는데 그때 친구의 어린 자녀들이 나에게
눈싸움을 하자고 요구하였다. 나는 그 제안에 동의하였다. 그들이 여러 방면에서 나
에게 공격하는 순간 나는 최선을 다해서 피하고 머리를 숙이면서 가끔 약한 눈덩이로
그들을 맞히거나, 돌격하거나, 눈 속에 그들을 뒹굴게 하였다. 이것이 진행되는 동안
나는 어떤 것을 알게 되었다. 나이가 든 애들 가운데 한 명이 진짜로 나를 해치려 하고
있었다. 그는 최선을 다해서 크고 딱딱한 눈덩이를 만드는 데 시간을 소비했다. 그리
고 내가 다른 애와 어울리고 있는 순간을 포착하고 몰래 숨어들어 있는 힘을 다해서
그것을 나의 얼굴에 던졌다. 그 눈덩이가 몇 차례 빗나간 후에 나는 그것을 주목하기
시작하였다. 곧 그가 나를 해치려는 목적이 있음이 분명해졌다. 나의 마음속에 의심
할 여지가 없게 되었을 때, 나는 "OK, 이것으로 충분하다. 눈싸움은 끝났다. 난 이제
그만둬야겠어."라고 말하였다. 어린애들은 모두 "왜 그러는 거야?"하고 물었다. 나
는 그를 똑바로 쳐다보면서 이렇게 말하였다. "너는 안 보이는 곳에서 눈덩이를 나의
얼굴에 던져 나를 해치려 하고 있지. 너는 네가 안전하다고 생각하겠지. 왜냐하면 너
는 내가 너를 해칠 의도가 없다고 생각하기 때문이지. 글쎄, 나는 그런 규칙에 따라 놀
고 싶지 않아." 그는 이에 대해서 아무 언쟁도 걸지 않았다. 왜냐하면 그는 내가 옳다
는 것을 알고 있기 때문이다. 다른 애들은 진짜 영문을 모르고 약간 저항하였다. 그러
나 내가 말한 것은 확고한 것이었으며, 따라서 나는 집 안으로 들어오고 말았다. 나는

---

52) 다음을 참고하라.
    ⓐ E. Berne, *op. cit.*, 1964.
    ⓑ E. Berne, *op. cit.*, 1972.
    ⓒ T. Harris, *I'm OK-You're OK*, New York: Harper, 1967.
53) J. Holt, *Freedom and Beyond*, Harmondsworth: Penguin Books, 1972, pp. 61-62.

그를 가해하거나 그로부터 피해를 받고 싶지 않았다."

이는 참으로 통쾌하고 성인다운 에피소드의 하나다. 사람들은 서로 진정한 자아를 표명하지 못하고 서로가 불편할 수밖에 없는 게임에 종사한다. 홀트는 이 게임 상황에서 확실히 유리한 입장에 놓여 있지만 그 게임이 결국 자기패배적이고 파괴적인 것임을 깨달은 듯하다. 왜냐하면 진정으로 피해를 받거나 가해하고 싶은 생각이 없었기 때문이다. 그는 불필요하게 상대와 적대관계를 맺고 싶지 않았다. 따라서 그는 상대편의 저의를 고발하고 파괴적일 수밖에 없는 그 게임에서 탈퇴를 선언하였다. 전통적인 관념에 의하면 그의 이와 같은 행동은 비겁하다는 평가를 받아 마땅하다. 그러나 우리의 관점에서 보면 그의 표현행동은 용감한 것이다. 만약 홀트처럼 우리가 수행하고 있는 각종 역할에 포함된 비인간적인 요소를 고발하고 시정할 수 있다면 이 사회는 보다 개선된 형태를 갖추게 될 것이다.

이제까지 우리는 체계화된 제도의 틀 안에서 생활하면서 자아표현의 자유를 확대할 수 있는 몇 가지 방안을 검토하였다. 행동성향과 조화되는 역할을 선택하는 것, 역할행동과 자신의 정체성을 구분하는 것, 그리고 인간성이나 개성을 솔직하게 표현할 수 있는 방식으로 다소간 제도를 개선해 나가는 것 등이 고려되었다. 그러나 우리가 제도 속에서 위치하고 있는 동안 우리는 우리의 전체적인 자아를 진실로 체험하기는 어렵다. 그래서 우리는 제도의 틀에서 벗어난 생활 국면을 확장시킬 필요에 직면한다. 우리의 생활은 크게 두 가지 부분, 즉 제도화된 생활과 비교적 덜 제도화된 생활로 구분된다. 우리는 하루 가운데 퇴근 시간을 전후하여 그 전환되는 생활의 공간을 막연하게나마 체험할 수 있다. 예컨대, 엄격하게 규격화된 관료기관 속에서 능률성의 기준에 맞춰 냉정하게 공적인 사무를 마치고 기관의 정문을 나서는 봉급자들은 그 순간 무어라고 지적할 수 없는 해방감을 맛본다. 그들은 술집에 들어가 친구들과 어울려 온갖 불평과 좌절감을 토로하거나 비교적 한적한 곳에서 애인과 밀담을 나누거나 혹은 집에 돌아가 가족과 전면적인 교섭을 하게 된다. 물론 이 부분의 생활이 전적으로 탈 제도화된 것이라고는 볼 수 없다. 그러나 여기서 흔히 얻게 되는 생활의 충일감은 규격화된 가면을 던져 버리고 자신으로 돌아올 수 있는 여유에서 다분히 우러나온다.

　이제까지 많은 학자들이 자아의 발견이라는 맥락 속에서 사생활(privacy)과 고독(solitude)의 중요성을 강조했다. 예컨대, 약 100여 년 전에 독일의 사회학자인 게오르크 지멜(Georg Simmel)은 사생활이 개인의 통정성을 유지하는 하나의 출구가 될 수 있음을 예고하였다.[54] 나는 앞서 현대인이 고유한 개성을 가지고 있음에도 그것을 단면화하는 이중적 상황 속에 처해 있음을 지적하였다. 현대인은 단면화된 역할을 수행하면서 우리가 가진 개성을 들여다볼 기회를 별로 갖지 못한다. 그러나 사생활은 타인의 간섭이 배제된 생활공간이기 때문에 자신에게 접근할 여유를 제공한다. 개인은 가면을 유지하는 데 소비되는 에너지를 사생활 속에서 충전하고 그 여력을 자신과 세계에 대한 새로운 관점을 얻는 데 이용할 수 있다. 우리 주변에는 흔히 고독을 두려워하는 사람들이 있지만 헨리 소로(H. D. Thoreau) 같은 사람은 일찍이 "나는 고독처럼 친구다운 친구를 찾아본 적이 없다."[55]라고 하였다. 이처럼 자신을 자신에게 충실할 수 있는 반려자로 지각하는 사람은 설사 홀로 있다고 하더라도 외로울 수가 없다. 고독은 분명히 홀로 있는 경험이지만 그 경험을 고유한 자신을 직면하고 재정립하는 방식으로 이용하는 한 바로 지금 우리가 논의하고 있는 자아표현의 자유를 향유할 수 있는 매우 귀중한 순간인 것이다.

　현대생활의 병적인 측면을 지적하는 데 누구보다도 앞장섰던 프롬은 근래에 사생활의 의의를 이렇게 평가하였다.[56]

　　"'사생활(privacy)'은 하나의 복합적인 개념이다. 이것은 중류나 상류 계층의 특혜(privilege)였고 지금도 그 혜택에 속한다. 왜냐하면 그것의 기초가 되는 사적인 공간 자체가 값비싼 것이기 때문이다. 그러나 이 특혜는 다른 경제적인 특혜와 아울러 공유될 수 있다. 이와 같은 경제적인 요인을 떠나서 그것은 역시 가옥이나 재산이 나의 것

54) K. H. Wolff (Ed.), *The Sociology of Georg Simmel,* Glencoe, Ill.: The Free Press, 1950.

55) H. D. Thoreau, *Walden,* New York: Random House, 1946.

56) E. Fromm. *The Revolution of Hope: Toward a Humanized Technology,* New York: Bantam Books, 1968, pp. 47-48.

이듯이 나의 생활이 나의 것이고 타인의 것이 아니라는 비장적 경향(a hoarding tendency)에도 기반을 두고 있다. 그것은 또한 도덕적 외양과 현실 간의 간극(the discrepancy between moral appearances and reality)에서 비롯된 부산물이다. 그러나 이 모든 것을 고려하더라도 사생활은 아직도 개인의 생산적 발달을 위해서 중요한 조건인 것 같다. 그 이유는 무엇보다도 사생활이 자신의 정신적 과정을 방해하는 사람들의 끊임없는 구설수와 침입의 '소음(noise)'으로부터 해방되어 자신을 가다듬고 자신을 해방시키는 데 필요하기 때문이다. 만약 모든 사적인 자료가 공적인 자료로 전환된다면 (우리의) 경험은 점차 비천하고 점차 유사하게 될 가능성이 있다. 사람들은 '잘못된 것(wrong thing)'을 느끼는 데 두려움을 가질 것이다. 사람들은 심리검사를 이용하여 '바람직하고', '정상적이고', '건전한' 태도에 대한 기준을 세우고자 하는 심리적인 조작에 더욱 가깝게 접근될 것이다."

다행히 현대 민주주의 사회는 사생활의 존중을 하나의 사회적 가치로 받아들이고 있다. 말하자면 그것은 탈 제도화된 생활을 보장하는 하나의 제도를 그 안에 장치해 놓고 있는 것이다. 시민들은 그 제도 속에서 통념에 의해서 마비되어 버릴지도 모르는 자기 자신을 참신하게 직시하고 그 나름의 비통례적인 의미를 추구할 수 있게 된다. 그러나 이 사생활의 권리는 가끔 공공의 이익과 충돌하면서 가끔 말썽의 근원이 되고 있다.[57] 사회는 그것 자체와 구성원의 존속에 관계되는 다른 가치에 봉사하기 위해서 개인 생활에 대한 정보를 필요로 한다. 예컨대, 의사나 정신병 치료자는 예방과 치료의 목적을 달성하기 위해서 사생활에 대한 자료를 요구할 경우도 있다. 공공기관은 정책을 세우고 계획을 실천하기 위해서 생활 실태를 조사한다. 수사관들은 범죄 사실을 파악하기 위해서 가끔 가택 수색에 나선다. 물론 이와 같은 사생활에 대한 정보나 증거는 순수한 목적을 위해서 이용될 수 있다. 그

---

57) 다음을 참고하라.
    ⓐ O. M. Ruebhausen, & O. G. Brim, Jr., Privacy and behavioral research, *Columbia Law Review,* 1965, *65,* pp. 1184-1211.
    ⓑ A. F. Westin, *Privacy and Freedom,* New York: Atheneum, 1967.

러나 그것이 아무 보장도 없이 자의적으로 실천될 때 우리가 지금 다루고 있는 사생활에 의한 자아의 발견은 일대 위기에 직면한다. 특히 그 정보 수집의 동기가 프롬이 지적한 바와 같이 개인 생활을 사회적인 척도에 따라 일률화하는 데 있다면 오웰이 기술한 『1984년』의 소름끼치는 사태는 예상보다는 빠르게 도래할지도 모른다. 따라서 우리는 그 사태를 미연에 방지하기 위해서 공익에 필요한 사생활에 대한 자료의 범위, 정보 수집의 방법, 그리고 그 정보의 기밀보장에 대한 엄격한 규정을 마련해야만 한다.

일상생활에서 사생활이 보장되는 범위는 사회마다 다르다. 어떤 곳은 그것이 충분히 보장되고 있지만 다른 곳은 그렇지 못하다. 고프먼은 매사에 제도적인 압력을 가하는 이른바 '총체적 기관(total institutions)'이 현대사회의 곳곳에 도사리고 있음을 고발하였다. 그는 총체적 기관이 갖는 특징을 이렇게 기술하고 있다.[58]

"현대사회는 기본적으로 개인이 다른 장소에서, 다른 공동참여자와 더불어 다른 권위체 밑에서, 반드시 모든 부면에서 합리적인 계획을 가지지 않고, 취침하고 유희하고 작업하는 방식으로 마련되어 있다. 총체적 기관의 가장 중심적인 특징은 통상 분리시키는 이 세 가지 생활 국면의 장벽을 제거해 버린 데 있다. 첫째, 모든 생활 국면이 똑같은 단일화 권위체 밑에 같은 장소에서 일어난다. 둘째, 구성원이 수행하는 일상적 활동의 각 국면이 모두 비슷하게 취급되고 같은 것을 공동으로 하도록 요구되는 일단의 타인들이 지켜보는 데서 진행된다. 셋째, 일상 활동의 모든 국면이 빈틈없이 예정되어 있다. 전체의 활동 계열이 명시된 공식적 규칙의 체제와 일단의 직원에 의해서 위로부터 부과되어 하나의 활동이 미리 예정된 시간에 다음 단계의 활동으로 연결된다. 마지막으로 여러 가지 강요된 활동이 그 기관의 공식적 목표를 달성하도록 계획된 하나의 단일하고 합리적인 연속으로 모두 수렴된다."

우리는 고프먼의 글에서 감옥, 정신병원, 군대사회, 집단수용소, 선실, 기숙사,

58) E. Goffman, *Asylums*, New York: Doubleday, 1961.

그리고 심지어 언제나 노크도 없이 이 방 저 방을 드나들 수 있는 가정을 연상하게
된다. 이런 사회적 기관은 고프먼이 기술하는 총체적 기관의 성질을 다소나마 가
지고 있기 때문이다. 의도적이든 아니든 간에 이런 곳에서는 개인적인 비밀이 보
장되기 어렵다. 매사가 타인의 감시하에 놓이기 때문에 이런 기관들은 개성 있는
존재를 사회적으로 규정된 틀에 박힌 존재로 일률화시킬 수 있는 매우 효과적인
수단을 가지고 있는 셈이다. 만약 어떤 구성원의 비밀이 노출되면 당국자나 다른
구성원들은 냉소, 조롱, 벌 및 기타 여러 가지 형태의 사회적인 압력을 가하여 그
것에 제재를 가할 수 있다. 그러나 이런 특징이 많이 발견될 수 있는 곳은 자아표현
의 측면에서 볼 때 지옥과 다름없다. 우리는 이런 제도적 측면이 우리의 생활에 침
식해 드는 과정을 부단히 주시하고 그것에 저항하는 공동전선을 구축해야 한다.

　그러나 우리가 사생활의 보장을 주장할 때 한 가지 사실을 잊지 말아야 한다. 그
것은 사생활이 자아표현을 찾는 소극적 수단에 불과하다는 사실이다. 사생활은 공
적 생활의 단면성, 상호 불신, 그리고 상호 간의 조작이 팽배된 현대사회에서 자신
을 구제하기 위한 하나의 처방이 될 수 있는 것은 분명하다. 그렇다고 해서 현대사
회가 갖는 이와 같은 병적인 요소를 방치하거나 좌시하면서 오직 사생활의 공간
속에서 자구책을 구한다면 우리는 다른 하나의 함정에 빠질 가능성이 있다. 그 위
험성은 사생활이 갖는 폐쇄성이다. 자폐아(autistic children)는 타인과의 관계를 단
절하고 자신의 세계 속으로 퇴영하는 기제를 가지고 있다. 부끄러워하는 소녀는
정당하게 즐길 수 있는 건전한 데이트를 거부하고 방구석에서 소일할 수도 있다.
높은 철조망은 가족의 사생활을 보장하는 최적의 조건을 구비하고 있지만 사실 그
것은 스스로 선택한 감옥이나 다를 바 없다. 한편으로 사람들은, 그 나름으로 가진
자아의 비밀을 간직하고 표현하는 사적인 공간을 필요로 하며, 다른 한편으로 그
들은 그들의 내밀한 문제를 상호 간에 공표하고 이해하고 해결의 실마리를 잡은
사회적 관계를 맺고자 한다. 따라서 우리는 사생활의 보장과 아울러 서로 친밀성
을 토대로 내밀한 행동성향을 허심탄회하게 교환할 수 있는 적극적인 통로를 마련
해야 한다.

　현대인은 누구나 ‘군중 속의 고독’이라는 아이러니를 체험한다. 그들은 가끔 자

아개방의 충동을 억제하기 어려울 때 그들의 깊이 숨겨진 자아를 무생물, 애완동물, 일기, 신, 그리고 자기 자신에게 고백함으로써 자신에 대해서 보다 명백한 이해에 도달하고 표현을 애원하는 안쪽의 감정, 사고, 신념 등을 진정시킨다. 그러나 좀 더 깊이 따져 보면 현대인이 반드시 그렇게 외로워야 할 숙명적인 이유는 없다. 대체적으로 우리 주변은 친밀성과 관련하여 4가지 부류의 타인으로 구성되어 있는 듯하다. 그것의 하나는 적들(enemies)이다. 우리는 이들을 멀고 가깝게 접촉하면서 서로가 서로를 제거하거나 파괴할 의도를 가진다. 둘째는 이방인들(strangers)로서 우리는 그들의 사회적 존재를 인정하지만 그들과 아무런 의미 있는 교류를 하지 않는다. 스탠리 밀그램(Stanley Milgram)은 우리가 통근 길에서 자주 만나는 무수한 타인들을 '눈에 익은 이방인(familiar strangers)'이라는 말로 표현하였다.[59] 셋째는 앞서 여러 번 언급된 바 있는 무수한 역할 상대자(role-partners)이다. 이들은 주로 사회에서 규정한 대본에 맞춰 표현행동을 교류하기 때문에, 가령 담뱃가게에 종일 앉아 있는 사람에게 "안녕하세요? 말보로 한 갑 주세요."라는 정도의 말을 건네도 그 말하는 사람은 친절한 고객으로 간주된다. 마지막으로 서로가 가면을 벗고 비교적 내면의 어떤 것을 드러낼 수 있는 친지들(acquaintance)이 있다. "이 자식, 너 살아 있었구나!" 하고 갑자기 덤비는 죽마지우를 만났을 때 우리는 가까운 카페에 들려 그간에 있었던 모든 것을 털어놓는다.

  여기서 우리는 잠시 이런 질문을 던져 볼 필요가 있다. 우리는 어떤 유형의 대인관계를 맺고자 하는가? 이에 대한 해답은 누구나 일치하리라고 본다. 우리는 불안하기 때문에 적대관계를 원하지 않는다. 우리는 서로가 외롭기 때문에 이방인이 되기를 원하지 않으며, 서로가 조심스럽게 편면적인 가면을 써야 되기 때문에 역할 상대자와의 관계에서 불편함을 느낀다. 이는 곧 우리가 서로의 굳게 닫힌 마음의 창문을 열고 전체로서의 자아, 즉 슬픔, 기쁨, 공포, 희망, 의심, 신념 그리고 그 외의 모든 개인적인 의미와 경험을 교류할 수 있는 인간관계를 원하고 있음을 의

59) C. Travris, The frozen world of the familiar strangers: A conversation with Stanley Milgram, *Psychology Today*, 1974, 8, 70-80.

미한다. 이것이 사실이라면 우리는 다시 이런 질문을 던져야만 한다. 우리는 하루 중에 몇 차례씩 자신의 심정을 타인에게 토로하고 싶지만 그런 대상을 구하지 못하였거나 혹은 구했다고 하더라도 그 관계를 오랫동안 유지하는 데 실패하는 경우를 당한다. 왜 그럴까? 우리는 앞서 그것을 어렵게 하는 여러 가지 내외적 조건들을 검토하였다. 그러나 그 조건들을 자세하게 분석해 보면 우리는 그들이 우리 자신의 노력, 능력 및 자임과 상당한 정도로 함수관계를 맺고 있음을 알게 된다. 우리는 단순히 그전부터 그런 관계가 성립되어 왔다는 타성, 각각의 관계가 우리에게 가져다주는 결과에 대한 무감각, 현재 상태가 가장 안전하다는 자족감, 그리고 무엇보다도 각각의 인간관계를 결정할 수 있는 지식과 기술의 결여 때문에 타인과 불편한 관계를 지속할 수도 있다. 이 말은 우리가 서로 각성된 마음가짐으로 노력한다면 상당한 정도로 대인관계 속에서 자아개방의 자유를 향유할 수 있음을 의미한다. 그래서 우리는 마지막으로 자아표현의 자유를 허용하는 이상적인 대인관계의 유형과 그것을 실현하는 몇 가지 가능한 방법들을 검토해 보기로 한다.

　이제까지 많은 학자들이 건전한 공존의 양태를 규정하여 왔다. 일찍이 신학자인 마르틴 부버(Martin Buber)는 '나-당신의 관계(I-thou relationship)'라는 표현을 써서 쌍방 간에 개방된 실존양태의 중요성을 강조하였다.[60] 이는 두 개인이 각각 투명한 실존양태를 택하며 서로가 상대방을 있는 그대로의 통합된 인간으로 수용하고 확신시켜 주는 대인관계의 형태를 말한다. 부버는 이 관계를 '나-그것의 관계(I-it relationship)'와 대비시켰다. 이 관계를 맺는 두 사람은 타인을 일인칭의 환경 내에 있는 물체로 취급하거나 혹은 그 타인의 실존을 잘못 인식하게 된다. 프롬은 이른바 '생산적 사랑(productive love)'이란 개념을 썼다.[61] 이 개념은 부버가 일컫

---

60) 다음을 참고하라.
　　ⓐ M. Buber, *Between Man and man,* Boston: Beacon Press, 1955.
　　ⓑ M. Buber, *I and Thou,* New York: Scribner, 1958.
61) 다음을 참고하라.
　　ⓐ E. Fromm, *Man for Himself,* New York: Holt, 1947.
　　ⓑ E. Fromm, *The Sane Society,* New York: Holt, 1955.

는 '나-당신의 관계'와 근본적인 점에서 동일한 의미가 있다. 이 관계는 한 사람의 자아가 다른 사람의 사랑 속으로 흡수되거나 망실되지 않고 서로 간에 자유롭고 대등한 위치에서 개성을 유지하는 형태다. 다시 말하면 이 관계를 맺는 두 사람은 각각 그들의 정체성과 독립성을 유지하면서 관계성에 부수된 정적 감정을 체험할 수 있다. 한편, 토마스 해리스(Thomas A. Harris)는 그의 교섭분석이론에서 이 상태를 "나도 괜찮고 너도 괜찮다.(I'm OK-You're OK.)"라는 말로 표현하였다.[62]

다른 일련의 심리학자들은 이 친밀한 인간관계가 우리들의 생활에 주는 잉여적 가치를 부각시켜 왔다. 우리는 앞서 우리가 대인관계에서 상대편에게 실존의 진면 목을 드러낼 때 서로 간에 그것을 역이용할 유혹에 빠진다는 사실을 문제시하였다. 그러나 진정한 의미의 친밀성은 그 나름으로 갖는 매력 때문에 그와 같은 조작 성이 극복된 형태를 취한다. 에릭 번은 바로 이 점을 들어 '게임에서 해방된 관계(a game-free relationship)'를 맺는 두 사람이 생활의 마지막 승자라는 말을 할 수 있었던 것이다.[63] 그는 친밀성이 이른바 '자연적인 아동자아(The Natural Child)'의 표현 과 매우 긴밀한 관계를 갖는 것으로 보았다. 자율적인 사람은 저의를 포함하는 각종의 게임을 포기하고 친밀한 관계를 택한다. 왜냐하면, 그는 이 관계에서 그의 아동자아를 해방시키고 그 해방된 자아는 그로부터 충분한 보상을 받게 되기 때문이다. 그러나 친밀성이 주는 보상은 자아의 해방감 이상의 것인 듯하다. 일찍이 설리 번은 두 사람이 지상의 친밀한 상태에 도달할 때 '자아의 연장(an extension of self)'을 체험할 수 있다고 하였다.[64] 이는 한마디로 상대편의 기쁨이나 심리적인 안정감을 마치 자신의 것처럼 느끼는 상태를 말한다. 이와 같은 방식의 해석은 에릭슨의 해석과 매우 유사하다.[65] 그는 친밀성을 '정체성의 융합(fusion of identities)'이라는 말로 표현하였다. 친밀한 두 사람의 관계는 가끔 그들이 체험하는 즐거움을 배가시키고 슬픔을 절감하는 효과가 있다. 가령, 당신이 어떤 순간에 자신도 모르게 "아,

● ● ● ● ·····

62) T. A. Harris, *op. cit.*, 1973.
63) E. Berne, *op. cit.*, 1964.
64) H. S. Sullivan, *op. cit.*, 1953.
65) E. H. Erikson, *op. cit.*, 1963, p. 128.

아름답다."라거나 "아, 괴롭다."라고 숨김없는 표현을 하고 당신의 곁을 바라보았을 때 거기에 친밀한 사람이 있었을 경우와 당신 곁에 아무도 없었을 때를 상상해 보면, 설리번과 에릭슨이 지적하려는 친밀한 관계의 잉여적 효과가 어떤 것인지를 쉽게 이해할 수 있을 것이다.

이렇게 내가 이상적인 대인관계의 본질을 검토하는 이유는 그 속에 그것을 고양할 수 있는 해답이 마련되어 있기 때문이다. 이제까지의 논의에 비추어 보면 친밀성은 우리가 통상적으로 생각하지 못하는 잉여적 보상을 주는 듯하다. 우리는 그와 같은 관계를 맺음으로써 우리들 자신을 보다 절실하게 체험할 수 있고, 자기소외에 따른 불편감이나 신경쇠약에서 해방될 수 있고, 타아의 경험을 자신의 것으로 확장할 수 있다. 문제는 보통 사람들이 이와 같이 깊고 넓은 수준의 보상을 충분히 이해하지 못하거나 실제로 그것을 체험하지 못한 데 있다. 따라서 친밀한 인간관계를 형성하는 비결은 일상적 대인관계에서 체험할 수 없는 그것의 장점들을 점차적으로 인식하고 체험토록 하는 조건을 조성하는 것이다.

보통 사람들은 자신의 정신건강을 도모하고 사회적 기능을 원활하게 할 수 있는 새로운 공존 양태가 있음에도 가끔 그것을 그들이 가진 가능성의 세계에서 제외시켜 버린다. 이미 검토해 온 바와 같이 그들은 불필요할 정도로 자신들을 무대에 등장시켜 놓고 각종의 방어기제와 인상관리의 전략을 동원하면서 스스로 꼭두각시로 만드는 악순환을 거듭한다. 예컨대, 상류층의 사람들은 현존한 게임에서 권력, 재력, 위세 등의 유리한 보상을 얻기 때문에 그 상태를 충실하게 유지하려 한다. 한편, 현존 체제 안에서 불리한 게임에 종사하는 하류층은 그들 나름의 이유 때문에 대인관계의 개선에 소극적인 태도를 보인다. 그들은 현상을 새롭게 보는 능력이 결여되어 있고 숙명적인 체념이 관습화되어 있어 현상 유지 속에 안주하면서 예측하기 어려운 사태에서 비롯되는 불안감을 줄이려 한다. 그래서 보통 사람들은 소외의 막다른 골목에 이르기까지 기존의 대인관계 유형을 유지한다.

이 좋지 않은 버릇에서 해방되는 첫 번째 단계는 우리가 일상적으로 반복하는 대인관계 속에 포함된 파괴적이고, 기만적이고, 자기패배적인 측면을 깨닫는 것이다. 근래에 교섭분석이나 각종 심리극(psychodrama)은 심리적으로 고통받는 환자들에게 이 소홀하게 간과했던 부면으로 눈을 돌리게 함으로써 그들이 종전에 취해 왔던 게임을 거부하거나 포기하도록 하는 효과를 갖는 것으로 밝혀지고 있다.[66] 한편으로 교섭분석자들은 그 대안으로 게임에서 해방된 친밀한 대인관계를 점차 소개한다. 예컨대, 번은 이렇게 말한다.[67] "다행히도, 인간생활의 가장 완벽한 형태이며 또한 응당 그래야만 할 탈 게임의 친밀성은 그것이 주는 보상이 너무도 큰 것이기 때문에 불안정하게 구성된 성격의 소유자들도 좀 더 개선된 관계를 맺을 수 있는 적절한 상대자가 나타나면 기껍고 안전하게 그들의 게임을 파기할 수 있다." 여기서 우리는 불필요한 게임에 종사하는 사람들로 하여금 친밀성이 주는 새로운 보상에 눈을 뜨게 할 수 있는 '적절한 상대자'가 있어야 된다는 문제에 봉착한다.

　전통적인 심리치료(psychotherapy)의 방법은 이와 관련하여 우리에게 매우 중요한 시사를 준다. 그것은 한마디로 상대가 자아개방을 할 수 있는 안정적인 분위기를 구성하는 것이다. 이 원칙은 프로이트에서부터 근래에는 로저스 및 쥬라드 등에 이르기까지 널리 쓰여 왔다. 프로이트는 환자로 하여금 자유연상(free associ-ation)의 기본적인 원칙을 따르도록 하였다.[68] 물론 치료자는 이때 환자가 그의 머릿속에 떠오르는 생각이나 감정을 정직하게 보고하도록 비위협적인 분위기를 조성하는 데 최선을 다한다. 프로이트는 이때 치료자가 자신의 자아개방을 피하면서 가급적 초연한 태도를 보이는 것이 바람직한 것으로 보았다. 말하자면, 프로이트의 기법은 환자의 일방적인 자아개방에 역점을 두었다. 그러나 근래에 로저스나 쥬라드는 치료자의 전문적인 해석 능력보다는 그의 온정(warmth), 공감(emphathy), 진실성

---

66) 다음을 참고하라.
　ⓐ T. A. Harris, *op. cit.*, 1973.
　ⓑ E. Berne, *op. cit.*, 1964.
　ⓒ J. L. Moreno, The dilemma of existentialism, daseinsanalyse and the psychodrama: With special emphasis upon "existential validation," *Sociometry*, 1956, *1*, 55-63.
67) E. Berne, *op. cit.*, 1964, p. 62.
68) S. Freud의 방법은 근래에 D. H. Ford, & H. V. Urban (*System of Psychotherapy: A Comprehensive Study*, New York: Wiley, 1963)에 의해서 비교적 쉽게 소개되었다.

(genuiness)을 몹시 중요한 자질로 본다.[69] 이는 '자아개방이 자아개방을 낳는다 (Disclosure begets disclosure.).'는 새로운 발견에 기초를 둔 것이다. 이 말은 만약 치료자가 자기 자신을 공개하면 할수록 환자는 그에 상응하는 만큼의 자아공개를 한다는 뜻으로서, 여기에는 모방의 효과와 타인에 대한 신뢰감이 동시에 작용하는 것으로 알려졌다.

아무튼 '대화치료(the talking cure)'라는 별명까지 붙게 된 이 정신치료 방법이 우리에게 주는 분명한 시사는 만약 우리가 타인으로 하여금 자유롭게 자신을 표명하는 환경을 구성하기만 하면 그 타인은 신경쇠약과 같은 불편한 증세로부터 해방될 수 있다는 사실이다. 이는 바꾸어 말하면 만약 신경쇠약의 증세로 고통받는 두 사람이 있고, 또 다행히 그들이 자신을 자유롭게 표명하도록 하는 인간관계를 구성할 수 있다면, 그 증세는 상호 간에 감소될 수 있다는 것을 의미한다. 이처럼 심리치료 기법의 발전에서 얻어진 지혜는 그 기법을 터득한 모든 사람에게 응분의 보상을 준다.

덜레가(V. J. Derlega)와 채이킨(A. L. Chaikin)은 근래에 그 일반 원칙을 다음과 같이 요약하고 있다.[70]

"이른바 사회적 침투(social penetration)라는 과정에 의해서 개인들은 점차 자아개방의 폭과 깊이를 증가시키면서 그들에 대한 정보를 더욱더 드러낸다. 상호 간의 자아개방(reciprocal disclosure)은 깊은 대인관계의 발전에 필수적이다. A가 B에게 그에 관한 정보를 더욱더 개방함에 따라 B는 A에게 그에 관한 정보를 더욱더 개방

69) 다음을 참고하라.
ⓐ C. R. Rogers, *Client-Centered Therapy*, Boston: Houghton Mifflin, 1961.
ⓑ C. R. Rogers, *op. cit.*, 1961.
ⓒ S. Jourard, *op. cit.*, 1964.
ⓓ A. P. Goldstein, Relationship-Enhancement Methods, In K. H. Kanfer & A. P. Goldstein (eds.), *Helping People Change*, New York: Pergamon Press, 1975, pp. 15-49.
70) V. J. Derlega, & A. L. Chaikin, *Sharing Intimacy: What We Reveal to Others and Why*, New Jersey: Prentice-Hall, 1975, p. 8.

한다. 그래서 A와 B는 자아개방의 수준을 서로 맞추어 가는 경향을 갖는다. 이 쌍방
의 과정 속에서 각자는 더욱 친밀하고 더욱 속 깊은 자료를 드러냄에 따라 그 두 사람
간에는 신뢰의 유대(a bond of trust)가 발전한다. 신뢰받은 사람의 역할은 타인의
자아개방을 지지하고, 수락하고, 따뜻하게 대해 주는 것이다. 그 관계는 그 개인들이
서로를 믿는 범위 내에서만 발전된다."

상호 간의 자아개방은 매우 조심스럽게 천천히 진행되는 것이 안전하다. 만약
이 원칙이 무시되면 양자는 친밀한 관계가 주는, 바꿀 수 없는 보상을 체험하기도
전에 결별할 위험성에 노출된다. 조셉 루프트(Joseph Luft)는 갑작스럽게 자신을 노
출하는 사람은 "어떤 수단을 쓰든 간에 피해야 할 금물(anathema, to be avoided at
all costs)"[71]이라고까지 말하였다. 사람들은 그와 같은 사람을 별로 볼 수 없기 때
문에 그를 '비정상인(abnormal person)'으로 간주하여 우선 회피할 가능성이 있다.
혹은 보통 사람들은 그가 자신의 사생활을 그처럼 헤프게 공개한다면 그들 자신의
비밀사항도 그에게서 보장될 수 없으리라는 생각을 가지고 그에게 그들의 비밀사
항을 공개하지 않으려 할 것이다. 왜냐하면, 그들은 그들의 비밀사항이 타인에 의
해서 역이용당한 경력들을 다소간 가지고 있기 때문이다. 따라서 자아개방은 서로
간에 적정 수준의 '심리적인 저당(a psychological hostage)'을 토대로 서서히 진행
되는 것이 바람직하다. 이 원칙은 특히 불신 풍조가 만연된 사회에서는 반드시 준
수되어야 한다. 예컨대, 데이비스가 묘사한 다음과 같은 기법이 대인관계를 개선
하려는 초기 단계에서 필요하다.[72]

"타인에게 그의 결정적인 비밀을 말하고자 하는 사람은 누구나 그가 그것과 관련
하여 타인을 신뢰할 수 있는가를 먼저 결정해야 한다. 그는 그들이 이 결정적 비밀
사항들을 알고 난 후에 그 자신 및 그와 그들 간의 관계를 거부할 것인지 아닌지를

---

71) J. Luft, *Of Human Interaction,* Palo Alto, Calif.: National Press Books, 1969, p. 130.
72) M. S. Davis, *op. cit.,* 1973, p. 111.

우선 결정해야 한다. ······하나의 결정적인 비밀을 터놓기 전에 어떤 사람은 통상 다음과 같은 여러 가지 방식을 택하여 타인의 반응을 확인하려고 한다. 그것은, 첫째, 비교적 덜 결정적인 다른 비밀을 드러내거나, 둘째, 그의 비밀을 추상적으로 토론하거나, 셋째, 그의 비밀을 제3자의 것으로 바꾸어 구체적으로 진술하는 것이다. 예컨대, 그의 친구에게 그가 동성애를 원한다고 말하고자 하는 어떤 남성은 그가 아주 어린 소녀들을 좋아한다는 것을 고백하는 데서부터 시작할 수 있다. 만약 그의 친구가 아무런 거부 감정을 보이지 않으면, 그는 더 나아가서 그가 또한 어린 소년으로부터 매력을 느끼지 않는 것은 아니라는 것을 넌지시 비친다. 만약 그의 친구가 아직도 거부 반응을 보이지 않는다면, 그는 차츰차츰 그의 기분을 수용하는 남성의 연령 범위를 높인다. 혹은 그는 먼저 성생활의 성질을 일반적으로 토론하는 데서부터 시작하여, 프로이트의 양성이론의 토론으로 옮기고, 마지막으로 특수하게 그 자신의 성적 경향성을 토론할 수도 있다. 그렇지 않으면 그는 그들과 알고 있는 어떤 사람이 동성애자라는 것을 지나가는 말로 내놓고, 만약 그의 친구가 그 사실에 대해서 인내심을 보이면 그는 그 자신도 역시 동성애를 하고 있기 때문에 그를 알고 있다고 털어놓을 수 있다."

현대사회가 갖는 비인격화(depersonalization)와 익명성(anonymity)을 벗어나기 위해서 근래에 선진국에서는 개방적 공존양태를 가능하게 하는 새로운 대인관계의 유형을 찾는 각종 운동이 일어났다.[73] 그 하나의 예증은 각종 형태의 '집단경험(group experiences)'이다. 이른바 '감성훈련집단(sensitivity training group)', '자기각성집단(self-awareness group)', '상봉집단(encounter group)' 등의 명칭으로 진행되는 이 집단들 속에서 참여자들은 사회적 역할이라는 탈을 벗어 버리고 그들 자신의 본연성을 드러내는 각종의 경험을 시험하고 있다. 다른 하나의 예증은 1960년대 이후에 출현하기 시작한 '공동생활(communal living)'이다. 그 형태는 다양하지

73) M. Rosenbaum, & A. Snadowsky, *The Intensive Group Experience: A Guide to Therapy, Sensitivity, Encounter, Self-Awareness Groups, Human Relations Training, and Communes,* New York: The Free Press, 1976.

만 그 운동의 저변에는 퇴니에스가 지적한 공동사회의 전인적인 경험을 회복하려는 의도가 포함되어 있다. 이와 같은 운동은 현대 기술문명의 부산물인 자아소외를 해독할 수 있는 '사회적 오아시스(social oases)'의 탐색으로 보인다. 그러나 우리는 이 운동을 추진할 때 지나친 유토피아적 환상을 경계해야 한다.

참고문헌

장상호, 행동과학의 연구 논리. 서울: 교육출판사, 1977.

장상호, 행동과학의 문제와 방법론. 서울: 교육출판사, 1977.

Adorno, T. W., Frenkel-Brunswik, Else, Levinson, D. J., & Sanford, R. N. *The Authoritarian Personality*. New York: Harper, 1950.

Albee, E. *Who's Afraid of Virginia Woolf?* New York: Atheneum, 1966.

Allport, G. *Personality: A Psychological Interpretation*. New York: Holt, 1937.

Allport, G. *Pattern and Growth in Personality*. New York: Holt, 1961.

Allport, G. The general and the unique in psychological science. *Journal of Personality,* 1962, *30,* 405-422.

Argyle, M., & Little, B. Do personality traits apply to social behavior? *Journal of the Theory of Social Behavior,* 1972, *2,* 1-35.

Armstrong, D. M. *Belief, Truth and Knowledge*. London: Cambridge University Press, 1973.

Ayer, A. J. *Language, Truth and Logic*. Harmondsworth: Penguin Books, 1936.

Bandt, P. L., Meara, N. M., & Schimidt, L. D. *A Time to Learn: A Guide to Academic and Personal Effectiveness*. New York: Holt, 1974.

Bandura, A. *Principles of Behavior Modification*. New York: Holt, 1969.

Bantock, G. H. *Freedom and Authority in Education*. London: Faber, 1952.

Barker, R. G. *Ecological Psychology*. Stanford: Stanford University Press, 1968.

Bartlett, F. C. *Thinking*. New York: Basic Books, 1958.

Bass, B. M. The anarchist movement and T-group: Some possible lessons for organizational development. *The Journal of Applied Behavioral Science,* 1967, *2,* 211-226.

Becker, W. C., & Becker, J. W. *Successful Parenthood*. Chicago: Follett Publishing Co., 1974.

Beecher, H. K. Generalization from pain of various types and diverse origins. *Science,* 1959, *130,* 267-268.

Békésy, G. V. *Sensory Inhibition*. New Jersey: Princeton University Press, 1967.

Bendix, R. Bureaucracy: The problem and its setting. *American Sociological Review,* 1947, *12,* 493-507.

Benedict, R. *Patterns of Culture*. Boston: Houghton Mifflin, 1934.

Berger, P. L. *Invitation to Sociology: A Humanistic Perspective*. New York: Doubleday, 1963.

Berger, P. L., & Luckmann, T. *The Social Construction of Reality*. New York: Doubleday, 1967.

Berlyne, D. E. *Structure and Direction in Thinking*. New York: Wiley, 1965.

Berne, E. *Games People Play: The Psychology of Human Relationships*. New York: Grove Press, 1964.

Berne, E. *What Do You Say after You Say Hello?* New York: Grove Press, 1972.

Bettelheim, B. Individual and mass behavior in extreme situations. *Journal of Abnormal and Social Psychology,* 1943, *38,* 417-452.

Bettelheim, B. *The Informed Heart*. London: Thomas and Hudson, 1960.

Blauvelt, H., & McKenna, J. Mother-neonate interaction: Capacity of the human newborn for orientation. In B. M. Foss (Ed.), *Determinants of Infant Behavior, Vol. 1,* New York: Wiley, 1961.

Bloom, B. *Stability and Change in Human Characteristics*. New York: Wiley, 1964.

Borger, R., & Cioffi, F. (Eds.). *Explanation in the Behavioral Sciences*. London: Cambridge University Press, 1975.

Bowlby, J. *Attachment and Loss*. London: Hogarth Press, 1969.

Broadbent, D. E. Attention and the perception of speech. *Scientific American,*

1962, *2064,* 143–151.

Bronfenbrenner, U. *Two Worlds of Childhood: U.S. and U.S.S.R.* New York: Pocket Books, 1970.

Brown, G. *Human Teaching for Human Learning.* New York: Viking Press, 1971.

Brown, R. W. Language and categories. In J. S. Bruner, J. J. Goodnow, & G. A. Austin, *A Study of Thinking.* New York: Wiley, 1956.

Brown, R. W. *Social Psychology.* New York: The Free Press, 1965.

Bruner, J. S. *Beyond the Information Given: Studies in the Psychology of Knowing.* New York: Norton, 1973.

Bruner, J. S., Goodnow, J. J., & Austin, G. A. *A Study of Thinking.* New York: Science Editions, 1962.

Bruner, J. S., Olver, R. R., Greenfield, P. M. et al. *Studies in Cognitive Growth.* New York: Wiley, 1966.

Bruno, F. J. *Human Adjustment and Personal Growth: Seven Pathways.* New York: Wiley, 1977.

Buber, M. *Between Man and Man.* Boston: Beacon Press, 1955.

Buber, M. *I and Thou.* New York: Scribner, 1958.

Campbell, N. *What is Science?* New York: Dover, 1952.

Cannon, W. B. *Bodily Changes in Pain, Hunger, Fear, and Rage.* New York: Appleton, 1929.

Cannon, W. B. Voodoo death. *American Anthropologist,* 1942, *44,* 169–181.

Carmichael, L., Hogan, H. P., & Walters, A. An experimental study of the effect of language on the reproduction of visually perceived forms. *Journal of Experimental Psychology,* 1962, *15,* 73–86.

Carroll, J. B. *Language and Thought.* New Jersey: Prentice–Hall, 1964.

Chaikin, A. L., & Derlega, V. J. Variables affecting the appropriateness of self-disclosure. *Journal of Consulting and Clinical Psychology,* 1974, *42,* 588–593.

Chang, S. H. Individual differences in information processing during classification learning as varying levels of task complexity, Unpublished doctoral dissertation, Stanford University, 1974.

Chase, S. *The Tyranny of Words.* New York: Hartcourt, 1966.

Child, I. Socialization. In G. Lindsay (Ed.), *Handbook of Social Psychology,*

Reading. Mass: Addison-Wesley, 1954.

Chomsky, N. *Syntactic Structures*. The Hague: Mouton, 1957.

Chomsky, N. *Language and Mind*. New York: Hartcourt, 1968.

Clinard, M. B. (Ed.). *Anomie and Deviant Behavior*. New York: The Free Press, 1964.

Cooley, C. H. *Human Nature and Social Order*. New York: Charles Scribner's Sons, 1922.

Copi, I. M. *Introduction to Logic*. New York: Macmillan, 1972.

Cozby, P. C. Self-disclosure: A literature review, *Psychological Bulletin, 1973, 79,* 73-91.

Cranston, R. *The Miracles of Loudes*. New York: McGraw-Hill, 1955.

Cronbach, L. J. The two disciplines of scientific psychology. *American Psychologist, 1957, 12,* 671-684.

Cronbach, L. J. *Essentials of Psychological Testing*. New York: Harper, 1970.

Cronbach, L. J., & Snow, R. E. *Aptitudes and Instructional Methods: A Handbook for Research on Interactions*. New York: Irvington Publishers, 1977.

Darwin, C. *Origin of Species*. New York: Appleton, 1859.

Davis, M. S. *Intimate Relations*. New York: The Free Press, 1973.

Davitz, I. R. *The Communication of Emotional Meaning*. New York: McGraw-Hill, 1964.

Delgado, J. M. R. *Physical Control of the Mind: Toward a Psychocivilized Society*. New York: Harper, 1969.

Deregowski, J. B. Effects of cultural value of time upon recall. *British Journal of Social and Clinical Psychology, 1970, 9,* 37-41.

Derlega, V. J., & Chaikin, A. L. *Sharing Intimacy: What We Reveal to Others and Why*. New Jersey: Prentice-Hall, 1975.

De Soto, C. B. Learning a social structure. *Journal of Abnormal & Social Psychology, 1960, 60,* 417-421.

Deutch, M., Katz, I., & Jensen, A. R. (Eds.). *Social Class, Race, and Psychological Development*. New York: Holt, 1968.

Diamond, S., Balvin, R. S., & Diamond, F. R. *Inhibition and Choice*. New York: Harper, 1963.

Durkheim, E. *The Rules of Sociological Method*. New York: The Free Press, 1939.

Durkheim, E. *Le Suicide* (English translation and introduction by George Simpson). New York: The Free Press, 1951.

Eates, W. K. The statistical approach to learning theory. In S. Koch (Ed.), *Psychology: A Study of a Science, Vol. 2*, New York: McGraw-Hill, 1959.

Eisenberg, P., & Lazarsfeld, P. F. The psychological effect of unemployment. *Psychological Bulletin*, 1938, *35*, 358-390.

Ellis, A. *Humanistic Psychotherapy: The Rational-Emotive Approach*. New York: McGraw-Hill, 1973.

Ellis, A., & Robert, A. *A Guide to Rational Living*. Hollywood, Cal.: Wilshire Book Co., 1968.

Endler, N. S., Boulter, L. R., & Osser, H. (Eds.). *Contemporary Issues in Developmental Psychology*. New York: Holt, 1968.

Erikson, E. H. *Childhood and Society*. New York: Norton, 1963.

Erikson, E. H. *Identity: Youth and Crisis*. New York: Norton, 1968.

Faraday, A. *Dream Power*. New York: Berkeley Mendallion Books, 1973.

Feingold, F. B. *Why Your Child is Hyperactive*. New York: Random House, 1974.

Forem, J. *Transendental Meditation*. London: George Allen, 1973.

Frank, A. *The Diary of a Young Girl*. New York: Doubleday, 1953.

Frank, J. *Persuation and Healing*. Baltimore: Johns Hopkins Press, 1961.

French, E. G. Effects of interaction of motivation and feedback on task performance. In J. W. Atkinson (Ed.), *Motives in Fantasy, Action, and Society*. New York: Van Nostrand, 1958.

Freud, S. *The Ego and the Id*. London: Hogarth Press, 1923.

Freud, S. *Civilization and Its Discontents*. London: Hogarth, 1930.

Freud, S. The psychopathology of everyday life. In A. A. Brill (trans. and ed.), *The Basic Writing of Sigmund Freud*. New York: Modern Library, 1938.

Fromm, E. *Escape from Freedom*. New York: Holt, 1941.

Fromm, E. *Man for Himself: An Inquiry in to the Psychology of Ethics*. New York: Holt, 1947.

Fromm, E. *The Art of Loving*. New York: Holt, 1955.

Fromm, E. *The Sane Society*. New York: Holt, 1955.

Fromm, E. *The Revolution of Hope toward a Humanized Technology*. New York: Bantam Books, 1968.

Furth, H. G. *Thinking without Language*. New York: The Free Press, 1966.

Gallie, W. B. C. *Peirce and Pragmatism*. Harmondsworth: Penguin Books, 1952.

Gibson, E. J. The development of perception as an adaptive process. *American Scientists,* 1970, *58,* 78-107.

Ginott, H. G. *Between Parent and Child*. New York: Avon Books, 1965.

Goffman, E. *The Presentation of Self in Everyday Life*. New York: Doubleday, 1959.

Goffman, E. *Asylum*. New York: Doubleday, 1961.

Goffman, E. *Interaction Ritual*. New York: Doubleday, 1967.

Goffman, E. *Stigma: Notes on the Management of Spoiled Identity*. Harmondsworth: A Pelican Book, 1974.

Goldfried, M. G., & Merbaum, M. (Eds.). *Behavior Change through Self-Control*. New York: Holt, 1973.

Goldstein, K. *The Organism: A Holistic Approach to Biology Derived from Pathological Data in Man*. New York: American Book, 1939.

Goodenough, W. H. *Culture, Language and Society*. A McCaleb Module in Anthropology, Addisen-Wesley Publishing Co., 1971.

Goodman, P. *Compulsory Mis-Education and the Community of Scholars*. New York: Vintage Books, 1964.

Goodwin, D. L., & Coates, T. J. *Helping Students Help Themselves*. New Jersey: Prentice-Hall, 1976.

Gordon, T. *Parent Effectiveness Training*. New York: Peter H. Wyden, 1970.

Green, T. F. *The Activities of Teaching*. Tokyo: McGraw-Hill Kogakusha, 1971.

Gregory, R. L. *Eye and Brain*. New York: McGraw-Hill, 1973.

Hare, R. M. *The Language of Morals*. London: Oxford University Press, 1952.

Harris, T. A. *I'm Ok-You're Ok*. New York: Avon Books, 1973.

Hartman, R. S. *The Individual in Management*. Chicago: Nationwide Insurance Co., 1962.

Haverson, C. F., & Shore, R. E. Self-disclosure and interpersonal functioning. *Journal of Counseling and Clinical Psychology,* 1969, *33,* 213-217.

Havighurst, R. J. *Developmental Tasks and Education*. New York: Longmans, Green, 1952.

Hebb, D. O. *A Textbook of Psychology*. Philadelphia: Saunders, 1958.

Heisenberg, W. *Physics and Philosophy*. New York: Harper, 1958.

Henle, M. On the relation between logic and thinking. *Psychological Review,* 1962, *69,* 366–378.

Hess, E. H. Imprinting. *Science,* 1959, *130,* 133–141.

Hilgard, E. R., & Bower, G. H. *Theories of Learning.* New York: Appleton, 1966.

Hirsh, J. Behavior–genetic analysis and its biosocial consequences. In P. Zimbardo & C. Maslach (Eds.), *Psychology for Our Times.* Glenview, Ill.: Scott, 1973.

Hitler, A. *Mein Kampf* (translated by E. T. S. Dugdale), Cambridge: Massachusetts: Riverside Press, 1933.

Hobart, R. E. Free–will as involving determinism, and inconceivable without it. In B. Bernard (Ed.), *Free-will and Determinism.* New York: Harper, 1966.

Hockett, C. D. The origin of speech. *Scientific American,* 1960, *203,* 88–96.

Hollingshood, A. B., & Redlich, F. C. *Social Class and Mental Illness.* New York: Wiley, 1958.

Holt, J. *How Children Fail.* New York: New American Library, 1967.

Holt, J. *Freedom and Beyond.* Harmondsworth: Penguin Books, 1972.

Homans, G. C. *The Nature of Social Science.* New York: Hartcourt, 1967.

Homes, D. S., & Schallow, J. R. Reduced recall after ego–threat: Regression or repsonse competition. *Journal of Personality and Social Psychology,* 1969, *13,* 145–152.

Homme, L. E. Control of coverants: The operants of the mind. *Psychological Record,* 1965, *15,* 501–511.

Hook, S. (Ed.). *Determinism and Freedom in the Age of Modern Science.* New York: Macmillan, 1958.

Horney, K. *The Neurotic Personality of Our Time.* New York: Norton, 1937.

Horney, K. *Neurosis and Human Growth.* New York: Norton, 1950.

Hovland, C. I., Janis, I. L., & Kelley, H. H. *Communication and Persuation.* New Haven: Yale University Press, 1953.

Hull, C. L. *Essentials of Behavior.* New Haven: Yale University Press, 1951.

Hull, C. L. *A Behavior System.* New Haven: Yale University Press, 1952.

Hurley, J., & Hurley, S. Toward authenticity in measuring self-disclosure. *Journal of Counseling Psychology,* 1969, *16,* 271–274.

James, W. Subjective effects of nitrous oxide. *Mind,* 1882, *7,* 186–208.

Janov, A. *The Primal Scream.* New York: G. P. Putnam's Sons, 1971.

Jones, R. M. *Fantasy and Feeling in Education.* New York: Harper & Row, 1968.

Jourard, S. M. *The Transparent Self.* New York: Van Nostrand, 1964.

Jourard, S. M. *Disclosing Man to Himself.* New York: Van Nostrand, 1968.

Jung, C. G. *Two Essays on Analytic Psychology.* New York: Pantheon, 1953.

Jung, C. G. *The Development of Personality.* New York: Pantheon, 1954.

Jung, C. G. *Memories, Dreams, Reflections.* New York: Holt, 1972.

Kamiya, J. *Conscious Control of Brain Waves: Readings in Experimental Psychology Today.* Del Mar, Calif.: CRM Books, 1970.

Kanfer, F. H., & Goldstein, A. P. (Eds.). *Helping People Change.* New York: Pergamon Press, 1975.

Karlins, J. *Man's Behavior: An Introduction to Social Sciences.* London: Macmillan, 1969.

Kelly, G. A. *A Theory of Personal Constructs.* New York: Norton, 1963.

Kelman, H. C. Manipulation of human behavior: An ethical dilemma for the social scientist. *The Journal of Social Issues,* 1965, *21,* 31-46.

Kendler, T. S. Concept formation. *Annual Review of Psychology,* 1961, *12,* 447-472.

Key, V. O. Jr. *The Responsible Electorate.* Cambridge: Harvard University Press, 1966.

Klatzky, R. L. *Human Memory.* San Francisco: Freeman, 1975.

Kluckhohn, C. Universal categories of culture. In Sol Tax (Ed.), *Anthropology Today: Selections.* Chicago: University of Chicago Press, 1962.

Kohlberg, L. The development of modes of moral thinking and choice in the years ten to sixteen. Unpublished doctoral dissertation, University of Chicago, 1958.

Kohlberg, L. The development of children's orientations toward moral order: Sequence in the development of moral thought. *Vita Humana,* 1963, *6,* 11-33.

Köhler, W. *The Mentality of Apes* (translated by E. Winter). New York: Harcourt, 1925.

Komarovsky, M. Cultural contradictions and sex roles. *American Journal of Sociolgy,* 1946, *52,* 184-189.

Korzybski, A. *Science and Sanity.* Lakeville, Conn.: International Non-Aristotelian Library Publishing Co., 1958.

Kozol, J. *Death at an Early Age*. Boston: Houghton Mifflin, 1967.

Kroger, W. S. *Clinical and Experimental Hypnosis*. Philadelphia: J. B. Lippincott, Co., 1963.

Kuhn, T. S. *The Structure of Scientific Revolution*. Chicago: The University of Chicago Press, 1970.

Laing, R. D. *The Divided Self*. London: Tavistok, 1960.

Laing, R. D. *The Politics of Experience*. London: Penguin Books, 1967.

Laszlo, E. *The Systems View of the World*. New York: George Braziller, 1972.

Lederberg, J. Genetic engineering, or the amelioration of genetic defect. In P. Zimbardo, & C. Maslash (Ed.), *Psychology for Our Times*. Glenview, Ill.: Holt, 1973.

Lee, D. Individual autonomy and social structure. In B. H. Stoodely (Ed.), *Society and Self*. New York: The Free Press, 1962.

Lehrer, K. Disproof of determinism? In B. Bernard (Ed.), *Freewill and Determinism*. New York: Harper, 1966.

Levin, M. B. *The Alienated Voter*. New York: Holt, 1960.

Levine, R. A. *Culture, Behavior and Personality*. Chicago: Aldine, 1973.

Lewin, K. *Field Theory in Social Science*. New York: Holt, 1966.

Lidz, T. *The Person: His Development throughout the Life Cycle*. New York: Basic Books, 1968.

Lifton, R. J. *Thought Reform and the Psychology of Totalism*. New York: Norton, 1961.

Linton, R. *The Study of Man*. New York: Appleton, 1930.

Lippitt, G. L., This, L. E., & Bidwell, R. G. (Eds.). *Optimizing Human Resources: Readings in Individual and Organization Development*. Menlo Park, Calif.: Addison-Wesley, 1971.

Luft, J. *Of Human Interaction*. Palo Alto, Calif.: National Press Books, 1969.

MacFarlane, J. W. From infancy to adulthood. *Child Education,* 1963, *39,* 83-89.

Macquarrie, J. *Martin Heidegger*. Richmond: John Knox Press, 1968.

Mager, R. F. *Preparing Instructional Objectives*. Belmont, Calif.: Fearon Publishers, 1962.

Malcolm, N. *Problems of Mind*. London: George Allen, 1972.

Malinowski, B. *Sex and Repression in Savage Society*. Cleveland: The World

Publishing Co., 1951.

Malinowski, B. *Dynamics of Culture Change*. New Haven: Yale University Press, 1958.

Maltz, M. *Psycho-Cybernetics*. New Jersey: Prentice-Hall, 1960.

Maslow, A. H. Peak experiences as acute identity experiences. *The American Journal of Psychoanalysis*, 1961, *21*, 254-260.

Maslow, A. H. *Motivation and Personality* (2nd ed.). New York: Harper, 1970.

May, R. (Ed.). *Existential Psychology*. New York: Randon House, 1960.

Mayer, K. B. *Class and Society*. New York: Random House, 1955.

McClelland, C. C. *The Achieving Society*. New Jersey: Van Nostrand, 1961.

McKeachie, W. J. Motivation, teaching methods, and college learning. In M. R. Jones (Ed.), *Nebraska Symposium on Motivation*. Lincoln: University of Nebraska Press, 1961.

McKeachie, W. J., Lin, Y.-G., Milholland, J. E., & Isaacson, R. C. Student affiliation motives, teacher warmth, and academic achievement, *Journal of Personality & Social Psychology,* 1966, *4,* 457-461.

McMillen, S. I. *None of These Diseases*. New Jersey: Fleming H. Revell Co., 1973.

McNeill, D. The development of language. In P. H. Mussen (Ed.), *Carmichael's Mannal of Child Psychology, Vol. I*. New York: 1970.

Mead, G. H. *Mind, Self and Society*. Chicago: University of Chicago Press, 1934.

Mead, M. *Coming of Age in Samoa*. Harmondsworth: Penguin, 1928.

Mead, M. *Sex and Temperament in Three Primitive Societies*. New York: New American Library of World Literature, Inc., 1950.

Mebrabian, A. *Nonverbal Communication*. Chicago: Aldine, 1972.

Mednick, S. A. *Learning*. New Jersey: Prentice-Hall, 1964.

Miller, G. A. The magical number seven, plus or minus two: Some limits on our capacity. *Psychological Review,* 1956, *63,* 81-97.

Miller, G. A. Psychology as a means of promoting human welfare. *American Psychologist,* 1969, *24,* 1063-1075.

Mischel, W. *Personality and Assessment*. New York: Wiley, 1968.

Mischel, W. Sex-typing socialization. In P. H. Mussen (Ed.), *Carmichael's Manual of Child psychology* (3rd ed.), *Vol. 2,* New York: Wiley, 1970.

Mischel, W., & Ebbesen, E. Attention in delay of gratification. *Journal of*

Personality and Social Psychology, 1970, *26,* 329–337.

Moore, G. E. *Principia Ethica.* London: Cambridge University Press, 1959.

Moreno, J. L. *Psychodrama, Vol. I,* New York: Beacon House, 1946.

Moreno, J. L. The dilemma of existentialism, daseinsanalyse and the psychodrama: With special emphasis upon "existential validation". *Sociometry,* 1956, *1,* 55–63.

Morgan, C. T. *Physiological Psychology.* New York: McGraw–Hill, 1965.

Mowrer, O. H. Loss and recovery of community: A guide to the theory and practice of integrity therapy. In G. Gazda (Ed.), *Innovation to Group Psychotherapy,* Springfield, Ill.: Charles C. Thomas, 1968.

Murphy, G. *Human Potentialities.* New York: Basic Books, 1958.

Mussen, P. H., Conger, J. J., & Kagan, J. *Child Development and Personality* (4th ed.). New York: Harper, 1969.

Nagel, E. *The Structure of Science.* London: Routledge, 1961.

Neill, A. S. *Summerhill: A Radical Approach to Child Rearing.* New York: Hart Publishing Co., 1960

Neisser, U. *Cognitive Psychology.* New York: Appleton, 1967.

Newman, H. H., Freeman, F. N., & Holzinger, K. J. *Twins: A Study of Heredity and Environment.* Chicago: University of Chicago Press, 1937.

Osborne, A. F. *How to Become More Creative.* New York: Charles Scribner's, 1964.

Osgood, C. E., Succi, G. J., & Tannenbaum, P. H. *The Measurement of Meaning.* Urbana, Ill.: University of Illinois Press, 1957.

Otto, H. A. *A Guide to Developing Your Potential.* Hollywood, Calif.: Wilshire Book Co., 1974.

Pastore, N. *The Nature-Nurture Controversy.* New York: Kings Crown Press, Columbia University, 1949.

Pavlov, I. P. *Conditioned Reflexes.* London: Oxford University, 1927.

Payne, B. Uncovering destructive self-criticism: A teaching based upon general semantics. *Educational Opportunity Forum,* 1969, *1,* 85–94.

Pears, D. *What is Knowledge?.* London: George Allen, 1970.

Pederson, D. M., & Hisbee, K. C. Personality correlates of self-disclosure. *Journal of Social Psychology,* 1968, *68,* 291–298.

Perls, F. S. *Gestalt Therapy Verbatim.* Lafayette, Cal.: Real People Press, 1969.

Perls, F. S. *The Gestalt Approach and Eye Witness to Therapy*. Palo Alto, Calif.: Science & Behavior Books, 1973.

Pervin, L. A. Performance and satisfaction as a function of individual-environment fit. *Psychological Bulletin,* 1968, *69,* 56–68.

Peters, R. S. (Ed.). *The Concept of Education*. London: Routledge, 1967.

Piaget, J. *The Child's Conception of the World*. New York: Humanities Press, 1951.

Piaget, J. Piaget's theory. In P. H. Mussen (Ed.), *Carmichael's Manual of Child Psychology, Vol. 1*, New York: Wiley, 1970.

Piaget, J., & Inhelder, B. *The Psychology of the Child*. New York: Basic Books, 1969.

Powers, M. *A Practical Guide to Self-Hypnosis*. Hollywood, Calif.: Wilshire Book Co., 1961.

Prench, J. R. P., & Raven, B. The bases of social power. In D. Cartwright (Ed.), *Studies in Social Power*. Ann Arbor, Mich.: Institute for Social Research, 1959.

Qualter, T. H. *Propaganda and Psychological Warfare*. New York: Random House, 1962.

Quine, W. V. *Word and Object*. Cambridge: The M.I.T. Press, 1960.

Rand, A. *Altas Shrugged*. New York: Random House, 1957.

Remmling, G. W. *The Sociology of Karl Mannheim*. London: Routledge, 1975.

Rheingold, H. L. The social and socializing infant. In D. A. Goslin (Ed.), *Handbook of Socialization: Theory and Research*. Chicago: Rand McNally, 1969.

Riesman, D., & Galzer, N. Criteria for political apathy. In A. W. Gouldner (Ed.), *Studies in Leadership*. New York: Harper, 1950.

Riesman, D. *The Lonely Crowd*. New Haven: Yale University Press, 1950.

Robinson, E. G. *All My Yesterdays*. New York: Hawthorn Books, 1973.

Rogers, C. R. *Client-Centered Therapy*. Boston: Houghton Mifflin, 1951.

Rogers, C. R. *On Becoming a Person*. Boston: Houghton Mifflin, 1961.

Rogers, C. R. *Freedom to Learn*. Ohio: Charles E. Merril, 1969.

Rogers, C. R., & Skinner, B. F. Some issues concerning the control of human behavior: A Symposium. In P. Zimbardo, & C. Maslach (Eds.), *Psychology for Our Times: Readings*. Glenview, Ill.: Scott, 1973.

Rosenbum, M., & Snadowsky, A. *The Intensive Group Experience: A Guide to Therapy, Sensitivity, Encounter, Self-Awareness Groups, Human Relations*

Training, and Communes. New York: The Free Press, 1976.

Rosnehan, D. L. On being sane in insane places. In P. Zimbardo, & C. Maslash (Eds.), *Psychology for Our Times: Readings*. Glenview, Ill.: Scott, 1973.

Roszak, T. *The Making of a Couter-Culture: Reflections on the Technocratic Society and Its Youthful Opposition*. New York: Anchor, 1968.

Rotter, J. B. Generalized expectancies for internal versus external control of renforcement. *Psychological Monographs,* 1965, *80* (Whole No. 609).

Royce, J. E. *Man and His Nature: A Philosophical Psychology*. New York: McGraw-Hill, 1961.

Ruch, F. L., & Zimbardo, P. G. *Psychology and Life* (8th ed.). Glenview Ill.: Scott, 1971.

Ruebhausen, O. M., & Brim, O. G. Jr. Privacy and behavioral research. *Columbia Law Review,* 1965, *65,* 1184-1211.

Ryle, G. *The Concept of Mind*. New York: Barnes & Noble, 1949.

Salisbury, H. E. *The Shook-up Generation*. New York: Harper, 1959.

Saulnier, L., & Simard, T. *Personal Growth and Interpersonal Relations*. New Jersey: Prentice-Hall, 1973.

Saxe, J. G. The blind men and the elephant. In A. C. Alexander (Ed.), *Poems That Touch the Heart*. New York: Doubleday, 1956.

Schachter, S., & Singer, J. Cognitive, social and physiological determinants of emotional states. *Psychological Review,* 1962, *69,* 379-399.

Schaffer, H. R. *The Growth of Sociability*. Harmondsworth: Penguin, 1971.

Scheffler, I. *Conditions of Knowledge*. Glenview, Ill.: Scott, 1965.

Schultz, D. *Growth Psychology: Models of the Healthy Personality*. New York: Van Nostrand, 1977.

Schwitzgebel, R. W., & Kolb, D. A. *Changing Human Behavior: Principles of Planned Intervention*. Tokyo: McGraw-Hill Kogakusha, Ltd., 1974.

Sears, R. R., Maccoby, E. E., & Levin, H. *Patterns of Child Rearing*. Evanston, Ill.: Row, Peterson, 1957.

Shaefer, E. S. A circumplex model for maternal behavior. *Journal of Abnormal and Social Psychology,* 1959, *59,* 226-235.

Shein, E. H. *Coercive Persuation*. New York: Norton, 1961.

Shertzer, B., & Peters, H. J. *Guidance: Techniques for Individual Appraisal and*

Development. New York: Macmillan, 1965.

Sherwood, J. J., & Nataupsky, M. Predicting the conclusion of negro-white intelligence research from biographical characteristics of the investigator. *Journal of Personality and Social Psychology,* 1968, *8,* 53-58.

Shibutani, T. *Improvised News: A Sociological Study of Rumor.* Indianapolis: Bobbs-Merrill, 1966.

Shostrom, E. I. *Man, the Manipulator.* New York: Bantom, 1968,

Silberman, C. E. *Crisis in the Classroom.* New York: Random House, 1970.

Sinclair-de-Zwart, H. Developmental Psycholinguistics. In D. Elkind, & J. Flavell (Eds.), *Studies in Cognitive Development.* New York: Oxford University Press, 1969.

Skinner, B. F. *Walden Two.* New York: Macmillan, 1948.

Skinner, B. F. *Science and Behavior.* New York: The Free Press, 1953.

Skinner, B. F. *Beyond Freedom and Dignity.* New York: Alfred A. Knopf, 1971.

Skinner, B. F. *About Behaviorism.* New York: Afred A. Knopf, 1974.

Slobin, D., Miller, S., & Portor, L. Forms of address and social relations in a business organization. *Journal of Personality and Social Psychology,* 1968, *8,* 289-293.

Son, B. H. *Science and Person.* Assen: Van Gorcum, 1972.

Stevenson, C. L. *Ethics and Language.* New Haven: Yale University Press, 1944.

Stotto, C. H. The persisting effects of early family experiences upon personality development. *Merrill-Palmer Quarterly of Behavior and Development,* 1957, *3,* 145-159.

Sullivan, H. S. *Conceptions of Modern Psychiatry.* New York: Norton, 1953.

Sullivan, H. S. *The Interpersonal Theory of Psychiatry.* New York: Norton, 1953.

Szasz, T. S. *The Myth of Mental Illness.* New York: Harper, 1974.

Thoreau, H. D. *Walden.* New York: Random House, 1946.

Thoresen, C. E., & Mahoney, M. J. *Behavioral Self-Control.* New York: Holt, 1974.

Thorndike, E. L. *Educational Psychology, Vol. 2,* New York: Columbia Teachers College, 1913.

Tillich, P. *The Courage to Be.* New York: Oxford University Press, 1953.

Toffler, A. *Future Shock.* New York: Bentam Books, 1971.

Tolstoy, L. *Last Diaries* (translated by Lydia Weston-Kesich). New York: G. P. Putnam, 1960.

Tönnies, F. *Gemeinshaft and Gesellshaft* (translated by C. P. Loomies as *Community and Society*). New York: Harper, 1963.

Travris, C. The frozen world of the familiar strangers: A conversation with Stanley Milgram. *Psychology Today,* 1974, *8,* 70–80.

Tucker, L. R. Experiments in multimode factor analysis. Proceedings of 1964 Invitational Conference on Testing Problems, Princeton, New Jersey: Educational Testing Service, 1965.

Turner, B. M. *Psychology and the Philosophy of Science.* New York: Appleton, 1968.

Tyler, E. B. *Primitive Culture.* London: John Murray, 1871.

Tyler, L. E. *Individual Differences: Abilities and Motivational Directions.* New Jersey: Prentice-Hall, 1974.

Vygotsky, L. S. *Thought and Language.* New York: Wiley, 1962.

Watson, J. B. What is thinking. In M. S. Gazzaniga, & E. P. Lovjoy (Eds.), *Good Readings in Psychology.* New Jersey: Prentice-Hall, 1971.

Watts, A. *Mediation.* New York: Pyramid Communications, 1975.

Westin, A. F. *Privacy and Freedom.* New York: Atheneum, 1967.

White, L. *The Evolution of Culture.* New York: McGraw-Hill, 1959.

White, M. *The Age of Analysis.* New York: A Mentor Book, 1955.

White, R. W. Motivation reconsidered: The concept of competence. *Psychological Review,* 1959, *66,* 297–333.

White, R. W. *The Enterprise of Living: Growth and Organization in Personality.* New York: Holt, 1972.

Whiting, J. W. M., & Whiting, I. L. *Child Training and Personality: A Cross-Cultural Study.* New York: Yale University Press, 1953.

Whorf, B. L. *Language, Thought, and Reality.* Cambridge: The M.I.T. Press, 1956.

Whyte, W. H. Jr. *The Organization Man.* New York: Simon and Schuster, 1956.

Wilson, C. *New Pathways in Psychology.* New York: New American Library, 1972.

Witkin, H. A. A cognitive-style approach. *International Journal of Psychology,* 1967, *2,* 233–250.

Wolff, K. H. (Ed.). *The Sociology of Georg Simmel.* Glencoe, Ill.: The Free Press, 1950.

Yalom, I. *The Theory and Practice of Group Therapy.* New York: Basic Books, 1970.

Zimbardo, P., & Ebbesen, E. B. *Influencing Attitudes and Changing Behavior.* Menlo Park, Calif.: Addison-Wesley, 1970.

찾아보기

《인 명》

《내 용》

저자 소개

장상호(Chang Sang-ho)
서울대학교 교육학과 졸업(1959~1963)
동 대학원 교육학과 석사(1959~1967)
한국행동과학연구소 연구원(1968~1970)
미국 Stanford University 대학원 박사(1970~1974)
서울대학교 교육학과 교수(1974~2005)
현 서울대학교 명예교수
　삶과교육연구소 소장
　shchang@snu.ac.kr

〈저서 및 역서〉
행동과학의 연구논리, 행동과학의 문제와 방법론, 인간행동의 자유, 피아제: 발생적 인식론과 교육, 학습의 인간화, 교육학 탐구 영역의 재개념화, 폴라니: 인격적 지식의 확장, 학문과 교육(상권): 학문이란 무엇인가, 학문과 교육(중권 I): 교육이란 무엇인가, 학문과 교육(중권 II): 교육본위의 삶, 학문과 교육(중권 III): 교육연구의 새 지평, 학문과 교육(하권): 교육적 인식론이란 무엇인가, 인간주의 교육(역), 오류가능성의 교육적 의의(역), 교수, 학습, 그리고 의사소통(역), 기타 다수의 논문과 공저

인간행동과 자유

2016년 2월 15일 1판 1쇄 인쇄
2016년 2월 25일 1판 1쇄 발행

지은이 • 장상호
펴낸이 • 김진환
펴낸곳 • (주)**학지사**
          04031 서울특별시 마포구 양화로 15길 20 마인드월드빌딩
대표전화 • 02)330-5114   팩스 • 02)324-2345
등록번호 • 제313-2006-000265호

홈페이지 • http://www.hakjisa.co.kr
페이스북 • https://www.facebook.com/hakjisa

ISBN 978-89-997-0838-1 93370

정가 18,000원

인터넷 학술논문 원문 서비스 **뉴논문** www.newnonmun.com

이 도서의 국립중앙도서관 출판시도서목록(CIP)은 서지정보유통지
원시스템 홈페이지(http://seoji.nl.go.kr)와 국가자료공동목록시스템
(http://www.nl.go.kr/kolisnet)에서 이용하실 수 있습니다.
(CIP제어번호: CIP2015028945)